BAEDEKER

D

DEUTSCHE NORDSEEKÜSTE

»

An der Nordseeküste,
am plattdeutschen Strand,
sind die Fische im Wasser
und selten an Land.

«

Klaus & Klaus

baedeke

HINTERGRUND

ERLEBEN & GENIESSEN

PRAKTISCHE INFORMATIONEN

ANHANG

PREISKATEGORIEN

Restaurants
Preiskategorien
für ein Hauptgericht

€€€€	über 20 €
€€€	15 – 20 €
€€	10 – 15 €
€	bis 10 €

Hotels
Preiskategorien
für ein Doppelzimmer

€€€€	über 170 €
€€€	120 – 170 €
€€	70 –120 €
€	bis 70 €

MAGISCHE MOMENTE

ÜBERRASCHENDES

Nachts ist es im Watt noch geheimnisvoller.

D
DAS IST …

die Nordseeküste

Die großen Themen
rund um Deutschlands Waterkant.
Lassen Sie sich inspirieren!

Eine ganz eigentümliche und unvergessliche
Erfahrung: eine abendliche Wattwanderung ►

FRIESISCHER NATIONALSPORT

»Toerst lehrt en Freesenjung dat Lopen, glieks dorna kummt aber all dat Boßeln,« behaupten so manche an der Nordseeküste. Ganz so ist es wohl nicht, aber diese plattdeutsche Redewendung macht klar, welchen Stellenwert das Boßeln insbesondere in Ostfriesland hat: Boßeln oder auchder Vorgänger, das »Klootschießen«, sind jedenfalls so etwas wie die friesischen Nationalsportarten.

In diesem Fall muss die Kugel im rechten Winkel zurück auf die Straße gelegt werden. ►

SCHLÄGT man die Sportseiten der ostfriesischen Regionalzeitungen auf, findet man bisweilen eine Seite Fußball – und zwei Seiten über Boßeln. Das Boßeln steht zwar im Verruf, lediglich in Verbindung mit dem Konsum von »Hochprozentigem« betrieben zu werden, doch an der Nordseeküste, insbesondere in Ostfriesland, wird es von mehreren tausend Aktiven als **ernsthafter Sport** betrieben. Wenn Alkoholisches zu sich genommen wird, dann erst nach dem Wettkampf.
In den Boßel-Hochburgen sind an den Wochenenden alle auf den Straßen – vom 80-jährigen Boßel-Routinier bis zum 8-jährigen Boßel-Zwerg. Die Namen der Teams lauten »Lat'n rull'n« oder »He löpt noch« und sie boßeln in der **Kreis-, der Landes- oder der Bezirksliga** um Punkte innerhalb der Boßel-Verbände, als da u. a. wären: der Friesische Klootschießer-Verband (FKV) und der Landesklootschießerverband Ostfriesland (LKV). Klootschießen deshalb, weil das heutige Straßenboßeln aus dem traditionellen Klootschießen entstanden ist.

Klootschießen

Das Klootschießen soll seinen **Ursprung** in der niederländischen Provinz Friesland haben, in Schleswig-Holstein wurde es verschiedenen Quellen zufolge erstmals im 17. Jh. gespielt, in Ostfriesland flogen die ersten Kugeln im 18. Jh. durch die Gegend. Wobei andere Quellen behaupten, schon vor mehr als 2000 Jahren hätten die Friesen die einmarschierenden Römer mit Lehmkugeln beworfen – angeblich der Anfang des Klootschießens.
Die Königsdisziplin der Klootschießer war und ist jedenfalls der **Feldkampf**. Dazu treffen sich zwei Mannschaften auf freiem Feld – vorzugsweise im **Winter**. Denn erstens liegen die Felder in der kalten Jahreszeit brach und zweitens rollt die Kugel auf gefrorenem Grund am besten. Unter dem Motto »Lüch up un fleu herut!« (»Heb auf und fliege weit hinaus!«) setzen die Werfer verschiedene Techniken ein. Bisweilen ähnelt es dem Kegeln, beim Drehwurf hingegen sind deutliche Parallelen zum Diskuswerfen zu erkennen. Die absoluten Cracks, die in der Lage sind, die Kugeln weiter als hundert Meter zu schleudern, setzen auf den so genannten **Flüchterschlag**. Diese Technik ist so kompliziert, dass man sie kaum beschreiben kann. Jedenfalls katapultieren die Klootschießer ihr Spielgerät dabei mit Hilfe einer Rampe, von der sie mehr oder minder galant abspringen, auf Rekordweiten.

Straßenboßeln

Das Straßenboßeln entwickelte sich an der Nordseeküste so richtig erst nach dem Zweiten Weltkrieg. Man kann durchaus behaupten: Was dem Südfranzosen seine Boule-Kugel, ist dem stolzen Friesen seine Boßelkugel. Sie sind aus **Pockholz oder Kunststoff**, ca. acht bis zwölf Zentimeter im Durchmesser, die der Boßelcracks wiegen etwas mehr als ein Kilogramm. Ziel der »Schmieter« (Werfer) beim Boßelwettkampf ist es, das Spielgerät **so weit wie möglich** zu schmeißen. Gewonnen hat das Team, das die Strecke mit den wenigsten Würfen absolviert hat. Lautstarkes Anfeuern – unbedingt auf Plattdeutsch – scheint dabei hilfreich zu sein.
Beim Boßelwettkampf fast immer dabei sind auch die sogenannten »Käkler und Mäkler«, die mehr oder weniger gute

Auf den richtigen Schwung kommt es an.

Ratschläge parat haben. Das Kniffligste beim Straßenboßeln sind die **Kurvenwürfe**, denn selbst im platten Land verlaufen nicht alle Straßen schnurgerade. Die Spezialisten, sozusagen die Messis und Ronaldos des Boßelsports, verleihen den Kugeln durch eine **ausgefeilte Technik** einen gewissen Effet: »Övert Duum« (übern Daumen) oder auch »Övert Finger« (übern Finger) nennen der Fachmann oder die Fachfrau das dann.

Boßel-EM

Rund 50 000 betreiben diesen Sport in Ost- und Nordfriesland. Es gibt zwar keine Weltmeisterschaft, aber immerhin eine Europameisterschaft, bei der außer den Friesen noch **Iren, Niederländer und Italiener** an den Start gehen. Die meisten Medaillen räumen in der Regel die Ostfriesen ab, gefolgt von den Nordfriesen und den Dithmarschern. Die für 2020 in Schleswig-Holstein geplante Boßel-EM wurde wegen Corona auf Mai 2021 verschoben: Dann findendie Straßenwettkämpfe in Süderhastedt zwischen Meldorf und Nord-Ostsee-Kanal statt, der Feldkampf auf der Halbinsel Eiderstedt und das Standboßeln im Stadion zu Meldorf.

BAEDEKER DAS IST ...

RAN AN DIE KUGEL

Wer sich selbst einmal in der friesischsten aller Friesensportarten versuchen will, kann das in der Gemeinde Ihlow in Ostfriesland tun. Gespielt wird unter Anleitung eines »Boßel-Profis« auf den Strecken, auf denen auch die Wettkämpfe der Vereine stattfinden. (Infos unter: www.ihlow-tourismus.de, Tel. 04929 89100)

OST-FRIESEN-WITZE

Ein Ostfriese lehnt an einer Mauer. Die Mauer fällt um. Warum? – Der Klügere gibt nach! So oder so ähnlich gehen Ostfriesenwitze. Aber es waren nicht Karl Dall und Otto Waalkes, die sie erfunden haben. Die Witze gehen zurück auf Borwin Bandelow, einen ehemaligen Schüler des Gymnasiums in Westerstede. Er veröffentlichte Ende der 1960er-Jahre in der Schülerzeitung »Der Trompeter« erstmals einen Ostfriesenwitz.

Diese seriöse Herr ist Borwin Bandelow, der Erfinder des Ostfriesenwitzes. ▶

KEIN Witz ist: Borwin Bandelow hat Medizin studiert. Seine Promotion verfasste er zu einem durchaus humorfreien Thema: »Untersuchungen zur selektiven Züchtung der Mycel- und Blastosporenphase von Candida albicans und zur diagnostischen Wertigkeit präzipitierender Antikörper gegen Antigene der beiden Wachstumsformen.« Da kommt man wohl nicht direkt auf die Idee, dass dieser Mann der Urvater der Ostfriesenwitze ist.

Die Geburt des Ostfriesenwitzes

Und doch, denn: Der heute renommierte Wissenschaftler besuchte Ende der 1960er-Jahre das Gymnasium in Westerstede, das historisch zum Ammerland bzw. zu Oldenburg zählt. Sein Elternhaus stand gerade einmal 300 Meter von der Grenze zu Ostfriesland entfernt, und jedes Kind in Westerstede weiß, dass sich die **Oldenburger** und die **Ostfriesen** über Jahrhunderte nicht besonders grün waren. Ganz in der Nähe von Westerstede hatten sich die Truppen beider Lager im 15. Jh. eine blutige und auf beiden Seiten verlustreiche Schlacht geliefert.
Während einer Klassenfahrt von Bandelow soll es zu derben Frotzeleien zwischen den Westersteder Jungs und Jugendlichen aus dem nahen ostfriesischen Remels gekommen sein, die ebenfalls in Westerstede zur Schule gingen. Bald darauf schrieb Borwin Bandelow mit spitzer Feder in der Schülerzeitung über den »**Homo ostfrisiensis**«. Zum Missfallen seines Chefredakteurs übrigens, der hätte lieber einen Text über den Vietnamkrieg im Blatt gehabt. Aber Bandelow widmete sich den Ostfriesen, die Mitschüler schütteten sich aus vor Lachen, und der Ostfriesenwitz war geboren. Der Spott, den Bandelow und seine Mitstreiter – darunter waren übrigens auch waschechte ostfriesische Jungs – über die Ostfriesen ausbreitete, schwappte wie eine Flutwelle über ganz Deutschland. Die Westersteder Pennäler machten den Anfang, andere folgten, und aus Ostfriesland stammende Komiker wie **Karl Dall** oder **Otto Waalkes** (beide in Emden geboren) brachten sie einem Millionenpublikum näher. Wobei man bisweilen alte Witze über die Bayern hernahm und sie einfach umdichtete auf die Ostfriesen.
Denn **witztheoretisch** sind sie ein alter Hut: Man nehme vermeintlich dämliche Zeitgenossen und lasse den Alltag auf sie los. Auf die Bayern folgten die Ostfriesen, und die haben Konkurrenz durch die Blondinen bekommen. Das funktioniert: Ersetzen Sie in den folgenden Kostproben »Ostfriese« einfach durch »Blondine« …

BAEDEKER DAS IST …

OTTO HUUS

Otto Waalkes wurde lange als »wandelnder Ostfriesenwitz« tituliert. Tatsächlich hat er seinen Anteil an ihrer Popularität. Dass er weit mehr kann, dürfte in der Zwischenzeit bekannt sein. Allen, die das immer noch nicht wissen, sei ein Besuch im Dat Otto Huus in seiner Geburtsstadt Emden ans Herz gelegt. Und allen, die nicht genug von ihm bekommen können, erst recht. (▶S. 109)

Kostproben?

Bisweilen besitzen die Ostfriesenwitze durchaus eine gehörige Portion Humor, meistens sind sie aber **so platt wie das Land hinterm Deich**: Warum nehmen ostfriesische Polizisten immer eine Schere mit auf Verbrecherjagd? Antwort: Damit sie den Verbrechern den Weg abschneiden können. Oder aber: Warum ruft ein ostfriesischer Wissenschaftler den Schlüsseldienst an? – Um eine Nachricht zu verschlüsseln. Ganz offensichtlich sind immer wieder neue Witze hinzugekommen. Dieser beispielsweise: Woran sieht man, dass ein Ostfriese am PC war? Antwort: Es ist Tipp-Ex auf dem Bildschirm. Denn als Bandelow & Co. die ersten Witze machten, gab es definitiv noch keine PCs. Der Tenor der Gags ist jedenfalls immer derselbe: Die Ostfriesen sind unfassbar doof. Noch ein Beispiel: Die Dame an der Kinokasse fragt: »Haben Sie nicht schon dreimal eine Karte gekauft?« Antwortet der Ostfriese: »Ja, aber der Mann am Eingang zerreißt sie mir immer.«

Sie nehmen's mit Humor

Borwin Bandelow leistet zwar keine Abbitte, aber der heutige **stellvertretende Direktor der Universitätsklinik** von Göttingen stellt klar:

» Die Ostfriesen werden immer so dargestellt, als ob sie hinterwäldlerisch und verschlossen wären. Das sind sie nicht. In Wirklichkeit sind sie sehr herzlich, haben oft einen netten Spruch auf den Lippen. «

Die Ostfriesen selbst bewiesen über all die Jahre überwiegend Humor, sie **lachten herzhaft mit** über den Nonsens. Und im Nachhinein wird gar die Theorie vertreten, die Ostfriesenwitze hätten der Tourismusbranche vor Ort reichlich Gäste gebracht. Der Kurdirektor von Bensersiel war jedenfalls überzeugt davon und versprach Bandelow lebenslang freien Eintritt in alle Einrichtungen in seinem Ort.

TEE-ZERE-MONIE

Tee wird in Ostfriesland nicht einfach so getrunken, das Teetrinken wird zelebriert. Gemütlich sollte es sein zur »Teetied«, am Nachmittag oder auch beim »Elführtje« am Vormittag. Und Zeit zum »Klönschnack« sollte man sich nehmen. Sich selbst einzuschenken gilt als Banausentum. Also: Finger weg und entspannen.

Alles parat für den Klönschnack. ►

Alle sitzen schon drin beim Tee im »Tüdelpott«.

ALS Erstes wandert bei der traditionellen ostfriesischen Teezeremonie Kandis in die Tasse. Je größer das Stück, desto gerner gesehen der Gast. Bekommt man als Ostfriese oder auch als »Außerfriesischer« bei einer traditionsbewussten Familie nach einer Viertelstunde noch keinen Tee angeboten – dann ist man mit ziemlicher Sicherheit nicht willkommen. Ist der Kandis in der Tasse, wird der heiße Tee aufgegossen. Ein Knistern, fast eine Art helles Klingeln, ertönt, wenn er auf den **»Kluntje«** trifft. Die Ostfriesen nennen diesen Moment schlicht und ergreifend **»Wohlklang«**.

Bitte mit Sahne!

Traditionell trinkt man den Tee in Ostfriesland mit Sahne. Doch die wird nicht einfach so in die feinwandige Tasse gekippt, sondern mit einem angewärmten Löffel, dem »Rohmlepel«, aufgelegt. damit sich das **Sahnewölkchen** im Tee verteilt. Manche, so munkelt man, trinken ihren Tee nur deshalb mit Sahne, weil es so wunderbare Muster ergibt. Der Ostfriese an sich trinkt ihn mit Kandis und »'n Wulkje Rohm« weil »dat so mutt«. Was überhaupt nicht sein muss, ist, mit dem Löffel im Kunstwerk herumzurühren. Getrunken wird in drei Abteilungen. Zuerst die milde Sahne an der Oberfläche, dann die Mitte, wo sich der eher herbe, intensive Geschmack des Tees entfaltet. Schließlich schlürft man als »Nachtisch« den teilweise aufgelösten Kandis. »Dree is Oostfresen Recht«, heißt es. Hat man nach drei Tassen genug, legt man den Löffel in die Tasse, und die Gastgeberin weiß Bescheid. Die Teezeremonie in Ostfriesland sei nämlich **Frauensache**, behaupten Traditionalisten – »Hoheitsrecht der ostfriesischen Hausfrau«.

Teetester

Das Teetesten hingegen ist überwiegend Männern vorbehalten. Angeblich weil die größeren Hormonschwankungen bei Frauen vielfach Geschmacksveränderungen mit sich bringen sollen. Die Teetester jedenfalls sind die wichtigsten Männer in den ostfriesischen Teehandelsunternehmungen, die Bünting, Behrens, Thiele oder Rolfs heißen. Bis zu **500 Sorten** verkosten die Experten am Tag. Dabei wird die Probe geschlürft, im Mund gewälzt, herzhaft geschmatzt und schließlich im hohen Bogen ausgespuckt. Bisweilen klebt ein Teeblatt an der Nase der Tester, manchmal holen sie sich sogar eine braune Nase, so weit dringen sie im wahrsten Sinne des Wortes in die Materie ein.

Prohibition mal anders

1610 brachten erstmals Schiffe der »Niederländischen Ostindien-Kompanie« Tee nach Europa. Seit Anfang des 18. Jh.s importierten die Ostfriesen die Blätter selbst. Friedrich der Große verbot ihnen 1777 das Trinken des **»Chinesischen Drachengifts«**, weil der Staat durch das Teetrinken Steuereinnahmen verlieren würde. Man schlug Zitronenmelisse oder ein Petersilie-Getränk als Ersatz vor. Doch auf geheimen Wegen fand der Tee seinen Weg in die ostfriesischen Küchen und Stuben, wo er **konspirativ genossen** wurde. Nach zahlreichen Protesten war der Erlass zwei Jahre später Makulatur. Nach dem Zweiten Weltkrieg fuhren die Ostfriesen sogar bis ins Ruhrgebiet, um den »Malochern« deren Schwerstarbeiter-Teezulagen im Tausch gegen Speck, Butter oder Eier abzuschwatzen.

Die Ostfriesenmischung

Inzwischen gibt es genug Tee für alle Ostfriesen, die jährlich mit 300 Litern pro Kopf **Weltmeister im Teetrinken** sind. Der Rest von Deutschland kommt gerade einmal auf ein Zehntel. Die Hauptaufgabe der Teetester jedenfalls liegt darin, jedes Jahr aufs Neue eine exakt gleich schmeckende Ostfriesenmischung zu zaubern – was der Quadratur des Kreises gleich kommt. Sie schaffen es trotzdem. 50 000 Teesorten sind jedes Jahr auf dem Markt. Keine schmeckt – durch diverse Faktoren beeinflusst – genau so wie im Vorjahr. Also muss neu getestet und gemischt werden. Denn mundet den Ostfriesen ihre Mischung nicht – in der Hauptsache **aus Assam, Ceylon und Darjeeling-Tees** komponiert – hagelt es Beschwerden. »Wat heb ju mit min Tee mokt?«, wollen die aufgebrachten Kunden wissen. Zumeist können die Experten sie davon überzeugen, dass es an ihrem neuen Wasserkocher oder einer verunreinigten Kanne liegt – und nicht an der echten Ostfriesenmischung.

BAEDEKER DAS IST ...

VIELFALT DES TEES

Das **Teemuseum in Norden** bietet mehrmals in der Woche stilvolle Teezeremonien an (www.teemuseum.de). Im **Bünting Teemuseum** in Leer finden ebenfalls diverse Veranstaltungen rund um den Tee statt. (www.buenting-teemuseum.de). Zu den schönsten Teestuben zählen **Poppinga's Alte Bäckerei** in Greetsiel, das **Café Kluntje** auf Baltrum und das **Café Tüdelpott** in Carolinensiel.

WUNDERWELT WATTENMEER

Der Wattwurm ist die Putzkolonne des Wattenmeeres und gleichzeitig Umweltpolizei. Wie viele andere Bewohner der Wunderwelt Wattenmeer, ist auch er perfekt an die ganz besonderen Lebensbedingungen angepasst.

◄ Will man das Watt richtig kennenlernen, sollte man eine Wattführung mitmachen.

DIE ständige Veränderung durch Ebbe und Flut verlangt den Wattbewohnern einiges ab. Man muss sich das so vorstellen, als würden sie täglich zweimal durch die Waschmaschine geschleudert und anschließend in den Trockner gesteckt. Die Lebewesen in den Prielen, auf den Sandbänken, im Schlick und auf den Salzwiesen haben sich einige Tricks angeeignet, um zu überleben.

Bloß keine Berührungsängste!

Ohne Wattwurm ...

Der bekannteste Bewohner im UNESCO-Weltnaturerbe Wattenmeer dürfte wohl der **Wattwurm**, lateinisch **»arenicola marina«**, sein. Falls es immer noch Menschen gibt, die glauben, sie würden den leibhaftigen Wurm sehen, wenn sie diese spaghetti-artigen Haufen an der Oberfläche entdecken – dann sei hier noch einmal ausdrücklich darauf hingewiesen: Dieses Gebilde, das sich so herrlich zwischen den Zehen zermatschen lässt, ist lediglich der **Kothaufen**, den der Wattwurm – auf gut deutsch – an die Oberfläche kackt.

... kein sauberes Watt

Der Wattwurm selbst – auch Sandpier-, Pier- oder Prielwurm genannt – lebt unterhalb der Wattoberfläche in U-förmigen Röhren. Der rötlich-braune und ungefähr fingerdicke Vielborster wird ca. 20 bis 50 cm lang und ist immens wichtig für das Ökosystem Wattenmeer. Er **frisst fast unablässig Sand**, filtert die organischen und für ihn verdaulichen Stoffe heraus und scheidet den Rest wieder aus. So pflügen die Wattwürmer, von denen sich rund 50 Exemplare einen Kubikmeter Watt teilen, die oberen 20 cm des Bodens einmal komplett um. Ein einzelner Wurm schafft es, rund 25 kg Sand jährlich zu filtern. So gesehen sind die Wattwürmer **Umweltpolizei** und **Müllabfuhr** des Wattenmeers in einem.

Gut angepasst

Dass der Pierwurm häufig – ungefähr alle 45 Minuten – seine Kothaufen an der Watt-Oberfläche produziert, birgt durchaus Gefahren. Denn dadurch erkennen seine **natürlichen Feinde**, Wattvögel wie der Knutt oder der Austernfischer, stets, wo sich ihre nächste Mahlzeit befindet. Kaum kringelt sich ein neuer Haufen, picken die Vögel nach dem Wurm. Der allerdings hat von Mutter Natur die Gabe mit auf den Weg bekommen, Teile seines Hinterteils abstoßen zu können, sodass den Räubern lediglich eine Vorspeise und der Wurm am Leben bleibt.

Der Pierwurm ist zudem ein Paradebeispiel für physiologische Anpassungsfähigkeit: Er besitzt Kiemen und vermag **Sauerstoff** zu **speichern**. So geht ihm während der Ebbe, also in der Zeit, in der ihm kein Wasser zur direkten Sauerstoffaufnahme zur Verfügung steht, die Luft nicht aus.

WATT ERLEBEN

Aufklären und durch eigenes Erleben für das fragile Ökosystem sensibilisieren, dieses Anliegen verfolgen die über 30 Nationalparkhäuser, das Wattenmeer-Besucherzentrum in Wilhelmshaven, die 20 Stationen der Schutzstation Wattenmeer (www.schutzstation-wattenmeer.de) und das Multimar Wattforum (www.multimar-wattforum.de) in Tönning. Zudem vermitteln vor Ort im Nationalpark zahlreiche Tafeln und Informationsstellen Wissenswertes. (www.nationalpark-wattenmeer.de, www.waddensea-worldheritage.org)

Andere Überlebenstricks

Auch der **Bäumchenröhrenwurm** bringt Erstaunliches zustande: Er klebt Sand, Muschelstückchen, Schneckenhäuser und Stacheln von Seeigeln mit Schleim aneinander und baut so einen regelrechten kleinen Baum auf. Zwischen die Äste spannt er Schleimfäden, in denen sich seine mit dem Wasser herantreibende Beute verfängt. Auch die nur rund 3-6 mm großen **Wattschnecken** passen ihr Verhalten perfekt den Gezeiten an. Bei Ebbe finden sie genug Nahrung im Watt. Bei auflaufendem Wasser hingegen heften sie sich an die Wasseroberfläche, lassen sich treiben und bilden ein Schleimband, an dem ihre Nahrung kleben bleibt.

Einfallsreiche Fortpflanzungsmethoden

Bei der Fortpflanzung der Wattbewohner geht es bisweilen auch recht außergewöhnlich zu. Die Seeanemonen etwa vermehren sich unter anderem dadurch, dass sie Teile ihrer Fußscheiben abtrennen, aus denen sich dann die Nachfahren bilden. Der winzige **Pygospio-Wurm** zerfällt einfach in mehrere Teile, an denen später Kopf- und Schwanzteil nachwachsen.

Die erst Ende des 19. Jh.s von der Pazifik- und Atlantikküste der USA eingeschleppte **Pantoffelschnecke** ist ein so genannter Hermaphrodit. Die »crepidula fornicata« kommt als Männchen zur Welt. Wenn sie auf ein Weibchen trifft, lässt sie sich auf deren Schale nieder und verweilt dort bisweilen bis zu sechs Jahre als Männchen. Findet das männliche Jungtier der Pantoffelschnecke allerdings keine Dame zum Begatten, wechselt es flugs das Geschlecht. Was folgt, ist – man kann es nicht anders nennen – eine **Art Gruppensexorgie**. Das zum Weibchen mutierte Exemplar lockt nun bis zu einem Dutzend Männchen an, die sich auf der unten liegenden Dame stapeln. Sobald sich jedoch ein weiteres Männchen ansiedelt, entwickelt sich das untere Männchen innerhalb von 60 Tagen zum Weibchen. Bis zu einem guten Dutzend Pantoffelschnecken hocken so aufeinander. Dieses Paarungsverhalten sorgt nicht nur für Nachwuchs, sondern ist, so haben Wissenschaftler herausgefunden, auch ein Schutz dagegen, von den Wellen durch die Gegend gerollt zu werden.

SCHÄTZE DES MEERES

An der gesamten Nordseeküste zwischen Borkum und Sylt gibt es inzwischen Thalasso-Zentren wie Sand am Meer. »Mehr als Wellness am Meer«, heißt ein griffiger Slogan, ein anderer lautet »Leben Sie die Kraft des Meeres«. Andere, die tendenziell eher auf den kosmetischen Effekt setzen, werben mit dem kurzen, aber prägnanten Motto: »Schick mit Schlick!«

◂ Hinterher wird abgespült …

WÄHREND der Thalasso-Behandlung mit Schlick sieht man eher aus wie ein auf die Erde verirrter Außerirdischer, aber Experten wie Patienten schwören auf die Wirkung der schmierigen Wattpampe auf der Haut. Jetzt könnte man natürlich auf die Idee kommen und sich selbst von Kopf bis Fuß mit dem Schlick der Nordsee einreiben – schaden tut das nicht. Aber angenehmer und wirkungsvoller sind die **Schlickbehandlungen** in den Thalasso-Zentren an der Küste. Dort wird der Schlick auf eine angenehme Temperatur erwärmt, ehe er hauchdünn und sanft auf die Haut aufgetragen wird. Man fühlt sich wie im siebten Himmel, quasi in einer Art Schwerelosigkeit. Norderneys Kurdirektor Wilhelm Loth – Mitinitiator einer internationalen Arbeitsgruppe zum Thema »Thalasso – Gesundheit aus dem Meer«, behauptet gar: »Das ist so wunderbar entspannend, da schwimmt man wie ein Milky Way in der Milch.« Ganz besonders wertvoll ist der Schlick bei Neuharlingersiel. Das so genannte **»Meeresgold«** stammt nicht aus der Nordsee, sondern aus einer von Erdschichten bedeckten Schlickblase in der verlandeten Harlebucht. Weder Wasser noch Luft, keinerlei organisches Leben kommt an die Blase heran – was zur Folge hat, dass der Schlick vollkommen rein und ohne jegliche Umweltbelastungen ist.

Schwerelos im Salzwasser der »Floating Muschel« im Gezeitenland auf Borkum

Alles Gute aus dem Meer

Thalasso; das Wort leitet sich von thálassa, dem griechischen Begriff für Meer ab. »Thalasso bezeichnet alle Anwendungen, die ihren Ursprung im Meer haben«, erklärt Petra Baasen, die Leiterin des renommierten Badewerks in Neuharlingersiel. Um dann mit voller Überzeugung zu sagen: »Und Meer war schon immer gesundheitsfördernd.« Thalasso beinhaltet also insbesondere die Behandlung mit Meerwasser, Algen, Schlick und Salz, aber auch mit frischer Luft und Sonne. Die Urkraft des Meeres wird nicht nur für **Kosmetik- und Wohlfühlanwendungen** wie Meerwasser-Sprudelbäder, Meeresalgenpackungen, Muschelkalkanwendungen oder Meerwasserdampfbäder genutzt, sondern auch zu **therapeutischen Zwecke**n. Als »Erfinder« der Thalasso-Therapie gilt der britische Arzt Richard Russell, der bereits 1750 die heilende Wirkung der Meeresprodukte hervorhob, vorzugsweise bei Atemwegserkrankungen, bei Allergien wie Neurodermitis, bei diversen anderen

Hautirritationen sowie bei verschiedenen rheumatischen Leiden. Und gerade auch der Schlick macht nicht nur schick, sondern auch gesund: Er wirkt entzündungshemmend, stoffwechselanregend und durchblutungsfördernd. Die Meeresschlickpackungen werden bei Rheuma, Rücken- und Gelenkbeschwerden eingesetzt.

Qualität hat ihren Preis

Wellness ist kein Trend mehr, sondern laut Kurdirektor Loth »ein Grundbedürfnis der Menschen heutzutage«. Wobei sich ganz bestimmt nicht jeder Nordseeurlauber die Thalasso-Behandlungen leisten kann. Die Anbieter an der Nordseeküste setzen auf Qualität – und die hat ihren Preis. Die Häuser an der Küste haben x-Zertifizierungen, um sich gegen eher **unseriöse Anbieter** auf dem boomenden Wellness-Markt abzugrenzen. Tatsächlich gibt es einige Trittbrettfahrer; durchaus auch an, aber vor allem fernab der Waterkant. »Aber Thalasso in München?«, sagt Norderneys Kurdirektor kopfschüttelnd, »das wäre ja so, als würden wir Alpenglühen im Dünental veranstalten!«

Wellness liegt vor der Tür

Fakt ist, dass der Verband deutscher Thalasso-Zentren festgelegt hat, ein Haus, das Thalasso anbietet, dürfe nicht weiter als 300 Meter vom Meer entfernt liegen. Gesetzlich geschützt ist der Begriff allerdings nicht. Der Vorteil, eine Thalasso-Behandlung an der Nordseeküste zu starten, liegt auf der Hand. Besser gesagt, er liegt vor der Haustür, am Strand, in den Dünen und im Wattenmeer. Bei den Anwendungen in den Thalasso-Zentren von Borkum bis Sylt werden fast ausschließlich **regionale Produkte** verwendet. Der Schlick kommt aus dem Wattenmeer vor der Haustür, das frische Meerwasser wird über Pumpen aus der Nordsee direkt in die Wohlfühl-Oasen gepumpt. Und die reine und **pollenarme Nordseeluft** mit den heilenden Aerosolen leistet einen weiteren wichtigen Beitrag. Eigentlich, so Wilhelm Loth, sei das Konzept ganz einfach: Alles, was der Gast an der Nordseeküste erlebt, soll sich in den Thalasso-Häusern – unter der Obhut ausgebildeter Bademeister, Masseure und Therapeuten – widerspiegeln und intensiv fortgeführt werden.

BAEDEKER DAS IST …

RAN AN DEN SCHLAMM

Lassen Sie sich rundum verwöhnen: etwa im größten und vielfach ausgezeichneten **Thalasso-Zentrum bade:haus** auf Norderney. Zum zehnjährigen Jubiläum wurde es mit dem European Health & Spa Award als »Best Public Bath« ausgezeichnet. Großes Renommée besitzt auch das **badewerk in Neuharlingersiel**, mit fünf Medical Wellness Stars ausgezeichnet. Auf Sylt bieten zahlreiche Hotels ebenfalls Thalasso-Therapien an.
Weitere Informationen, u. a. zu den Anbietern auf den Ostfriesischen Inseln, findet man unter www.thalasso-guide.de.

T
TOUREN

Durchdacht, inspirierend, entspannt

Mit unseren Tourenvorschlägen lernen Sie die besten Seiten der Nordseeküste kennen.

Bei Gegenverkehr wird es schwierig auf der Autobrücke beim ostfriesischen Amdorf. ►

EMD ZY 78
HT 193

UNTERWEGS AN DER NORDSEEKÜSTE

Die Nordseeküste eignet sich hervorragend zum Erholen am Strand, doch besser lernt man die Gegend erst bei Ausflügen kennen. Küste wie Hinterland bieten eine Fülle von Eindrücken. Man sollte den Zeitrahmen auf keinen Fall zu eng fassen, um den gemütlichen Restaurants und Teestuben, den Häfen, Dünen und Museen Gerechtigkeit widerfahren zu lassen.

Umwelt-verträgliche Mobilität

Das Ziel ist hoch gesteckt: Die deutsche Nordseeküste will **Modellregion für Nachhaltigkeit** werden – und das nicht nur in ausgewählten Bereichen wie der Landwirtschaft, sondern allumfassend. Umweltverträgliche Mobilität gehört daher zu den Prioritäten. Fünf der sieben ostfriesischen Inseln sind autofrei, und auch auf dem Festland gibt es zunehmend Bestrebungen, den Fahrzeugverkehr aus den Innenstädten und Ortszentren zu verbannen. Umgesetzt wird dies durch Einfahrtverbote oder den Griff ins Portemonnaie: Je näher die Parkplätze zum Zentrum, Strand oder zu einer touristischen Attraktion liegen, desto teurer sind sie. Im Gegenzug wurden vielerorts **moderne Großparkplätze ein wenig außerhalb** angelegt, günstig oder gar kostenlos, ausgestattet mit sauberen Sanitäranlagen und mitunter auch Touristen-Info, Café, Kiosk oder Imbiss. Um Inselbesuchern den Verzicht aufs Auto schmackhaft zu machen, sind die Großparkplätze an den Fährhäfen überraschend günstig, und die Anbindung an Fähren, Inselbusse oder Taxis ist in der Regel ganz hervorragend gelöst.

Zentrale Standorte

Ob fester Standort oder Nordsee-Hopping, Insel oder Festland, Stadt oder Land – alles ist möglich, alles hängt von den persönlichen Vorlieben ab. Wer Urbanität und Strandleben kombinieren will, sollte in Schleswig-Holstein **Husum** wählen: Die »graue Stadt am Meer« ist ein geschichtsträchtiges Kleinod, das sein Erbe stolz präsentiert, Tor zur Halligwelt und Standort des Romantikhotels »Altes Gymnasium« mit einem der besten Restaurants der Region. In Niedersachsen vereint **Norden**, die älteste Stadt Ostfrieslands, aufs Feinste Kultur, Tradition und modernes Badeleben. Seefahrt, maritime Nostalgie und Strände in Stadtnähe bieten **Cuxhaven** und **Wilhelmshaven**, besonders viel Kultur und Natur das schöne Künstlerbad **Dangast-Varel** am Jadebusen.

OSTFRIESISCHE IMPRESSIONEN

Start und Ziel: Emden | **Länge:** rund 200 km

Tour 1

Kluntjes, Meer und flaches Land sind drei wichtige Komponenten auf dieser Rundreise. Sie beginnt im schönen Emden und führt sodann immer an der Küste entlang. Von den Sielhäfen brachen einst ostfriesische Seeleute in alle Welt auf. Heute wirken die Häfen idyllisch, manche fast museal. Den Abschluss der Reise bildet der städtische Dreiklang aus Wilhelmshaven, Jever und Aurich.

Die Küste entlang

Start und Ziel der Tour ist ❶ ★ **Emden**. Die Heimatstadt von Otto Waalkes lohnt einen längeren Aufenthalt: Die Gegend um den alten Hafen ist sehr schön, Kunsthalle und Landesmuseum halten so manchen kulturellen Leckerbissen bereit. Die Fahrt führt nun über die idyllische Krummhörn. Wer baden oder Seeluft schnuppern möchte, wählt die Strecke über Rysum und Campen: Hinter dem Campener Deich beim Leuchtturm liegt die beste Badestelle der Krummhörn. Nächster Etappenpunkt ist ❷ ★★ **Greetsiel**, ein Juwel Ostfrieslands, schon allein der hübschen Häuser und der beiden Leuchttürme wegen. Über die Grüne Küstenstraße erreicht man ❸ ★ **Norden**, wo das Ostfriesische Teemuseum mit Kluntjes, Stövchen und den Riten des Teezeremoniells vertraut macht. **Norddeich**, ein Ortsteil Nordens, ist kein besonders schöner Ort, doch man kann die Seehundstation besuchen, eine Zeitlang das geschäftige Treiben im Hafen beobachten oder den großartigen Blick vom scheinbar endlosen Seedeich genießen. Der Hafen ist der einzige, von dem es Verbindungen zu gleich zwei Ostfriesischen Inseln gibt: nach Juist und nach Norderney.
Wer Zeit hat, sollte einen Abstecher nach ❹ ★ **Norderney** einplanen, denn was wäre eine Fahrt durch Ostfriesland ohne den Besuch einer seiner Inseln? Norderney bietet sich an, weil die Fähre tidenunabhängig verkehrt und nur eine Stunde braucht. Wer will, kann auch das Flugzeug von Norddeich aus nehmen.

Die Sielhäfen

Zurück in Norden/Norddeich setzt man die Fahrt der Küste entlang auf der Störtebekerstraße fort und passiert nach und nach alle Häfen, von denen die Fähren nach Baltrum, Langeoog, Spiekeroog und Wangerooge abgehen. Als Nächstes erreicht man ❺ **Neßmersiel**, ein gemütliches Dorf mit einem netten Badestrand sowie dem Fährhafen nach Baltrum. Dann folgt ❻ **Dornumersiel** mit einem kleinen Sielhafen. Wer gerne Kissen oder andere Wohntextilien einkaufen möchte, sollte nach Dornum hineinfahren und die Handweberei Fiefschaft am Marktplatz besuchen. Weiter geht es immer der Küste entlang. Im Hafen von ❼ **Bensersiel** herrscht meist ziemlicher Trubel, denn von hier gehen die regelmäßigen Fähren nach Langeoog. Es gibt überdies einen Yachthafen, ein Schwimmbad und einen Campingplatz. Der malerischste Hafen, in dem eine kleine Krabbenkutterflotte liegt, ist sicherlich ❽ **Neuharlingersiel**. Besucher des kleinen Kurorts genießen die Spaziergänge am Kanal oder brechen zur Fahrt mit einer der kleinen Fähren nach Spiekeroog auf. Die nächste Station ist das 1 km landeinwärts gelegene ❾ **Carolinensiel** mit seinem interessanten Sielhafenmuseum. Die historischen Häuser um den kleinen Hafen bilden ein hübsches Ensemble und führen in die einstige »große« Zeit des Orts zurück. Vom kleinen Küstenort **Harlesiel** aus starten Fähren und Kleinflugzeuge nach Wangerooge.

Die Grüne Küstenstraße durchquert nun das Wangerland und erreicht ⑩ **Horumersiel**. Die ausgedehnten Sandstrände und die vielen Campingplätze machen diesen Ort zu einem sehr beliebten Ferienziel. Das gilt genauso für ⑪ **Hooksiel**, den nächsten Stopp der Tour. Am ausgesprochen idyllischen Hafen lohnt es sich, außer einen Kaffee zu trinken und Schiffe anzuschauen, das Muschelmuseum zu besuchen.

Im Wangerland

Wer nach der Fahrt über Land und durch die kleinen Orte wieder Lust auf Stadt hat, darf sich nun auf ⑫★ **Wilhelmshaven** freuen. Eine Rundfahrt durch den bedeutenden Hafen ist ein besonderes Erlebnis. Und nicht nur bei Schlechtwetter lohnt ein Besuch der hervorragenden Museen: Küsten- und Marinemuseum sowie Aquarium klären manche Frage, die während der Tour aufgetaucht sein mag. Weiter geht es landeinwärts nach ⑬★ **Jever**. Hier kann man gemütlich in der Fußgängerzone bummeln und einkaufen, das schöne Schloss besuchen oder dem Jever-Shop und der Brauerei einen Besuch abstatten, um sich anschließend in einem der vielen guten Restaurants zu stärken. Letzte Station ist ⑭ **Aurich**, die sehenswerte ehemalige Residenz und »heimliche Hauptstadt Ostfrieslands«. Auf dem Rückweg nach Emden via B 72 lohnt sich noch ein Stopp bei **Moordorf**, um das Moormuseum anzusehen.

RADTOUR DURCH BUTJADINGEN

Start und Ziel: Nordenham | **Länge:** ca. 50 km

Tour 2

Windmühlen, Fachwerkhäuser, Schöpfwerke, Schleusen und immer wieder Schafe auf den endlosen Deichen: Wer in Butjadingen der Deutschen Sielroute folgt, erfährt allerhand Wissenswertes über die Entwässerung der Wesermarsch. Unser Radrundweg folgt im Groben der 181 km langen Fernroute zwischen Weser und Jadebusen – und schlägt dann einen Kreis zurück nach Nordenham.

Tipps für Radler

Wer mit dem Fahrrad unterwegs ist, sollte sich am besten nach dem Zwiebelprinzip kleiden und für eine wind- und wasserdichte »Außenhaut« sorgen. Zwar ist nur bei den Deichüberquerungen mit Steigungen zu rechnen, dafür hin und wieder mit kräftigem Gegenwind. Die Wege entlang der Deutschen Sielroute sind fast überall gepflastert bzw. asphaltiert. Lästig wird der Verkehr höchstens in den Orten, über Land sind die Straßen meist sehr ruhig. Alles in allem bietet sich die Tour auch für Kinder an.

Mühle und Lagune

Start und Ziel der Rundroute, die an einer Museums-Mühle beginnt und endet, ist 1 **Nordenham**. In Ostfrieslands ältester Stadt beherrbergt die 1903 mit zwei Mahlgängen errichtete, voll funktionsfähige Moorseer Mühle (www.museum-moorseer-muehle.de), heute ein Museum zur Geschichte der Mühlenlandschaft Wesermarsch, sowie ein Café, das zu hausgemachten Kuchen Tee- und Kaffeespezialitäten serviert. So gestärkt, geht es vorbei an Blexen und dem Bauerndorf Waddens, dessen Hafen in den 1970er-Jahren verlandete, zum 2 **Nordseebad Burhave**. Seine Attraktion: eine Meerwasserlagune, in der Sie unabhängig von den Gezeiten mit Blick auf die Nordsee baden können. Ins Meer hinein ragt der »Wattensteg«, eine 200 m lange Seebrücke. Wer mit Kindern unterwegs ist, sollte einen Stopp in der **Spielscheune** (www.spielscheune.com) einplanen – dort kann sich der Nachwuchs richtig austoben!

Entlang der Kunstpromenade

Die Kunstpromenade begleitet den Weg nach 3 **Fedderwadersiel** – sie wird durch Werke gesäumt, die sieben deutsche Künstler 2007 während eines vierwöchigen Bildhauersymposiums aus Holz, Stein, Metall und Marmor schufen (www.butjadingen.de). Es lohnt sich, in dem kleinen Fischerort eine Pause einzulegen, direkt am Kutter frische Krabben zu kaufen und pulend vom Poller aus das Treiben im Hafen zu beobachten. Im **Nationalparkhaus** veranschaulicht ein Gezeitenmodell, wie Ebbe und Flut funktionieren und Sturmfluten entstehen. Meer- oder landseitig am Deich entlang wird dann ❹ **Langwarden** erreicht, wo die St. Laurentiuskirche die älteste Orgel Butjadingens birgt – 1705 tauschte der berühmte Orgelbauer Arp Schnitger ihre Mixturen und Zungenstimmen aus. Im Sommer erklingt das wertvolle Instrument regelmäßig bei Orgelkonzerten. Der Turm der Dorfkirche diente Carl Friedrich Gauß einst als Vermessungspunkt, was Langwarden 1989 auf den Zehnmarkschein brachte – als Punkt des dargestellten Vermessungsnetzes. Nicht verpassen sollten Sie den Besuch des Dorfladenmuseums gegenüber der Kirche.

BAEDEKER MAGISCHE MOMENTE

NUR FLIEGEN IST SCHÖNER

Ein Radprofi hat einmal behauptet, die Berge seien der natürliche Feind des Radfahrers. Insofern sind sowohl Ost- und Nordfriesland als auch die Inseln ein Paradies für Radfahrer. Wenn nur nicht hinter jedem Misthaufen oder jeder Düne ein anderer Feind lauern würde – der ständig blasende Wind. Sofern Sie nicht auf einem E-Bike unterwegs sind: Planen Sie die Tour so, dass sie zuerst gegen den Wind anstrampeln müssen und auf dem Rückweg geschoben werden. Nur Fliegen ist schöner ...

Badefreuden und mehr

Malereien, Grafiken und Handwerksarbeiten norddeutscher Künstler zeigt 2,5 km weiter die Galerie am Wehlhamm in ❺ **Ruhwarden**, die neben Ausstellungen regelmäßig auch Lesungen, Lichtbildvorträge und Seminare veranstaltet. Ist das Wetter zu schlecht für einen Sprung in die Nordsee, können Sie im ❻ **Nordseebad Tossens** subtropische Badefreuden im Center Park Nordseeküste genießen. Der neu angelegte Piratenstrand lädt mit Arche Noah, Mutprobennetz, Seilbahn, Wasser- und Abenteuerspielplatz, Beachvolleyballfeld und einer Fußballschule am Meer zu Spiel und Spaß unter freiem Himmel. Vom Aussichtsturm haben Sie einen hervorragenden Blick auf Wilhelmshaven am gegenüberliegenden Ufer der Außenjade.

Kunst am Deich

Wer noch höher hinaus will, kann in ❼ **Eckwarden** einmal richtig abheben – dort bietet Rainer Boedecker Parasailing an (www.nordwestreisemagazin.de/parasailing). In ❽ **Eckwardenhörne** begegnen Sie dann einem Schwergewicht: 15 Tonnen wiegt der mächtigste jener Steine, die der Bildhauer Eckard Grenzer für seine Eiszeit-Skulptur verwendet hat, 25 Tonnen sein gesamtes Werk – wer die »Kunst am Deich« entdecken möchte, folgt der Deutschen Sielroute bis nach Mariensiel. Für die anderen geht es von Eckwarderhörne, wo von Mai bis September eine Personen-Fahrrad-Fähre nach Wilhelmshaven übersetzt, außerdeichs weiter nach **Eckwardersiel**, wo der Deich überquert und im Deichschatten weiter geradelt wird. Vogelliebhaber werden sich jetzt freuen: Säbelschnäbler, Austernfischer, Blässhühner, Teichhühner, Kormorane, Schwäne und Störche lassen sich in den binnendeichs gelegenen Pütten, für den Deichbau angelegten Erdgruben, beobachten – im Spätsommer auch mehr als 100 schneeweiße, reihergroße Löffler.

Baumklettern und Kultur

Auf einer 4200 m^2 großen, verwilderten Obstwiese mit 21 alten Eschen hat am Burgweg in 9 **Stollhamm-Mitteldeich** der gelernte Tischler Stephan Rasper seinen Baumklettergarten KiG (www.klettern-im-garten.de) angelegt. Über vier Seilbahnen und 28 Kletterelemente geht es auf vier Parcours mit einer Gesamtlänge von 200 Metern auf die bis zu zehn Meter hohen Plattformen in den Bäumen. Letzte Station auf der Strecke schließlich ist 10 **Seefeld**, wo das Kulturzentrum Seefelder Mühle (www.seefelder-muehle.de) seit 25 Jahren Geist und Körper stärkt mit Kaffee und Kuchen im Mühlencafé, beim Landfrauenmarkt am ersten Sonntag im Monat (10 – 16 Uhr), mobilem Kino und prall gefülltem Veranstaltungskalender mit Figurentheater und Film, Kleinkunst und Konzerten. Vorbei an Esenshamm, dessen 1593 erstmals erwähnte Schule aus Mangel an Schülern 2012 geschlossen wurde, geht es in flotter Fahrt zurück zum Ausgangspunkt Nordenham.

IMMER NORDWÄRTS

Start und Ziel: Von Brunsbüttel nach Seebüll | **Länge:** ca. 240 km

Tour 3

Diese Route verläuft immer in nördlicher Richtung, sodass man sie gut auf dem Weg zu einer der Nordfriesischen Inseln kennenlernen kann. Flache, fruchtbare Marschenlandschaft und hohe Küstendeiche wie auch der Geestrand prägen diese Reise. Man kommt an Windparks vorbei, die Zeugnis vom oft rauen Küstenklima ablegen.

Wichtige Wasserstraße

Entlang der B 5 von Brunsbüttel Richtung Sylt erhält man einen guten Überblick über die Küste mit ihren vorgelagerten Inseln und Halligen. Man sollte sich Zeit dafür nehmen und ab und zu einen Abstecher einschieben. Die Tour beginnt in 1★ **Brunsbüttel**. Die Stadt ist als Industriestandort bekannt, und man sollte hier, am Anfang bzw. Ende des Nord-Ostsee-Kanals, der meistbefahrenen künstlichen Wasserstraße der Welt, auf jeden Fall das große Schleusensystem besichtigen.

Nördlich von Brunsbüttel kommt man dann in die **Marschenlandschaft von Dithmarschen**. Flaches Land mit zahlreichen Wasserläufen zieht sich bis zum Horizont, im Westen liegen die neueren Köge, deren Landmassen im Lauf von Jahrhunderten dem Meer abgetrotzt wurden und durch hohe Deiche geschützt sind. Das kleine Städtchen **2 Marne**, das nächste Etappenziel, ist von solchen Kögen umgeben. Noch vor 300 Jahren war dieses Fleckchen ausgesprochen wasserreich – Marne lag direkt am Wattenmeer und lange davor war die Siedlung sogar auf einer Hallig gelegen. Das Wasser reichte damals bis an den Geestrand, an dem heute **3 Meldorf** und Heide liegen. In beide Städtchen kommt man automatisch, wenn man der B 5 in Richtung Norden folgt. Meldorf mit dem großen **»Dom der Dithmarscher«** und dem sehenswerten Landesmuseum sowie weiter nördlich **4 Heide**, das für seinen überdimensionalen Marktplatz bekannt ist, sind die Zentren von Dithmarschen. Liebhaber von frühgeschichtlichen Stätten kommen südöstlich von Heide auf ihre Kosten – bei **Albersdorf** sind gleich mehrere Megalithgräber erhalten. An der Küste zwischen Meldorf und Heide zieht **5 Büsum**, das man von Heide aus über die B 203 erreicht, im Sommer die Urlauber an. Wer sich für Leben und Werk des Schriftstellers Christian Friedrich Hebbel interessiert, darf an 6 **Wesselburen** nordöstlich von Büsum nicht vorbeifahren, denn dort befindet sich das Hebbel-Museum.

Halbinsel Eiderstedt

Von Wesselburen geht es weiter in Richtung Nordwesten über den Damm des immensen **Eidersperrwerks** auf die Halbinsel Eiderstedt mit den riesigen Bauernhöfen, den Haubargen, und nicht weniger als 18 romanischen Dorfkirchen. In 7★ **St. Peter-Ording** an der Westküste von Eiderstedt, das man direkt über die Straße vom Eidersperrwerk aus erreicht, herrscht lebhafter Badebetrieb. Ein Abstecher von dort in nördliche Richtung führt zu dem berühmten Leuchtturm von Westerhever, mit dem die Brauerei Jever seit Jahren für ihr Bier wirbt. Auf der B 202 von St. Peter-Ording in Richtung Osten kommt man nach 8★ **Tönning** mit seinem stimmungsvollen Hafen. Auf dem Weg von Tönning nach Husum sind zwei Abstecher sehr zu empfehlen. Einer führt in die »Holländerstadt« 9 ★★**Friedrichstadt**, ein ausnehmend hübsches Städtchen mit Grachten und stolzen Bürgerhäusern, das im 17. Jh. von Holländern erbaut wurde. Der zweite Abstecher führt in die Nähe von Witzwort nördlich von Tönning zum **Roten Haubarg**, der als ausgesprochen sehenswertes Museum und als nettes Restaurant-Café öffentlich zugänglich ist.

Nach Nordfriesland hinein

Für den Besuch von 10★ **Husum**, der »grauen Stadt am Meer«, sollte man sich viel Zeit nehmen; der Binnenhafen, mehrere Museen und das Schloss bieten sich zur Besichtigung an. Über einen Damm kann man dann auf die Hamburger Hallig fahren; dazu biegt man von der B 5 nördlich von 11 **Bredstedt** nach Bordelum ab und hält sich weiter Richtung Reußenkoog. Für das Befahren der einspurigen Strecke hinüber zur 12 **Hamburger Hallig** muss eine Gebühr entrichtet werden. Dort kann man im Hallig-Krog eine Pause einlegen und die Landschaft auf sich wirken lassen (www.halligen.de; www.hallig-krog.de). Schließlich kommt man nach 13 **Niebüll**, das meist nur als Autoverladestation nach Sylt bekannt ist, aber allein wegen drei interessanter Museen einen kleinen Aufenthalt lohnt. Schon fast an der dänischen Grenze bei 14 **Seebüll** ist das wunderschön mitten in der flachen Landschaft gelegene **Nolde-Museum** ein Besuchermagnet, der weit über Schleswig-Holstein hinaus bekannt ist. Hier endet die Route entlang der Nordseeküste.

Z
ZIELE

Magisch, aufregend, einfach schön

Alle Reiseziele sind alphabetisch geordnet. Sie haben die Freiheit der Reiseplanung.

Gemächlich-nostalgische Ruhe herrscht im Museumshafen im ostfriesischen Carolinensiel. ►

ROLINENSIEL

★★ AMRUM

Schleswig-Holstein | **Landkreis:** Nordfriesland |
Einwohner: 2300

L/M 3/4

»Kleine Insel der großen Freiheit.« So nennen die Amrumer selbst ihre Insel. Der Fotograf und Inselchronist Georg Quedens sagte einmal: »Schon am Gepäck erkennt man, wer nach Amrum reist und wer nach Sylt.« Die Sylt-Urlauber, so Quedens, hätten immer einen Koffer mehr dabei – wenn nicht sogar zwei. Amrum ist das Urlaubsziel für Familien. Auf der landschaftlich abwechslungsreichen Insel hat der Jetset nichts zu suchen. Man fährt hier nicht mit dem Bentley am Strand vor, sondern mit dem Bollerwagen.

Sand, Wald und Wind

Die südlichste der drei Nordfriesischen Inseln ist ca. 20 km² groß, Rund 22 km trennen Amrum vom Festland, rund 3 km von ▶Föhr und 5 km von der Südspitze ▶ Sylts. Mit rund 200 ha Waldfläche ist Amrum die waldreichste der deutschen Nordseeinseln. Ihr **Dünengürtel** zieht sich im Westen über eine Länge von 12 km vom Inselsüden bis zur Nordspitze. Die höchste Erhebung ist mit 32 m die aussichtsreiche »Setzerdüne« (friesisch: A Siatler) bei Norddorf.

Sture Friesen beugen sich nicht gern

Wechselvolle Geschichte

Wie auch die Nachbarinseln Sylt und Föhr wurde Amrum durch den nacheiszeitlichen Anstieg des Meeresspiegels zwischen 4000 und 1000 v. Chr. allmählich zur Insel. Unter dem Namen Ambrum 1231 erstmals erwähnt, war sie schon lange zuvor besiedelt, wie **steinzeitliche Funde** in Grabhügeln belegen. Vermutlich um 795 hatten dänische Truppen von König Gottfried die Friesen auf der Insel besiegt. Der Sage nach ließen die dänischen Herrscher die Friesenhäuser auf Amrum mit extrem niedrigen Türen in Richtung Norden bauen, damit die Friesen, immer wenn sie aus dem Haus traten, gezwungen waren, sich vor dem Herrscher zu verbeugen. Angeblich verließen die sturen und freiheitsliebenden Friesen deshalb ihre Häuser zur Nordseite nur noch rückwärts – mit dem Hintern voran. An der Südseite hingegen brachten sie höhere, so genannte **»Ebbertüren«** an, die groß genug waren, um aufrecht ein- und auszutreten; sie wurden geöffnet, wenn Freudenfeste gefeiert wurden.
Eine Zeit wirtschaftlicher Blüte brachte im Mittelalter die Salzsiederei aus Torfasche, vor allem bescherte aber der **Walfang**, an dem im 18. Jh. jeder vierte Amrumer beteiligt war, der Insel ein »Goldenes Zeitalter«. Nach dem Abflauen des Walfangs und der Handelsschifffahrt verlegten sich die Amrumer auf Landwirtschaft und Fischerei.

Als natürlicher Wellenbrecher schützt der Kniepsand vor Sturmfluten.

Große Vorbehalte gegen »unzüchtigen Badetourismus«

Anfänge des Bädertourismus

Bis 1864 war die Insel dänisch, was eine weitere Erklärung dafür ist, dass der Bädertourismus hier relativ spät einsetzte. Ein erster Antrag des Hannoveraner Architekten und Malers Schulze-Waldhausen zur Gründung eines Seebades auf Amrum im September 1885 wurde von der Gemeinde abgelehnt. Man befürchtete »den Verderb der guten, hiesigen Sitten durch die Badeleute«. Ein paar Jahre später war es dann doch so weit: Wittdün wurde **Seebad**, gleichzeitig setzte die Innere Mission, allen voran Pastor Friedrich von Bodelschwingh, dem unzüchtigen Badetourismus mit den **christlichen Seehospizen** in Norddorf eine Portion christliche Anständigkeit entgegen.

Die »kleine Schwester« setzt auf Bodenständigkeit

Trachten und Friesenhäuser

Spätestens seit den 1970er-Jahren lebt die Insel vom Tourismus, vor allem von Stammgästen. Die kleine Schwester ist genau so schön wie Sylt. Aber während Sylt im »kleinen Schwarzen« daherkommt, trägt Amrum Friesentracht. Die Teller sind nicht so groß wie auf Sylt, die Nordseeschollen darauf umso größer. Amrum wuchert mit der **vielfältigen Naturlandschaft**, mit der Weite des Kniepsands, den Dünen, den Wäldchen in der Inselmitte, den Heideflächen zwischen Watt und Geest und mit einem friesischen Kleinod: **Nebel** mit seinem Ensemble aus schnuckeligen Friesenhäusern gilt neben Nieblum auf Föhr und Keitum auf Sylt als schönstes Dorf in ganz Nordfriesland.

Wohin auf Amrum?

Strand und Wellenbrecher

★★ Kniepsand

Rund ein Drittel Amrums macht der Kniepsand aus. Für Urlauber ist das einfach nur ein fantastischer Strand, an dem man Burgen bauen und Drachen steigen lassen kann, Baden, Surfen, und endlos Spazierengehen kann. Für die Amrumer ist er vor allem auch ein natürlicher Wellenbrecher. Der bis zu 1,5 km breite Kniepsand schützt die Insel vor Sturmfluten, weshalb man Amrum bisweilen auch die »Geliebte des Blanken Hans« nennt. Streng genommen darf sich der »Kniep« eigentlich nicht Strand nennen, denn es handelt sich um eine **Sandbank**, die sich seit Jahrhunderten auf Wanderschaft befindet und sich immer weiter ausbreitet. Eine Seekarte aus dem späten 16. Jh. zeigt den Kniepsand als »Ameren bor«, als »Amrumer Barriere«, damals noch von der Insel durch einen Priel getrennt. In den 1960er-Jahren schließlich hatte die Sandbank die Insel erreicht.

Hier kommen alle an, und manche bleiben auch gleich

Wittdün

Wittdün an der Südostspitze ist der Hafenort Amrums. In den Wirtschaftswunder-Jahren kurbelten private Investoren den weitgehend brachliegenden Tourismus wieder an: Vor allem in den 1970er-Jahren entstanden hier zahlreiche Neubauten mit Ferienwohnungen. Darunter sind allerdings auch einige architektonische Entgleisungen.
In der Wittdüner **Wattenmeer-Schutzstation** werden Vorträge zum Thema Wattenmeer und Umweltschutz, Dünen-, Strand-, Nacht- und Wattwanderungen sowie vogelkundliche Exkursionen und Radtouren angeboten.

Am Schwimmbad 1 | April – Okt. Di. – So. 10 – 12 -/ 15 – 18, sonst 13 – 17 Uhr | www.schutzstation-wattenmeer.de

Konfirmand in orientalischer Tracht

Süddorf

In Süddorf steht das Geburtshaus von **Hark Olufs** (1708 – 1754). Als 15-Jähriger wurde der Matrose bei Algier von maurischen Piraten entführt und als Sklave verkauft. Doch Hark Olufs machte eine außergewöhnliche Karriere: Er diente über elf lange Jahre als Schatzmeister des Bey (Herrscher) der algerischen Stadt Constantine und erhielt einen bedeutenden Posten beim Militär. 1735 kehrte er als reicher Mann nach Amrum zurück. Der dänische König bot ihm eine gut bezahlte Stelle an. Doch Olufs blieb auf Amrum, wo er das Amt des **Strandvogts** versah. Mit 28 Jahren ließ er sich in orientalischer Kleidung in der St. Clemens-Kirche zu Nebel konfirmieren.

Weiter Blick entlohnt für den Aufstieg

Leuchtturm und Esenshugh

Unweit der Straße zwischen Wittdün und Süddorf steht unübersehbar Amrums Leuchtturm, mit 41,8 m Höhe (ca. 66 m ü. d. M.) der höchste an der Nordseeküste Schleswig-Holsteins. 1874 wurde er fertiggestellt, im darauffolgenden Jahr in Betrieb genommen. Zuvor gab es hier kein Leuchtfeuer, daher strandeten immer mal wieder Schiffe in den flachen Gewässern vor Amrum, häufig Beute für die **Amrumer Strandpiraten**. 172 Treppenstufen innerhalb des Turms müssen erklommen werden, ehe man von oben einen grandiosen Ausblick über die Nordsee, hinüber zu den Nachbarinseln Sylt und Föhr und an ganz besonders guten Tagen sogar bis ▶Helgoland genießt.

Ganz in der Nähe liegt der **Esenshugh**, mit 4,7 m Höhe und 26,5 m Durchmesser das größte Steingrab der Insel. Hier fand man u. a. einen 4000 Jahre alten Schädel mit Operationsspuren, den man

BAEDEKER MAGISCHE MOMENTE

STÜRMISCHE ZEITEN

Wie heißt es so schön – und gerade hier oben an der Nordsee: Es gibt kein schlechtes Wetter, nur unpassende Kleidung. Trauen Sie sich einmal bei Sturm und Regen an den Kniepsand. Stemmen Sie sich mit Macht an Amrums Seeseite gegen den Wind, der hier ungehindert über die weite, ebene Sandfläche heult. Das Meer tost und gurgelt, der Wind bläst die Gischt über den Strand, während sich die Flut immer mehr vom Strand nimmt. Und freuen Sie sich hinterher bei einer Tasse Tee, dass es nur ein ganz normaler Nordsee-Sturm und keine Sturmflut war.

AMRUM ERLEBEN

AMRUM TOURISTIK
Inselstr. 14 (Fähranleger)
25946 Wittdün
Tel. 04682 94 030
www.amrum.de

AMRUM TOURISTIK NORDDORF
Ual Saarepswai 7
Tel. 04682 94 700

AMRUM TOURISTIK NEBEL
Meeskwai 1 A (Haus des Gastes)
Tel. 04682 94 300

Anreise: tideunabhängige Autofähre ab Dagebüll (ca. 1,5 Std.); Personenfähre ab Schlüttsiel (ca. 2,5 Std.); kostenpflichtige Parkplätze in Dagebüll und Schlüttsiel.
Wyker Dampfschiffs-Reederei (W.D.R.)
Tel. 01805 08 01 40
www.faehre.de

Ausflüge: nach Föhr und Sylt mit der Wyker Dampfschiffs-Reederei; nach Nordstrand (Strucklahnungshörn), zur Hallig Hooge, nach Sylt, zu den Seehundbänken und Wattenmeerkreuzfahrten mit der MS Adler
Tel. 01805 08 01 40
www.faehre.de
Tel. 04842 90 000
www.adler-schiffe.de

QUEDENS
Erstklassig sortierter Buch- und Fotohandel mit Schwerpunkt friesische Bücher.
Inselstr. 5, Wittdün
Strunwai 22, Norddorf

AMRUM BADELAND
Erlebniswellenbad mit Saunalandschaft: Tageskarte Sauna und Wellenbad 20 €, nur Sauna 15 €, Orientalisches Rasul (n. Voranmeldung): 19 €
Am Schwimmbad 1
Tel. 04682 94 34 31
www.amrum-badeland.de
Nov. – Mitte März tgl. 10 – 18 Uhr, Mitte März – Okt. Mo. – Fr. 10 – 20 Uhr, Sa., So. bis 18 Uhr

GESUNDHEITSZENTRUM AMRUMSPA
Die Preise für die Angebote und Anwendungen findet man auf der Website des AMRUMSPA, u. a. Fitness, Massagen, Thalasso-Behandlungen, Kaiserbad und Whole Body Vibration.
Am Schwimmbad 1
Tel. 04682 96 15 888
www.amrumspa.de
Mo. – Fr. 8 – 12 Uhr und 14 – 20 Uhr (Di. u. Do. bis 21 Uhr), Sa., So. u. Feiertage 14 – 18 Uhr

1 54°NORD
Gefeiert wird auf Amrum am Strandübergang Strunwai. Die legendäre Diskothek »Knie2psandhalle« trägt seit 2015 den Namen 54°Nord und hat nur am Samstagabend geöffnet.

2 BLAUE MAUS
Seit mehr als 50 Jahren *die* Bar der Insel mit über 300 Whiskysorten, Störtebeker-Schwarzbier und mildem Maus-Pils. Gelegentlich Livemusik, immer Backgammon und Schach. Für Nachteulen gibt es das Ein-Uhr-Taxi für 3 €. Küche von 18 – 24 Uhr.
Wittdün, Inselstr. 107
www.blauemaus-amrum.de

IN NEBEL

❶ SEEKISTE €€€

Friesische Gourmetküche könnte man das Konzept von Wellem Peters Restaurant Seekiste nennen, das auf regionale Produkte setzt. Auf der Speisekarte in seinem urigen Friesenhaus stehen neben internationalen Gerichten solch urfriesische Speisen wie Queller (Spargel der Nordseeküste) oder »Porrenpann« (Spezialität von den Halligen).
Smääljaat 2
www.seekiste-amrum.de

❷ FRIESEN-CAFÉ

Das reetgedeckte Friesenhaus ist mehr als 250 Jahre alt, der leckere Kuchen wird täglich frisch gebacken. Die Rezepte wiederum sind von Generation zu Generation überliefert. Und wer im Urlaub des Vorjahres ei-

nen Lieblingskuchen in der Alten Friesenstube entdeckt hat, der kann ihn sich im nächsten Urlaub einfach wünschen – schon am nächsten Tag wird er frisch gebacken!
Uasterstigh 7
www.friesen-cafe.de

IN STEENODDE

5 WELTENBUMMLER €€€–€€€€
Schöner Ausblick über die Wattseite Amrums. Absolut empfehlenswerte gutbürgerliche, friesische und mediterran angehauchte Küche. Der Rücken vom iberischen Landschwein ist zwar nichts Regionales, aber ein Gedicht! Ebenfalls zu empfehlen: das Carpaccio von der Fjordforelle mit Sesam-Marinade und Wakame Salat.
Stianoodswai 17 (im Inselhotel Kapitän Tadsen)
www.weltenbummler-amrum.de

6 LIKEDEELER €€€
Gemütliches Ambiente, gute Weine und einen freundlichen Service bietet das Restaurant »Likedeeler«, benannt nach den Gefährten des Seeräubers Klaus Störtebecker. Besonders lecker: der Steenoder Lammfleischsalat und die Spaghetti »Hubsand«.
Stianoodswai 29a
www.likedeeler-amrum.de

IN NORDDORF

4 RESTAURANT DE STRUNLUUKER €€€€
Empfehlenswertes Restaurant in den Dünen im Gebäude des alten Norddorfer Schwimmbads, das sich der Slow-Food-Küche verschrieben hat. Das heißt u. a., dass überwiegend regionale Produkte verwendet werden. Wechselnde Tageskarte, immer im Angebot: die Currywurst vom Susländer Schwein sowie vegetarische und vegane Gerichte.
Strunwai 31
www.destrunluuker.de

3 STRAND 33 €–€€
Auf der Terrasse sitzt man in der ersten Reihe am Kniepsand. Statt regionaler Küche werden überwiegend internationale Leckereien wie Tapas, Burger, gegrillter Halloumi oder Flammkuchen serviert.
Strunwai 33
www.strand33.de

IN STEENODDE

2 INSELHOTEL KAPITÄN TADSEN €€€
Am Wattenmeer gelegenes, reetgedecktes Haus. Geschmackvolle Zimmer, extrem freundliche Gastgeber. Gutes Frühstück und ausgezeichnete Küche.
Stianoodswai 17
www.hotel-steenodde.de

IN NORDDORF

1 HOTEL PYDDER LING €€€€
Einst Kuhstall, heute 4-Sterne-Wohlfühlhotel, in dem schon ehemalige Bundespräsidenten urlaubten. Inhaberin Renate Peters kümmert sich mit viel Liebe und Engagement um ihre Gäste – wobei die sowieso meistens wunschlos glücklich sind.
Bideelen 5
www.pidderlyng.de

3 MEIN INSELHOTEL €€€–€€€€
Das Ehepaar Jöns hat sich in Amrum verliebt. Aber es kommt nicht immer wieder her, sondern ist einfach dageblieben auf der Insel und führt seit 2010 das außergewöhnliche kleine »Mein Inselhotel«. Verschieden farbige, hell und freundlich gestaltete Zimmer, ein urgemütlicher Gastraum, persönliche Inselführungen der Chefin, was will man mehr?
Madelwai 4
www.mein-inselhotel.de

im Museum in Wyk auf Föhr sehen kann. Möglicherweise auch aus der Wikingerzeit rührt der zwischen Steenodde und Süddorf verlaufende, 2 m hohe **Krümwall**, der zur Abwehr der Nordmänner gedacht war.

Leuchtturm: April – Okt. Mo. – Fr. 8.30 – 12.30, in den Wintermonaten Mi. 9 – 12.30 Uhr | Eintritt: 3,50 € mit Gastkarte, sonst 8 €

Friesische Bilderbuchidylle

★ Nebel

Nebel in der Mitte Amrums ist der Hauptanziehungspunkt für Touristen – und für betuchte Neu-Amrumer. In dieser friesischen Bilderbuch-Idylle mit den pittoresken reetgedeckten Häusern und den traditionellen bunten, üppigen **Bauerngärten** sind die meisten Zweitwohnsitze in ganz Schleswig-Holstein registriert – mehr noch als in Kampen auf Sylt. Die Häuser aus dem 18. und 19. Jh. sind gut erhalten, ohne zu sehr herausgeputzt zu wirken.

Die um das Jahr 1200 entstandene **St.-Clemens-Kirche** stand lange vor dem Ort an dieser Stelle und zwar unächst Zweigstelle der »Friesendom«-Gemeinde in Nieblum auf ▶ Föhr. Bis 1908 hatte die dem Patron der Seefahrer gewidmete Kirche nur einen einfachen Holzturm mit einer Glocke aus dem Jahr 1692. Im beschaulichen Innenraum ist der 1634 aufgestellte Dreiflügelaltar interessant, vor allem aber die frühgotische, durch ihre Schlichtheit beeindruckende Apostelreihe an der rechten Wand. Die drei Kronleuchter sind Stiftungen erfolgreicher Grönlandfahrer. Auf dem Kirchhof erzählen zahlreiche **»sprechende Grabsteine«** die Lebensgeschichten verstorbener Inselbewohner.

Zeugnisse vergangener Inselkultur

Mühle, Friedhof und »gute Stube«

Am Waasterstigh steht die alte Nebeler Mühle von 1771. Sie war bis 1964 in Betrieb, wurde danach in ein Heimatmuseum umgewandelt und ist noch funktionstüchtig. Gegenüber der Mühle liegen auf dem **»Friedhof der Heimatlosen«** Seeleute begraben, die vor der Amrumer Küste ertranken und deren Identität sich nicht feststellen ließ. Im 1736 erbauten **Kapitänshaus** hat der Verein Öömrang Ferian ein kleines Museum eingerichtet, das ein Stück vergangener Inselkultur sichtbar macht. Hervorzuheben ist die »gute Stube«, der so genannte Pesel, der von der Küche aus durch einen Beilegerofen beheizt wurde. Der ehemalige Wohnteil des Hauses mit der gefliesten Wohnstube (Dörnsk), Wandbetten (Wochbaad) und der Küche (Köögem) ist noch original erhalten. Hier können Paare auch den Bund fürs Leben schließen.

Nebeler Mühle: April – Okt. tgl. 10.30 – 13 und 14.30 – 17, Mo. bis 16, So. ab 11 Uhr | www.amrumer-windmuehle.com

Öömrang Hüs: Waaswai 1 | April – Okt. Mo. – Fr. 11 – 13.30 und 15 – 17, Sa. 15 – 17 Uhr; Nov. – März: Mo. – Fr. 15 – 17 Uhr
www.oeoemrang-hues.de

AUF WALFANGFAHRT IM HOHEN NORDEN

Die Überlebenden der zweiten Barents-Expedition kehrten 1596 nach Holland zurück und berichteten von riesigen Walbeständen vor Spitzbergen. Damit war das Zeitalter der Grönlandfahrten eingeläutet. Zunächst fuhren die Holländer mit baskischen Seeleuten in den Norden, bis der französische König den Basken untersagte, bei der Konkurrenz anzuheuern. Die Inselfriesen witterten nun ihre Chance und sprangen als Walfänger ein.

Erfahrungen hatten die Friesen im Heringsfang gesammelt, zudem blieb ihnen kaum eine andere Wahl: Nach dem Dreißigjährigen Krieg und der Flutkatastrophe von 1634 herrschte große Not, und das **begehrte Walfett** versprach gutes Geld. Man setzte den öligen Tran zu medizinischen Zwecken ein oder benutzte ihn als Nahrungsmittel und zur Beleuchtung. Die Walfänger stammten von den Nordfriesischen Inseln und Halligen. Zu Beginn des 18. Jh.s stellten die Sylter allein ein Drittel der Kapitäne auf den Hamburger Schiffen.

Reiche Kapitäne

Die Kapitäne, auch Kommandeure genannt, waren finanziell am Walfang beteiligt, viele brachten es damals zu **Geld und Ansehen**. Die Mannschaft bekam dagegen nur eine festgelegte Heuer, und folglich arbeiteten viele daran, in der Walfängerhierarchie aufzusteigen. Dies war durch eine gezielte Ausbildung – Lesen, Schreiben, Navigationstechnik – möglich. Auf den Inseln entstanden Schulen, in denen die Grönlandfahrer im Winter, wenn sie zu Hause waren, Wissen und Erfahrung weitergaben. Ende Februar ging es auf große Fahrt. Zuvor feierten die Inselbewohner noch das **Biike-Brennen**, ein feucht-fröhliches Fest, bei dem der Winter mit einem großen Feuer verabschiedet wurde. Nur Frauen, Kinder

Waljagd mit Harpunen: ein Kampf, der die Seeleute bis zur Erschöpfung beanspruchte (Holzstich von 1876)

und Alte blieben zurück – die Frauen mussten nun die Felder bestellen, den Haushalt versorgen und die Kinder erziehen.

Tobende Stürme

Nach dem Fest fuhren die Männer mit Schmackschiffen, relativ kleinen, zweimastigen Küstenseglern und meist hoffnungslos überladen, nach Hamburg und Amsterdam. Diese Fahrten waren oft der **gefährlichste Teil** der gesamten Unternehmung, da sie entweder zur Zeit der Frühjahrsstürme oder auf dem Rückweg während der Herbststürme stattfanden. 1771 kam es zu einer Katastrophe, als ein Schmackschiff

unterging und 87 Sylter in der stürmischen See den Tod fanden. In den kalten Gewässern vor Spitzbergen drohten andere Gefahren: Eisbären, Eisberge, Vereisung und nicht zuletzt Skorbut, die gefürchtete Vitamin-C-Mangelkrankheit, der Hunderte von Walfängern zum Opfer fielen. Und schließlich war der Walfang selbst ein gefährliches Unternehmen. Sobald einer der Meeresriesen gesichtet wurde, ließen die Männer die kleinen Ruderboote zu Wasser und ruderten so nah wie möglich an das Tier heran. Am Bug jeder Schaluppe wartete ein **Harpunier** auf eine günstige Position und schleuderte sein Fanginstrument in den Körper des Wals. Da die Harpunen durch eine lange Leine mit den Schaluppen verbunden waren, wurden die Ruderboote von dem flüchtenden Wal mitgeschleppt. Die ersten Befreiungsschläge warteten die Walfänger noch aus sicherer Entfernung ab, dann malträtierten sie den Getroffenen bis zur Erschöpfung. Zum Schluss versetzte man ihm mit der Lanze den **Todesstoß**. Der frisch erlegte Wal wurde sogleich auseinandergenommen, die Fettschicht wenig später an Land verarbeitet.

Die Witweninseln

Im Herbst kehrten die Grönlandfahrer mit ihrer Beute in die Heimat zurück – wenn denn alles gut gegangen war. Die Schattenseiten dieses gefährlichen Broterwerbs waren neben allem Erfolg und Reichtum nicht zu übersehen: Viele Frauen feierten beim Biike-Brennen **das letzte Fest** mit ihren Männern und erhielten im Herbst oft die schreckliche Nachricht von deren Tod. Kein Wunder, dass die Inseln in dieser Zeit auch »Witweninseln« genannt wurden.

Diese Grabsteine in Nebel erzählen manche Geschichte von den Gefahren der Seefahrt.

»Anständiger« Badetourismus

Norddorf Wunderschön zwischen Dünen, Wald und Wattwiesen liegt Norddorf. Als der Inselpastor Wilhelm Tamsen in den 1880er-Jahren den Verfall der guten Sitten durch das Aufkommen des Badetourismus in Wittdün befürchtete, wandte er sich in einem Brief an die Innere Mission. Pastor **Friedrich von Bodelschwingh** bekam den Hilferuf in die Hand, reiste 1888 nach Amrum und gründete zwei Jahre später in Norddorf ein christliches Seehospiz. Das erste Seehospiz des rührigen Pastors reichte bald nicht mehr aus, Haus II und III sowie 1905 schließlich das vierte und letzte Seehospiz kamen hinzu und prägten lange den Charakter des Ortes. 1925 änderte sich das Antlitz Norddorfs gewaltig: Große Teile brannten bei einem **Großfeuer** ab, weshalb es hier heute nur noch wenige erhaltene Friesenhäuser gibt. Ab den Nullerjahren begann in Norddorf der Abriss bzw. die Umgestaltung der einstigen Seehospize.

Im **Naturzentrum Amrum** etwas außerhalb erfährt man Wissenswertes zu den Lebensräumen Sand, Meer und Luft. Im Obergeschoss präsentiert das »Museum für maritime Erlebniswelten« **Maritur** Ausstellungen zu naturkundlichen Themen sowie zur Inselgeschichte.

Naturzentrum: Strunwai 31 | April – Okt. tgl. außer Do. 10 – 17, Nov. – März Fr. – So. und Mi. 12 – 16 Uhr | www.naturzentrum-amrum.de

Geschütztes Vogelparadies
Die Odde, Amrums Nordspitze, steht seit 1936 unter Naturschutz. Bereits damals zeigte sich, dass die brütenden Vögel, darunter die stark gefährdeten **Sandregenpfeifer** und die **Zwergseeschwalben**, durch zu viele Besucher empfindlich gestört werden. Zwischen April und August ist das Betreten der Odde außerhalb von geführten Touren deshalb verboten, eine Umrundung am Wassersaum jedoch erlaubt.

Amrumer Odde

Führungen: Naturschutzverein Jordsand | April – Okt. tgl. außer Mo. ab 10 Uhr | Treffpunkt Vogelwarthaus an der Wattseite | www.jordsand.eu
Wattwanderungen: nach Dunsum auf Föhr von der Odde aus Tel. 04682 27 18 und 16 69 | www.wattwandern-amrum.de

AURICH

Niedersachsen | **Landkreis:** Aurich | **Einwohner:** 40 500

F/G 11

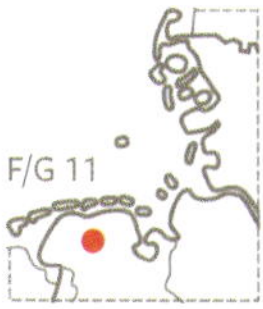

Man nennt sie auch die »heimliche Hauptstadt« Ostfrieslands, die alte Residenzstadt Aurich. Spötter hingegen reimen: »Aurich ist schaurich« – allerdings mit dem Zusatz »Leer noch vielmehr« – und meinen das nicht wirklich böse. Aurich hat nicht mehr die Bedeutung wie vor einigen Jahrhunderten. Aber die Kreisstadt, die heute rund 40 000 Einwohner hat und damit die zweitgrößte Stadt Ostfrieslands ist, ist immer noch einen Abstecher wert. Zudem wurde die gesamte Altstadt in den vergangenen Jahren aufwändig saniert.

Das Herz Ostfrieslands

Die ursprüngliche Siedlung Aurechove wird erstmals im Jahr 1276 im so genannten Brokmerbrief, dem Gesetzbuch der Brokmerländer, erwähnt. Über 400 Jahre wurde Ostfriesland von Aurich (ostfriesisch: Auerk) aus regiert. Heute ist Aurich ein modernes Zentrum mit zahlreichen Einkaufsmöglichkeiten. Tradition wird dennoch gewahrt: Aurich ist Sitz der »Ostfriesischen Landschaft«, einst der politische Verbund der ostfriesischen Stände und heute **Ostfrieslands Kulturparlament**. Aurichs große Zeit begann 1464, als das Geschlecht der Cirksena von hier aus Ostfriesland regierte, bis es preußisch wurde. Anfang des 16. Jh.s legte sich Graf Edzard I. mit dem zum Erbstatthalter der friesischen Lande ernannten Herzog Georg von Sachsen an – 1517, am Ende dieser »Sächsischen Fehde«, war Aurich völlig zerstört, wurde aber planmäßig als Residenzstadt wiederaufgebaut.

Wohin in Aurich?

Was ist Kunst?

Marktplatz

Zentrum Aurichs ist der Marktplatz. An seiner Westseite steht das stattliche **Knodt'sche Haus**, das sich der gräfliche Hofarchitekt um 1735 bauen ließ. Auffallend sind das Mansarddach mit den breiten Fenstern sowie die doppelläufige Treppe. Aus Abfällen des Forschungszentrums Jülich gestaltete Albert Sous 1990 das **moderne Wahrzeichen der Stadt**: einen 25 m hohen Turm aus mit Plexiglas verkleideten Stahlelementen in unterschiedlichsten Formen. Die Auricher finden ihn überwiegend schaurig und nennen das Werk, das Kunstverstehern zufolge verschiedene Zivilisationsstufen darstellen soll, entweder Tauchsieder, Weltraumpenis oder finden, es sei einfach nur ein futuristischer Schrotthaufen.

Ostfriesische Kulturgeschichte

Historisches Museum

An der breiten Burgstraße südlich vom Markt reihen sich mehrere Häuser mit barocken Giebeln. In der **Alten Kanzlei** (1530), dem einstigen Verwaltungsgebäude der ostfriesischen Grafen, erzählt das Historische Museum die Geschichte der Stadt. Erbstücke aus fürstlichem Besitz erzählen vom Leben einstiger Häuptlinge, Grafen und Fürsten Ostfrieslands. Alltagsgegenstände und Kleidung zeigen die Epochen der ostfriesischen Kulturgeschichte bis in die Gegenwart.
Burgstr. 25 | Di. – So. 11 – 17 Uhr | Eintritt: 2,50 € | www.museum-urich.de

Historisches im Stadtbild

Haus der Ostfriesischen Landschaft

Die evangelische **Lambertikirche** mit ihrem markanten Turm an der Ecke Burg- und Kirchstraße ist Wahrzeichen der Stadt. Der Turm stammt noch aus dem Mittelalter. Die Kirche wurde 1826 wegen Baufälligkeit abgerissen und 1833 – 35 im klassizistischen Stil neu errichtet. Ihr figurenreicher, in Antwerpen gefertigter gotischer Schnitzaltar stand bis zur Säkularisation in einem Zisterzienserkloster bei Ihlow. An der Hafenstraße steht das um 1800 erbaute so genannte **Pingelhus**, dessen Glocke früher das Ablegen der Schiffe vom heute nicht mehr vorhandenen Kanalbecken ankündigte. Heute ertönt die »Pingel« (Glocke) nur noch zu Hochzeiten.
Das auffällige Gebäude vor dem Hafenwärterhäuschen ist das um 1900 in historisierenden Renaissanceformen erbaute Haus der Ostfriesischen Landschaft, in dessen Sitzungssaal Porträts ostfriesischer Grafen und Fürsten hängen. Hervorgegangen aus einem regionalen Parlament der Landstände, kümmert es sich um die **Bewahrung und Förderung regionaler Traditionen** (Georgswall 3 – 9).

Englischer Stil und ein fünfstöckiger Galerieholländer

★ Stiftsmühle

Rechterhand zwischen dem Pingelhus und dem Haus der ostfriesischen Landschaft führt der **Philosophenweg** zum Schlossplatz. Mit-

AURICH ERLEBEN

VERKEHRSVEREIN AURICH / OSTFRIESLAND E. V.

Norderstr. 32
26603 Aurich
Tel. 04941 44 64
www.aurich-tourismus.de

Vom Auricher Hafen aus geht es mit der »MS Stadt Aurich« durch den Ems-Jade-Kanal bis nach Emden und Ihlow.

ZUR BÖRSE €€€

Historisches Restaurant mit nostalgischer Einrichtung und wunderschönem Garten, das zum Ensemble des Hotel Twardokus gehört. U. a. leckere Salate, verschiedene Schnitzelgerichte und die guten »Börsianer Burger« stehen auf der Speisekarte.
Burgstr. 50
www.twardokus.de

HOTEL HOCHZEITSHAUS €€€

Egal, ob verheiratet, ledig oder Single – im Hotel Hochzeitshaus übernachtet der Gast in einer stilvoll restaurierten Villa aus der Gründerzeit. Ruhig gelegen, dennoch zentral; eine schöne Terrasse und das leckere Frühstück runden das Wohlfühlprogramm ab.
Bahnhofstr. 4
www.hochzeitshaus-aurich.de

HOTEL TWARDOKUS / ALTE KANTOREI €€–€€€

Mitten in der Auricher Altstadt liegen das Hotel Twardokus und das Hotel Alte Kantorei. Liebevoll und individuell gestaltete Zimmer, eine schöne Sommerterrasse und ein Weinladen runden das stimmige Altstadt-Ensemble ab.
Kirchstr. 4–6
www.twardokus.de

te des 19.s Jh. ließ König Georg V. von Hannover die Residenz im englischen Tudorstil des Historismus auf den Mauern der einstigen Wasserburg der Cirksena errichten. Hier sind heute Dienststellen des Landes sowie das Informatikzentrum Niedersachsen untergebracht. Sehenswert ist die **Neue Kanzlei**, die 1731 als fürstlicher Marstall und Regierungsgebäude erbaut wurde. Südwestlich vom Schloss legen am Ems-Jade-Kanal die Ausflugsboote ab.

In der Stiftsmühle westlich vom Schloss, einem 30 m hohen, fünfstöckigen Galerieholländer und damit **Ostfrieslands höchste Windmühle**, verdeutlicht das Mühlenfachmuseum mit altem Mahlgerät, diversen Maschinen und Mühlenmodellen die technische Entwicklung der verschiedenen Mühlenarten. Von der 17 m hohen Galerie reicht der Blick weit über die Geest- und Moorlandschaft. Im ehemaligen Müllerhaus kann man in der Teestube »Kluntje« einkehren.
Oldersummer Str. 28 | Ende April – Okt. Do. – So. 12 – 16 Uhr
Eintritt: 2,50 €

Die Vergangenheit des Upstalsbooms bietet sich geradezu an für die Nachstellung archaischer Kämpfe.

Rund um Aurich

Ein »Museum der Armut«

★ Moor-museum Moordorf

»Den Ersten sien Doad, den Tweten sien Not, den Dridden sien Broad.« Dieses geflügelte Wort beschreibt die harten Bedingungen der Moorkolonisten in Ostfriesland. Das Moormuseum in Moordorf wird auch »Museum der Armut« genannt. Das **Freilichtmuseum** mit seinen zahlreichen Hütten, Kolonistenhäusern und Katen stellt in urwüchsiger Moorlandschaft die äußerst schwierige 200-jährige Entwicklungsgeschichte einer ostfriesischen Moorkolonie dar. An Aktionstagen führen »Dorfbewohner« Torfstechen, Mattenflechten oder Hüttenbau vor. In der **Teestube »Kluntjehus«** kann man in gemütlicher Atmosphäre Tee, Kaffee, frisch gebackene Kuchen und Pfannkuchen genießen. Auf Wunsch wird auch eine Teezeremonie angeboten.

Victoburer Moor 7 A | März – Okt. tgl. 10 – 18 Uhr | Eintritt: 4,50 €
www.moormuseum-moordorf.de

Gerichtsplatz

Upstalsboom

In **Rahe**, rund drei Kilometer südwestlich von Aurich befindet sich der Upstalsboom. An dieser Thingstätte versammelten sich im Mittelalter jeweils zu Pfingsten die Abgesandten der friesischen Landesgemeinden, die so genannten **»Sieben Seelande«**. Bis ins 14. Jh. kamen die Abgesandten hier zusammen, um Recht zu sprechen und die Einheit Ostfrieslands zu wahren und zu beschwören. Seit 1833 ziert eine steinerne Pyramide den kleinen Hügel.

Die Gottesschule

Ihlower Forst

Im Ihlower Forst rund acht Kilometer südlich von Aurich sind Ausgrabungen eines Zisterzienserklosters aus dem 13. Jh. zu besichtigen, das 1526 im Zuge der Reformation aufgelöst wurde. Seit 2009 erhebt sich eine Teilrekonstruktion der früheren **Zisterzienserabtei »Schola Dei«** (zu Deutsch: Schule Gottes) über die Baumwipfel im Ihlower Forst. So können Besucher die Dimensionen des einst größten Sakralbaus zwischen Bremen und Groningen mit fast 68 m Länge und 35 m Breite höchst anschaulich nachempfinden. Bestandteil der Rekonstruktion ist ein »Raum der Spurensuche« (Raum der Stille) unterhalb der ehemaligen Klosterkirche.

Zum Forsthaus 1 | Offene Führungen in den Sommermonaten an ausgewählten Sonntagen ab 15.30 Uhr auf Spendenbasis; Gruppenführungen via Tourist-Info Ihlow buchen, Tel. 04929 89 103
www.kloster-ihlow.de

BALTRUM

Niedersachsen | **Landkreis:** Aurich | **Einwohner:** 475

Spötter behaupten, der Name Baltrum leite sich davon ab, dass man bei einem Spaziergang »bald rum« sei. Das Eiland liegt zwar in der Mitte der Ostfriesischen Inseln, ist aber wahrlich nicht der Nabel der Welt. Die Insulaner selbst haben ihm den Namen »Dornröschen der Nordsee« gegeben. Entweder man kommt einmal und nie wieder, weil man Baltrum eher als »Aschenputtel« wahrnimmt oder aber man wird Stammgast auf Jahrzehnte, weil man es dort so märchenhaft schön findet. An Baltrum scheiden sich jedenfalls die Geister.

Aschenputtel oder Dornröschen?

Dem bedeutenden Expressionisten **Paul Klee** jedenfalls schien die kleine Insel gefallen zu haben. 1923 war er auf Baltrum und hat sich von der wunderbaren Dünenlandschaft und der beschaulichen Atmosphäre inspirieren lassen. Hier entstand eine Reihe von Aquarellen, die so genannten **»Nordseebilder«**, mit Titeln wie »Häuser an der Düne«, »Wattenmeer« und »Dünenflora«. Und Klees Biograf behauptete sogar, der Aufenthalt auf der Nordseeinsel hätte das spätere Werk des Malers entscheidend geprägt.

Mobil durch echte Pferdestärken oder einfach zu Fuß

Alte Fischerhäuschen

Heute, fast hundert Jahre später, hat man das Gefühl, die Zeit sei stehen geblieben: Das ca. 6 km² große Inselchen ist nach wie vor **autofrei**, stattdessen klappern die Räder der Pferdekutschen über das Pflaster. Die Straßen der immerhin drei Ortsteile (Westdorf, Ostdorf und das Alte Ostdorf) tragen keine Namen, und die Häuser sind nach der Reihenfolge ihrer Entstehung nummeriert. Mit seinen alten Fischerhäuschen hat sich die Insel weitgehend ihren **eigentümlichen Charme** bewahrt. Angesichts der kurzen Wege sind selbst Fahrräder überflüssig. 1398 wurde die Insel als Balteringe (was auf altfriesisch so viel wie Weideland bedeutet) urkundlich erwähnt. Zu der Zeit war das Eiland noch um einiges größer als heute, doch durch massive Landverluste 1717 und 1825 reduzierte sich die Fläche beträchtlich. 1876 wurde Baltrum Seebad, aber der Badebetrieb begann recht zögerlich: Das erste Hotel eröffnete erst 14 Jahre später, und »fließend Wasser« gab es auch erst 1935.

Wohin auf Baltrum?

Christliches Wahrzeichen

National-park-Haus

Eines der ersten Häuser auf dem Weg vom Hafen ins Westdorf ist das Nationalpark-Haus. Hier erhält man allerlei Informationen zum Nationalpark Wattenmeer, insbesondere zum Thema Gezeiten. Hier beginnt und endet auch der äußerst lehrreiche, rund 6,5 km lange **Gezeitenpfad** über die Insel, vorbei u. a. an der größten Lachmöwenkolonie in Deutschland. Zudem im Angebot: Wattwanderungen, Vorträge und Führungen durchs Dorf.
Im **Museum Altes Zollhaus**, das sich in einem »Bummert«, einem typischen ostfriesischen Doppelhaus befindet, zeigt der Heimatverein Erhellendes zur Geschichte der Insel. Die alte evangelische **Inselkirche** aus dem Jahr 1826 ist das Wahrzeichen Baltrums. Die Kirchenglocke ist an einem freistehenden Holzgerüst angebracht, sie diente früher als Schiffsglocke, bis sie von einer Sturmflut an die Küste Baltrums gespült wurde.

Nationalpark-Haus: Westdorf 177 | Osterferien – Herbstferien Di. – Fr. 9.30 – 13 Uhr und 15 – 18, Sa., So., Feiertage 10 – 12 Uhr und 15 – 18 Uhr | www.nationalparkhaus-wattenmeer.de

Museum Altes Zollhaus: Westdorf 18 | tgl. 10 – 12 Uhr und 15 – 18 Uhr | Eintritt: 3,50 €

BALTRUM ERLEBEN

TOURIST INFORMATION IM RATHAUS
Westdorf 130
26574 Baltrum
Tel. 04939 800
www.baltrum.de

Anreise: tideabhängige Fähre von Neßmersiel (ca. 30 Min.)
Tel. 04939 99 16 06
www.baltrum-linie.de

Ausflüge nach Juist, Langeoog, Norderney und Spiekeroog.

BADEPARADIES SINDBAD
Märchenhaftes Vergnügen: Meerwasserhallenbad mit großer Saunalandschaft, Kureinrichtungen und Fitness-Studio.
Westdorf 240

❶ WIETJES € € €
Hotel-Restaurant und Café mit Meerblick; bekannt für gute ostfriesische Gerichte.
Westdorf 58
www.wietjes.de

❷ TEESTUBE BALTRUM
Schön gelegen in den Dünen, nur einen halben Kilometer vom Badestrand entfernt. Leckeres zum Tee, diverse kleine Gerichte.
Westdorf 149
www.teestube-baltrum.de

❶ NATURHOTEL BALTRUM € €
Relativ neues Hotel, das auf Nachhaltigkeit setzt. Geschmackvoll eingerichtete Zimmer, großes Angebot an Yogakursen, Naturkosmetik und Thalassoanwendungen.
Ostdorf 171
www.naturhotel-baltrum.de

BORKUM

Niedersachsen | **Landkreis:** Leer | **Einwohner:** 5150

Von den sieben Ostfriesischen Inseln ist Borkum nicht nur die größte und westlichste, sondern auch am weitesten vom Festland entfernt. Der nahe Golfstrom sorgt für ein ganz besonderes Klima: mit Jod angereichert, mild und zugleich pollenarm – ideale Voraussetzungen für einen Wellness-Urlaub mit langen Strandspaziergängen. Borkum, neben ▶ Helgoland einzige deutsche Insel mit Hochseeklima, wurde 2013 als erstes Nordsee-Heilbad als besonders allergikerfreundlich zertifiziert und ist, anders als die Nachbarinseln, immer vollständig von Seewasser umgeben.

Viel Sonne und gesundes Klima

Der große deutsche Komiker **Heinz Erhardt** hat es einst messerscharf erkannt: »Das Meer reicht bis zum Strande, und dann verläuft's im Sande, ganz plötzlich und abrupt.« Borkum mit seinen **kilometerlangen Stränden** ist ein Badeparadies – auch weil das Eiland mit seinen rund 2000 Sonnenstunden zu den sonnigsten Orten in ganz Deutschland zählt. Rund 25 km erstreckt es sich und ist in den Nord-, Süd- und Jugendstrand aufgeteilt. Dazu gibt es einen großen FKK-Bereich mit Dünengelände. Doch das 31 km² große Borkum bietet mehr als nur Badespaß. Auf insgesamt 120 km markierten Rad- und Wanderwegen kann man die **herrliche Natur** mit Dünen, Wald, Heide und natürlich auch das Watt mit seiner einzigartigen Tier- und Pflanzenwelt erkunden.

Von Piraten, Walfängern und Touristen

Geschichte der »Bohneninsel«

Schon der römische Gelehrte Plinius der Ältere sprach vor mehr als 1700 Jahren von einer »Burchana fabaria«, einer Bohneninsel. Erstmals urkundlich erwähnt wurde das Eiland 1398 als Borkyn, bis schließlich im 15. Jh. Borkum daraus wurde, in einer Zeit als die Borkumer häufig Piraten, den so genannten »Likkedeelern« Unterschlupf gewährten und mit ihnen teilten. Zu Wohlstand kamen die Insulaner im 17. Jh. als Walfänger, zu sehen auf dem Weg über die Kirchstraße zum Alten Leuchtturm, wo das einstige Haus des Walfängers Roelof Gerritz Meyer mit einem **Zaun aus Walknochen** umgeben ist. Doch als die Fangmengen zurück und das »Goldene Zeitalter« dem Ende entgegen gingen, lebten die Borkumer teilweise in bitterer Armut, viele flüchteten aufs Festland. Besserung brachte erst der Tourismus, der seit Mitte des 19. Jh.s die Haupteinnahmequelle der Insulaner ist. Bis 1863 bestand Borkum aus **zwei Teilinseln**, Westland und Ostland, das so genannte »Tüskendör« (»Zwischendurch«) markiert noch heute die einstige Nahtstelle.

Mit Biosprit

Borkumer Kleinbahn

Vom Hafen zuckelt seit 1888 die Kleinbahn mit einer Spurweite von 900 mm 7,5 km lang durch Wiesen und Dünen zum Bahnhof im Ort Borkum. Im Linienverkehr zieht eine **mit Rapsöl betriebene Lok** die bunten Waggons; an manchen Tagen gibt es zudem Sonderfahrten mit einer historischen Dampflok, die mitunter den »Kaiserwaggon« zieht, 1905 gebaut und mit Mahagoni-Intarsien, Goldtapeten und Damastvorhängen ausgestattet.
www.borkumer-kleinbahn.de

Wohin auf Borkum?

Über 30 Jahre im Dienst

Feuerschiff Borkumriff

Schon von der Fähre aus kann man im Hafen das **Feuerschiff Borkumriff** sehen. Es versah von 1956 an seinen Dienst in der Emsmündung ca. 30 km nordwestlich der Insel Borkum, wurde dann im Jahr 1988 als letztes deutsches Feuerschiff außer Dienst gestellt und schließlich durch einen Leuchtturm ersetzt. Seither liegt es als **Informationszentrum** des Nationalparks Wattenmeer im Borkumer Hafen auf lange Dauer vor Anker.
Das **Nordsee-Aquarium** wiederum ermöglicht den Besuchern in 16 thematisch unterschiedlich aufgebauten Becken (u. a. Borkum Riff, Holzbuhne, Priel und Offene Nordsee) einen umfassenden Einblick in die einzigartige und spannende Unterwasserwelt der Nordsee.
Feuerschiff: April – Okt. Di. – So. 9.45 – 17.15, Juli / Aug. tgl., Anfang Nov. – Mitte März Di., Do., Sa. 10.45 – 17.15, Führungen 10.45, 11.45, 14.45 Uhr | Eintritt: 3,50 € (Schiffsführung) | www.feuerschiff-borkumriff.de
Aquarium: Von-Frese-Str. 46 | Juli / Aug. tgl. 10 – 17, Jan. – Juni, Sept. / Okt. Di. – So. 10 – 17, Nov. / Dez., Mo. / Mi. / Sa. / So. 11 – 16 Uhr | Eintritt: 4 € | www.nordsee-aquarium.de

Kuren, Flanieren, Gucken

Strandpromenade, Leuchttürme

An Borkums Strandpromenade wechseln sich eher hässliche Betonburgen mit gediegenen Bauten aus der Gründerzeit ab. Das Kurhaus und der Kurpark dominieren das Bild im Borkumer **Kurviertel** südlich vom Bahnhof und der Flaniermeile Bismarckstraße. Die Strandpromenade »Wandelbahn« und ihr **Musikpavillon**, in dem täglich Konzerte erklingen, wurden im Jahr 2011 anlässlich des 100-jährigen Bestehens grundlegend saniert.
Auf Borkum stehen gleich drei Leuchttürme: Der älteste ist der **Alte Leuchtturm**. Um die Seefahrt um das Borkumriff ein wenig sicherer zu machen, wurde 1817 der Borkumer Kirchturm (1400) mit Öllampen und Parabolspiegel zur Tagesmarke umgebaut. Als das Leucht-

KLAASOHM

364 Tage im Jahr ist Borkum eine ganz normale Nordseeinsel, die Borkumer ganz normale Insulaner. An einem Tag im Jahr allerdings drehen sie durch auf der Insel: In der Nacht zum 6. Dezember wird auf Borkum der sagenumwobene Klaasohm zelebriert.

Beim Borkumer Klaasohm ziehen sechs junge Männer über die ganze Insel, in Begleitung des »Wiefkes«, einem als Frau verkleideten jungen Burschen. Wer die Ehre hat, am **Nikolaustag** den Klaas zu geben, wird bei geheimnisvollen Kämpfen am frühen Abend entschieden. Die sechs Klaase aus drei Altersgruppen müssen sich in Zweiergruppen aufteilen. Begegnen sie sich auf der Insel, gibt es alsbald die nächste Keilerei.

Masken, Hiebe und »Moppe«

Hinter ihren Schweinskopfmasken bleiben die Unruhestifter unerkannt für den Rest der Borkumer. Auf dem Schä-

del der Auserwählten sitzt ein riesiger Helm, geschmückt mit Lammfell und Möwenfedern. »Bewaffnet« sind sie mit einem großen **geschwungenen Kuhhorn**, das vorwiegend dazu benötigt wird, jungen Frauen den Hintern zu versohlen. Mütter und deren Kinder hingegen werden mit »Moppe« versorgt - einem klebrigen Lebkuchengebäck - und werden gar liebkost und gestreichelt.
So ganz ist nicht geklärt, worauf dieser Brauch zurückgeht, der heutzutage doch arg frauenfeindlich anmutet. Mit dem christlichen Nikolausfest hat es etwas zu tun, doch gleichzeitig mischen sich archaische Bräuche in das Spektakel. Die früheren Bewohner der Insel waren **abergläubische »Spökenkieker«**, jedes Jahr im späten Herbst mussten die bösen Geister ins Meer getrieben werden. Die gängigste Theorie lautet, das Klaasohm-Fest sei in der Walfängerzeit entstanden. Kehrten die Männer einst von der langen Fangreise zurück, mussten sie sich zunächst die Machtstellung in den Familien zurückerobern.

Höllenspektakel

Begleitet werden die Klaase heute auf ihrem Zug durch die Gemeinde von zahlreichen Schaulustigen, vor allem aber von einem infernalischen Lärm aus Hörnern, Trommeln und den mit Dosendeckeln bestückten »Düwelsgeigen«. Einige Stunden geht das Treiben, die Klaase ziehen von Kneipe zu Kneipe, tanzen auf Tischen und Bänken, ehe es am späten Abend an einer **Litfasssäule an der Westerstraße** zum Showdown kommt: Als Erstes wird das »Wiefke« auf die Säule gehoben, die sechs anderen Kerle folgen. Dort oben vollführen sie einen derwischartigen Tanz und schmeißen die restliche »Moppe« in die Menge. »Klaasohm, Klaasohm, Wiefke, Wiefke – hee, hee, hee«, johlen sie unten. Schließlich stürzen sich die Klaase und am Ende auch das »Wiefke« kopfüber in die Menge. Am nächsten Morgen ist der Spuk vorbei. Die Wellen plätschern an den Strand, der Wind pfeift sein Lied, als wäre nichts gewesen. 364 Tage ist Borkum nun wieder eine ganz normale Insel in der Nordsee – bis zum nächsten Klaasohm.

Showdown in der Westerstraße: Die Klaase stürzen sich ins Publikum.

feuer inmitten des Walfängerfriedhofs 1879 ausbrannte, wurde 1879 der **Neue Leuchtturm** errichtet. Stolze 60 m hoch ist er und bietet Besuchern einen fantastischen Ausblick, wenn sie die 308 Stufen hinauf zur Plattform geschafft haben. 1891 schließlich wurde noch der rot-weiß gestreifte **Elektrische Leuchtturm** errichtet, der bis 2003 seinen Dienst tat und seitdem vor allem ein beliebtes Fotomotiv ist. Besichtigt werden kann er zurzeit nicht.

Neuer Leuchtturm: wechselnde Öffnungszeiten, einzusehen bei www.borkum.de | Eintritt: 2,50 €

Der **Alte Leuchtturm** ist derzeit aufgrund von Restaurierungsarbeiten nicht zu besichtigen.

Riesenskelett

Heimat-museum Dykhus

Die 300-jährige maritime Geschichte Borkums ist Thema des Heimatmuseums Dykhus. Es ist in einem ostfriesischen **Gulfhaus** auf einer Warft in Deichnähe untergebracht und von zwei großen Walkieferknochen markiert. In den einstigen Wohnräumen sind traditionelle Möbel und Arbeitsgeräte ausgestellt, außerdem erfährt man interessante **Details aus dem Leben** der Seefahrer. Zur Sammlung gehören

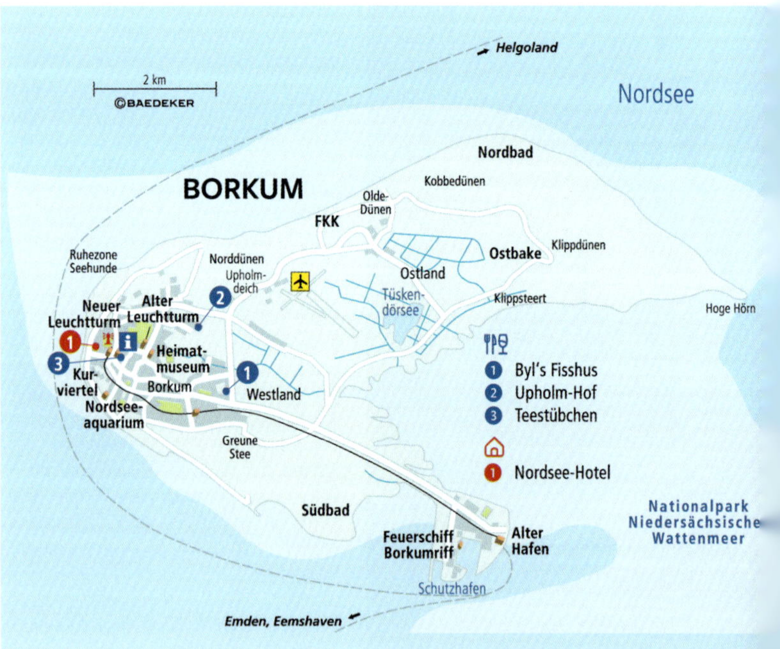

BORKUM ERLEBEN

TOURIST INFORMATION
Georg-Schütte-Platz 5
26757 Borkum
Tel. 04922 93 30
www.borkum.de

Anreise: Autofähre (ca. 2 Std. 15 Min.) oder Katamaran (60 Min.; keine Autos) ab Emden; alternativ mit dem Katamaran ab dem niederländischen Eemshaven (50 Min.). Oder mit dem Mit dem Ostfriesischen Flugdienst (OFD) in 15 Min. von Emden nach Borkum.
Reederei AG Ems, Emden-Außenhafen
www.ag-ems.de
www.fliegofd.de

Ausflüge nach Juist, Norderney und zu den Seehundbänken. Oder ein Tagesausflug per Schiff und Bahn ins niederländische Groningen.
www.borkumer-kleinbahn.de

GEZEITENLAND
Erlebnisbad mit Saunalandschaft, Massagen, Packungen und Thalasso-Anwendungen. Angeschlossen an das Gezeitenland ist das Biomaris-Institut für angewandte Meereskosmetik.
Goethestr. 27

STRANDSAUNA
Sylt lässt grüßen. Sauna direkt am Beach, zum Abkühlen nach dem Saunagang hüpft man in die Nordsee.
Ostfriesenstr. / FKK-Strand

1 BYL'S FISSHUS €
Wenig Schnickschnack, viel leckerer Fisch.
Specksniederstrate 15

MILCHBUDE STONNER €
Irreführender Name, denn das Beste ist die Borkumer Krabbencremesuppe.
Standort jedes Jahr woanders, nachzuschauen auf
www.milchbude-stonner.de

2 UPHOLM-HOF €€–€€€
»Scheunenrestaurant« mit Biergarten. Gute Fischgerichte, Gemüse teilweise in Bio-Qualität. Die leckeren Torten gibt es in der Saison auch am Strandkiosk am Nordstrand (Treppe 7).
Upholmstr. 45
www.upholm-hof.de

3 OMA'S BORKUMER TEESTÜBCHEN
Ostfriesische Teekultur und hunderte von Teesorten zum Mitnehmen in Omas Teelädchen.
Bahnhofspfad 3
www.omas-borkumer-teestuebchen.de

1 NORDSEE-HOTEL €€–€€€
Traditionsreiches, mehr als 120 Jahre altes Hotel direkt an der oberen Strandpromenade gelegen. Relaxen in der Friesentherme mit römischem Dampfbad und Sauna.
Bubertstr. 9
www.nordseehotelborkum.de

Baywatch nach Ostfriesenart: alles fest im Blick vom Strandwagen aus

auch Dokumente zur Inselgeschichte, nautische Objekte und Modellschiffe, zudem präparierte Vögel. Highlight der Ausstellung: das 15 m lange Skelett eines lebend 35 t schweren Pottwals.

Roelof-Gerritz-Meyer-Str. | April – Okt Di. – So. 10 – 17, sonst abweichend | Führungen jeweils montags um 15 Uhr | Eintritt: 4 €
www.heimatverein-borkum.de

BREDSTEDT (BRÄIST)

Schleswig-Holstein | **Landkreis:** Nordfriesland | **Einwohner:** 5000

Die »kleine Stadt im Herzen Nordfrieslands«, so nennt sich Bredstedt selbst. Das Städtchen, knapp 20 km nördlich von ▶ Husum gelegen, ist wahrlich nicht der Nabel der Welt. Vielleicht ein bisschen der Nabel der friesischen Welt, denn hier in Bredstedt befindet sich das Nordfriisk Instituut, das sich der Pflege des friesischen Kulturguts und der friesischen Sprache verschrieben hat. Zudem liegt Bredstedt, auf nordfriesisch Bräist, unweit der Hamburger Hallig und des Beltringharder Koogs, beides Topziele für Naturliebhaber und Hobby-Ornithologen.

Die Geschichte des 1231 erstmals urkundlich erwähnten und 1900 zur Stadt erhobenen Bredstedt ist von steten **Veränderungen der Küstenlinie** geprägt. Vor der »Großen Mandränke« 1362 lag der Ort weit im Binnenland; als Folge der Sturmflut entstand dann eine direkte Verbindung zum Meer. Bredstedt bekam einen Hafen und stieg zum Handelsort auf. Spätere Neulandgewinnung und systematische Eindeichungen trockneten das von Wasser durchzogene Land aus, und der Ort geriet wieder in Binnenlage.

Das Herz Nordfrieslands

Wohin in Bredstedt?

Der Nabel der friesischen Welt

Hübsch ist der dreieckige Marktplatz mit **Wolfs alter Apotheke** von 1626. Auf der Süderstraße kommt man vom Markt zum **Nordfriisk Instituut** (Nordfriesisches Institut). Es wurde 1965 gegründet und ist die Institution schlechthin, wenn es um die Erforschung der Sprache, Geschichte und Kultur der Nordfriesen geht. Das Institut ist Anlaufstelle für alle ehrenamtlichen Kräfte in den friesischen Vereinen und offen für interessierte Besucher. Das Nordfriisk Instituut bietet auch Sprachkurse, Vorträge und Seminare an und beherbergt zudem eine Bibliothek und das **Auswandererarchiv Nordfriesland**.

★ Nordfriesisches Institut

Süderstr. 30 | Tel. 04671 60 120 | Mo. – Fr. 8.30 – 12.30, Do. 13.30 – 16 Uhr sowie nach Vereinbarung | www.nordfriiskinstiuut.eu

Über Hallig und Koog

Im Naturzentrum beim Bahnhof werden mittels **vier Großdioramen** Geest, Wald, Heide, Moor, Gewässer, Wattenmeer und Halligen dargestellt. Modelle zeigen eine Hallig während einer Sturmflut und das langsame Entstehen eines Koogs. Zum weiteren Programm gehören Diavorträge, Basteln, Bernsteinschleifen sowie Wanderungen durch Heide und Wald, durchs Wattenmeer und zu den Halligen.

Naturzentrum

Bahnhofstr. 23 | Mai – Okt. Mo. – Sa. 10 – 17 Uhr | Eintritt: 2 €
www.naturzentrum-nf.de

Rund um Bredstedt

Wandern im Vogelparadies

Vom 43 m hohen Stollberg, nördlich von Bredstedt gelegen, hat man bei gutem Wetter eine wunderbare Aussicht auf die ▶ Halligen. Die **Langenhorner und Bordelumer Heide** bieten sich für Spaziergänge im Binnenland an. Wanderungen und Radtouren direkt am Nordseedeich kann man im Beltringharder Koog unternehmen. Bei der Eindeichung in den frühen 1980er-Jahren eines der umstrittensten Deichbauprojekte in Deutschland, ist die gesamt Fläche heute ein Pa-

Beltringharder Koog, Breklum

BREDSTEDT ERLEBEN

TOURISMUSVEREIN
Markt 37
25821 Bredstedt
www.stadt-bredstedt.de

ANDRESENS GASTHOF €€–€€€
Bisschen piefig, reichlich friesisch und vor allem lecker. Das kulinarische Kleinod zwischen Bredstedt und Niebüll lockt z. B. mit Jakobsmuscheln auf Blattspinat und Krustentiersauce, Geschmorter Ochsenbacke zur Saison mit regionalen Köstlichkeiten vom Salzwiesenlamm.
Dörpstr. 63 (B 5)
West-Bargum
www.andresensgasthof.de

FRIESENHALLE €€–€€€
Das Restaurant wurde bereits mehrfach vom Guide Michelin für seine hervorragende regionale Küche ausgezeichnet.
Hohle Gasse 2, 11
Bredstedt
www.die-friesenhalle.de

ARLAU-SCHLEUSE €€–€€€
Nettes Hotel unter Reet direkt am Deich; im Restaurant regionale Spezialitäten: Aal und Deichlamm. Von hier aus kann man wundervolle Wanderungen und Radtouren unternehmen.
Hattstedtermarsch (12 km südwestlich)
www.arlau-schleuse.de

radies für Vögel und seit 1991 als **Salzwasserbiotop** unter Naturschutz gestellt.
In Breklum befindet sich eine stattliche Backsteinkirche (13. Jh.), deren Größe sich dadurch erklärt, dass sie einst als **Hauptkirche der Nordergoesharde** fungierte. Zur reichen Ausstattung gehören eine gotländische Kalksteintaufe, ein Triumphkreuz sowie die Skulptur des hl. Olaf (15. Jh.). 3 km weiter findet man in **Drelsdorf** eine spätromanische Kirche mit besonderen Ausmalungen im Kirchenschiff, die 1915 – 1917 nach Renaissancevorlagen erneuert wurden.

Streng genommen keine Hallig

Hamburger Hallig

Vor dem Deich liegt die Hamburger Hallig, die eigentlich eher eine Halbinsel ist. Im frühen 17. Jh. erwarben die beiden Hamburger Kaufleute Rudolf und Arnold Amsinck die Deichrechte für dieses Landstück. Dadurch entstand zunächst der nach ihnen benannte **Amsinck Koog**. Im frühen 18. Jh. waren die Deiche nach mehreren Sturmfluten so weit zerstört, dass einzig die Warf übrig blieb, die ab dem späten 18. Jh. Hamburger Hallig genannt wurde. Der erste, 1859 gebaute Damm dorthin brach bald nach Fertigstellung ein, seit 1901 hält der neue Damm und verbindet die Hamburger Hallig mit dem Festland. Schon unterwegs erfährt man vieles über den Nationalpark Wattenmeer, u. a. informiert ein **Naturpfad** über Rotschenkel,

Weißwangen- oder Nonnengänse sowie Strandastern und Löffelkraut. Am Anfang des Damms befindet sich im Amsinck-Haus ein Informationszentrum zur Region Mittleres Nordfriesland, zudem können hier Fahrräder ausgeliehen werden, mit denen man allerdings ausschließlich die Strecke zur Hamburger Hallig fahren darf. Inmitten des seit 1930 als Vogelschutzgebiet ausgewiesenen Gebiets befindet sich mit dem **Hallig Kroog** ein äußerst empfehlenswertes Restaurant, in dem regionale Spezialitäten kredenzt werden. Auf der Hallig gibt es ein paar schöne Badestellen, vor allem aber hat man von hier einen tollen Blick hinüber zu den Halligen Habel, Gröde, Oland, Langeneß und Nordstrandischmoor.
www.amsinck-haus.de, www.hallig-krog.de

★★ BREMERHAVEN

Bremen | **Einwohner:** 113 000

Bremerhaven ist »Boomtown« und Armenhaus zugleich. Als die traditionellen Werften starben, orientierte sich die Seestadt neu, machte sich als »Stadt der Wissenschaften« einen Namen und setzte verstärkt auf den Tourismus. Direkt an der Waterkant entstanden die »Havenwelten«, eine maritime Meile mit Hotels und Shopping-Center. Vor allem aber wurden dort mit dem Deutschen Auswandererhaus und dem Klimahaus 8° Ost zwei echte Attraktionen geschaffen.

Bremens Hafen

Bremerhaven ist eine verhältnismäßig junge Stadt. 1827 kaufte Bremens Bürgermeister Johann Smidt vom Königreich Hannover ein Areal zwischen Geeste und Wesermündung. Die Weser war zusehends versandet, Bremen brauchte einen neuen »Haven«. Bremerhaven, zum Bundesland Bremen gehörend, entwickelte sich alsbald zu einem der wichtigsten Industriestandorte Deutschlands. Die **Kaiserschleuse** war einst die größte Schleuse der Welt, der Norddeutsche Lloyd die größte Reederei weltweit.
Einige Stadtteile wie Lehe und Wulsdorf sind bedeutend älter als Bremerhaven selbst; der älteste und nördlichste, Weddewarden, ist bereits 1091 urkundlich erwähnt. Diese Bauerndörfer wurden nach und nach eingemeindet. 1830 weihte man den heutigen »Alten Hafen« und die zugehörige Schleuse ein. Die ersten **Werften** entstanden, in denen bis 1925 alleine 250 Großsegler gebaut wurden. Der bis zum Ersten Weltkrieg anhaltende Boom beruhte allerdings auch auf dem Schicksal all jener, die ihre Heimat in **Richtung Neue Welt** verlassen

BREMERHAVEN ERLEBEN

TOURIST-INFO HAFENINSEL

H.-H.-Meier-Str. 6
27568 Bremerhaven
Tel. 0471 946 461 20
www.bremerhaven.de

HAFENBESICHTIGUNG

Mit dem Schiff
Zu den Überseehäfen ab Anleger Neuer Hafen Südkaje mit einem Glasdachschiff oder durch den Fischereihafen ab Anleger Fischereihafen 1 Südkaje.
Mit dem HafenBus
Ab Schaufenster Fischereihafen, Schifffahrtsmuseum und Zoo am Meer. Unbedingt zu empfehlen, da normalerweise nicht zugängliche Areale angefahren werden.

Shoppen kann man am besten auf der »Bürger«, im Columbus-Center und im Mediterraneo in den Havenwelten. Guten Räucherfisch gibt es bei Franke (Am Pumpwerk 2), frischen Fisch kauft man in den Läden rund um die Packhallen im Fischereihafen.

1 NATUSCH € € € €

Eine der besten kulinarischen Adressen in Bremerhaven ist seit Jahrzehnten das Fischrestaurant Natusch im Fischereihafen. Besonders zu empfehlen ist das skandinavische Buffet Smörgåsbord (Fr. ab 18 Uhr, Reservierung empfehlenswert). Dann wird für 36,50 € alles aus Neptuns Reich aufgefahren, was man sich nur vorstellen kann.
Am Fischbahnhof 1
www.natusch.de

2 PIER 6 € € € €

Der gebürtige Franke Steffen Heumann hat mit dem Pier 6 ein gastronomisches Highlight an der Waterkant geschaffen. In dem modernen Restaurant am Neuen Hafen serviert er edle Speisen wie das Nackenstück vom andalusischen Iberico-Schwein mit karamellisierten Schwarzwurzeln und Kartoffel-Speck-Roulade.
Mo. – Sa. 11 – 14.30 Uhr und 18 – 21.30 Uhr
Barkhausenstr. 6
www.pier6.eu

3 SEUTE DEERN € € €

Speisen auf einem Windjammer? Dann auf die »Seute Deern«, wo im ehemaligen Frachtraum und in der Kapitänskajüte nicht nur maritime Köstlichkeiten serviert werden.
Im Alten Hafen
(beim Schifffahrtsmuseum)
www.seutedeern.de

4 FISCHBRATKÜCHE HÖPKER €

Hart aber herzlich geht es in der Fischbratküche Höpker am Holzhafen zu, wo schon seit 1926 frische und vor allem günstige Fischgerichte auf den Teller kommen. Wahrscheinlich der beste Bratfisch in »Fishtown«, der Kartoffelsalat dazu ist ebenfalls lecker.
Mo. – Sa. 11 – 18.30 Uhr, Sa. 11 – 14.30 Uhr
Bismarckstr. 34
www.fischbratkuechehoepker.eatbu.com

1 ATLANTIC SAIL CITY € € € – € € € €

Das Atlantic Hotel SAIL City wird aufgrund seiner Architektur gern auch als »Burj al Arab für Arme« bezeich-

Restaurants		**Hotels**
1 Natusch	3 Seute Deern	1 Atlantic Hotel SAIL City
2 Pier 6	4 Fischbratküche Höpker	2 Best Western Plus Bremerhaven

net. Das Hotel am Deich ist seit der Eröffnung 2008 das erste Haus am Platze und mit 147 m Höhe das höchste Gebäude »Fishtowns«. Für den Zugang zur Aussichtsplattform verlangt das Hotel 3 €, der Panoramablick aus 86 m Höhe ist allerdings wirklich lohnenswert.
Am Strom 1
www.atlantic-hotels.de

❷ BEST WESTERN PLUS BREMERHAVEN €€€
Am Schaufenster Fischereihafen befindet sich Bremerhavens modernstes Design-Hotel. Tolle Lage, gewagte Architektur. Auf der Terrasse schwebt man quasi über dem Hafenbecken.
Fischkai 2
www.bestwestern.de

wollten. Insgesamt sieben Millionen Menschen gingen in Bremerhaven an Bord eines Schiffs nach Amerika. Insofern ist es kein Wunder, dass das Deutsche Auswandererhaus hier beheimatet ist.

Der größte Parkplatz der Welt

Container-Terminal

Die Häfen haben immer noch einige Superlative und Rekorde zu bieten: Im Norden Bremerhavens erstreckt sich über fünf Kilometer das weltweit größte zusammenhängende seewassertiefe Container-Terminal. Bremerhaven hat den größten Parkplatz der Welt, nirgendwo sonst werden mehr Pkw umgeschlagen, bisweilen stehen **Autos im Gesamtwert von vier Milliarden Euro** auf den riesigen Abstellflächen. Schon ein Bruchteil dieser Summe würde der Stadt helfen. Denn irgendwann starben die Werften, die Fischereiflotte schrumpfte. In den späten 1990er-Jahren war fast jeder vierte Bremerhavener arbeitslos. Es hat sich durchaus einiges getan seitdem, aber die Stadt ist und bleibt das **Sorgenkind des kleinsten Bundeslands**. Jenseits der touristischen Havenwelten präsentiert sich »Fishtown« nach wie vor grau und trist. Bremerhaven könnte, blendet man die steife Brise, das Kreischen der Möwen und das Tuten der Schiffe aus, auch mitten im Ruhrgebiet liegen. Die Bremerhavener Rockband »Die Nematoden« hat ihrer Heimatstadt einen Song gewidmet, in dem es heißt:

» Du hast lebenslang geschuftet, hast Dich mit Fisch und Schweiß gestählt, Du bist windig, manchmal sündig. «

Havenwelten

Geklotzt, nicht gekleckert

Maritime Meile

Bereits in der 1990er-Jahren planten Investoren in Bremerhaven den Ocean Park. Doch gegen das Projekt formierte sich massiver Widerstand, und die Pläne verschwanden wieder in der Schublade. In den »Nullerjahren« begann dann die Planung der Havenwelten auf dem

Gelände **zwischen dem Neuen und dem Alten Hafen**. Früher parkten hier Autos auf einer staubigen Brache. Heute präsentieren sich die Havenwelten als touristisches Highlight der Nordseeküste. Bremerhaven hat eindeutig geklotzt und nicht gekleckert, 315 Mio. Euro wurden in die maritime Meile investiert.

Was Auswandern heißt …

★★ Deutsches Auswandererhaus

In Zeiten, in denen immer mehr Menschen weltweit aus ihrer Heimat fliehen müssen, ist der Besuch des Deutschen Auswandererhauses vielleicht noch eindringlicher als sowieso schon. Unter den Millionen Menschen, die zwischen 1830 und 1974 ihre Heimat über Bremerhaven verlassen haben, um ihr Glück in der Neuen Welt zu finden, waren viele, die oft nicht mehr dabei hatten als die Kleider am eigenen Leib. Zu Beginn des Rundgangs nimmt der Besucher die Identität eines Emigranten an. Das kann einer jener **armen Schlucker** sein, mit dem man in der 3. Klasse fortan Dreck, Flöhe, Lärm und miserables Essen teilt. Es kann aber auch sein, dass man als Besucher in die Rolle eines **abenteuerlustigen Adeligen** schlüpft, der im feudalen Speisesaal mit seinesgleichen Champagner schlürft. Spannend wird es, wenn man in der Rolle eines Auswanderers am vermeintlichen Ziel der Reise ankommt: Nicht wenigen, die in der alten Heimat alles aufgegeben hatten, verweigerten die Behörden auf **Ellis Island** – die letzte Station auf dem Rundgang – die Einreise in die USA. »Insel der Tränen« wurde das Eiland vor New York deshalb auch genannt. 2012 wurde ein Erweiterungsbau eröffnet, in dem über 300 Jahre **Einwanderungsgeschichte nach Deutschland** präsentiert wird. Und durch die Verbindung von historischer sowie aktueller Aus- und Einwanderungssituation hat sich das Museum in Bremerhaven zum ersten **Migrationsmuseum** in Deutschland entwickelt.

Columbusstr. 65 | März – Okt. tgl. 10 – 18, Nov. – Feb. tgl. bis 17 Uhr
Eintritt: 15,80 € | www.dah-bremerhaven.de

Reise rund um die Welt

★★ Klimahaus 8° Ost

Das Klimahaus 8° Ost ist eines der spannendsten und gleichzeitig unterhaltsamsten Museen seiner Art: Es ist Museum, Science-Center und Erlebnispark in einem. Der Name hat seinen Ursprung darin, dass man sich hier auf eine Reise **auf dem 8. Längengrad** macht, einmal um die ganze Welt. Sie führt von Bremerhaven über die Schweizer Alpen und Sizilien in die Wüste des Niger und den Regenwald Kameruns, in die Südsee nach Samoa und über die Antarktis, die St. Lawrence Inseln in Alaska und die Halligen in der Nordsee wieder zurück zum Ausgangspunkt. Auf der Reise begegnet man Menschen, die mit **ganz und gar unterschiedlichen Lebensbedingungen** klarkommen müssen: Eiseskälte, brutale Hitze und drückende Schwüle. Auf dem Rundgang absolviert man 40 000 km rund um den Globus und kommt aus dem Staunen nicht mehr heraus: etwa über

VON BREMERHAVEN IN DIE WELT

1832 legte das erste Schiff mit Auswanderern von Bremerhaven ab. Bis 1914 verließen auf diesem Weg Millionen von Menschen Europa in der Hoffnung auf ein besseres Leben. Nach 1933 wurden aus Auswanderern Flüchtlinge. Das letzte Auswandererschiff legte 1974 von Bremerhaven ab – wer heutzutage auswandert, nimmt meistens das Flugzeug.

▶ **Europäische Auswanderer von Bremerhaven 1832–1938**
Angaben in Mio. Personen

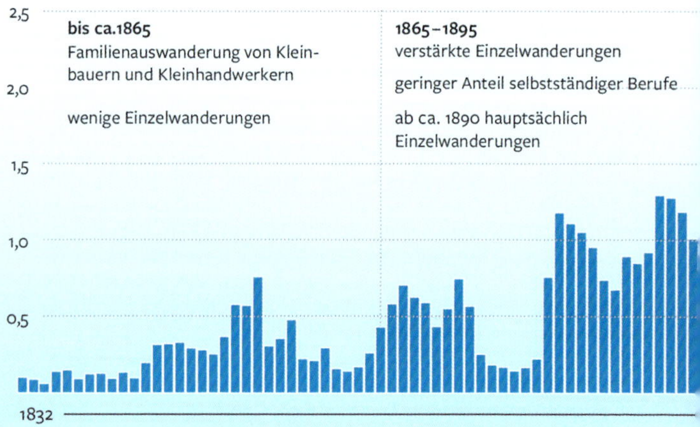

▶ **Ziele der Auswanderer 1847–1938**
Angaben in Prozent

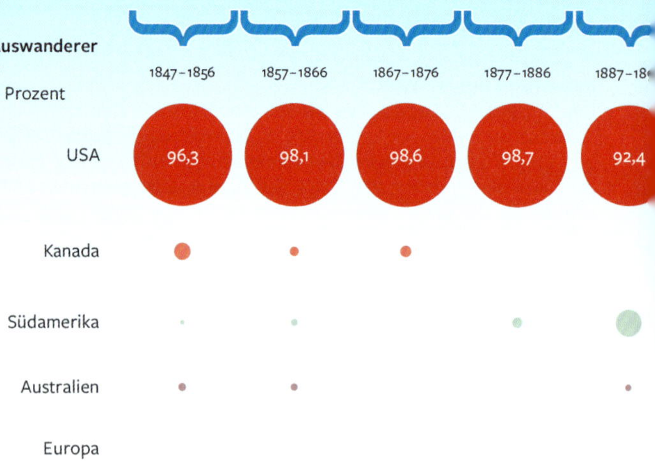

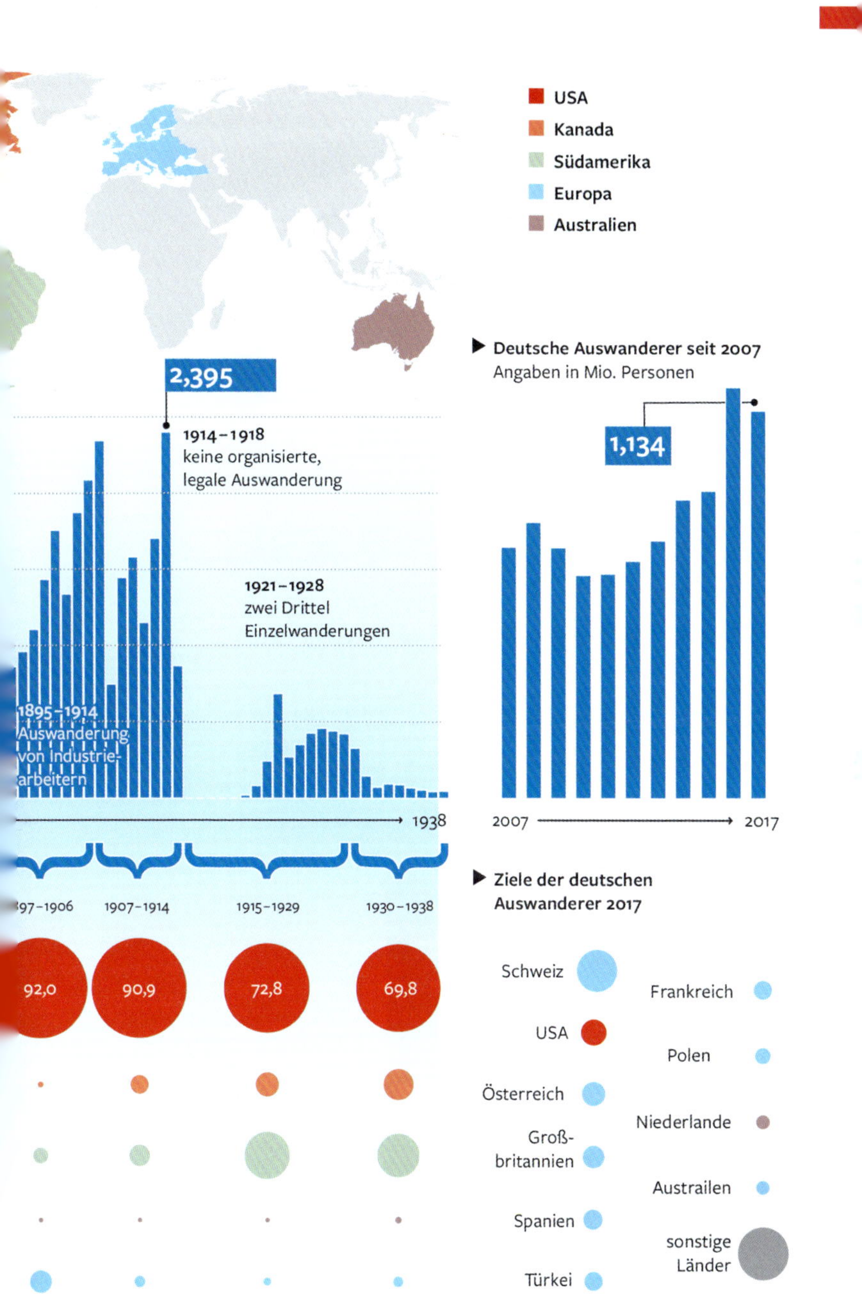
USA
Kanada
Südamerika
Europa
Australien
2,395
1914–1918
keine organisierte,
legale Auswanderung
1921–1928
zwei Drittel
Einzelwanderungen
1895–1914
Auswanderung
von Industrie-
arbeitern
1938
97–1906
1907–1914
1915–1929
1930–1938
92,0
90,9
72,8
69,8
Deutsche Auswanderer seit 2007
Angaben in Mio. Personen
1,134
2007
2017
Ziele der deutschen
Auswanderer 2017
Schweiz
Frankreich
USA
Polen
Österreich
Niederlande
Groß-
britannien
Austrailen
Spanien
sonstige
Länder
Türkei

OBEN: Am eigenen Leib erleben, wie das Klima zustande kommt – im Klimahaus ist's möglich.

UNTEN: Mit Sack und Pack verstreut in alle Winde: Das Auswandererhaus greift das Thema umfassend auf.

die immens hohe Selbstmordrate im scheinbar so paradiesischen Südseestaat Samoa oder über die ausweglose Lage der Inuit in Alaska und dem daraus resultierenden Alkoholismus. Man lauscht den Tieren im Regenwald und lernt, wie gefährdet das einzigartige Ökosystem sowohl dort als auch in den Korallenriffen der Südsee ist. Neben der Reise auf dem 8. Längengrad gibt es im Klimahaus weitere Ausstellungsbereiche (u. a. Perspektiven, World Future Lab und ein Wetterstudio), die auch anhand interaktiver Stationen die **klimatischen Zusammenhänge auf der Erde** verdeutlichen: Im World Future Lab kann man selbst und im Team Entscheidungen treffen und sich als Klimaretter betätigen. Dort werden Szenarien entworfen, wie die Lebensgrundlagen an den Stationen der Weltreise auf dem achten Längengrad im Jahr 2050 sein werden, wenn wir so weitermachen.
Am Längengrad 8 | März – Juni Mo. – Fr. 12 – 18, Sa. / So. 11 – 18; Juli/ Aug. und Sept. – Feb. tgl. 10 – 18 Uhr | Eintritt: 17 €
www.klimahaus-bremerhaven.de

Schiffe, Schifffahrt und Schiffsbau

★ Deutsches Schifffahrts-museum

Das Deutsche Schifffahrtsmuseum zwischen dem Alten Hafen und dem Weserdeich gehört zu Bremerhaven wie der Roland zu Bremen. Herzstück und wohl auch die größte Attraktion des Museums ist die restaurierte **Hansekogge** aus dem Jahr 1380. 1962 wurde sie im Schlamm der Weser entdeckt und war so etwas wie die Initialzündung für die Gründung des Museums. Auch die Bark »Seute Deern« (1919), der größte je aus Holz gebaute Frachtsegler weltweit, und weitere Schiffe im zugehörigen **Museumshafen** sind sehenswert. Zahlreiche Exponate im Museumsgebäude erzählen Wissenswertes zur Geschichte der deutschen Schifffahrt, von der Handelsmarine bis zu den Walfängern, über den industriellen Schiffbau vor Ort und weltweit, über die Hochseefischerei und die Navigation im Wandel der Zeit.
Hans-Scharoun-Platz 1 | April – Mitte Nov. tgl. 10 – 18, sonst Mo. geschlossen | Entritt: 6 € | Umfassende Sanierung bis vorauss. 2021, deshalb nicht alle Bereiche zugänglich | www.dsm.museum

Ob mit oder ohne Eisbärenbaby: klein, aber fein

Zoo am Meer

Im Zoo am Meer ist immer dann richtig was los, wenn wieder mal ein neues Eisbärenbaby geboren wird. So wie zuletzt 2015, als die kleine **Lili** zur Welt kam – und womöglich gibt es bereits 2019 erneut Nachwuchs … Aber auch ohne Eisbärenbaby ist der in den vergangenen Jahren komplett sanierte und umgestaltete Zoo durchaus einen Besuch wert. Die Gehege sind relativ großzügig und naturnah gestaltet, der Schwerpunkt liegt auf der Haltung von Tieren, die in und am Meer leben. Im September 2013 wurde das **Nordsee-Aquarium** eröffnet.
Hermann-Heinrich-Meier-Str. 7 | April – Sep. tgl. 9 – 19, März / Okt. bis 18, Nov. – Feb. bis 16.30 Uhr | Eintritt: 9 €, erm. ab 5,50 €
www.zoo-am-meer-bremerhaven.de

LEUCHTTURM ROTER SAND

Rund 45 km von Bremerhaven entfernt steht in der offenen See auf Position 53° 51' 18« Nord / 08° 04' 54« Ost der Leuchtturm Roter Sand – das erste Offshore-Bauwerk der Welt und heute ein technisches Denkmal, in dem man sogar übernachten kann (Informationen S. 80).

Geschichte

10. Juni 1884: Baubeginn
10. August 1885: Fertigstellung
1. November 1885: Zündung des Leuchtfeuers
1896: Anschluss an ein Seekabel von Wangerooge
1904: Umstellung auf Petroleumlicht
ca. 1940: erneute Elektrifizierung, dieses Mal durch Dieselaggregate
1964: Durch Inbetriebnahme des Leuchtturms »Alte Weser« verliert der »Rote Sand« seine nautische Bedeutung, erhält aber eine automatische Propangasbefeuerung.
1982: Der Turm wird zum Denkmal erklärt.
1983: Gründung des Fördervereins »Rettet den Leuchtturm roter Sand e. V.«
1986: Das Propanleuchtfeuer wird gelöscht.
1987 – 1999: Sanierung
2001: neuer Außenanstrich

❶ Abmessungen

Bei einer Gesamthöhe von 52,5 m inklusive des Fundaments steigt der Turm bei Niedrigwasser 30,7 m über den Meeresspiegel auf.

❷ Konstruktion

Der Turm ist eine fünfgeschossige, genietete Stahlkonstruktion mit abgeschotteten Treppenzugängen. Zum Festmachen von Schiffen wurden erst 1995 zwei Dalben angebracht – zuvor wurde die Besatzung im Korb hinübergehievt. Dieser Korb hängt heute noch im Turm.

❸ Materialraum

Hier werden heute wie vor 100 Jahren allerlei Vorräte und Ersatzteile aufbewahrt.

❹ Schlafraum

Neun Kojen bietet der Schlafraum

❺ Küche

In der Küche versorgten sich einst die Leuchtturmwärter, heute tun es die Gäste.

❻ Dienstraum

Die meiste Zeit ihres wochenlangen Dienstes verbrachten die drei Leuchtturmwärter im Dienstraum. Kontakt zum Festland hielten sie über einen Telegraphenapparat.

❼ Laternenhaus

Im Laternenhaus (27 m über Hochwasser) strahlte das Hauptfeuer, eine Fresnel-Gürtelleuchte von 1885 mit einer 1000-Watt-Lampe, 17 km weit. Das Nebenfeuer war 12 km weit sichtbar. In den Erkern leuchteten zwei Orientierungsfeuer.

❽ Plattform

Paradiesische Ruhe: Von der Plattform kann man die vorüberziehenden Schiffe beobachten.

2
1
7
8
6
5
4
3

Wohin noch in Bremerhaven?

Moderne Kunst und historischer Alltag

Kunsthalle, Historisches Museum

Südlich vom Columbus Center hat der Kunstverein Bremen 2008 ein Museum eröffnet. In dem **schwarzen Kubus** präsentiert er seine Sammlung, die moderne und zeitgenössische Kunst umfasst. In der Kunsthalle daneben finden Wechselausstellungen statt.
Via Kennedybrücke erreicht man am Südufer der Geeste das Historische Museum Bremerhaven. Ausgehend von den ersten Besiedlungen im Elbe-Weser-Dreieck, wird insbesondere die **Arbeits- und Alltagsgeschichte** der Stadt und Region bis in die 1960er-Jahre aufbereitet: So sind z. B. eine Hafenkneipe, eine Werft und ein Fischladen aufgebaut, im Panorama-Café ist eine historische Kaffee-Röstanlage zu bewundern.

Kunstmuseum, Kunsthalle: Karlsburg 4 | Di. - Fr. 11 - 18, Sa. / So. bis 17 Uhr | Eintritt Kunstmuseum: 4 € | www.kunstverein-bremerhaven.de

Historisches Museum: An der Geeste | Di. - So. 10 - 17 Uhr | Eintritt: 5 € | www.historisches-museum-bremerhaven.de

Meisterliche Ingenieurskunst

Roter Sand

Der Leuchtturm Roter Sand in der Außenweser ist längst nicht mehr in Betrieb aber gleichwohl eines der **Wahrzeichen Bremerhavens**. Der 1884/85 erbaute Leuchtturm war das erste Bauwerk weltweit, das komplett auf dem Grund des Meers errichtet wurde. Seit 2014 kann das »Historisches Wahrzeichen der Ingenieurskunst« wieder besichtigt werden. Tagesfahrten mit Besichtigung des Turmes beziehungsweise **Übernachtungen** auf dem Leuchtturm Roter Sand sind nur in den Sommermonaten und nur für Personen ab zwölf Jahren möglich. Die Fahrt dorthin dauert ca. 2,5 Stunden und kann über www.bremerhaven.de/tourismus gebucht werden.

Mitmachen und Anfassen erwünscht

Schaufenster Fischereihafen

Das Schaufenster Fischereihafen ist eine maritime Meile an den ehemaligen Packhallen. Dazu zählt u. a. das **Seefischkochstudio** (www.seefischkochstudio.de), in dem Profiköche interessierten Hobbyköchen die Zubereitung von schmackhaften Fischgerichten näherbringen. In der Experimentierausstellung **Phänomenta** Bremerhaven heißt es ausdrücklich: Anfassen erlaubt. In den Räumlichkeiten einer ehemaligen Gewürzmühle werden Phänomene aus Natur und Technik im wahrsten Sinne des Wortes begreifbar gemacht.

Schaufenster Fischereihafen: An der Packhalle IV
www.schaufenster-fischereihafen.de | Kochstudio: Mo. - Sa. 10.30 / 12.30, So. 11 Uhr | www.seefischkochstudio.de

Phänomenta: Höbelstr. 24 | tgl. 10 - 18 Uhr
www.phaenomenta-bremerhaven.de

»Tour de Fisch«

Hafenrundfahrten

Bremerhaven ist die Welthauptstadt des Fischstäbchens. Mehr als zehn Millionen werden täglich in »Fishtown« produziert. Seit 2017 wird in Bremerhaven eine geführte Bus-Tour durch den **Fischereihafen** angeboten. Die Guides auf der »Tour de Fisch« erzählen eine Menge Wissenswertes über die Tradition des Fischfangs und die von Tiefkühlprodukten bestimmte Fischverarbeitung von heute, weshalb Bremerhaven gern auch der größte Gefrierschrank Europas genannt wird. Wer sich wiederum die gigantischen Hafenanlagen aus der Nähe anschauen will, der nimmt den **HafenBus**. Aus Sicherheitsgründen war das Gelände um das Container-Terminal und das Auto-Terminal lange Jahre absolutes Sperrgebiet. Doch seit 2012 führt die Rundfahrt mit dem Bus auch in diese faszinierende und für viele absolut fremde Welt.

»Tour de Fisch«: Sa. 11 Uhr | Abfahrt am Deutschen Schifffahrtsmuseum (Hans-Scharoun-Platz 1) | 12 € (Buchung über Bremerhaven-Tourismus)

HafenBus: Start der gut zweistündigen Tour ist am Schaufenster Fischereihafen | 11,50 € | Infos und Buchungen unter: www.bremerhaven.de/hafenbus

★ BRUNSBÜTTEL

Schleswig-Holstein | **Landkreis:** Dithmarschen | **Einwohner:** 13 200 | **Touristinformation:** Gustav-Meyer-Platz 2, Tel. 04852 39 11 86 | **www.brunsbuettel.de**

Brunsbüttel als Ferienparadies zu bezeichnen, wäre in ungefähr so, als würde man die Marschwiesen Dithmarschens eine hochalpine Landschaft nennen. Urlaub im Schatten eines Atomkraftmeilers, zwischen Ölhäfen und Chemiewerken – das ist nicht jedermanns Sache – trotz eines zweifelsohne ganz hübschen Ortskerns. Eine Touristenattraktion hat das Städtchen an der Elbmündung dennoch zu bieten: die Schleusen und damit die Einfahrt in den Nord-Ostsee-Kanal.

Schwimmende Hochhäuser

1895 wurde der Nord-Ostsee-Kanal eröffnet. Und man kann im Nachhinein behaupten, Brunsbüttel sei damals sogar glimpflich davongekommen. Denn bereits im Zuge des Kanalbaus hatte sich der **Größenwahn** breit gemacht. Pläne für eine Großstadt mit über 100 000 Einwohnern lagen schon in den Schubladen, noch gigantischere Industrieanlagen sollten entstehen. Es blieb allerdings bei der Planung.

Das heutige Brunsbüttel gibt es erst seit 1970, als der Industriestandort Brunsbüttelkoog und die Nachbarortschaften des Kirchspiels Brunsbüttel zusammengefasst wurden. Reste des alten Brunsbüttel, einige hübsche Fachwerkhäuser aus dem 18. und 19. Jh., sind noch um den **Kirch- und Marktplatz** zu finden. Im früheren Rathaus erzählt das Heimatmuseum Geschichte und Alltagsleben am Kanal. Interessant sind auch die Lebenswege Brunsbütteler Persönlichkeiten: Künstler, Cap-Horniers, Lotsen, mutige Walfänger, tüchtige Torfstechern.
Markt 4 | März – Ende Nov. Di, Do., Sa. / So. 14.30 – 17.30, Mi. 10 – 12 Uhr | www.museum-brunsbuettel.de

Wohin in Brunsbüttel?

Die meistbefahrene künstliche Wasserstraße der Welt

★ Nord-Ostsee-Kanal

Die Einfahrt zum Kanal mitsamt dem riesigen Schleusensystem ist zweifelsohne die Hauptattraktion des Orts. Der Faszination der großen »Pötte« kann man sich nur schwer entziehen, erst recht nicht, wenn gerade eines der **gigantischen Kreuzfahrtschiffe** zu bestaunen ist. Der Nord-Ostsee-Kanal ist die meistbefahrene künstliche Wasserstraße der Welt. Rund 30 000 Schiffe passieren jedes Jahr den rund 100 km langen Kanal zwischen Brunsbüttel und Holtenau bei Kiel an der Ostsee – das sind mehr als doppelt so viele wie auf dem Panama- oder Suezkanal. Auf der Route durch den Kanal ersparen sich die Schiffe die Fahrt um das dänische Jütland herum durch Nordsee, Skagerrak und Kattegat. Mit den drei Brunsbütteler **Kanalfähren** kann man auf die andere Seite des Nord-Ostsee-Kanals übersetzen. Die Fährschiffe verkehren im 10-Minuten-Takt und bieten einen einmaligen wasserseitigen Blick auf den Kanal und die Schleusenanlage – und das auch noch gratis, denn die Überfahrt kostet nichts.
Schleusenführungen (jeweils um 14 Uhr): März, April / Okt. So. und Di.; Mai So., Di. und Do.; Juni – Sept. So. und Di. – Do. | Eintritt: 4,50 € | www.schleuseninfo.de

Alles über Schleusen und Kanäle

Kanalmuseum

Im Kanalmuseum Atrium, direkt am Yachthafen gelegen, erfährt der Besucher alles Wissenswerte zur Geschichte des Kanal- und Schleusenbaus. Auf Schautafeln, anhand von Schiffsmodellen, historischen Exponaten und technischen Modellen werden der Bau, der Betrieb und die Bedeutung des Nord-Ostsee-Kanals dargestellt und von Fachleuten erklärt. Auf dem **Schleusenradar** am Gustav-Meyer-Platz erfährt man zudem, welche Schiffe sich aktuell im Bereich der Schleuse bewegen. Unter **www.traumschiffe-im-kanal.de** gibt es zudem einen »Fahrplan« der Luxusliner auf dem Nord-Ostsee-Kanal.
Gustav-Meyer-Pl. 2 | März – Okt. tgl. 10.30 – 17 Uhr | Eintritt: 3 €

Passt gerade noch so durch ...

»Wattleten« bei der Schlammschlacht anfeuern

Watt-olümpiade

Ein paar Tage im Jahr regiert der »Wattikan« in Brunsbüttel. Er zeichnet verantwortlich für die Planung und Ausrichtung der »Wattolümpiade«, einer skurrilen Schlammschlacht im Elbschlick. Die »Wattleten« messen sich in ganz banalen Sportarten wie Fußball (»Das Dreckige muss ins Eckige«), aber auch im **Aalstaffellauf** durchs Watt – der es sogar bis in die Sportnachrichten des US-amerikanischen Fernsehsenders CNN geschafft hat. Der Erlös der Veranstaltung wird seit 2004 der Deutschen Krebshilfe gespendet.

www.wattoluempia.de

DER NORD-OSTSEE-KANAL

Die meistbefahrene künstliche Schifffahrtsstraße der Welt wurde nach achtjähriger Bauzeit am 21. Juni 1895 eröffnet und ist seither in zwei weiteren Bauphasen auf die heutigen Maße vergrößert worden. Der Weg zwischen Nord- und Ostsee wird durch sie um 280 Seemeilen (ca. 520 km) verkürzt.

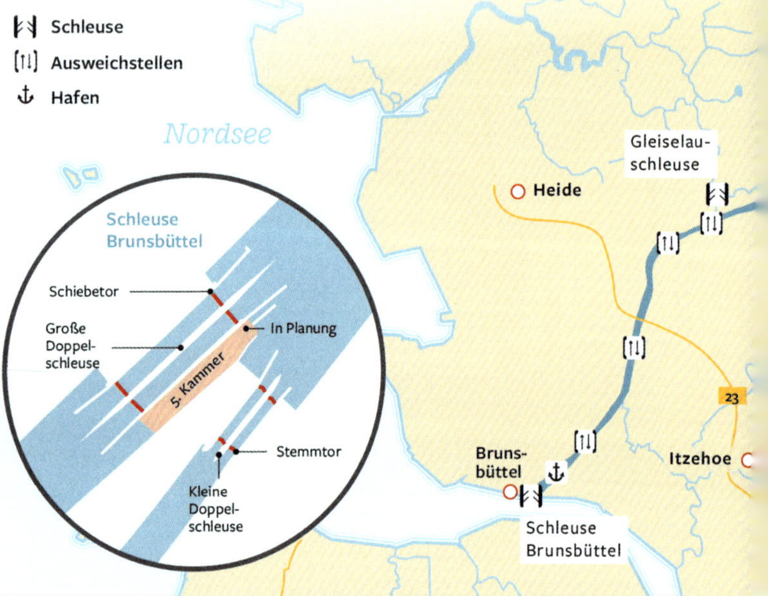

▶ **Kanäle im Vergleich**

Kanal	Max. Schiffsabmessungen
Nord-Ostsee-Kanal **Länge: 98,6 km** **Breite (Sohle): 90 m**	Länge: **235 m** Breite: **33 m** Tiefgang: **10 m**
Panamakanal **81,6 km** **90–300 m**	Länge: **294 m** Breite: **32 m** Tiefgang: **12 m**
Sueskanal **193,3 km** **195–215 m**	Länge: **unbegrenzt** Breite: **77** Tiefgang: **20,1 m**

▶ **Schleusenanlagen**
Die Schleusen in Brunsbüttel und Holtenau bestehen aus einer kleinen und einer großen Doppelschleuse. Dadurch ist eine rasche Abfertigung der Schiffe möglich.

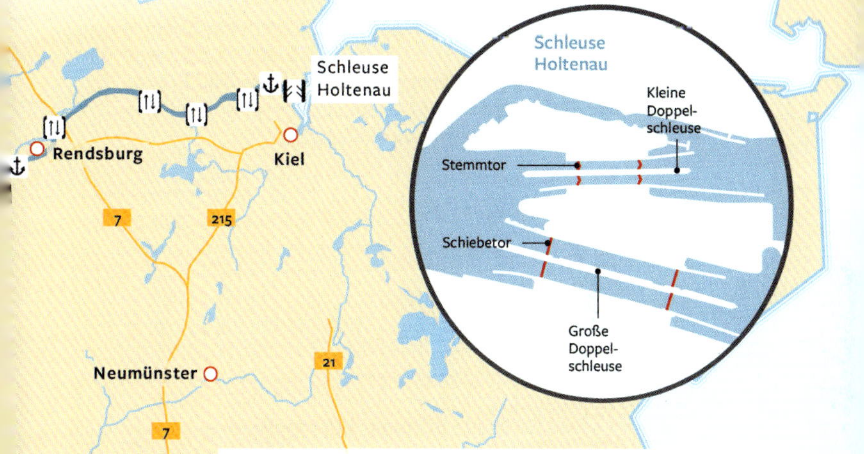

	Große Doppelschleuse Brunsbüttel/Holtenau	Kleine Doppelschleusen Brunsbüttel/Holtenau
Inbetriebnahme:	1914	1895
Nutzlänge:	330 m	125 m
Nutzbreite:	45 m	22 m

Schiffspassagen und Fracht

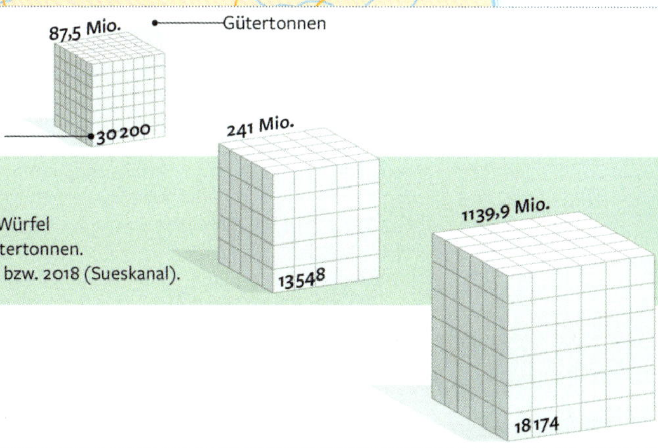

Das Volumen der Würfel entspricht den Gütertonnen. Angaben von 2017 bzw. 2018 (Sueskanal).

BÜSUM

Schleswig-Holstein | **Landkreis:** Dithmarschen |
Einwohner: 5000

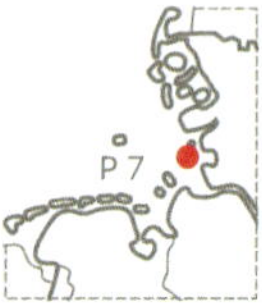

Büsumer Krabben sind ein Begriff, und hinter dem 3,5 km langen Grünstrand lockt das UNESCO-Weltnaturerbe Wattenmeer. Das dürfte der Grund sein, warum das Nordsee-Heilbad Büsum die Besucher in Scharen anzieht. Denn der Ort selbst ist alles andere als pittoresk und eher von Bausünden geprägt.

Krabben, Kohl und Co.

Vor rund 400 Jahren lag Büsum noch auf einer Insel im Wattenmeer. Durch Sturmfluten wurden im Laufe der Jahrhunderte Teile der Insel Bivsne abgetragen und durch intensive Landgewinnung sowie den Deichbau Ende des 16. Jh.s ans Festland angebunden. Bereits 1818 kamen die ersten Badegäste in das Küstendorf, seit 1837 ist Büsum anerkanntes **Heilbad**, das seinen Gästen frische Nordseeluft, einen »Grünstrand«, eine Deichliegewiese mit Strandkörben und seit einigen Jahren mit der Perlenbucht einen künstlich aufgespülten Sandstrand und einen Golfplatz bietet. Die richtigen Töne dazu liefert die fast schon berühmte **Büsumer Kurkapelle**, die auch schon mal barfuß die Wattwanderer begleitet und kräftig musiziert. So leben die Büsumer vom Tourismus – und immer noch vom Krabbenfang. Nach ▶Friedrichskoog besitzt Büsum den zweitgrößten **Kutterhafen** an der schleswig-holsteinischen Westküste, wo man die kleinen Meerestiere auch fangfrisch vom Kutter kaufen kann.

Wohin in Büsum?

Im Zeichen der Krabbe

museum am meer und Museumshafen

Das »museum am meer« zwischen Hafenbecken II und III steht ganz im Zeichen der Küstenfischerei. Wenn man Glück hat und zur richtigen Tageszeit vor Ort ist, kann man nicht nur eine moderne Krabbensiebanlage besichtigen, sondern auch das Anlanden der Krabben beobachten, ihren Weg zur **Büsumer Fischereigesellschaft** (im gleichen Gebäude) verfolgen und die Weiterverarbeitung miterleben. Im Außenbereich gibt die »Leonore Johanna« Einblicke in das Innenleben eines Spiegelkutters.

Im Hafenbecken I sollen einmal 10 bis 15 **historische Schiffe** liegen. Bisher sind es drei: der Zweimast-Gaffelkutter »Margaretha« von 1911, das ehemalige Rettungsboot »Rickmer Bock« von 1944 und der »Fahrewohl von Büsum« aus dem Jahr 1912 – Grundstock für den einzigen Museumshafen an der Westküste von Schleswig-Holstein, in dem einige weitere maritime Exponate zu bestaunen sind.

Mit dem Gaffelschoner »Margaretha« ging es unter Segeln zum Krabbenfischen.

Wer mehr über das Wattenmeer wissen will, geht ins **Infozentrum Nationalpark** im ehemaligen Schleusenhaus. Hier halten Experten Vorträge zum Thema Gezeiten, über die fantastische Tierwelt im Wattenmeer, zudem werden Exkursionen ins Watt angeboten.

www.museumshafen-buesum.de

museum am meer: Am Fischereihafen 19 | März – Nov. So. – Fr. 11 – 17, Sa. ab 13 Uhr | Eintritt: 3 € | www.museum-am-meer.de

Schutzstation Wattenmeer: Am Fischereihafen 5 | Mitte März – Okt. tgl. 9.30 – 16.30, Nov. – Mitte März Mo. – Fr. 10 – 14, So. 11 – 15 Uhr

Rund um Büsum

Heimat eines großen Dramatikers

Wesselburen

Der Dramatiker Christian Friedrich Hebbel (▶ Interessante Menschen) erblickte 1813 in dem kleinen Ort Wesselburen in Dithmarschen das Licht der Welt. In der ehemaligen Kirchspielvogtei, in der Hebbel einst als Laufbursche und Schreiber arbeitete, wurde zu seinem Gedenken das **Hebbel-Museum** eingerichtet. Es zeigt die umfangreichste Hebbel-Bibliothek mit Erstausgaben und zahlreichen Bänden über das Werk des Dramatikers. Ein hervorragendes Bild

BÜSUM ERLEBEN

TOURISMUS MARKETING SERVICE

Südstrand 11
25761 Büsum
Tel. 04834 90 91 14
www.buesum.de

Tagesausflüge nach Helgoland mit der »Funny Girl« der Reederei Cassen Eils (Mai – Okt.) oder der »Lady von Büsum« der Reederei Rahder. Ebenfalls bei Rahder im Angebot: Wattenmeerfahrten, Krabbenkutterfahrten, Fahrten zu den Seehundbänken, Hafenrundfahrt Büsum mit einem original Helgoländer Börteboot.
www.cassen-eils.de
www.rahder.de

PIRATENMEER

Das Erlebnisbad Piratenmeer bietet ein umfangreiches Wellnessangebot mit einer riesigen Saunalandschaft und verschiedenen Massagen.
Südstrand 9
Mo. – Sa. 10 – 21, So. 10 – 19
Tageskarte Sauna: 17,30 €

Büsumer Meeresleuchten und Kutterregatta (beides im Juli).

KOLLES ALTER MUSCHELSAAL €€€ – €€€€

Bereits seit 1920 werden die Gäste im Restaurant mit diversen Köstlichkeiten und dem einzigartigen Muscheldekor verwöhnt.
Hafenstr. 27
www.kolles-alter-muschelsaal.de

ZUR ALTEN POST €€€

Recht gediegenes Hotel bei der St.-Clemens-Kirche mit kleiner Wellnessabteilung. Das Restaurant, eingerichtet in einer original Dithmarscher Bauernstube, punktet mit guten Fisch- und Krabbengerichten.
Hafenstr. 2
www.zur-alten-post-buesum.de

HAUS AM WATT €€ – €€€

250 Jahre alter Reetdachhof am Koogdeich mit 3 Ferienwohungen und 3 DZ, großem Garten und Café, in dem hausgemachte Kuchen und herzhafte Snacks aus regionalem Bio-Anbau serviert werden. Entspannung bieten Yoga-Familienferienkurse.
Heringsander Str. 4
25764 Heringsand
www.hausamwatt.de

seines Lebens- und Arbeitsumfeldes geben die Museumsräume, die teilweise mit Hebbels Mobiliar und Haushaltsgegenständen ausgestattet sind.

Hebbel-Museum: Österstr. 6 | Mai – Okt. Di. – So. 11 – 13 / 14 – 16 bzw. 17 Uhr | Führungen 1., 3. Di. im Monat 14.30 Uhr | Eintritt: 3 €
www.hebbel-museum.de

Kohlossale Angelegenheit

Dithmarschen ist mit pro Jahr rund 80 Millionen geernteten Kohlköpfen auf einer Fläche von rund 3000 Hektar das **größte zusammenhängende Kohlanbaugebiet** in ganz Europa. Da wundert es nicht, dass die Dithmarscher analog zu den deutschen Weinbauregionen mit ihren Weinfesten seit 1986 alljährlich auch ihre Kohltage zelebrieren. Im eher privaten Kreis, dafür an der gesamten Nordseeküste »ehrt« man den Kohl bei so genannten Kohlfahrten (►Baedeker Wissen, S. 90).

★ »KOHLosseum«, Deutsche Kohlstraße

Bei den Feierlichkeiten zu Ehren des geschmackvollen und streng riechenden Gemüseswerden in jedem Jahr die neuen **Kohl-Regentinnen** gewählt. Zudem haben die Dithmarscher sogar die Deutsche Kohlstraße eingerichtet. Ziemlich »kohlossal«, was man rechts und links der Straße so erleben kann. Zum Beispiel kann man einen Kohlkuchen mit Karamellcreme essen, sich mit einer Hautsalbe aus Weißkohl einreiben oder in der Büsumer Sauna bei einem Kohlaufguss ins Schwitzen kommen. Die erstaunlichsten Sachen rund um den Kohl erfährt man im »KOHLosseum« in einer alten Sauerkrautfabrik in **Wesselburen**: Wie wird aus einem feldfrischen Weißkohl das geschnitzelte Kraut? Wie wird es gesalzen, gemischt und abgefüllt? Und wie geht die Reifung durch natürliche Gärung vor sich? Wer mag, kann das kleine »Sauerkraut-Diplom« oder eine Hautcreme auf der Basis von Weißkohl erwerben und Krautrezepte nach Hause mitnehmen

Bahnhofstr. 20 A, 25764 Wesselburen | Bauernmarkt, Museum und Krautwerkstatt: Mo. - Fr. 9 - 18, Sa. und So. 9 - 14 Uhr | Eintritt: jeweils 2 € | www.kohlosseum.de

BUTJADINGEN (HALBINSEL)

Niedersachsen | **Landkreis:** Wesermarsch | **Einwohner:** 6600

Hier gibt es mehr Schafe auf den Deichen als Menschen in den kleinen verschlafenen Orten: Butjadingen, das ist flaches Land, auf drei Seiten von Wasser umgeben und dem Wind ausgesetzt. Die stille und grüne Halbinsel stellt eine Nordseelandschaft par excellence dar. In Fedderwardersiel kann man die Krabben , die hier »Granat« heißen, noch direkt am idyllischen Sielhafen am Kutter kaufen.

GRÜNKOHL UND PINKEL

»Wie bitte, Kohl? Und was soll ich essen?« So lautet die bisweilen leicht hysterische Frage, wenn ahnungslosen Gästen an der deutschen Nordseeküste die Spezialität »Kohl und Pinkel« angeboten wird. Was sich tatsächlich etwas gewöhnungsbedürftig anhört, entpuppt sich als höchst schmackhafte, regionale Spezialität. Zum Essen des deftigen Gerichts gehört traditionell eine Kohlfahrt, bei der allerdings weniger gefahren, denn Spazieren gegangen wird – und bei der meistens reichlich Schnaps und Bier fließen.

Grünkohl ist ein typisches Wintergemüse und wird klassischerweise mit Piment und Zwiebeln zubereitet, mit Kartoffeln und reichlich Fleisch wie Kassler, Bauchspeck und groben Kochwürsten serviert. Und eben mit jener dubiosen Pinkel(wurst). Das ist eine **geräucherte Grützwurst**, die im Wesentlichen aus Speck, Hafer- oder Gerstengrütze, Schweineschmalz – bisweilen auch Rinderfett – Zwiebeln und diversen Gewürzen besteht. Über die **Herkunft des Namens** streiten die Gelehrten. Die langweiligste Version lautet: Pinkel sei der plattdeutsche Name für Rinderdarm. Andere wiederum sagen, er käme daher, dass die Würste früher zur Lagerung aufgehängt wurden und alsbald das Fett zu Boden tropfte – die Wurst also pinkelte. Das Rezept für ihre Pinkelwürste hüten die Schlachter (so heißen im Norden die Metzger) wie ein Staatsgeheimnis.

Regeln und Rituale

Vor dem ersten Frost darf man den Kohl nicht essen, so lautet eine alte, aber inzwischen überholte Regel. Tatsächlich entzieht der Frost dem Gemüse einen Großteil seiner Bitterstoffe. Es gibt jedoch längst Züchtungen, die den **Kälteschock** nicht mehr benötigen. Rein theoretisch könnte man zum Kohl- und Pinkelessen direkt den nächstbesten Gasthof ansteuern. Doch das ziemt sich nicht. Vor dem Essen, das ist ein ungeschriebenes Gesetz, geht es auf **Kohlfahrt**. Der Kohlfahrer ist gut organisiert, zieht einen Bollerwagen hinter sich her, dessen Inhalt überwiegend hochprozentig ist und den die Kohlgemeinschaft vorzugsweise an Wegkreuzungen reduziert. In weiser Voraussicht haben sich die Teilnehmer dafür ein Schnapsglas an einem Tüdelband um den Hals gehängt. Einige betätigen sich während der Kohl- und Pinkeltour auch sportlich. In der Regel wird geboßelt. Beim **Boßeln** handelt es sich um eine traditionelle Sportart, bei der eine Kugel von zwei gegnerischen Parteien möglichst weit die Straße entlang geschleudert wird (▶ Das ist ..., S. 8 ff.). Dass die Zielgenauigkeit mit zunehmender Dauer des Spaziergangs deutlich nachlässt, dürfte sich von selbst verstehen. Andere versuchen sich an eher albernen Spielchen wie Sackhüpfen oder Teebeutelweitwurf. Außerdem muss man feststellen, dass ein Großteil der Kohlfahrten inzwischen zu einem gigantischen Besäufnis verkommt. Statt in der urigen Atmosphäre eines Landgasthofs das Traditionsessen zu genießen, fahren immer mehr Menschen auf **riesige Kohl- und Pinkel-Events** ab. Das Niveau dabei erinnert an die »Ballermann«-Partys auf Mallorca, nur dass es kälter ist als auf den Balearen und dass Jürgen Drews nicht live singt.

Ruhm und Ehre

Der Grünkohl hat inzwischen einen Siegeszug um die Welt angetreten. Michelle Obama servierte ihren Gästen Grünkohl-Chips, und zahlreiche **Spitzenköche** haben das Gemüse für sich entdeckt. Da gibt es dann statt Pinkel, Kassler und Bratkartoffeln so etwas wie »Grünkohlsalat mit Wachtel, Ziegenfrischkäse, Mandel-Orangenöl, geröstetem Buchweizen und Schwarzkümmel« oder auch »Grünkohlstrudel mit Kürbis und lila Kartoffeln in Blätterteig«. Bestimmt lecker, aber mit solchen »Chi-Chi-Varianten« kann der gemeine Kohlfahrer nichts anfangen. Am Ende einer jeden Kohl-und Pinkeltour bekommt einer der Teilnehmer – traditionell derjenige, der am meisten Kohl und Pinkel verdrückt hat – einen Schweinekieferknochen am Bande verliehen und wird zum **Kohlkönig** bzw. zur **Kohlkönigin** gekürt. Der neue Regent ist damit verpflichtet, das Grünkohlessen der kommenden Saison zu organisieren.

Nichts für Kostverächter

Rauf aufs Rad!

Im Westen der Jadebusen, im Osten die Weser mit ihrer breiten Mündung und im Norden die offene See: Diese **exponierte Lage** machte das Gebiet seit jeher besonders anfällig für die Gefährdung durch Sturmfluten. Nach der Zweiten Marcellusflut 1362, der »Groten Mandrenke« (Großes Ertrinken), war Butjadingen zeitweise sogar vom Festland abgeschnitten; zahlreiche Orte versanken in den Fluten, neue Ansiedlungen wurden hinter der heutigen Deichlinie gegründet. Der Name der **dünn besiedelten Marschlandschaft** ist auf das niederdeutsche »buten« (außerhalb, außen) und auf den Fluss Jade zurückzuführen.

Ein stolzes Volk: »Lieber tot als Sklave«

Von Melkhus zu Melkhus

Bis ins Mittelalter war das friesische Butjadingen eine freie Bauernrepublik, zählte zu den »Sieben Seelanden«. Die Bewohner waren stolz auf ihre Eigenständigkeit, der Wahlspruch der tapferen Küstenbewohner lautete »Lewer dod as sklav« (Lieber tot als Sklave). Doch schließlich geriet die Region doch unter die Herrschaft der Freien Reichsstadt Bremen und später unter die der Grafen von Oldenburg. Heute ist Butjadingen ein Geheimtipp **abseits des Massentourismus**. Die Region ist Radlerland – wenngleich der ständig pustende Wind bisweilen aus der »falschen« Richtung kommt. Ideal während der Fahrradtour sind die Melkhüs in der Region, kleine »Milchtankstellen« an den Bauernhöfen, die den Gästen allerlei leckere Milchprodukte sowie Kaffee und Kuchen kredenzen.

Wohin im Butjadinger Land?

Wer pult am schnellsten?

★ Fedderwardersiel

Butjadingen ist nicht eben reich an Sehenswürdigkeiten. Eines der wenigen touristischen Highlights ist der Ort Fedderwardersiel mit seinen bunten, traditionellen Krabbenkuttern. In der Regel kann man hier im **idyllischen Sielhafen** seine »Granat« noch direkt vom Kutter kaufen. Ansonsten gibt es die beliebten Nordseekrabben und anderen frischen Fisch auch im Ladengeschäft der Butjadinger Fischereigenossenschaft zu kaufen. Einmal im Jahr putzt sich Fedderwardersiel noch einmal besonders heraus – zur **Krabbenkutter-Regatta**. Dazu schmettert der Shanty-Chor Seemannslieder, die Niedersächsische Meisterschaft im Granatpulen wird ausgetragen, und Touristen dürfen auf den Kuttern mitfahren. Interessant ist der Blick von hier aus hinüber zu den gigantischen Hafen- und Industrieanlagen in ►Bremerhaven auf der anderen Seite der Wesermündung.

Unter den Nationalparkhäusern entlang der Nordseeküste hat das **Museum im ehemaligen Zollhaus** im Fischereihafen wegen seiner ortshistorischen Abteilung einen besonderen Platz. Ein aufwändiges

BUTJADINGEN ERLEBEN

BUTJADINGEN KUR UND TOURISTIK GMBH

Strandallee 61
26969 Butjadingen (Burhave)
Tel. 04733 92 93 40
www.butjadingen.de

Zu den Seehundbänken, zu den Leuchttürmen Hohe Weg und Roter Sand fährt die »WEGA II« ab Fedderwardersiel.
www.cassen-eils.de

WELLNARIUM AM MEER

Thalasso Wellness, Ayurveda Wellness, verschiedene Massagen (Lomi Lomi Nui, Muru Aki Muschelmassage), Fasten direkt am Nordseestrand.
Tossens, Nordseeallee 35, www.wellnarium-am-meer.de

RADFAHREN

Ein durchgehend ausgeschildertes Radwegenetz garantiert unbeschwerten Radelspaß für individuelle Touren. Extra gekennzeichnet: Deutsche Sielroute und Weser-Radweg sowie Nordseeküsten-Radweg.

DRACHEN- UND ZIRKUSFESTIVAL

An Pfingsten regieren drei Tage Drachen in verschiedensten Farben, Formen und Größen sowie bunte Zirkusgestalten das Geschehen auf der Nordsee-Halbinsel Butjadingen am Friesenstrand in **Tossens**.

KRABBENKUTTER-REGATTA

Regatta in Fedderwardersiel mit Krabbenpulmeisterschaften und Rundfahrten mit den buntgeschmückten Kuttern (August).

MELKHÜS

Eine Empfehlung, gerade auf Radtouren in der Gegend, sind die Melkhüs (Einzahl Melkhus). Das Melkhus Seeverns bei Butjadingen dürfte weltweit das einzige sein, an dem sich heiratswillige Paare das Ja-Wort gegen können. In den Melkhüs werden Kaffee und Kuchen, aber vor allem Milchprodukte wie Milchmixgetränke, Joghurts und leckere Fruchtquarks oder Eis angeboten.
Eine Auswahl findet man auf www.butjadingen.de.

DAT HAVENHUUS €€–€€€

Gemütliches Ambiente direkt am Hafen von Fedderwardersiel
Am Hafen 8
Fedderwardersiel
www.dat-havenhuus.com

KACHELSTÜBCHEN €€–€€€

Zanderfilet in Sesamkruste, Nordseescholle oder Buntjenter Pannfisch – mit seiner soliden, frischen Fischküche hat sich das Kachelstübchen in die Herzen gekocht. Es gibt aber auch Salzwiesenlamm oder Rumpsteak.
Strandallee 46, Butjadingen
www.kachelstuebchen.de

HEUHOTEL RUHWARDEN €

Schlafen im Heu oder Stroh: nichts für Allergiker, aber mal was Anderes und sehr preiswert.
www.heuhotel-ruhwarden.de

Gezeitenmodell führt zu jeder vollen Stunde nicht nur Hoch- und Niedrigwasser vor, sondern sogar Sturmfluten. Aquarien und Vogeldioramen geben Einblicke in die Tierwelt des Wattenmeers. Querschnitte durch Wurten- und Friesenhausmodelle oder ein Hafenmodell illustrieren das Leben rund um Fedderwardersiel. Themen sind auch der Küstenschutz und der Deichbau.

Nationalparkhaus: Am Hafen 4 | Feb. – Mitte März Di. – So. 10 – 16, Mitte März – Nov. tgl. 10 – 17 Uhr | Eintritt: 5,50 € | www.nationalparkhaus-wattenmeer.de

Sandstrand und moderne Kunst am Deich

Eckwarden, Eckwarderhörne

Nach Eckwarden reist man heute nicht mehr mit der Eisenbahn, doch die ehemalige Bahntrasse ist ideal zum Radeln. Der Ort selbst zeichnet sich durch malerische Winkel und die **imposante Wurtenkirche** St. Lamberti aus. Von Eckwarden fährt man nur wenige Kilometer nach Eckwarderhörne, zur südwestlichsten Spitze Butjadingens. Wie auf einem Kap ragt der Ort in den Jadebusen hinein, den man von hier gut überblickt. Außer einem feinen Sandstrand bieten Eckwarderhörne und Eckwardersiel auch moderne Kunst auf dem **Skulpturenpfad** »Kunst am Deich«. Rund 5 km sind es über die Jade bis nach ▶ Wilhelmshaven (Fähre im Sommer).

Gen Norden …

Tossens und Umgebung

Dem Deich nach Norden folgend, gelangt man nach Tossens, dem ältesten Butjadinger Seebad. Vom Aussichtsturm auf das UNESCO-Weltnaturerbe Wattenmeer kann man auch hervorragend die riesigen »Pötte« beobachten, die den neuen Jade-Weser-Port in Wilhelmshaven anlaufen. Der historische Ortskern gruppiert sich um die hoch gelegene Wurtenkirche St. Bartholomäus. Das beschauliche **Ruhwarden** ist bekannt für seine schönen Gärten, von denen einige zur Aktion »Gärten im Küstenwind« geöffnet werden.

Langwarden ist der nördlichste Ort Butjadingens und musste den Sturmfluten mehrfach Tribut zollen, obwohl er auf seiner Wurt relativ gesichert liegt. Die Anfang des 13. Jh.s erbaute Laurentiuskirche besitzt u. a. einen Altar aus der Werkstatt des Ludwig Münstermanns (1560?/1575? – 1638/1639).

… und ins Hinterland

Seefelder Mühle

Ein Ausflug ins Butjadinger Hinterland sollte zur Seefelder Mühle führen. Der funktionstüchtige **zweistöckige Galerieholländer** mit Windrose wurde 1876 erbaut und beherbergt neben einem netten Café auch einen Laden mit Produkten aus der Region. Zusätzlich findet am ersten Sonntag im Monat ein Landfrauenmarkt statt. Außerdem bietet die Seefelder Mühle als **Kulturzentrum** auch Konzerte, Theater, Kino und Vorträge an.

www.seefelder-muehle.de

CAROLINENSIEL · HARLESIEL

Niedersachsen | **Landkreis:** Wittmund | **Einwohner:** 2200 | **Nordseebad Carolinensiel, Harlesiel GmbH:** Bahnhofstr. 40, 26409 Wittmund-Carolinensiel, Tel. 04464 94 930 | **www.carolinensiel.de**

Mächtige Speicher und historische Segelschiffe sowie das Deutsche Sielhafenmuseum erinnern an die große Zeit, als Carolinensiel noch einen bedeutenden Hafen besaß. Das mag verwundern, denn der Ort liegt heute nicht mehr am Meer – was bei der Gründung im Jahr 1730 allerdings noch der Fall war. Heute werben Carolinensiel und Harlesiel mit dem Slogan: »Drei Häfen, zwei Orte, ein Nordseebad.«

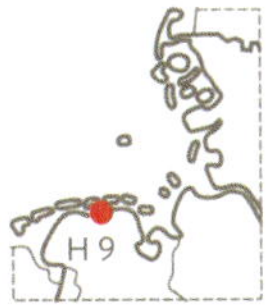

Lange Zeit war Carolinensiel der zweitgrößte Hafen Ostfrieslands, seine Blütezeit hatte es Mitte des 19. Jh.s, verlor danach jedoch zunehmend an Bedeutung. Als durch Eindeichungen immer mehr Neuland gewonnen wurde, musste in den Jahren 1955 bis 1959 eine weitere Schleuse gebaut werden. Mittlerweile liegt diese vor dem heutigen Hafen von Harlesiel, dem Ableger für die Fähren nach ►Wangerooge. In Carolinensiel herrscht heute kaum noch geschäftiges Treiben. Den wohl schönsten Blick auf den **Museumshafen** hat man von der Skulptur Caroline aus. Namensgeber des Orts war nämlich Fürstin Sophie Caroline, die Gattin des ostfriesischen Regenten Georg Albrecht.

Ein bisschen verträumt

Wohin in Carolinensiel und Harlesiel?

Von Carolinensiel bis in die Neue Welt

★ Deutsches Sielhafenmuseum

Das Deutsche Sielhafenmuseum lädt ein zu einer interessanten Reise in die Zeit der **Frachtensegler**, die von Carolinensiel aus nach Holland, England, in die Ostsee, das Mittelmeer und sogar bis nach Südamerika fuhren. Dargestellt werden die Lebens- und Arbeitsbedingungen in einem Sielhafenort wie auch an Bord von Fischerbooten und Handelsschiffen. Zum Ausstellungsareal gehören drei Gebäude – das Groot Hus, das Kapitänshaus und die Alte Pastorei – sowie der Museumshafen mit seinen historischen Seglern und der **Museumsweg**. Letzterer führt über rund 4 km von Carolinensiel am Siel entlang nach Harlesiel zum Yacht- und zum Außenhafen. Zurück kann man (im Sommer) mit dem Raddampfer »Concordia II« fahren.

Mitte März – Okt. Mo. – Fr. 11 – 17, Sa. und So. 13 – 17, Uhr
Eintritt: 3 € | www.dshm.de | Wg. **Restaurierungsarbeiten** sind 2021 vorauss. alle Museumshäuser geschlossen.

Morgenstimmung am Museumshafen von Carolinensiel

Nicht hinter, sondern auf dem Deich

Deichkirche

1776 wurde die auch »Schifferkirche« genannte Deichkirche gebaut und eingeweiht. Den Glockenturm der wohl weltweit einzigen Kirche, die auf einem Deich steht, schmückt ein Schwan. Die Innenausstattung fällt schlicht aus, wodurch die barocke Kanzel und die Orgelempore besonders ins Auge fallen. Drei **Schiffsmodelle** – eine Brigg, eine Fregatte und eine Handelsfregatte – symbolisieren die enge Verbindung zu den Menschen an der Küste.

Deichkirche: Pumphusen 2 | Sommerhalbjahr tgl. 10 – 17 Uhr

Zu Boden, zu Wasser oder in der Luft

National-parkhaus, Inselflieger

Im an die Pastorei angeschlossenen Nationalparkhaus wird der Lebensraum Wattenmeer vorgestellt. Auf dem Programm stehen unter anderem **Wattwanderungen**, Ausflüge in die Salzwiesen und zu den Inseln.

Vom Außenhafen in Harlesiel legen nicht nur die Fähren nach Wangerooge ab, sondern auch **Ausflugsschiffe** ins Wattenmeer und zu den Seehundbänken. Unweit vom Hafen befindet sich der kleine Flughafen. Von hier aus starten die Maschinen der »Inselflieger« zu **Rundflügen** über die Nordsee sowie zu den Ostfriesischen Inseln und nach Helgoland.

Nationalparkhaus: Pumphusen 3 | April - Okt. Mo. - Fr. 9.30 - 13 Uhr / 15 - 18, Sa. und So. 14 - 18, Feb. - März nur vormittags und sonntags | www.wattwelt.de | www.inselflieger.de

★ CUXHAVEN

Niedersachsen | **Landkreis:** Cuxhaven | **Einwohner:** 48 000

Nirgendwo sonst an der Elbmündung kommt man den dicken Pötten und den Traumschiffen so nahe wie an der »Alten Liebe«, dem historischen Anleger in Cuxhaven mit seiner hölzernen Aussichtsplattform. Schon 1733 wurde er als Schutz gegen die Fluten der Nordsee errichtet. Drei Schiffswracks hatte man dazu mit Steinen befüllt, sie versenkt und mit Pfählen befestigt. Zunächst trug das Bollwerk den profanen Namen »Haupt«, erst später nannte man es »Alte Liebe«. Mit der Liebe zu Cuxhaven ist es aber so eine Sache: Die Stadt selbst ist nicht besonders sehenswert. Äußerst beliebt sind hingegen die herrlichen Strände in den Cuxhavener Stadtteilen Duhnen, Döse und Sahlenburg.

Cuxhaven, am äußersten Westufer der 15 km breiten Elbmündung gelegen, ist **das größte Kurbad an der deutschen Nordseeküste**. Westlich der Stadt zieht sich die Bäderkette mit etwa 11 km ausgewiesenen Sand- und Grünstränden in Duhnen, Döse und Sahlenburg, weshalb Spötter des Seebad auch gern »Kurhaven« nennen. Darüber hinaus ist »Cux« aber auch – nach ▶Bremerhaven – der zweitgrößte deutsche Fischereihafen.

Badehose nicht vergessen!

Als Keimzelle der Stadt gilt **Schloss Ritzebüttel**, Sitz des Rittergeschlechts derer von Lappe, das bis 1419 nachweisbar ist. Die Lappes haten sich gegenüber Hamburg verpflichtet, für eine jährliche Entlohnung gegen Überfälle auf Hamburger Kaufleute vorzugehen. Umso rätselhafter bleibt, weshalb eine hamburgische Truppe inUnion mit den Wremer Friesen 1394 erfolgreich das Schloss belagerte. Über 500 Jahre lang blieb das neu gegründete Amt Ritzebüttel nun unter Hamburger Herrschaft. Der Ort Cuxhaven (wohl von »Koogshafen« = Hafen am Koog) entstand im späten 16. Jh. als Vorposten für Hamburger Schiffe. Der wirtschaftliche Aufschwung im 19. Jh. setzte mit der **Fischerei** und dem **Kurbetrieb** ein: 1816 gründete Amandus August Abendroth, Amtmann von Ritzebüttel, das Seebad, sechs Jahre später wurden die ersten Fische in den Salzereien am Hafen verarbeitet.

Lange ein Vorposten Hamburgs

Stadtgeschichte

Der Ausbau zur Seefestung begann 1870. Ritzebüttel und die Hafensiedlung Cuxhaven wurden 1872 zur Landgemeinde Cuxhaven zusammengelegt, 1905 kam Döse hinzu und 1907 erhielt Cuxhaven schließlich das **Stadtrecht**. Großprojekte in der Folgezeit waren die Eröffnung des Nordsee-Fischereihafens 1908 und vier Jahre später die Einrichtung eines Fischgroßmarkts. Bis 1914 wurde der **Überseehafen** gebaut, nachdem sich die Hapag-Hallen etabliert hatten. Bis zum Groß-Hamburg-Gesetz von 1937 gehörte Cuxhaven zu Hamburg, das sich auch danach Rechte an den Häfen vorbehielt: So blieben bis Ende 1992 der Amerikahafen und das Steubenhöft hamburgisches Eigentum. 1962 wurden die Inseln Scharhörn und ▶Neuwerk mit den umliegenden Wattflächen an die Freie und Hansestadt zurückgegeben.

Wohin in Cuxhaven?

Schiffe aus aller Welt begrüßen

★ »Alte Liebe«

Die »Alte Liebe« ist das Herz Cuxhavens. Anfang des 18. Jh.s hatte man zur Sicherung der Hafeneinfahrt drei Schiffe versenkt, wovon eines angeblich Oliva oder Olivia hieß, auf platt Oliv. Später wurde daraus »Ol Liev«, auf hochdeutsch »Alte Liebe«. Um 1900 diente das Hafenbollwerk noch als Landungshöft für Passagierdampfer, der jetzige Bau wurde 1981 fertiggestellt. Von der hölzernen **Aussichtsplattform** bietet sich ein guter Blick auf die meist befahrene Wasserstraße der Welt, die **ca. 60 000 Schiffe jährlich** passieren. Der Schiffsmeldedienst im Radarturm begrüßt jedes einzeln und gibt dessen Herkunftsland, Ladung und Zielhafen an. Vor der »Alten Liebe« befindet sich der 23 m hohe Backstein-Leuchtturm aus dem Jahr 1803.

Der Kai der Sehnsucht

Feuerschiff »Elbe 1«, Hapag-Halle

An der Klappbrücke am Alten Hafen hat das Feuerschiff »Elbe 1« festgemacht. »Elbe 1« bezeichnete die Position, den dieser 1988 als letztes bemanntes Feuerschiff ausgemusterte »schwimmende Leuchtturm« einnahm. Im Gegensatz zu vielen anderen Museumsschiffen ist die »Elbe 1« jedoch **noch voll funktionstüchtig** und läuft in der Saison u. a. zu Tagesfahrten nach Helgoland aus. Heiratswillige können sich an Bord trauen lassen.
Zwischen Außen- und Amerikahafen liegen die Hapag-Halle und der Kai **Steubenhöft**. Die Hamburg-Amerikanische-Packetfahrt-Actien-Gesellschaft (HAPAG) baute den Passagierterminal zwischen 1900 und 1902 in Cuxhaven, da die Elbe bis Hamburg für Überseeschnelldampfer zu flach war. Vom »Kai der Sehnsucht« machten sich damals Tausende Auswanderer auf ins »gelobte Land«. Heute machen

Alte Liebe rostet nicht. Die »Elbe 1« läuft immer noch aus – zu Ausflugs- und Hochzeitsfahrten.

am Kai nur noch wenige Kreuzfahrtschiffe fest. Cuxhaven hat sein Hafengeschäft mittlerweile fast vollständig an ▶Bremerhaven verloren. In der Hapag-Halle sind mehrere **Ausstellungen** zum Thema Auswanderung (»Abschied nach Amerika«) und Kreuzfahrt untergebracht.

Elbe 1: Besichtigung: Di. – So. 11 – 16, wenn es nicht gerade auf Fahrt ist | www.feuerschiff-elbe1.de

Hapag-Halle: Albert-Ballin-Platz 1 | www.hapaghalle-cuxhaven.de

Eine Seefahrt ist nicht immer lustig

★ »Windstärke 10«

In unmittelbarer Nachbarschaft zum Cuxhavener Bahnhof entstand in den historischen Hallen des Fischereihafenareals der **maritime Museumskomplex** »Windstärke 10«, der das Fischerei- und das Wrackmuseum Cuxhaven unter einem Dach vereint. Das Museum zeigt auch die brutalen Seiten der Seefahrt. Hier kann man den verzweifelten Hilferufen von Schiffbrüchigen lauschen, nacherleben, wie es sich bei Windstärke 10 auf dem Ozean anfühlt und sich einen Eindruck vom harten Arbeitsleben auf einem Fischdampfer im eisigen Nordatlantik machen.

Ohlroggestr. 1 | April – Okt. tgl. 10 – 18, sonst Di. – So. 10 – 17 Uhr
Eintritt: 9,50 € | www.windstaerke10.net

CUXHAVEN ERLEBEN

CUX-TOURISMUS GMBH
Cuxhavener Str. 92
27476 Cuxhaven
Tel. 04721 40 42 00
www.tourismus.cuxhaven.de

Ausflugsfahrten nach Helgoland, ▶ Neuwerk, zu den Seehundbänken, zur Schleusenanlage des Nord-Ostsee-Kanals nach Brunsbüttel und Hafenrundfahrten.
www.touristik-cuxhaven.de/meer-erleben/schiffsausfluege
Zur Insel Neuwerk auch mit der Kutsche.
www.wattwagen-cux.de

WATT-DERBY
Alljährlich im Juli ist Duhnen Schauplatz eines außergewöhnlichen Spektakels: Das Duhner Wattrennen ist das einzige Pferderennen der Welt im Watt. Ausgetragen werden sowohl Galopper- als auch Traberwettbewerbe.
www.duhner-wattrennen.de

1 SCHLOSS-RESTAURANT €€€€
Das Restaurant im Ritzebüttler Schlosskeller mit einzigartigem gotischen Gewölbe aus dem 14. Jh. serviert gute Regionalküche – auch im Biergarten.
Schlossgarten 8
www.schloss-restaurant-cuxhaven.de

2 FISCHEREIHAFEN RESTAURANT & LLOYD'S €€–€€€
In einem modernen Ambiente, das sich harmonisch in die Tradition des alten Fischereihafens einfügt, erwarten den Gast allerlei Fisch- und Fleischspezialitäten und saisonale Gerichte.
Neufelder Str. 11
www-fischrestaurant-cuxhaven.de

3 BOHLSEN RÄUCHERFISCH-RESTAURANT €
Einfach, aber frisch und lecker. Das ist das Erfolgsrezept der Familie Bohlsen am Fischereihafen. Leckerer Pannfisch, Krabben und fantastischer Räucherfisch.
Fischereihafen Halle X
Niedersachsenstr. 10
7 - 21 Uhr

RESTAURANT STERNECK €€€€
Das dem Badhotel Sternhagen (s.u.) angeschlossene Restaurant Sterneck ist eines der besten in ganz Niedersachsen. Über dem Gourmet-Tempel von Küchenchef Marc Rennhack funkeln seit Jahren zwei Michelin-Sterne

1 BADHOTEL STERNHAGEN €€€€
Erstes Haus am Platz mit einem riesigen Wellnessbereich sowie drei Restaurants (Schaarhörn, Ekendöns und Gourmetrestaurant Sterneck).
Cuxhavener Str. 86
www.badhotel-sternhagen.de

2 HOTEL PURA VIDA €€€–€€€€
Feelgood-Hotel nennen die Macher

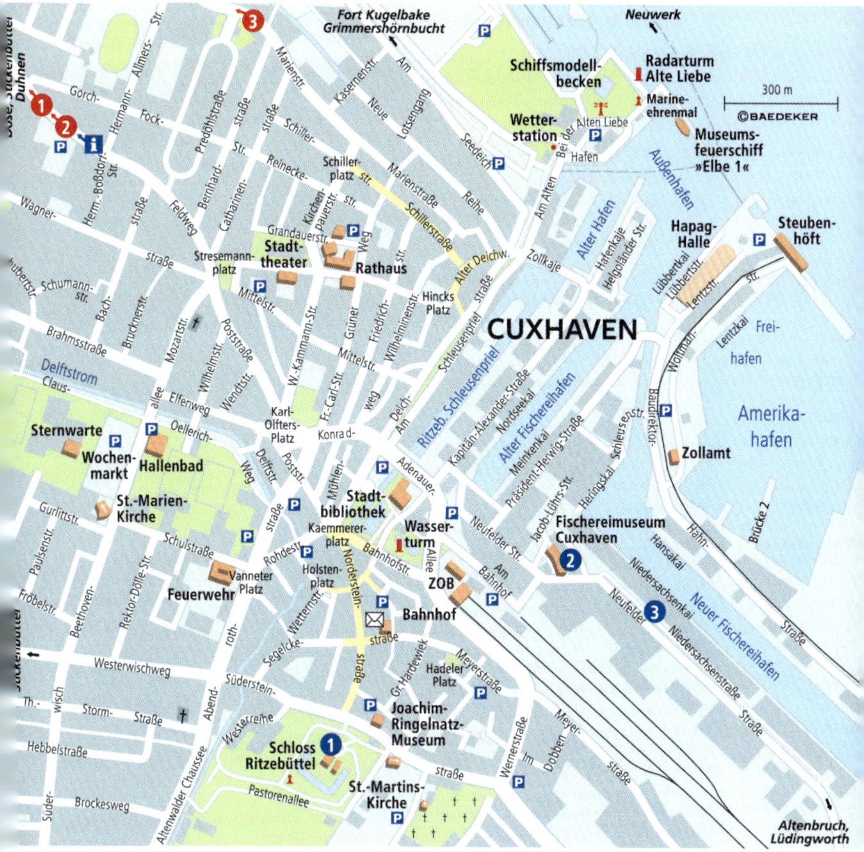

🍴🍷

1. Schloss-Restaurant
2. Fischereihafen Restaurant & Lloyd's
3. Bohlsen Räucherfisch

⌂

1. Badhotel Sternhagen
2. Hotel Pura Vida
3. Villa Caldera

ihr nur 50 m vom Strand entferntes Haus. Für den Wohlfühleffekt sorgen u. a. eine Sauna, das »Power-Frühstück« sowie die in Erdfarben gehaltene Inneneinrichtung der Suiten.
Steinmarner Trift 15
www.pura-vida-hotel.de

3 VILLA CALDERA € – € €

Liebevoll restaurierte Seebad-Villa aus dem Jahr 1904 direkt hinter dem Deich in Döse. Fantastischer Ausblick von der Junior-Suite auf die Nordsee.
Döser Seedeich 4
www.villa-caldera.de

Das Multitalent mit 35 Berufen

Schloss Ritzebüttel, Joachim-Ringelnatz-Museum

Im Stadtzentrum von Cuxhaven liegt das Schloss Ritzebüttel, dessen frühester Bauabschnitt aus den Jahren 1335 – 1340 stammt und das heute aus dem **Wohnturm** und einem Vorbau aus dem 17. Jh. besteht. Mit Ausnahme des zweiten Stocks, der Wechselausstellungen moderner Kunst vorbehalten ist, zeigen die geschmackvoll gestalteten Räume Interieurs unterschiedlicher Epochen.
Dem Schloss Ritzebüttel gegenüber erinnert das Joachim-Ringelnatz-Museum an das Multitalent mit den »35 Berufen«, das im Ersten Weltkrieg auf einem in Cuxhaven liegenden Minensuchboot Dienst tat – noch unter seinem **bürgerlichen Namen Hans Bötticher**, mit Fotos, Handschriften, Büchern und Gemälden des Dichters, der seine Cuxhavener Zeit in der lesenswerten Autobiografie »Als Mariner im Krieg« beschrieb.

Schloss Ritzebüttel: Mo. – Do. 10 – 13, Di. und Do. zusätzlich 14 – 17, Sa. und So. 11 – 15, Führungen März – Okt. Di. 10 – 11.30 Uhr | Eintritt: 3 € | www.schlossverein-ritzebuettel.de
Ringelnatz-Museum: Südersteinstr. 44 | Di. – So. 10 – 13 Uhr und 14 – 17 Uhr | Eintritt: 4 € | www.ringelnatzstiftung.de

Abstecher zur »Dicken Berta«

Altenbruch, Lüdingworth

Im vornehmen Villenstadtteil Altenbruch steht die romanische dreitürmige St.-Nicolai-Kirche. Mehrfach umgebaut, nennt man sie angesichts ihrer reichen Ausstattung auch **»Bauerndom«**. Besonders prachtvoll sind das Chorgestühl und der geschnitzte Flügelaltar. Am idyllischen Hafen steht die »Dicke Berta«, ein kleiner, 1983 stillgelegter Leuchtturm. Der Glanzpunkt im beschaulichen Lüdingworth ist die **Kirche St. Jacobi**. Um 1200 als einschiffige Saalkirche erbaut, besticht sie heute durch ihre opulente Ausstattung. Die Holzdecke ist reich bemalt, sehr schön mit Rokokoschnitzwerk versehen ist die 1598 von Antonius Wilde gebaute und 1682 von Arp Schnitger erweiterte Orgel.

Die letzte Ecke vor Amerika

Kugelbake

Von der Alten Liebe nach Norden kommt man an der Seebäder-Brücke vorbei und gelangt zum Grünstrand der Grimmershörnbucht, der sich bis zur Kugelbake erstreckt – dem **Wahrzeichen Cuxhavens**, das sich auch im Stadtwappen wiederfindet. »Letzte Ecke vor Amerika« riefen viele Auswanderer beim Passieren der Kugelbake, die den Übergang der Elbe ins offene Meer markiert. Wahrscheinlich wurde die 29 m hohe Orientierungshilfe für Seefahrer erstmals zwischen 1703 und 1706 errichtet. Seit 1924 trägt sie allerdings nicht mehr die Namen gebende Kugel. Erinnerungen an die Festungsstadt Cuxhaven weckt das 5 ha große **Fort Kugelbake**. Die einzige noch erhaltene Marinefestung in Deutschland ist nur mit Führungen zugänglich.

Termine: www.cuxhaven.de

BAEDEKER ÜBERRASCHENDES

6x ERSTAUNLICHES

Hätten Sie das gewusst?

1. FRIESENSPRECH

Friesisch ist kein Dialekt, sondern eine eigene Sprache. Dialekte davon gibt es wiederum auf Sylt (Söl'ring), Föhr (Fering) und Amrum (Öömrang). Mehr erfährt man im **Nordfriisk Instituut**. (► **S. 67**)

2. GRACHTEN

In **Friedrichstadt** mit seinen Grachten, Treppengiebeln und Brücken wähnt man sich beinahe in Holland. Eigentlich ging es aber um Religionsfreiheit. (► **S. 127**)

3. WEIN VON DER WATERKANT

»Berge« sind es zwar nicht wirklich, aber die Reben wachsen und tragen trotzdem – daher kann man in Nordfriesland heimischen Wein genießen, etwa auf **Föhr**. (► **S. 118**)

4. NÖRDLICHSTER ZIPEL

Was eint wohl die vier Orte Görlitz, Oberstdorf, Selfkant und **List**? Sie sind der Ost-, Süd-, West- und Nordzipfel der Republik und bilden den Zipfelbund. (► **S. 243**)

5. SCHIEF, SCHIEFER, AM SCHIEFSTEN

Der Kirchturm von **Suurhusen** ist mit einer Neigung von 5,19 Grad deutlich schiefer als der Schiefe Turm von Pisa. (► **S. 112**)

6. EIN STÜCK HAMBURG MITTEN IM WATT

Das kleine Eiland **Neuwerk** vor Cuxhaven gehört zum Bezirksamt Hamburg-Mitte. Dort steht das älteste Gebäude der Hansestadt. (► **S. 188**)

Spazieren und baden zwischen Watt und Heide

★ Duhnen, Döse, Sahlenburg

Von der Kugelbake in Richtung Westen erstrecken sich die Stadtteile Duhnen, Döse und Sahlenburg mit **Sand- und Grünstränden** sowie allen möglichen touristischen Einrichtungen. Lohneswert ist ein Spaziergang von Cuxhaven nach Sahlenburg, immer an der Wasserline entlang – zwischen Nordsee und der Duhner Heide. Mehr zu dem einmaligen Küstenheidegebiet und natürlich zum UNESCO-Weltnaturerbe Wattenmeer erfährt man im **Wattenmeer-Besucherzentrum** Cuxhaven, das darüber hinaus drei Seewasseraquarien, eine Seevogelvitrine mit Vogelstimmen und ein Tidenmodell präsentiert.

Besucherzentrum: Sahlenburg, Nordheimstr. 200 | April – Okt. Mo. – Fr. 10 – 18, Sa. und So. 12 – 18 Uhr | www.wattbz.cuxhaven.de

DORNUM · DORNUMERSIEL

Niedersachsen | **Landkreis:** Aurich | **Einwohner:** 4600

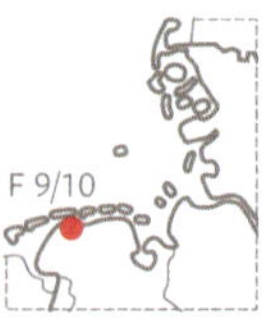

Dornum, auf einer Geestinsel gelegen, gehört zu den vielen beschaulichen Kleinodien Ostfrieslands und ist stolz auf einige steinerne Zeugen aus der Zeit der ostfriesischen Häuptlinge. Im 14. Jh. besaß Dornum drei Burgen, »Herrlichkeiten« genannt, die während der sächsischen Fehde zerstört wurden. Zwei davon – die Beningaburg sowie die Norderburg – konnten zu Beginn des 16. Jh.s wieder aufgebaut werden und schmücken noch heute den Ort.

Einfach »herrlich«

Geschichtsschreibern zufolge ging es im mittelalterlichen Dornum bisweilen ziemlich **blutrünstig** zu. Lütet, Sohn des Häuptings Hero, erschlug seine untreue und aufsässige Gemahlin Ocka. Daraufhin ließ seine hinterhältige Schwiegermutter Foelke Kampana – eigentliche Drahtzieherin des Verbrechens – Dornum erobern und Lütet sowie Hero enthaupten. Gesitteter ging es dann unter dem Geschlecht der Kankena zu, die im 14. Jh. eine eigene Herrlichkeit und Gerichtsbarkeit entwickelten. Mitte des 19. Jh.s wurde Miene Schönberg in Dornum geboren. Nach ihrer Hochzeit in den USA hieß sie Marx und brachte sechs Söhne zur Welt, von denen fünf als die verrückten **Marx Brothers** zu Weltruhm gelangten. Dornumersiel ist einer der ältesten Sielhäfen an der Nordseeküste und trennte einst Ostfriesland und das Harlingerland.

DORNUM UND DORNUMERSIEL ERLEBEN

TOURISMUS GMBH
Hafenstr. 3
26553 Dornum-Dornumersiel
Tel. 04933 911 10
www.dornumerland.de

Ausflugsschiffe von Neßmersiel zu den Seehundbänken und ins Wattenmeer, von Dornumersiel aus Tagesausflüge nach Langeoog .
Im Sommer und zu bestimmten Anlässen fährt eine Museumseisenbahn, von Dornum nach ►Norden. Die Bahn transportiert auch Räder.
Fahrplan unter www.mkoev.de

HANDWEBEREI FIEFSCHAFT
Handgewebte Kleidung, Tücher, Decken und Kissen sowie Schmuck und Accessoires aller Art laden in der Handweberei Fiefschaft zum Stöbern und Anprobieren ein.
Kirchstr. 13
Mo. – Fr. 14.30 – 18 Uhr, Sa. 10 – 13 Uhr
www.fiefschaft.de

Im Therapie- und Wohlfühlzentrum in Dornumersiel werden verschiedenste Thalasso- und Ayurveda-Anwendungen angeboten.
Möhlenweg 2
www.kurmittelhaus-dornumersiel.de

KÄTHE & KARL €€€
Gemütlich und familiär geht es in der »guten Stube« von Käthe & Karl zu. Genießen Sie frischen Fisch und Krabben oder Fleischgerichte wie das »Ostfriesenschnitzel« (mit Krabben und Spiegelei).
Cassen-Eilts-Pad 2
Dornumersiel
www.kaetheundkarl.de

FÄHRHAUS NESSMERSIEL €€–€€€
Das Restaurant im Fährhaus im benachbarten Neßmersiel zählt zu den besten an der gesamten Nordseeküste. Insbesondere die Fischspezialitäten von Chefkoch Gerold Janssen haben das Haus zu einem »kulinarischen Leuchtturm« Ostfrieslands gemacht.
Dorfstr. 42
26553 Neßmersiel
www.faehrhaus-nessmersiel.de

Wohin in Dornum?

Üppig ausgestattet

Die St.-Bartholomäus-Kirche stammt bereits aus dem späten 13. Jh., der etwas windschiefe Glockenturm ist sogar noch etwas älter. Typische Merkmale für ihren **romanisch-gotischen Stil** sind die Dreifenstergruppe und die durch Ziegelmuster gefüllten Kleeblatt- und Spitzbogenblenden an der Hauptfassade. Nach dem schlichten Ein-

St.-Bartholomäus-Kirche, Heimatmuseum

Hier müsste man doch eigentlich gerne zur Schule gehen. Das Dornumer Wasserschloss ist heute Realschule.

druck von außen überrascht die barocke Ausstattung innen mit der von Gerhard von Holy aus Aurich um 1710 geschaffenen Orgel. Das »Oma-Freese-Huus« ist das Heimatmuseum des Dornumerlands, und im **Zwei-Siele-Museum** wird die Geschichte und ehemalige Bedeutung der Sielorte Dornumersiel und Westaccumersiel dokumentiert.

Oma Freese-Hus: Gartenstr. 1
Zwei-Siele-Museum: Ostfreesenstraat 6 (Umweltforum)
www.zwei-siele-museum-dornumersiel.de

Einziges jüdisches Gotteshaus in Ostfriesland

Synagoge

In der einzigen in Ostfriesland erhaltenen Synagoge erzählen Bilder und andere Exponate die Geschichte der jüdischen Gemeinde Dornums von 1775 bis ins Jahr 1940, aber auch zur jüdischen **Kultur und Religion**. Das Gebäude hatte die Reichspogromnacht unversehrt überstanden, da es kurz zuvor an einen nichtjüdischen Bürger verkauft worden war. Von der Marktstraße führt ein Weg zum jüdischen Friedhof. Das älteste der 35 Gräber von Dornumer Juden wurde 1721 angelegt.

Kirchstr. 5 | www.synagoge-dornum.de

Rekonstruierte »Herrlichkeiten«

Wasserschloss

Inmitten eines weitläufigen Parks liegt das einzige erhaltene Wasserschloss Ostfrieslands. Der barocke Bau ist ein Nachfolger einer der drei Burgen aus dem 14. Jh. und beherbergt heute die Realschule. Nur im Rahmen einer Ortsführung ist daher der schöne **Rittersaal** zu besichtigen. Die andere wieder erbaute Häuptlingsburg, die trutzige **Beningaburg** (Osterburg), mitten in Dornum gelegen, ist von einem Wassergraben umgeben und dient heute als Restaurant. Die kleine **Bockwindmühle** in der Bahnhofstraße gilt als einzige Ständermühle in Ostfriesland.

www.bockwindmühle-dornum.de

Beeindruckende Grabsteine

Westeraccum

Im nahen Westeraccum steht eine schöne **Backsteinkirche** aus dem 12. Jh., deren halbrunde Apsis gleich ins Auge sticht. Beeindruckend sind auch das Gewölbe und die Barockkanzel von 1694. Auf dem Friedhof fallen außerdem einige alte Grabsteine auf, darunter Kapitänsgrabstelen mit schönen Reliefs von Segelschiffen, Engelsköpfen oder der Hand Gottes.

★ EMDEN

Niedersachsen | **Kreisfreie Stadt** | **Einwohner:** 50 500

Einst wurden die Emder in Ostfriesland als »Pottjekackers« verspottet, weil sie erst relativ spät an die Abwasser-Kanalisation angeschlossen wurden. Bis weit in die 1970er-Jahre hinein schrieb Emden Negativ-Schlagzeilen wegen der immens hohen Arbeitslosigkeit. Inzwischen hat sich »Ostfrieslands Tor zur Welt« einen Namen gemacht als Heimatstadt der Komiker Otto Waalkes sowie Karl Dall und seit der Eröffnung der Kunsthalle 1986 auch als Kulturstandort. Durch die Ansiedlung des Autobauers VW ist Emden zudem wirtschaftliches Zentrum der Region geworden.

Ottifanten und andere Kunst

Emdens Innenstadt wurde im Zweiten Weltkrieg in Schutt und Asche gebombt, rund 80 Prozent der zum Teil historischen Bausubstanz wurden zerstört. Die heutige **Begegnungsstätte in einem Bunker** aus dem Zweiten Weltkrieg zeigt die Stadt zwischen Zerstörung und Wiederaufbau. Nicht alles glänzt, was beim Wiederaufbau errichtet wurde, dennoch besitzt **Ostfrieslands größte Stadt**, an Ems und Dollart gelegen, ein gewisses maritimes Flair. Vor allem in der Gegend um den alten, Ratsdelft genannten Hafen erinnert Emden an große Zeiten seiner mehr als 1200 Jahre alten Geschichte. Zwei restaurierte Renaissancehäuser in der Pelzerstraße (Nr. 11 und 12) vermitteln einen Eindruck davon, wie die eng bebaute Altstadt Emdens einst wohl ausgesehen hat. Um den historischen Stadtkern zieht sich entlang des alten Stadtwalls ein Grüngürtel; jenseits der Parkanlage regelt die alte **Kesselschleuse** den Bootsverkehr auf den vier Kanalarmen. Sogar zu der vom Stern-Gründer Henri Nannen eröffneten Kunsthalle kann man in Emden mit dem Boot fahren und dort anlegen. Gegründet als friesischer Handelsort um das Jahr 800 zählte Emden neben Genf und Wittenberg zu den bedeutendsten Stätten der Reformation. 2013 verlieh der »Rat der Gemeinschaft Evangelischer Kirchen in Europa« Emden als erster Stadt Europas den Titel **»Reformationsstadt Europas«**.

Bunkermuseum: Holzsägerstr. 6 | Di. – Fr. 10 – 13 Uhr / 15 – 17, Sa. / So. 13 – 16 Uhr | Eintritt: 5 € | www.bunkermuseum.de

Wohin in Emden?

Eintracht ist ein hohes Gut

Altes Rathaus

Das Alte Rathaus am Ratsdelft stammt ursprünglich aus dem späten 16. Jh. und wurde dem Antwerpens nachempfunden. Bei Fliegerangriffen 1944 fast vollständig zerstört, wurde es wieder aufgebaut und 1962 wiedereröffnet. Über dem Eingang ist der Wahlspruch der Emder zu lesen: »Concordia res parvae crescunt« – »Durch Eintracht wachsen kleine Dinge.« Heute ist es Sitz des **Ostfriesischen Landesmuseums** und präsentiert Exponate zur ostfriesischen Geschichte: u. a. mittelalterliche Kunst, Schiffsmodelle, die vollständig erhaltene **Moorleiche** von Bernuthsfeld (7./8. Jh.) oder ein Stadtmodell von Emden, wie es um 1650 aussah. Dass Kunst in Emden nicht nur in der Kunsthalle stattfindet, zeigt die Gemäldesammlung mit ihrem reichen Bestand an insbesondere niederländischer Malerei. Mit der bereits 1582 im Obergeschoss eingerichteten **Rüstkammer** besitzt Emden außerdem die umfangreichste stadteigene Waffensammlung in Deutschland.

Brückstr. 1 | Di. – So. 10 – 17 | Eintritt: 8 €
www.landesmuseum-emden.de

Schwimmende und nicht schwimmende Museen

Ratsdelft

Vor dem Rathaus liegen im Ratsdelft der Seenotrettungskreuzer »Georg Breusing«, das Feuerschiff »Amrumbank / Deutsche Bucht« und der hölzerne **Heringslogger** »AE7 Stadt Emden« als schwimmende Museen vor Anker. Das 1915 auf der Meyer-Werft in Papenburg gebaute **Feuerschiff** beherbergt ein maritimes Museum mit dem Schwerpunkt »Seezeichentechnik«, ein Restaurant sowie eine Funkstation. Im **Seenotrettungskreuzer** kann man jeden ersten

Für Emdens guten Ruf in der internationalen Kunstwelt sorgt die von Henri Nannen gestiftete Kunsthalle.

Montag im Monat einen Maschinenlauf erleben. Der Heringslogger lässt die jahrhundertealte Tradition der Heringsfischerei in Emden aufleben.

Nicht zu übersehen: Ein Ottifant markiert **»Dat Otto Huus«**, das die Karriere von Emdens bekanntestem Sohn, dem erfolgreichen Blödelstar Otto Waalkes, vorstellt. Im Otto-Shop gibt es natürlich Devotionalien in allen erdenklichen Größen und Formen (▶ Abb. S. 15).

Museumsschiffe: Öffnungszeiten, s. www.emden-touristik.de
Eintritt: Heringslogger 2 €, Seenotrettungskreuzer 2,20 € und Feuerschiff 2,50 €

Dat Otto Huus: Große Str. 1 | April – Dez. Mo. – Fr. 9.30 – 18, Sa. bis 14, So. 10 – 16 Uhr | Eintritt: 2 €

Die Mutter aller »reformierten« Kirchen

Johannes-a-Lasco-Bibliothek

Die Johannes-a-Lasco-Bibliothek geht auf eine Gründung aus dem Jahr 1559 zurück und ist in der reformierten Kirche Emdens untergebracht. Zur Zeit des niederländisch-spanischen Krieges war die Große Kirche die »Moederkerk« (Mutterkirche) der gesamten calvinistischen Bewegung. Die Ruine wurde wiederaufgebaut, mit **modernen Architekturelementen** harmonisch ergänzt und zwischen 1992 und 1995 zu einer Spezialbibliothek des reformierten Protestantismus und der Konfessionsgeschichte der frühen Neuzeit ausgebaut.

Kirchstr. 22 | Di. – Sa. 14 – 17, Museum: April – Okt. auch So.
Eintritt: 5 € | www.jalb.de

EMDEN ERLEBEN

TOURIST-INFO
Bahnhofsplatz 11
26721 Emden
Tel.: 04921 97 400
www.emden-touristik.de

Kanalfahrten, Hafenrundfahrten in den Emder Außenhafen und zur Autoverladeanlage ab Delfttreppe. Tgl. kleine Fähre von Petkum über die Ems nach Ditzum. Mai – Sept. Mi., Fr. und Sa. ab Ostmole im Außenhafen Fähre zwischen Emden, Delfzijl und Ditzum.
www.dollardroute.de

MATJESTAGE
Ende Mai/Anfang Juni werden nun schon seit 30 Jahren die kleinen Fische gefeiert, die den Einwohnern einst viele Jahrhunderte lang das Einkommen sicherten – mit einem Volksfest, vielen Traditionsschiffen und natürlich ganz viel frischem Matjes.
www.matjestage.de

FILMFEST
Ebenfalls im Juni und ebenfalls seit beinahe 30 Jahren findet das international renommierte Filmfest mit zahlreichen Begleitveranstaltungen in der Stadt sowie auf der Insel Norderney statt.
www.filmfest-emden.de

THIELE TEE
In Thieles Tee Kontor zwischen Ratsdelft und Falderndelft gibt es nicht nur Tee zu kaufen, sondern auch Accessoires und alles, was man zur typischen ostfriesischen Teezeremonie benötigt.
Faldernstr. 31
www.thiele-tee.de

1 FEUERSCHIFF €€ – €€€
Fangfrischer Fisch und ostfriesische Spezialitäten kommen im original eingerichteten Speisesaal des Museums-Feuerschiff Amrumbank/Deutsche Bucht im Emder Hafen auf den Tisch. Eine der Spezialitäten des schwimmenden Speiselokals ist deftiges Labskaus.
Georg Breusing-Promenade
www.feuerschiff-emden.de

2 WELVAART €€
Sehr anständige bürgerliche und regionale Küche bietet das Restaurant Welvaart in der Fußgängerzone. Bei Claudia McCabe, die zuvor das Restaurant auf dem Museumsschiff betrieben hat, werden u. a. leckere Nordsee-Skantjes serviert, ein äußerst schmackhafter Plattfisch. Und auch hier sind das Labskaus und in der Saison natürlich der Matjes zu empfehlen.
Große Str. 24
Tel. 04921 45 00 460

3 TEESTUBE HINTER MÜHLE
Am nördlichen Stadtrand von Emden, in Hinte, kann man im Nebengebäude der Hinter Mühle ostfriesische Teespezialitäten und leckeren Kuchen genießen. Die gemütliche Teestube am Knockster Tief hat in der Sommersaison Sa. und So. von 15 – 18 Uhr geöffnet, im Winter nur So. Der prächtig renovierte Galerieholländer kann in dieser Zeit besichtigt werden.
Brückstr. 11
www.hinte.de/teestube.html

Essen und Trinken

1 Feuerschiff
2 Welvaart
3 Teestube

Übernachten

1 Am Delft

1 AM DELFT € € € – € € € €
2018 hat das 4-Sterne-Hotel Am Delft eröffnet; direkt am Hafen gelegen, bietet es neben modernen Zimmern ein Restaurant sowie einen Fitness- und Saunabereich.
Am Delft 27
www.hotel-am-delft.de

Anziehungspunkt für Kunstfreunde aus der ganzen Welt

★ Kunsthalle

Emdens große Attraktion für Kunstfreunde aus aller Welt ist zweifellos die 1986 eröffnete Kunsthalle, gestiftet von »Stern«-Gründer Henri Nannen (▶ Interessante Menschen). Der postmoderne Backsteinbau von Friedrich und Ingeborg Stengelin beherbergt eine umfangreiche Sammlung der Werke **deutscher Expressionisten** sowie **zeitgenössischer Malerei** und Plastik, die der in Emden geborene Publizist zu-

sammengetragen hat. Höhepunkte in der Emder Kunsthalle sind Werke aus den Künstlergemeinschaften »Brücke« und »Blauer Reiter«.
Hinter dem Rahmen 13 | Di. – Fr. 10 – 17, Sa. und So. ab 11 | Eintritt: 9 €, 1. Di. im Monat ab 17 Uhr 5 € | www.kunsthalle-emden.de

Rund um Emden

Von wegen Pisa hat den schiefsten Turm!

Hinte Der knapp 28 m hohe Kirchturm in **Suurhusen**, einem Ortsteil von Hinte, ist mit einer Neigung von 5,19 Grad deutlich schiefer als der Schiefe Turm von Pisa (nach Baumaßnahmen). Der ostfriesische Kirchturm hat es deshalb als »most leaning tower« sogar ins **Guiness-Buch der Rekorde** geschafft. Der Turm in Midlum im Rheiderland (Landkreis Leer) ist mit einer Neigung von 6,74 Grad sogar noch schiefer, aber weil er nur 14 Meter hoch ist, fand er keinen Einlass ins Buch der Superlative und Rekorde. Auch der Turm der mittelalterlichen Stadtmauer in Dausenau in Rheinland-Pfalz ist stärker geneigt, gilt aber als Ruine und wurde daher nicht in die Wertung aufgenommen.
Sehenswert ist auch die vierfüglige **Burg Hinta** in Hinte, die Ende des 15. Jh.s von den Friesenhäuptlingen Aild Allena und Frederik Allena errichtet wurde. Samstags und sonntags ist die Teestube an der Burg geöffnet.

Schiefer Turm: Führungen nach Vereinbarungen: Tel. 04925 525 | www.kirche-suurhusen.de

Burg Hinta: Osterhuser Str. | Tel. 04925 116 51

ESENS · BENSERSIEL

Niedersachsen | **Landkreis:** Wittmund | **Einwohner:** 6800

Die Stadt ist einst auf den Bären gekommen. Und einmal im Jahr ist der Bär los in Esens. Dann feiern die Ostfriesen ihr Schützenfest, das zweitgrößte in ganz Niedersachsen. Im Mittelalter lag die Stadt noch direkt an der Nordsee, doch nach der Eindeichung der Harlebucht wurde 1619 Bensersiel als neuer Hafenplatz 4 km weiter nördlich gegründet. Bereits seit 1859 legt von hier die Fähre nach ►Langeoog ab.

Was macht ein Bär im Stadtwappen von Esens? Der Sage nach kam einst ein Bärenführer in die Stadt, allerdings zu einem ungünstigen Zeitpunkt, denn diese befand sich im Streit mit ihren Nachbarn und

ESENS ERLEBEN

KURVEREIN NORDSEEHEILBAD ESENS-BENSERSIEL E. V.
Am Strand 8
26427 Bensersiel
Tel. 04971 91 70
www.esens.de
www.bensersiel.de

NORDSEETHERME BENSERSIEL
Von russischer Banja-Sauna bis zu Finnischer Trockensauna reicht das Wellness-Angebot, dazu fünf Becken und zwei Rutschen für Wasserratten jeden Alters.
www.bensersiel.de/nordseetherme

BERNSTEINHUUS
Das Museum hält viele interessante Informationen zum »Gold der Nordsee« bereit und verkauft auch Schmuck und Steine.
Herdestr. 14, Esens
www.nordseeschmuck.de

TEEKONTOR OSTFRIESLAND
Eine riesige Auswahl an Teesorten, Porzellan und Zubehör gibt es im Stammhaus des Ostfriesischen Teekontors.
Steinstr. 16, Esens

RATSGASTSTÄTTE € € €
Fischspezialitäten, Fleischgerichte und Vegetarisches in einem alten Stadthaus. Mit etwas Glück sind gerade Schnitzelwochen.
Am Markt 1, Esens
www.ratsgaststaette-esens.de

CAFÉ WATERKANT € € – € € €
Café und Restaurant mit Aussichtsterrasse am Sieltor; gutbürgerliche Küche - und eine Whiskeylounge.
Am Hafen 4, Bensersiel
www.cafe-waterkant.de

BENSER-HOF € €
500 m vom Hafen bzw. fünf Gehminuten vom Sandstrand entfernt. Zimmer mit großen Balkonen zur See- oder Landseite hin. Auch das Frühstücksbuffet lässt keine Wünsche offen.
Hauptstr. 9, 26427 Bensersiel
www.benserhof.de

wurde bald belagert. So konnte er Esens nicht mehr verlassen und sein **Bär** wurde in den alten Kirchturm gesperrt. Aus Angst vor dem Hungertod wollten die Eingeschlossenen schon kapitulieren. Den Bären hatte man darüber vergessen und nicht gefüttert. So begann das hungrige Tier auf der Turmbrüstung zu brüllen, worauf die Belagerer erschraken, dachten sie doch, die Esener wären nicht so schnell zu bezwingen, da sie es sich leisten konnten, auch ein »überflüssiges« Tier zu ernähren. Also zogen sie ab. Der Bär aber wurde daraufhin im Triumph vom Turm geholt und zum Dank im **Stadtwappen** verewigt. Eine Skulptur vor dem Rathaus erinnert ebenfalls an den »Retter«.

Auf den Bär gekommen

Wohin in Esens und Bensersiel?

Viele denkmalgeschützte Häuser

Altstadt und Rathaus

In Esens' Altstadt finden sich noch einige denkmalgeschützte Häuser aus dem 18. und 19. Jh., so das Mettcker-Haus am Marktplatz, das **Edzardsche Haus** in der Steinstraße, aber auch das Handwerkshaus des Schuhmachermeisters Becker in der Westerstraße sowie das Bernstein-Huus in der Herdestraße. Das Rathaus am Esener Marktplatz aus dem 18. Jh. war ursprünglich ein Witwensitz für vornehme Damen. Daran erinnert noch der **Ahnensaal** mit seinen kostbaren Tapisserien, die hübsche Naturszenen und Stadtansichten zeigen.

Besichtigung nur im Rahmen von Führungen, Auskunft beim Fremdenverkehrsverein Esens-Bensersiel

Das größte Gotteshaus in Ostfriesland

St.-Magnus-Kirche

Auf einer niedrigen Warft, umgeben von hohen Bäumen, steht die St.-Magnus-Kirche, mit ihren 1500 Sitzplätzen ist sie das größte Gotteshaus Ostfrieslands. Im heutigen, 1850 geweihten Bau sind noch wertvolle Stücke aus Vorgängerbauten – der erste entstand im 12. Jh. – zu sehen: der **gotische Sandsteinsarkophag** des 1473 verstorbenen Ritters Attena sowie die reich verzierte Kanzel und der mit einem prächtigen geschnitzten Weinstock versehene Altar, die beiden letzten aus der Werkstatt Jakob Kröpelins. Das **Turmmuseum** erzählt die Kirchengeschichte im Raum Esens und stellt dazu einen historischen Leichenwagen aus.

Di. – Fr. 10 – 11.30 Uhr und 14.30 – 16 Uhr | Museum: April – Okt. Di., Do. 15 – 17, So. 11 – 12 Uhr | www.turmmuseum-esens.de

Jüdisches Leben in Ostfriesland

August-Gottschalk-Haus

An die Geschichte der ostfriesischen Juden erinnert das August-Gottschalk-Haus. Die **Gedenk- und Begegnungsstätte** im ehemaligen jüdischen Gemeindehaus trägt den Namen des früheren Lehrers und Bürgervorstehers. Zu sehen sind Exponate aus dem religiösen Leben der Juden; das rituelle Tauchbad, die Mikwe, wurde bei Sanierungsarbeiten wiederentdeckt.

Das **Bernsteinmuseum** informiert nicht nur über die Entstehung, Gewinnung und Bearbeitung von Bernstein, sondern bietet auch vom Meister Siegfried von Esmarch gefertigte Schmuckstücke an.

August-Gottschalk-Haus: Burgstr. 8 | April – Okt. Di., Do., So. 15 – 18 Uhr | Eintritt: 2 € | www.august-gottschalk-haus.de

Bernstein-Huus: Herdestr. 14 | Ende April – Okt. Mo. – Fr. 10 – 13 Uhr und 15 – 17, Sa. 10 – 13.30 Uhr | Eintritt: 3,50 € | www.bernstein-huus.de

Das Skelett aus dem Watt

Museum »Leben am Meer«

In der Peldemühle wird die Siedlungsgeschichte des Harlingerlands erzählt. Ausführlich gehen die Ausstellungsmacher auf die

Landgewinnung ein. Weitere zentrale Themen im Museum »Leben am Meer« sind die **Stadtgeschichte** und das **Alltagsleben**, was mit einigen bemerkenswerten Stücken illustriert wird: ein im Watt gefundenes Frauenskelett, typisch blauweiße niederländische Kacheln in der Fliesenkammer und eine historische Uhrmacherwerkstatt.
Im **Wattenmeerhuus Bensersiel** erfährt man alles zu Flora und Fauna im Wattenmeer. Im Nordseeaquarium tummeln sich Scholle, Seezunge, Schwimmkrabbe, Strandkrabbe, Seesterne und Nordsee-Garnelen in natürlicher Umgebung. Ein Gezeiten-Simulator stellt einen Zyklus von Ebbe und Flut in nur zwölf Minuten nach.

»Leben am Meer«: Bensersieler Str. 1 | Mitte März – Ende Okt. Di. – So. 10 – 17, Führungen Mi. 15 Uhr | Eintritt: 3,50 €
www.leben-am-meer.de
Wattenmeerhuus: Seestr. 1 | Öffnungszeiten unter
www.nationalparkhaus-wattenmeer.de

★★ FÖHR

Schleswig-Holstein | **Landkreis:** Nordfriesland | **Einwohner:** 8700

M/N 3

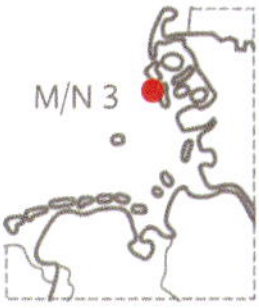

Föhr ist anders als die anderen. Föhr hat keine Dünen wie ▶Amrum und ▶Sylt. Föhr hat keinen Kniepsand und Föhr hat so gut wie keine Promis. Dafür hat Föhr eine ganze Menge anderer Reize: Föhr bewahrt die Traditionen wie nirgendwo sonst in Nordfriesland. Föhr hat die schönsten Friesendörfer und tolle Strände mit feinem, fast weißem Sand, weshalb die cleveren Insulaner ihr Eiland auch als »Friesische Karibik« bewerben. Und das passt auch deshalb, weil Föhr durch seine geschützte Lage ein vergleichsweise mildes Klima vorweisen kann. Das wusste schon Dänemarks König Christian VIII. zu schätzen, der hier einst seinen Badeurlaub verbrachte.

Die friesische Karibik

Föhr ist platt wie ein Pfannkuchen. Mit den sattgrünen Marschwiesen, den Äckern, den Getreidefeldern, kleinen Wäldchen und den im Mai blühenden Rapsfeldern wähnt man sich fast auf dem Festland – wären da nicht die 15 km langen **Sandstrände** zwischen Wyk und Utesum, feinsandig und weiß. Mit plätschernden Wellen statt tosender Brandung – wie eben in der Karibik. Der Rest der Küstenlinie ist norddeutscher Grünstrand. Und im Landesinneren geht es kein Stück karibisch, dafür umso friesischer zu.

Wie aus dem Bilderbuch

Traditionsbewusst

Nirgendwo sonst an der gesamten Nordseeküste werden die Traditionen so gepflegt und bewahrt wie auf der Insel Föhr. Viele Familien sprechen noch den friesischen **Inseldialekt** Fering, es gibt sogar einen Radiosender, der in friesischer Sprache ausgestrahlt wird. Zumindest an Festtagen werfen sich die Frauen und Mädchen in ihre Trachten, die auf Föhr ganz besonders prachtvoll ausfallen. Und nirgendwo sonst in der Region gibt es so viele hübsche Friesendörfer: Reetgedeckte Häuser, in deren gepflegten **Bauerngärten** Stockrosen, Malven und Rosen für Farbtupfer sorgen, kopfsteingepflasterten Alleen mit altem Baumbestand. Allen voran in Nieblum, aber auch in Orten wie Oevenum oder Alkersum findet man diese dörfliche Idylle noch vor, wenngleich natürlich auch dort der Tourismus seine Spuren hinterlässt – längst die Haupteinnahmequelle der Insulaner.

Badepionier

Inselgeschichte

Bereits um 7000 v. Chr. zogen Jäger und Fischer durch das Föhrer Gebiet, wie Funde bezeugen. Wie Amrum wurde Föhr erstmals 1231 urkundlich erwähnt, 1435 wurde die Insel **geteilt**, als Osterlandföhr an das Herzogtum Schleswig fiel, Westerlandföhr dagegen der dänischen Krone unmittelbar unterstellt blieb. Nach der Niederlage im Deutsch-Dänischen Krieg (1864) musste Dänemark sämtliche Inseln an Preußen abtreten.

Aufgrund des **fruchtbaren Boden**s hat die Landwirtschaft auf der »Grünen Insel« eine größere Rolle gespielt als auf den Nachbarinseln. Bis heute wird Getreide angebaut und Vieh gezüchtet. Allerdings hat das Land die Bauern lange Zeit nicht wirklich satt gemacht; auf Föhr herrschte **oft bittere Armut**. Erst mit dem Walfang Mitte des 17. Jh.s kam Wohlstand auf die Insel, zu sehen heute noch an den stattlichen Kapitänshäusern. 1760 waren von den 4500 Einwohnern etwa 1450 Männer auf Schiffen tätig. Angeblich waren die Feringer die besten unter den Walfängern.

Föhr war Pionier in Sachen Badebetrieb an der schleswig-holsteinischen Nordseeküste: Bereits am 15. Juli 1819 wurde das **Seebad Wyk** gegründet. 1880 verzeichnete Wyk schon 1000 Gäste. Die erste Motorschiffsverbindung nach Föhr entstand 1911, zwei Jahre später kamen 10 000 Badegäste. Heute sind es in jedem Jahr 200 000 Urlauber, die die »Friesische Karibik« erleben wollen.

Wohin in Wyk?

Seebad für den Adel

Die einzige Stadt

Wyk ist mit fast 4500 Einwohnern die einzige Stadt auf Föhr und dessen geschäftiges Zentrum. Mit Strandpromenade, Einkaufsstraßen, Kurmittelhaus, einer großen Badelandschaft, Kino und Kurpark fällt es auf der sonst so beschaulich-ländlichen Insel völlig aus dem Rahmen. Zwischen 1842 und 1848 kam der **dänische König Christian VIII.** regelmäßig einmal im Jahr hierher und begründete den Ruf Wyks als Seebad für den europäischen Adel. Nach dem Tod des Königs versank Wyk zunächst im Dornröschenschlaf, erfuhr aber kurz nach 1900 einen Aufschwung durch Dr. Carl Gmelin und Dr. Carl Häberlin, die sich mit Forschungen zu Meeresheilkunde und Seeklima um Föhr verdient machten. Die Carl-Häberlin-Straße ist wegen ihrer schmucken Giebelhäuschen bekannt. Das Wahrzeichen von Wyk, der **Glockenturm**, steht an der Ecke Große Straße/Mittelstraße. Er diente als Kirchturm, da die Wyker bei entsprechender Windrichtung die Glocken der damals noch auf freiem Feld stehenden St.-Nicolai-Kirche nicht hören konnten. Stürme zerstörten zwei dieser 1701 erbauten hölzerne Türme, 1892 wurde der heutige Backsteinturm errichtet.

Meeresheilkunde und Heimatforschung

Friesenmuseum

Dr. Carl Häberlin (1871 – 1954) hat sich nicht nur intensiv den Forschungen zur Meeresheilkunde gewidmet, sondern auch weitreichende Studien zur Heimatkunde und zur friesischen Geschichte betrieben. Er gehörte 1902 zu den Gründern des naturwissenschaftlich-kulturhistorischen Vereins, der sechs Jahre später das Friesenmuseum ins Leben rief – das heute seinen Namen trägt. Friesische

Beste Sicht vom »Karibikstrand« von Utersum hinüber nach Amrum

FÖHR ERLEBEN

FÖHR TOURISMUS GMBH
Postfach 1511
25933 Wyk auf Föhr
Tel. 04681 300
www.foehr.de

INSELRUNDFAHRTEN
Am Parkplatz vor dem AquaFöhr (Rebbelstieg 1) starten die Bimmelbahnen »Friesenexpress« und »Friscoexpress« zu Inselrundfahrten, die rund anderthalb Stunden dauern. Die Föhr-Rundfahrten im Omnibus von Taxi-Korf starten am Reedereigebäude direkt am Hafen.
www.inseltouristik.de
www.friesenexpress.de
www.taxi-korf.com

Tideunabhängige Autofähre ab Dagebüll (ca. 45 Min).
Wyker Dampfschiffs-Reederei,
www.wdr-wyk.de

Ausflugsfahrten mit der Wyker Dampfschiffs-Reederei (WDR) nach Sylt, Amrum, Helgoland und die Halligen, Exkursionen zu den Seehundbänken.
www.faehre.de

AQUAFÖHR
Bade-, Gesundheits-, Thalasso- und Wellnesscenter, Meerwasserwellenbad, Aquafit-Fitnesscenter. Von Tibetanischen Massagen bis zu Thalasso-Anwendungen ist alles zu haben im AquaFöhr.
Stockmannsweg 1
www.aquafoehr.de

WEINGUT AALEM
Kaum zu glauben, aber wahr: Seit 2009 wird bei Nieblum und Alkersum **Wein** angebaut. 2011 gab es die ersten Erträge: Verschiedene Weine, Schaumwein und Brände werden im Laden in Nieblum verkauft. Auch Führungen durchs Weingut werden angeboten.
Meedsweg 1
www.weingut-waalem.de

WOLLFLUR
Im Wollflur gibt es handgesponnene Wolle, dazu bekommt man den Namen und ein Bild des Schafs, von dem die Wolle stammt. Im Angebot sind neben kuscheligen Schafsfellen Mützen, Schals, Pullover, Westen und Handschuhe.
Wilhelmstr. 8
www.wollflur.de

MÄRKTE
Der Oevenumer Wochenmarkt in der Buurnstaart gilt als der schönste der Insel. Neben Obst und Gemüse, Wurst und Käse findet man hier auch viel Handgemachtes und allerlei Flohmarkt-Trödel.
Do. 10 – 12 Uhr

ALT WYK €€€€
Die Nr. 1 auf Föhr, mit einem Michelin-Stern dekoriert. Hervorragendes Essen und guter Wein. Besonders schön sitzt man im Pesel.
Große Str. 4
www.alt-wyk.de

SAIMONS €€€
Klein, aber fein. Wechselnde Tageskarte, die Gerichte (Davor, Mitten-

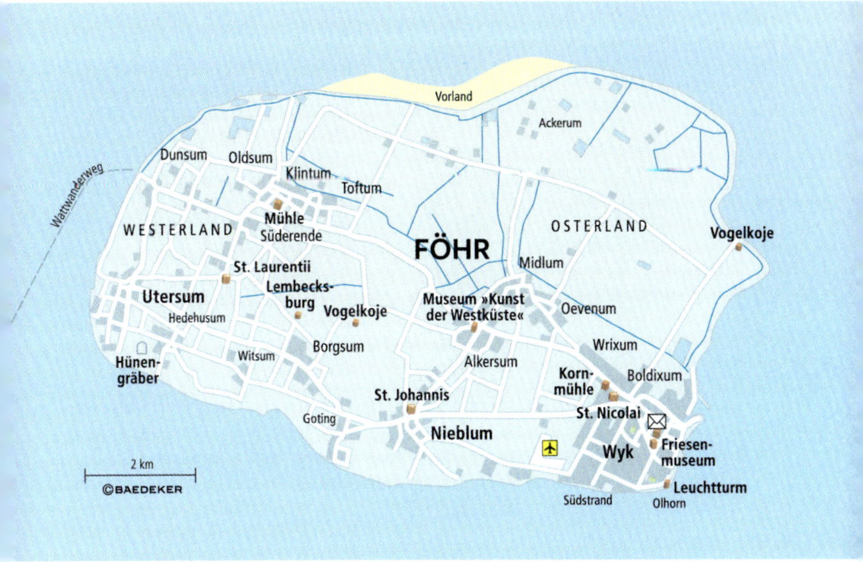

drin und Danach) sind auf einer großen Wandtafel angeschrieben. Mediterrane und internationale Gerichte, für junges und junggebliebenes Publikum.
Jens-Jacob-Eschel-Str. 26
www.saimons.de

RESTAURANT IN STERNHAGENS LANDHAUS €€€

Auf den Tisch kommen vegetarische Dreigang-Menüs für die Gäste des Hotels und für Nicht-Hotel-Gäste auf Voranmeldung – Fisch oder Fleisch werden auf Wunsch ergänzt. Chef und Koch Jörn Sternhagen trägt jeden Mittwoch seine »Gerichtgedichte« im Poetry-Slam-Stil vor.
Buurnstraat 49, Oevenum
www.sternhagenslandhaus.de

FÖHRER TEESTUBE

Nettes und vom Magazin »Feinschmecker« empfohlenes Café in einem ehemaligen Stall, leckere Kuchen und Torten. Donnerstags gibt es Flammkuchen. Der Nachwuchs kann das Kerzenziehen üben oder Kindergolf spielen.
Poststraat 7
www.hof-pergande.de

LANDHAUS ALTES PASTORAT €€€–€€€€

Relaxen im Studierzimmer, wo einst die Pastoren an ihren Predigten feilten. Schlafen auf dem Heuboden, wo einst die Kühe unter knarzenden Holzbalken gemolken wurden. Und lecker frühstücken, wo einst die Konfirmanden büffelten. Wer Ruhe und Erholung sucht, der findet sie in diesem mehr als 300 Jahre alten Idyll in Süderende auf Föhr.
Süderende
www.landhaus-altes-pastorat.de

STERNHAGENS LANDHAUS €€€
Ein mehr als 300 Jahre altes Reethaus, ein verwunschener Garten, ein dichtender Wirt, mehrere verwinkelte und gemütliche Zimmer, jedes mit einem eigenen Namen versehen, reichlich friesisches »Gedöns« an den Wänden und ein täglich wechselndes vegetarisches Menü – das ist Sternhagens Landhaus.
Buurnstraat 49, Oevenum
www.sternhagenslandhaus.de

INSELHOTEL ARFSTEN €€€
Klein, aber fein, bisschen am Rand und doch mittendrin. Das kleine, familiengeführte Hotel Arfsten liegt idyllisch im Wyker Vorort **Wrixum**, einen 20-minütigen Spaziergang vom Hafen und vom Strand entfernt. Zum Hotel gehören noch die hübsch eingerichteten Ferienwohnungen im reetgedeckten Friesenhaus auf einer Warf.
Ohl Dörp 64, Wrixum
www.arfsten.de

Bräuche und Alltagskultur sowie Geschichte und Natur der Insel werden hier auf rund 600 m² lebendig. Gleich nebenan steht das älteste Friesenhaus der Insel, das **Haus Olesen** aus Alkersum (Baujahr 1617). Es wurde hierher umgesetzt, um es vor dem Verfall zu retten.
Rebbelstieg 34 | Mitte März – Okt Di. – So. 10 – 17, Juli, Aug. tgl., Winter Di. – So. 14 – 17 Uhr | Eintritt: 4,80 €, mit Kurkarte 3,50 €
www.friesen-museum.de

Einst Falle, jetzt Rückzugsort

Boldixum

Im Ortsteil Boldixum steht eine der drei historischen Kirchen Föhrs: die **St.-Nicolai-Kirche**. 1707 stieß man bei Erweiterungsbauarbeiten auf ein Behältnis mit drei Silbermünzen, deren Inschrift den Hinweis auf einen Baubeginn im Jahre 1240 gibt. Der Altar wurde 1643 von einem Stedesander Handwerker geschnitzt. Auf unterschiedlich großen Relieftafeln sind biblische Szenen zu sehen, die mit Inschriften auf Plattdeutsch erläutert werden; im Zentrum steht die farbig herausgehobene Abendmahlszene.
Etwa 4 km nordöstlich von Boldixum kann man eine der letzten **Vogelkojen** auf Föhr besichtigen. Mithilfe dieser ausgeklügelten Entenfanganlagen wurden Wildenten auf einen Teich gelockt: Die Wildenten landeten, wurden in eine der Pfeifen getrieben und dann vom Kojenwärter »gekringelt«, d. h. ihnen wurde der Hals umgedreht. Heute dienen die Vogelkojen den Wildenten als Rückzugsort.
April – Okt. Mo. – Fr. 10 – 12 Uhr

Wohin noch auf Föhr?

★ »Kunst der Westküste« in Alkersum

Friesische Identität, Faszination Küste und Häkelkunst
Alkersum ist so etwas wie die Kulturhauptstadt der Insel. Hier, im Herzen von Föhr, ist nicht nur das überaus interessante Museum

»Kunst der Westküste« beheimatet, in Alkersum hat auch die 1988 gegründete **Ferring-Stiftung** ihren Sitz. Und von dort aus sendet der Friisk Funk täglich eine Stunde lang friesisches Radio.
Die Faszination der Seefahrt, der Meere und des Lebens an der Küste ist das zentrale Sujet des 2009 eröffneten, eindrucksvollen Museums »Kunst der Westküste«. In sechs Sälen stehen rund 900 m2 Ausstellungsfläche zur Verfügung. Grundlage des Museums ist die Sammlung des Stifters Frederik Paulsen, der **skandinavische und deutsche Kunst** aus der Zeit von 1830 bis 1930 zusammentrug. Zu den bekanntesten vertretenen Malern gehören Max Liebermann, Max Beckmann, Emil Nolde und Edvard Munch. Dauerhaft zu bewundern ist das kollektive Kunstwerk **»The Föhr Reef«**, ein gehäkeltes Korallenriff, das 2012 entstand und u. a. auf die Bedrohung der Ozeane aufmerksam machen soll.
Hauptstr. 1 | März - Okt. Di. - So. 10 - 17, Nov. - Dez. Di. - So. 11 - 16 Uhr | Eintritt: 10 € | www.mkdw.de

Schönheit hat hier Tradition

★★ Nieblum

Bereits im 18. Jh. wurde Nieblum (friesisch Nijblem) als außerordentlich schönes Dorf erwähnt und hat sich bis heute das traditionelle Antlitz bewahrt. Man findet hier prachtvolle alte **Friesenhäuser**, gebaut von Kapitänen, die durch Seefahrt und Walfang im 17. Jh. zu Geld gekommen waren. Die reetgedeckten Häuser erscheinen äußerst gepflegt, die Hauseingänge werden von Rosenstöcken um-

BAEDEKER MAGISCHE MOMENTE

SCHLAFEN AM STRAND

Der Strand leert sich; langsam aber sicher ziehen sie ab, die kleinen Burgenbauer, die Muschelsammler, die Drachenbezwinger, die Sonnenanbeter und die Badenixen. In den Hotels und Ferienwohnungen wird zu Abend gegessen, bevor es ins Bett geht. Allein ein paar Romantiker bleiben am Strand und genießen das Plätschern der Nordseewellen von ihrer ganz besonderen Schlafgelegenheit aus – vom Schlafstrandkorb. Im besten Fall lässt man das Dach offen und genießt den Sternenhimmel. Buchung und Infos auf Föhr bei Föhr-Tourismus (59 € pro Nacht).

rankt, in den **prächtigen Bauerngärten** blühen Stauden in farbenfroher Pracht um die Wette. Die Straßen des Ortes sind keine gewöhnlichen Straßen, sondern von prächtigen, jahrhundertealten Ulmen und Linden gesäumte **Alleen**.

Am Rand von Nieblum steht der **»Friesendom«** – so genannt wegen seiner Größe und des einst riesigen Einzugsbereichs der Gemeinde. **St. Johannis** geht auf einen Vorgängerbau aus dem 12. Jh. zurück und entstand überwiegend im 13. Jahrhundert. Von außen zeigt sich der »Friesendom« streng und spröde und für eine Inselkirche außergewöhnlich mächtig. Der Innenraum birgt wahre Schätze. Der Granittaufstein (um 1200) gehört zu den ältesten Kunstwerken. Der Flügelaltar stammt aus dem 15. Jh., ebenso die große farbige Holzfigur Johannes des Täufers im Chor. Die Loge an der Nordseite des Chors mit sieben Fenstern aus dem 18. Jh. war für wohlhabende Insulaner reserviert. Darunter steht ein **Pastorenfrauen-Stuhl** (17. Jh.), auf dem nur die Frau des Pastoren Platz nehmen durfte. Aus derselben Zeit stammt die Kanzel. Ihre Renaissanceschnitzereien stellen biblische Szenen dar, die auf Plattdeutsch erläutert werden. Regelmäßig finden im Friesendom klassische Konzerte statt, denn das Gotteshaus in Nieblum ist Spielstätte des Schleswig-Holstein-Musikfestivals.

Friesendom: tgl. geöffnet | Führungen Ostern – Sept. Do. 15 (2 Std., 5 €) | www.friesendom.de

Frühgeschichtliche Zeugnisse

Goting-Kliff

Das Goting-Kliff westlich des Ortsteils Goting entstand in der Saale-Eiszeit (230 000 – 130 000 v. Chr.). Auf dem Weg von Nieblum zum Kliff zeugen einige Grabhügel davon, dass hier schon zur Bronzezeit Menschen gelebt haben. Die **Lembecksburg** stammt aus der zweiten Hälfte des ersten Jahrtausends und wurde wahrscheinlich von den Friesen als Verteidigungsanlage gegen die Wikinger errichtet. Ihren Namen erhielt sie nach dem dänischen Lehnsherrn Klaus Lembeck bzw. Limbeck, der im 14. Jh. mit strenger Hand über Föhr herrschte. Der Legende nach brach er den Lehenseid gegenüber dem dänischen König Waldemar IV. und wurde 1374 von Föhr vertrieben.

Der Schrecken der Wale

Oldsum

Oldsum pflegt die friesischen Traditionen. Die Geschichte des Ortes auf der Website von Oldsum erzählt übrigens kein Geringerer als Christian »The Voice« Brückner, Deutschlands berühmtester Synchronsprecher, der Föhr zu seiner Wahlheimat gemacht hat.

Der berühmteste Sohn des Orts, der Walfänger Matthias Petersen, liegt in Ermangelung eines Oldsumer Friedhofs im nahen Süderende begraben. Petersen, so die Legende, soll in seiner Zeit als Walfänger im 17. Jh. die stattliche Anzahl von 373 Walen erlegt haben. Männer wie er, **Walfänger und »Commandeure«**, prägten einst das Bild

Für eine kleine Insel wie Föhr ist St. Johannis ziemlich groß ausgefallen und entsprechend wertvoll ausgestattet.

des so genannten Langdorfs, das genau genommen aus den Ortsteilen Oldsum, Klintum und Toftum besteht. Anstelle einer Kirche überragt die **Oldsumer Mühle** die gemütlichen Friesenhäuser.

Den Grabsteinen »lauschen«

Süderende

Süderende (fries. Söleraanj) breitet sich abgeschieden in einer lieblichen Landschaft im Westen Föhrs aus. Die kunstgeschichtliche Attraktion des Dorfs ist die südlich außerhalb mitten in den Feldern gelegene **St.-Laurentii-Kirche**, die auf das späte 12. Jh. zurückgeht; Gewölbedecke und Kirchturm entstanden aber im 16. Jh. Innen sind der romanische Taufstein, der dreiflügelige Schnitzaltar sowie die Kanzel aus Tannenholz (17. Jh.) sehenswert. Auf dem Friedhof an der St. Laurentii-Kirche stehen zahlreiche »sprechende Grabsteine«, auf denen Inschriften und Reliefs vom oft mühsamen Leben der Menschen und den Gefahren der Seefahrt berichten.

Friedhofsführung: Juni – Mitte Sept. Do. 10 Uhr

Karibisches Flair

★★ Utersum

Auf der Suche nach einem schlagkräftigen Slogan für die Insel kamen die Tourismus-Experten irgendwann auf »Friesische Karibik«. Es ist fast davon auszugehen, dass sie vom Utersumer Strand inspiriert wurden. Denn der weiße, »karibische« Sandstrand von Utersum gilt als der schönste der Insel. Empfehlenswert ist ein Spaziergang von Utersum über Hedehusum nach Witsum und Goting. Bei Witsum passiert man die **Godel**, den einzigen Fluss der Insel. Gemütlich schlängelt er sich durch die Salzwiesen der Godelniederung, Heimat zahlreicher Vögel wie Eiderente und Säbelschnabler, und fließt schließlich östlich von Utersum in die Nordsee.

★ FRIEDRICHSKOOG

Schleswig-Holstein | **Landkreis:** Dithmarschen | **Einwohner:** 2500

Friedrichskoog war jahrzehntelang der größte Krabenkutterhafen an der schleswig-holsteinischen Nordseeküste. Rund 30 Kutter stachen von dem Hafen aus in See. 2015 schloss das Land Schleswig-Holstein den landeseigenen Hafen nach mehr als 150 Jahren – der Unterhalt war dem Wirtschaftsministerium in Kiel zu teuer geworden. Die Friedrichskooger sprachen davon, dass man ihnen »das Herz herausreißen« würde und legten Widerspruch ein, die Klage wurde jedoch in allen Instanzen zurückgewiesen.

Krabben essen und Seehunde bewundern

Friedrichskoog, benannt nach dem dänischen König Friedrich VII., entstand 1853 durch Eindeichungen aus der Nordsee auf der ehemaligen Insel Dieksand. 2004 wurde der kleine Ort an der Dithmarscher Küste als Nordseeheilbad anerkannt. Vor der Küste im Nationalpark Wattenmeer liegen sowohl die Vogelschutzinsel Trischen als auch die größte deutsche Bohrinsel Mittelplate. Bekannt geworden ist der Ort einerseits durch die Krabben, andererseits durch die Seehundaufzuchtstation.

Wohin in Friedrichskoog?

Hein, Mareike und Lilli besuchen

★ Seehund-station

Friedrichskoogs schönster Platz ist immer noch der Hafen, in dem inzwischen allerdings nur noch einige wenige Kutter neben ein paar Freizeitbooten liegen. Die Zukunft des **Hafen**s ist nach wie vor ungewiss. Ein Hafenentwicklungskonzept liegt vor, man darf gespannt sein, was davon in den kommenden Jahren umgesetzt wird.
Touristisches Highlight ist und bleibt die Seehundaufzuchtstation, die in der jüngsten Vergangenheit noch einmal umfassend moderni-

FRIEDRICHSKOOG ERLEBEN

TOURISMUS-SERVICE

Koogstr. 141
(Deichpassage)
25718 Friedrichskoog
Tel. 04854 904 940
www.friedrichskoog.de

GESUNDHEITS- UND THERAPIEZENTRUM FRIEDRICHSKOOG

Kuren, Wellness & Meer: Meerwasser-Thermalbad, verschiedene Thalasso-Anwendungen, Massagen und physiotherapeutische Maßnahmen werden hier angeboten.
Schulstr. -West 14
www.gtz-friedrichskoog.de

KRABBEN- UND FISCH-DELIKATESSEN URTHEL €

Der Fisch- und Krabbenspezialist in der Region. Warme Küche im Bistro am Laden in der Saison tgl. 11 – 17 Uhr. Jeden Donnerstag ab 18 Uhr grillt der Chef selbst – selbstverständlich frischen Fisch.
Hafenstr. 71
www.urthel.de

APARTHOTEL WATTWURM €–€€

Ruhige und gepflegte 1- oder 2-Raum-Appartements mit Balkon oder Terrasse. Ein leckeres Frühstück kann zugebucht werden. Den Gästen stehen ein Pool, ein Dampfbad, eine Sauna und ein Massagebereich zur Verfügung. Auch der große Garten lädt zum Entspannen ein.
Hafenstr. 42
www.hotel-wattwurm.de

siert wurde. Hein, Mareike und Lilli sind die Stars der Station. Die drei wohnen dauerhaft hier, weil sie aus verschiedenen Gründen nicht ausgewildert werden konnten. Das ist jedoch die große Ausnahme. Die meisten der **verwaisten Heuler** werden in Friedrichskoog aufgepäppelt, um am Ende ihres Aufenthaltes wieder fit genug zu sein für die freie Wildbahn. Täglich werden die Tiere durchgecheckt, erst wenn sie ein bestimmtes Gewicht erreicht haben und kerngesund sind, geht es zurück in die Nordsee. Der Aufzucht- und Forschungsstation angegliedert ist ein umfassender **Ausstellungs- und Informationsbereich**. Von der Trischenbake, einer 17 m hohen, ehemaligen Rettungsbake der Insel Trischen, hat man eine wundervolle Aussicht über die Marschenlandschaft und das Wattenmeer.

An der Seeschleuse 4 | April – Okt. tgl. 10 – 18, Nov. – März. bis 16, Fütterungszeiten 10.30 Uhr und 14 Uhr (im Sommer zusätzlich 17.30 Uhr) | Eintritt: 7 € | www.seehundstation-friedrichskoog.de

BAEDEKER ÜBERRASCHENDES

6X FÜR KINDER

Entspannen, wohlfühlen, runterkommen

1.

BEI JEDEM WETTER

Die meisten Orte an der Küste und auf den Inseln bieten **Badevergnügen für die ganze Familie** auch bei »Schietwetter«.

2.

RAUF AUF DEN KUTTER…

… ran an die Krabben. Viele Ortschaften, z. B. **Neuharlingersiel**, entlang der Küste bieten Ausflugsfahrten mit den traditionellen Krabbenkuttern an, bei denen oft auch die Netze ausgeworfen werden. (▶ **S. 185**)

3.

SAND UND SCHLICK

Wattwürmer und Muscheln suchen, sich im Schlick wälzen oder prächtige **Sandburgen** bauen, all das gehört zu einem echten Nordseeurlaub einfach dazu.

4.

WATT'N DAT?

Alles über das UNESCO-Weltnaturerbe und seine Bewohner erfahren und selbst auf Entdeckungstour gehen – nicht nur für Kinder spannend – in den **Nationalparkhäusern und im Multimar Wattforum**. (▶ **S. 246**)

5.

BUNTES SPEKTAKEL

Wind gibt es eigentlich immer, perfekte Bedingungen also für Hobby-Drachenpiloten. Oder man legt sich gemütlich hin und bewundert einfach die flatternden Gesellen am Himmel beim Drachenfestival in **Tossens**. (▶ **S. 93**)

6.

SCHAU MIR IN DIE AUGEN!

Sind sie nicht niedlich mit ihren schwarzen Knopfaugen?! So nah wie in der Aufzuchtstation **Friedrichskoog** kommt man den scheuen Tieren sonst nie. (▶ **S. 124**)

Auf die Nordsee hinaus – trockenen Fußes

Trischendamm, Hochzeitsmühle

Der Trischendamm ragt von Friedrichskoog-Spitze 2,3 km weit ins Meer hinaus. Er sollte die **»wandernde Insel«** Trischen mit dem Festland verbinden. Doch das Projekt erwies sich als unsinnig bzw. nicht durchführbar, und so ragt der Trischendamm heute in einer dezenten Kurve in die Nordsee herein und endet nach gut zwei Kilometern. Bei einem Spaziergang auf dem Damm – der bei normalem Hochwasser nicht überspült wird – kann man bis nach ►Cuxhaven gucken.

In einer der wenigen erhaltenen **Windmühle**n Schleswig-Holsteins geben sich Brautpaare aus aller Welt das Jawort. Die 1855 gebaute Hochzeitsmühle trägt auch den höchst passenden Beinamen »Vergissmeinnicht«. Viele der frisch gebackenen Eheleute haben entlang der Nordseestraße junge Bäume gepflanzt – so entstand die **»Hochzeitsallee«** in Friedrichskoog-Spitze.

www.hochzeitsmuehle.de

★★ FRIEDRICHSTADT

Schleswig-Holstein | **Landkreis:** Nordfriesland | **Einwohner:** 2500

»Klein-Amsterdam« in Schleswig-Holstein: Friedrichstadt erinnert mit seinen romantischen Grachten, den kleinen Brücken, die hinüberführen, den typischen Renaissance-Giebelhäusern und malerischen Kopfsteinpflastergassen sehr an die Niederlande. Die Stadt wurde tatsächlich vor fast 400 Jahren von niederländischen Glaubensflüchtlingen erbaut, die Herzog Friedrich III. nach Schleswig-Holstein geholt hatte. Und das Städtchen an der Treene ist nicht nur hübsch anzusehen, es ist gerade in heutigen Zeiten ein Beispiel dafür, wie Menschen unterschiedlicher Glaubensrichtungen über Jahrhunderte friedlich neben- und miteinander leben können.

Holländisches Flair im hohen Norden

Der Gottorfer Herzog Friedrich III. ließ im Jahr 1621 die Stadt an der Mündung der Treene in die Eider als Hafen- und Handelsstadt neu anlegen, wollte er doch seine ausgedehnten Handelsbeziehungen, die bis zu diesem Zeitpunkt über das dänische Rendsburg liefen und bis nach Spanien und in den östlichen Mittelmeerraum reichten, voranbringen. Für sein ehrgeiziges Vorhaben holte der Herzog holländische Mennoniten und Remonstranten ins Land, die in ihrer Heimat aus religiösen Gründen verfolgt wurden. Ihnen garantierte er Glaubensfreiheit, und sehr bald gab es in Friedrichstadt **sieben Religi-**

onsgemeinschaften mit den dazugehörenden Gotteshäusern. Fünf davon gibt es noch heute – und vier Kirchen. Der Mündungsbereich der Treene wurde durch ein Schleusensystem und Siele künstlich gesichert, man errichtete Häuser im holländischen Stil und legte wie in den Niederlanden Grachten an.
Doch als im Jahr 1630 Holland das Verbot der Remonstranten aufhob, gingen viele Familien wieder zurück, wohl auch, weil sich die Pläne Friedrichs III. als außerordentlich schwierig und letztendlich undurchführbar erwiesen. Ohne es zu beabsichtigen, hat er jedoch vor fast 400 Jahren **eines der schönsten touristischen Ziele in Schleswig-Holstein** auf den Weg gebracht. 1850 wurde die Stadt von schleswig-holsteinischen Truppen angegriffen und gut ein Drittel der ursprünglichen Häuser zerstört. Trotz der starken Zerstörung zeichnet sich Friedrichstadt nach wie vor durch ein recht einheitliches, im holländischen Stil gestaltetes Stadtbild aus, da man bei späteren Bauten auf eine adäquate Fassadengestaltung und Bauhöhe achtete.

Wohin in Friedrichstadt?

Die außergewöhnliche Geschichte prägt das Stadtbild

★★ Marktplatz und »Alte Münze«

Der Marktplatz öffnet sich zum Mittelburggraben, den direkt am Markt eine massive Granitquaderbrücke von 1773 überspannt. Am Mittelburgwall 24 ist mit der »Alten Münze«, die ungeachtet ihres Namens nie als Münzstätte diente, das prächtigste Wohnhaus aus der Gründungszeit Friedrichstadts erhalten. Das Haus aus dem Jahr 1626 wurde für den niederländische Statthalter Adolf von Wael erbaut, sein Wappen ist im Fries zu sehen. In der »Alten Münze« informiert heute das **Stadtmuseum** über die außergewöhnliche Historie Friedrichstadts und die unterschiedlichen Glaubensrichtungen. Im hinteren Gebäudetrakt kamen seit 1708 die Mennoniten zum Gebet zusammen; er wird heute von der dänischen Gemeinde als Kirche genutzt. Im Garten ist der **Mennoniten-Friedhof** erhalten. Sehenswert ist auch das 1637 erbaute Paludanushaus mit seiner hübschen Rokkokotür in der Prinzenstraße, das heute Sitz der dänischen Minderheit ist. Neun Gebäude mit den typischen Treppengiebeln bilden an der Westseite des Marktplatzes das einzige noch zusammenhängend erhaltene **Ensemble von Kaufmannshäusern** aus der Zeit der Stadtgründung (Nr. 16 – 24). Sie alle tragen Hauszeichen, die auf den Beruf oder eine Eigenart des Besitzers hinweisen. Beliebtes Fotomotiv ist der **Pumpenbrunnen** (1879) mit einem auffälligen, von Säulen getragenen Häuschenaufsatz, an dem plattdeutsche Verse von Klaus Groth zu lesen sind.

Museum »Alte Münze«: Am Mittelburgwall 23 | April, Mai, Okt. Di. – So. 12 – 16, Juni – Sept. Di. – So. 11 – 17 Uhr | Eintritt: 3,50 €
www.friedrichstadt.de

Holland in Friesland? Am Friedrichstädter Marktplatz kommt man ins Grübeln.

Jüdisch, katholisch, evangelisch

Synagoge und Kirchen

Bis 1938 lebte eine relativ große jüdische Gemeinde in Friedrichstadt, ehe die Synagoge in der Reichspogromnacht verwüstet und anschließend als Wohnhaus für die SS genutzt wurde. Das Gebäude (Am Binnenhafen 17) wird nach einer umfassenden Restaurierung seit 2003 als Ort für kulturelle Veranstaltungen genutzt und beherbergt eine Dauerausstellung zur **Geschichte der jüdischen Gemeinde** Friedrichstadts.

Die katholische Kirche am Fürstenburggraben wurde erst 1853 als neogotischer Saalbau errichtet. Die Ausstattung ist älteren Datums: Das Gestühl stammt von 1760, die Holzskulpturen (Apostel mit Christus) aus dem zweiten Viertel des 17. Jh.s und das hölzerne Kruzifix, das aus der Kirche in Uelvesbüll hierher kam, von 1230. Jenseits des Mittelburggrabens steht die zwischen 1643 und 1649 errichtete evangelische Kirche **St. Christophorus**, deren Innenausstattung im Jahr 1861 größtenteils erneuert wurde. Der Marmortaufstein aus dem belgischen Namur (15. Jh.) und die geschnitzte Kanzel aus der Ringeringk-Werkstatt (17. Jh.) stammen möglicherweise aus einer Kirche der bei der Sturmflut von 1634 teilweise in den Fluten versunkenen Insel Strand. Bedeutend ist das Gemälde der Beweinung und Salbung Christi, das als Hauptwerk von Jürgen Ovens gilt und 1675, drei Jahre vor dem Tod des Malers, entstand.

FRIEDRICHSTADT ERLEBEN

TOURIST-INFORMATION
Am Markt 9
25840 Friedrichstadt
Tel. 04881 939 30
www.friedrichstadt.de

In den Sommermonaten werden stündlich Grachtenfahrten angeboten. Die von der Schröder-Linie veranstalteten Treene-Fahrten sind zur Zeit der Seerosenblüte von Mitte Juni bis Ende August besonders romantisch.
www.grachtenfahrt.de
www.grachtenschifffahrt.de

FRIEDRICHSTÄDTER TEEHAUS
Neben allerlei Teesorten und den dazugehörigen Utensilien werden hier im Doppelgiebelhaus aus dem Jahre 1624 auch Friedrichstädter Fayencen verkauft.
Prinzenstr. 23

HOLLÄNDISCHE STUBE
€€€–€€€€
In einem der ältesten Häuser der Stadt befindet sich das Restaurant Holländische Stube, das in historischem Ambiente überwiegend lokale Gerichte anbietet. Vom Gartencafé aus reicht der Blick über die Gracht hinüber zum Marktplatz.
Am Mittelburgwall 24 – 26
www.hollaendischestube.de

RINGHOTEL AQUARIUM €€€
Das privat geführte 4-Sterne-Hotel liegt direkt an einer der Grachten Friedrichstadts und bietet moderne, komfortable Zimmer.
Am Mittelburgwall 4 – 8
www.hotel-aquarium.de

HOTEL ZUR TREENE €€
In Schwabstedt, idyllisch an der Treene gelegen, mit hauseigenem Bootssteg. Moderne Zimmer, gutes Restaurant mit regionaler Karte.
An der Treene 5
25876 Schwabstedt
www.hotel-zur-treene.de

Ausflüge in die nähere Umgebung

Schwabstedt, Bergenhusen

Inmitten einer reizvollen Landschaft liegt Schwabstedt 8 km nordöstlich von Friedrichstadt. Der kleine Ort an einer Treene-Schleife war einst Bischofssitz. Ruhe liebenden Urlaubern hat der idyllische Ort einiges zu bieten, genau so wie **Süderstapel** mit seinen reetgedeckten Häusern, direkt an der Eider gelegen.
Gut 15 km östlich von Friedrichstadt liegt das Storchendorf Bergenhusen, wo man von Mai bis September beobachten kann, wie ein gutes Dutzend Storchenpaare seinen Nachwuchs aufzieht.
Infos und Führungen organisiert der NABU
www.bergenhusen.nabu.de

GARDING

Schleswig-Holstein | **Landkreis:** Nordfriesland | **Einwohner:** 2700
Touristinformation: Am Markt 26, 25836 Garding, Tel. 04862 469 |
www.garding.de, **www.tz-eiderstedt.de**

Berühmtester Sohn des Städtchens Garding ist der Literaturnobelpreisträger Theodor Mommsen. Auch der Liedermacher und Jazzposaunist Knut Kiesewetter lebte und arbeitete bis zu seinem Tod 2016 in dem beschaulichen Städtchen, auf halber Strecke zwischen ▶Tönning und ▶St. Peter-Ording gelegen.

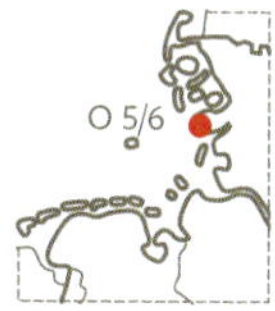

Ursprünglich lag Garding auf der Insel Evershop, die durch die Eindeichung der Inseln Utholm (bei Tating) und Eiderstedt (bei Tönning) mit diesen zur heutigen Halbinsel Eiderstedt zusammenwuchs. Wie auch Tönning, mit dem es 1590 gemeinsam das Stadtrecht erhielt, lebte Garding im Mittelalter vom Handel und brachte es zu Wohlstand. Auf dem seit 1575 bis heute abgehaltenen **Gardinger Markt** wurde vor allem mit Käse, Hopfen und Schafen gehandelt.

Ruhig und beschaulich

Wohin in Garding und Umgebung?

Heimat des ersten deutschen Literaturnobelpreisträgers

★ St. Christian, Altes Diakonat

Die Gardinger Kirche mit ihrem massiven Turm stammt aus dem frühen 12. Jh. und gehört zu den wenigen zweischiffigen Kirchen in Schleswig-Holstein. Mit dem Altar aus der Werkstatt des Marten van Achten, der **kunstvollen Kanzel** des so genannten Eiderstedter Typs, dem ältesten Orgelprospekt Norddeutschlands (1512) und der heiteren Atmosphäre bildet St. Christian ein Kleinod sakraler Architektur und Kunst.

Im Alten Diakonat, gleich neben dem **Geburtshaus Theodor Mommsens** (1817 – 1903), ist eine Gedenkausstellung eingerichtet, die über Werdegang und Werke des bedeutenden Historikers informiert. Mommsen, als Nationalliberaler von 1881 bis 1884 Reichstagsabgeordneter, wurde 1902 als erster Deutscher für seine »Römische Geschichte« mit dem Literaturnobelpreis ausgezeichnet. Im **Alten Rathaus** wiederum sorgt der Förderverein für Kunst und Kultur Eiderstedt für wechselnde Ausstellungen. Präsentiert werden überwiegend Werke von Künstlern aus der Region.

Altes Diakonat: Markt 5 | Juni – Aug. Di. – Fr. 8.30 – 11.30, Sept. – Mai 15 – 17 Uhr sowie n. V. | Tel. 04862 17 267

Altes Rathaus: Enge Str. 5 | April – Okt. Do. – So. 15 – 18 Uhr
www.kunstklima.com

Als Selbstbedienung noch ein Fremdwort und Beratung selbstverständlich war: im Laden im Haus Peters

In die »gute alte Zeit« eintauchen

Tetenbüll

Ein Bilderbuchdörfchen, umgeben von weitem Land, Schafen und Haubargen, ist Tetenbüll (6 km nordöstlich). Hier sollte man außer der **St.-Anna-Kirche** (um 1400) dem **Haus Peters** direkt an der Kirche einen Besuch abstatten und in die »gute alte Zeit« eintauchen: In dem 1820 gegründeten Kolonialwarenladen gibt es heute weder Milch, noch Butter oder Brot zu kaufen, dafür ist hier die Originaleinrichtung zu bestaunen – während Küche und Stube im Stil der Gründerzeit eingerichtet sind. Neben dem Verkauf von hübschen Accessoires und regionalem Krimskrams organisiert das Haus Peters Wechselausstellungen zur Kulturgeschichte der Region.

Dörpstraat 16 | Jan. / Feb. Sa. / So. 13 – 17, März – Mai, Di. – So. 14 – 18, Juni – Sept. 11 – 18, Okt. – Dez. Di. – So. 13 – 17 Uhr
www.haus-peters.regional.de

Wuchtige Haubarge und alte Gotteshäuser

Welt, Tating

In Welt, behaupten seine Einwohner, ist die Welt anders. Zu sehen gibt es in dem winzigen Dorf südlich von Garding drei typische Haubarge sowie die Kirche aus dem 13. Jh., in der in kleinen Wechselausstellungen über Geschichte und Reichtümer der 18 Eiderstedter Kirchen informiert wird. Nach weiteren 1,5 km kommt man nach **Vollerwiek**, das neben einem grünen Badestrand die romanische Kirche St. Martin (1113) besitzt. Besonders sehenswert ist der goti-

sche Klappaltar im Chor, der eine Kreuzigungsdarstellung von ca. 1460 mit Schnitzwerk und Malerei zeigt.
Tating (4 km westlich) bietet neben der **ältesten Kirche Eiderstedts** auch zwei Haubarge: Sowohl der Haubarg Hochdorf (Garten öffentlich) als auch der Haubarg Hamkens liegen in großen Parks. Das schöne Bauerndorf gehört zu den auf dem Geestrücken gelegenen frühen Siedlungen in Eiderstedt und war Mittelpunkt der einstigen Insel Utholm. Die romanisch-gotische St.-Magnus-Kirche wurde ursprünglich als hölzerne Kapelle errichtet und im Jahr 1103 dem hl. Magnus geweiht.

★★ GREETSIEL · KRUMMHÖRN

Niedersachsen | **Landkreis:** Aurich | Einwohner: 1600

Greetsiel ist eine Art ostfriesisches Gesamtkunstwerk. In dem Ort mit seinen pittoresken und liebevoll renovierten Häusern aus dem 17. und 18. Jh. lässt es sich wunderbar flanieren, zumal er weitgehend autofrei ist. Zusammenstöße muss man in den mit roten Klinkern gepflasterten Sträßchen eher mit anderen Touristen befürchten, denn Greetsiel, die Perle der Krummhörn, ist in der Saison gnadenlos überlaufen. Im malerischen Hafen liegt immer noch eine stattliche Flotte an Krabbenkuttern, und die beiden Zwillings-Windmühlen am Kanal sind auch wieder vereint.

Anno 1388 wurde der Ort Greetsiel erstmals in den Briefen des ostfriesischen Häuptlings Otto I. tom Brok erwähnt. Im Hafen des Ortes lagen den Aufzeichnungen zufolge Schiffe aus Hamburg, die Zoll zu entrichten hatten. Bis ins 18. Jh. hinein war Greetsiel Sitz und **Machtzentrum des Häuptlingsgeschlechts der Cirksena**. Seit 1972 gehört Greetsiel zur aus 19 Orten bestehenden Gemeinde Krummhörn, deren Verwaltung ihren Sitz zwar in Pewsum hat, doch ist Greetsiel unbestritten der Hauptort.

Ostfriesischer geht es kaum

Wohin in Greetsiel?

Das Empfangskomittee
Schon von Weitem sieht man am östlichen Ortsrand die Zwillingsmühlen, zwei **zweistöckige Galerieholländer** am Greetsieler Siel-

★ Zwillingsmühlen

Bald geht es von Greetsiel wieder zum Krabbenfang hinaus auf die Nordsee.

tief. Bei aller Ähnlichkeit sind sie doch nicht gleich alt: Die rote wurde 1921 erbaut, die grüne schon 1856. In der grünen Mühle sind heute eine Galerie und eine Buchhandlung untergebracht, in der roten wird nach wie vor gemahlen. Im **Mühlenladen** gibt es frisches Brot, Vollkornartikel und Souvenirs. Nebenan im Café kann man auf der Terrasse direkt am Sieltief Tee, Kaffee, Kuchen und kleine Gerichte genießen. Im Herbst 2012 zerstörte Orkan »Christian« große Teile der grünen Mühle. Nicht zuletzt durch Spenden aus aller Welt konnten die 400 000 € aufgebracht werden, die zur Restaurierung nötig waren, und so hatte die einsame rote Mühle schon 2015 ihren Zwilling wieder.

Mühle Schoof (rot): April – Okt. Mo. – Sa. 7 – 18, So. 7.30 – 18 Uhr; Nov. – März Mo., Mi. – Fr. 7.30 – 17, Sa. 7.30 – 13 Uhr
Mühlencafé: April – Okt. Mo. – Fr. 11 – 18.30, Nov. – März (außer Dez.) Sa., So. 13 – 18 Uhr | www.muehle-schoof.de

Heimat der größten Kutterflotte Ostfrieslands

★★ Hafen und historischer Ortskern

Der Greetsieler Hafen ist die Heimat der größten Kutterflotte Ostfrieslands, zeitweise sieht man hier bis zu 30 Kutter liegen. In der Vergangenheit nutzten Schiffe aus dem Binnenland den Sieldurchlass, um ins offene Meer zu gelangen, doch nachdem Mitte der 1990er-Jahre die **Seeschleuse** an der Leyhörn fertiggestellt wurde, verloren die Gezeiten ihren Einfluss. Beim Anlanden der Kutter kann man direkt vom Schiff fangfrische Krabben erstehen.

Das älteste Gebäude im Ort ist das unter Denkmalschutz stehende **Steinhaus** unweit des Siels aus dem 16. Jh., das vermutlich der Häuptlingsfamilie Cirksena als Wohnhaus diente. Der Gewölbekeller des Backsteinbaus stammt sogar aus dem 14. Jahrhundert. Die ältesten Bürgerhäuser stehen unmittelbar am Hafen in der **Sielstraße**. Zum Teil stammen sie aus dem 18. Jh., ihre Wappen erzählen von der Zeit ihrer Entstehung und den einstigen Besitzern. Haus Nr. 21, Poppingas Alte Bäckerei, erweist sich als eine Mischung aus Teestube, Bäckereimuseum und Galerie.
Sielstr. 21 | in der Saison tgl. 11 – 19 Uhr
www.poppingas-alte-backerei-greetsiel.de

Raus ins Watt

National-parkhaus

Über die Besonderheiten des Nationalparks Niedersächsisches Wattenmeer informiert das Nationalparkhaus Greetsiel, beheimatet in einem historischen Gulfhof, das auch Touren anbietet: durch das Naturschutzgebiet Leyhörn, zu den Salzwiesen, durch das Watt oder zur Vogelbeobachtung.
Schatthauser Weg 6 | Mitte März – Okt. Mo. – Fr. 10 – 18, Sa. / So. 11 – 17.30, Anfang Nov. – März Di. – So. 11 – 16.30 Uhr
www.nationalparkhaus-wattenmeer.de

Wohin auf der Krummhörn?

Bilderbuch-Landschaft mit schiefen Türmen

Backstein-kirchen

Entspannung und Erholung findet man auch bei ausgedehnten **Wanderungen und Radtouren** durch die Krummhörn. Hier hinterm Deich werden keine krummen Dinger gedreht, hier geht es geradewegs in eine Bilderbuch-Landschaft aus satt-grünen Weiden, romantischen Dörfern und außergewöhnlichen Leuchttürmen. Ostfriesischer ist Ostfriesland wohl nirgends sonst.
Teile der Krummhörn liegen unterhalb des Meeresspiegels. Deshalb wurden Häuser und Kirchen früher auf so genannten **Warfen** errichtet, erhöhten und zumeist kreisrunden Erdhügeln. Zum Schutz vor den Sturmfluten, die allerdings genauso sicher wie das Amen in den Kirchen dort einbrachen. Auf die Idee Deiche zu bauen, waren die tapferen Friesen erst später gekommen. Die wuchtigen Backsteinkirchen jedenfalls waren viel zu schwer für den weichen Boden der aufgeschütteten Warfen. Die Folge war, dass die Türme absackten, und seitdem zum Teil schiefer als der schiefe Turm von Pisa sind.

Der niedliche »Otto« und der Eiffelturm der Nordsee

Leuchttürme

Die Leuchttürme in der Krummhörn stehen wie eine Eins, könnten aber unterschiedlicher nicht sein. Der **Pilsumer** Leuchtturm ist wahrlich ein Zwerg, doch als Nebendarsteller in Otto Waalkes' Kinofilm

GREETSIEL ERLEBEN

TOURISTIK GMBH KRUMMHÖRN-GREETSIEL
Zur Hauener Hooge 11
26736 Greetsiel
Tel. 04926 91 880
www.greetsiel.de

Ausflugsfahrten ins Wattenmeer, auf die Inseln Norderney, Borkum oder Juist sowie auf den Wasserwegen rund um Greetsiel und die Leybucht.
www.cassen-tours.de oder Tourist-Info Greetsiel

Kanalfahrten auf dem MS »Hein Luc« oder dem Kanalboot »Uschi«; Verleih von Ruder- und Tretbooten sowie Kajaks.
Bootsverleih Greetsiel: www.abenteuer-am-wasser.de

KRUMMHÖRNER ORGELFRÜHLING
Historische Instrumente von zum Teil europäischer Bedeutung aus mehr als 500 Jahren bilden in den herrlichen Klangräumen der Krummhörner Kirchen eine weltweit einzigartige Orgellandschaft.
immer im Mai

SCHLICKSCHLITTENRENNEN
Die »Wältmeisterschaft« im Sommer im Uplewarder Watt ist ein großes Spektakel: Die teilweise kostümierten Teilnehmer dürfen sich so richtig einsauen – ein Heidenspaß und alles zu einem guten Zweck.
www.schlickschlittenrennen.de

FISCHERHUS €€€
Direkt am Siel gelegen, hat sich das Fischerhus in den vergangenen Jahren zu einer richtig guten Adresse gemausert. Küchenchef Weert Zell setzt dabei überwiegend auf Klassiker wie Scholle Finkenwerder Art oder die Greetsieler Fischsuppe.
Sielstr. 5, Greetsiel
www.fischerhus-greetsiel.de

ALTE BRAUEREI €€€
Restaurant und Bistro im renovierten, historischen Gebäude von 1673. Zu empfehlen: gebackener Pilsumer Ziegenkäse und die Seezunge mit Quellergemüse. Beim Bundeswettbewerb »Historische Wirtshäuser« ausgezeichnet und Mitglied im Verbund »Wattengenuss« sowie im Verbund »Ostfriesland Kulinarisch«.
An der alten Brauerei 2, Pilsum-Krummhörn
www.alte-brauerei-pilsum.de

IS TEETIED €
Teestube mit Delfter Kacheln, Gartencafé und altostfriesisches Restaurant gegenüber der Greetsieler Kirche; Kuchen aus eigener Herstellung und friesische Spezialitäten.
Hohe Str.
www.isteetied-greetsiel.de

WITTHUS €€€
Gleicher Betreiber wie das Hohe Haus: kleines Hotel mit 15 hübschen, hellen Zimmern, gutem Restaurant und Gartencafé.
Kattrepel 5 – 9, Greetsiel
www.witthus.de

HOHES HAUS €€–€€€
Dieses historische Haus mit der Jahreszahl 1696 am Giebel liegt zentral. Das alte Rentmeisterhaus ist heute ein Hotel mit gutem Restaurant und Schenke.
Hohe Str. 1, Greetsiel
www.hoheshaus.de

GREETJE €
Die besten Krabbenbrötchen auf die Hand bekommt man in Greetsiel im SB-Restaurant »Greetje«.
Kalvarienweg 3
www.krabbenhandel.de

»Otto – der Außerfriesische« hat der rot-gelbe Winzling Berühmtheit und Kultstatus erlangt. Seitdem wird er auch »Otto-Leuchtturm« genannt. In Betrieb war er nur bis 1919, danach verfiel er, wurde ein Schandfleck, eine einzige Rostbeule. 1972 forderte der Deichrichter Jannes Ohling mit drastischen Worten die Renovierung ein. Wenn diese nicht binnen eines Jahres vonstattengehen würde, dann solle der Oberamtmann Müller gefälligst »am Turm aufgeknüpft werden«. Turm und Müller überlebten – und Ostfriesland hat seitdem ein Wahrzeichen mehr. Der **Campen**er Leuchtturm hingegen ist mit 65 m der höchste der deutschen Nordseeküste. Der »Wächter des Meers« wird auch gern als »Eiffelturm der Nordsee« bezeichnet. Und tatsächlich ähnelt er durch seine dreibeinige Stahlbein-Konstruktion nicht nur dem Wahrzeichen von Paris, sondern er ist auch im selben Jahr (1899) fertig gestellt worden. Eng ist es, düster und stickig, wenn man die mehr als 350 Stufen hinaufklettert zur Plattform. Dort fällt man im wahrsten Sinne aus allen Wolken. Der Himmel scheint hier noch ein wenig weiter, noch blauer als irgendwo sonst auf der Welt. Der überzeugte Ostfriese rechnet folgendermaßen: 90 Prozent Himmel und 10 Prozent Erde, das ergibt **100 Prozent Ostfriesland**.

Die älteste bespielbare Orgel Nordeuropas

★ Rysum

Rysum gilt als das hübscheste der Warftendörfer in der Krummhörn. Mitten im beschaulichen Ortskern befindet sich die Kirche mit **der ältesten bespielbaren Orgel Nordeuropas**, erbaut 1457 vom Groninger Orgelbaumeister Harmaanus. Auf beiden Seiten des reich verzierten Faltwerks breiten sich Flügel aus, die mit Sonne, Mond und Sternen geschmückt sind. Nur wenige Meter von der Kirche entfernt steht die Rysumer **Mühle**, ein zweistöckiger Galerieholländer, von dem man eine gute Aussicht über das Dorf und die Umgebung hat.

Ostfriesische Idylle

Manslagt, Pewsum

Manslagt, wenige Kilometer südlich von Pilsum, ist ebenfalls einstiger Häuptlingssitz der Krummhörn. In der spätgotischen Kirche kann man einen Taufstein aus dem 13. Jh. und eine 1714 in Amsterdam gefertigte Kanzel besichtigen. Auf Manslagt folgt **Groothusen**, das durch seine Lage auf einer so genannten Straßenwarft im Vergleich

zu den anderen Dörfern etwas zersiedelt wirkt. Den historischen Handelsplatz an der verlandeten Bucht von Sielmönken sicherten einst drei Burgen, von denen heute noch die Osterburg, eine dreiflügelige Anlage aus dem 18. Jh., geblieben ist.
Pewsum, der Verwaltungssitz der Krummhörn, liegt ein wenig östlich von Groothusen und gute 10 km südlich von Greetsiel. Es war seit 1400 Sitz des Herrschergeschlechts der Manninga, doch 1565 verkaufte Hoyko Manninga Burg und Ländereien an die Cirksena. Die Manninga bauten sich die heute im Ortszentrum stehende, gelb getünchte und von einem Wassergraben umgebene **Manningaburg**.

ORGELKLÄNGE AN DER WATERKANT

Die Türme der Kirchen in Ostfriesland sind bisweilen ziemlich schief. Die Töne, die auf den Orgeln erklingen, sind es (hoffentlich) nicht. Dutzende von historischen Orgeln sind in der Region zu finden, darunter Meisterwerke von Arp Schnitger. In Rysum sogar das älteste im Grundbestand erhaltene Orgelwerk Nordeuropas. Es erklingt mit seinen sieben Registern alljährlich im Mai zum Krummhörner Orgelfrühling. Dann spielen ganz offiziell international renommierte Virtuosen auf dem Instrument. Aber vielleicht hat man ja auc h sonst das Glück, einem der heimischen Organisten beim Üben zuhören zu dürfen.

Allerdings ist dies nur noch die Unterburg von 1458, in der das Burgmuseum über die Häuptlingssitze und Burgen Ostfrieslands informiert. Zusammen mit der Manningaburg gehört das **Mühlenmuseum** zum Ostfriesischen Freilichtmuseum. Es beschäftigt sich mit der Geschichte von Landwirtschaft, Handwerk und Deichbau sowie Entwässerung und Landgewinnung Ostfrieslands.

Manningaburg und Mühlenmuseum: Mai – Mitte Okt. Di., Do. 10 – 12.30 Uhr / 15 – 17, Sa., So. 15 – 17 Uhr | Eintritt: 2 €

★★ HALLIGEN

Schleswig Holstein | **Landkreis:** Nordfriesland

Wie ankernde Schiffe auf hoher See erscheinen die Häuser auf den Halligen. Die kleinen Marschinseln im Wattenmeer sind ein auf der ganzen Welt einzigartiges Naturphänomen. »Schwimmende Träume« hat Theodor Storm die Halligen inmitten des Nationalparks Schleswig-Holsteinisches Wattenmeer genannt. Bis zu 50 Mal pro Jahr, wenn der »Blanke Hans« sein Unwesen über der Nordsee treibt, heißt es hier »Land unter«.

Sie liegen im Wattenmeer vor der Westküste Schleswig-Holsteins zwischen der Halbinsel Eiderstedt im Süden und den Inseln ▶Amrum und ▶Föhr im Norden. Sie umfassen insgesamt knapp 2300 ha und zählen **rund 270 Einwohner**. Gröde-Appelland, Habel, Hamburger Hallig, Hooge, Norderoog, Nordmarsch-Langeneß, Nordstrandischmoor, Oland, Süderoog und Südfall entstanden bei der Ersten Marcellusflut (1362) und sind Relikte des Festlands, das einst viel weiter nach Westen reichte. Während das Meer immer weiter landeinwärts vordrang, blieben die Halligen stehen.

Weltweit einzigartig

Außergewöhnliches Leben – außergewöhnliche Menschen

Leben auf der Hallig

Wer hier lebt, muss hart im Nehmen sein, denn an vielen Tagen im Jahr klatscht das Meer bis fast an die Haustür. »Land unter« heißt es auf den Halligen mit großer Regelmäßigkeit. Trotz dieser Bedingungen ist man u. a. wegen der Küstenschutzfunktion daran interessiert, dass die Inseln bewohnt bleiben und bewirtschaftet werden. Es ist ein außergewöhnliches Leben, das die Halligbewohner dort draußen leben, einsam und gleichzeitig ganz und gar eingebunden in eine Gemeinschaft. Im Rhythmus der Jahreszeiten und vor allem im **Rhythmus der Gezeiten**, gefühlte Lichtjahre entfernt von der Hektik des digitalen Zeitalters. Unweigerlich spürt der Mensch hier, welch kleines Teilchen er ist

Mit Einsamkeit muss man klarkommen, wenn man auf einer Hallig lebt. Auf Hallig Südfall versuchen das im Sommer gerade mal zwei Bewohner.

im großen Puzzle der Natur, aus Ebbe und Flut, Wasser und Wind. Man muss schon aus einem besonderen Holz geschnitzt sein, um auf einer Hallig zu leben. Hallig! **Nicht Insel**, darauf bestehen die Bewohner. Der Unterschied sei einfach: eine Insel würde in der Regel nicht überschwemmt werden, eine Hallig zwischen Oktober und März ständig.
Die Häuser stehen deshalb auf künstlich aufgeworfenen Hügeln, so genannten Warften, die auch bei starken Fluten noch aus dem Meer herausragen. Das Dach der Häuser ruht auf einer fest im Boden verankerten **Ständerkonstruktion**, die selbst dann noch stehen bleibt, wenn die Mauern vom Wasser eingedrückt werden, und das Dach einigermaßen sicher trägt. So konnten die Bewohner bei Sturmfluten auf den Dachboden fliehen. So genannte **Fethinge** (Süßwasserbrunnen) versorgten die Bewohner früher mit Wasser, heute gibt es Trinkwasserleitungen. Seit den 1950er-Jahren haben Hooge, Langeneß und Oland Strom, Gröde erhielt dagegen erst Mitte der 1970er-Jahre Elektrizität.

Für die wenigen Kinder wurden eigene Grundschulen auf den Halligen eingerichtet, mangels Nachwuchs wird allerdings inzwischen nicht mehr in allen bestehenden **Halligenschulen** unterrichtet. Zur weiterführenden Schule müssen die Kinder dann sowieso hinüber auf eine der Nordfriesischen Inseln oder aufs Festland. Süderoog wird von zwei Menschen bewohnt, die Hallig Südfall wird im Sommer von zwei Bewohnern bewirtschaftet, Norderoog und Habel sind **unbewohnt**; lediglich in den Sommermonaten leben hier Vogelwarte des Naturschutzvereins Jordsand. Die Hamburger Hallig hat im eigentlichen Sinn keine Bewohner mehr, doch wird das Ausflugsrestaurant dort bewirtschaftet.

Versinken die »schwimmenden Träume« bald?

»Hallig 2050«

In Zeiten des Klimawandels, der Erderwärmung und dem daraus resultierenden Anstieg der Weltmeere muss man sich Sorgen machen um die Halligen. Die Prognosen des UNO-Weltklimarats besagen,

DIE HALLIGEN ERLEBEN

www.halligen.de

GRÖDE
Claudia Mommsen
Tel. 04674 302
Sabine Kolk
Tel. 04674 14 48
www.groede.de

TOURISTIKBÜRO HALLIG HOOGE
Hanswarft 1
Tel. 04849 91 00
www.hooge.de

FREMDENVERKEHRSBÜRO LANGENESS / OLAND
Ketelswarft
Langeneß
Tel. 04684 217
www.langeness.de

SÜDEROOG
Nele Wree & Holger Spreer
Hallig Süderoog
Tel. 04844 244
www.süderoog.de

MS Hilligenlei (Wyker Dampfschiffs-Reederei von Schlüttsiel und Amrum nach Langeneß, Gröde, Oland und Hooge)
MS Seeadler (Halligreederei Heinrich von Holdt) ab Schüttsiel nach Gröde, Hooge, Langeneß und Oland.
MS Hauke Haien (Wattenmeerfahrten) ab Wyk und Schlüttsiel nach Hooge.
MS Rungholt ab (Halligmeerfahrten) Schlüttsiel nach Gröde, Langeneß und Oland.
In der Sommersaison Ausflugsschiffe auch ab Amrum (Wittdün), Sylt (Hörnum) und Nordstrand Richtung Hooge.

Lorenbahnen ab Dagebüll nach Oland und ab Lüttmoorsiel nach Nordstrandischmoor (jeweils nur für Übernachtungsgäste!).
www.wyker-dampfschiffs-reederei.de
www.seeadler-hooge.de
www.wattenmeerfahrten.de
www.halligmeerfahrten.de

AUF HOOGE

T-STUBE HANSWARFT € €
Unter offenem Reetdachgebälk können Sie in gemütlicher Atmosphäre halligtypische Getränke und friesische Leckereien genießen.
Hanswarft

RESTAURANT FRIESENPESEL € – € €
In der Gaststätte mit einem gemütlichen Pesel aus dem 18. Jh. und schönem Außenbereich gibt es nordfriesische Spezialitäten wie Mehlbüdel und Porenpann.
Backenswarft
www.friesenpesel.de

AUF DER HAMBURGER HALLIG

HALLIG KROG € € €
Einst hat Erik Brack auf den Traumschiffen dieser Welt gekocht, jetzt bringt er im Hallig Kroog regionale Köstlichkeiten auf den Teller. Zum Beispiel »Land & Meer«: gebratenes Zwischenrippenstück vom Husumer Jungbullen und aromatische Salzwasser-Garnelen oder eine kräftig geschmorte Salzwiesen-Lammhaxe in Thymiansauce.
Reußenköge
www.hallig-krog.de

AUF LANGENESS

ANKER'S HÖRN – HOTEL IM MEER €€–€€€

Das erste Hotel auf einer Hallig – eine Wohlfühloase, die Zeitgeist und Gemütlichkeit gekonnt verbindet. 11 Zimmer mit Wattenmeerblick, Whirlpool, Sauna und Strandkörbe am Privatstrand.
Mayenswarf 2
www.ankers-hoern.de

GASTHOF HILLIGENLEY €€

Modernisierte Zimmer, friesisch-gemütlicher Gastraum und von der Terrasse aus hat man einen fantastischen Blick über das UNESCO-Weltnaturerbe Wattenmeer. In der Saison wir jeden Freitagabend gegrillt.
Hunnenswarft
www.hilligenley.de

KULTUR

Von Mai bis September finden auf Langeneß unter dem Motto »Kultur auf den Hallligen« Lesungen, Konzerte und Kabarettvorführungen in einem alten Schafstall statt. Regelmäßig sind auch bekannte Künstler wie Stefan Gwildis, Gustav Peter Wöhler oder Pohlmann zu Gast.
www.kulturaufdenhalligen.com

dass der Meeresspiegel pro Jahr um mindestens drei Millimeter steigt, andere Berechnungen gehen von einem Anstieg bis zum Jahr 2100 um bis zu 80 cm aus. Die Halligen würden, da sind sich die Experten einig, als erste betroffen sein. Regelmäßig tagt die **Insel- und Halligkonferenz**. Damit aus den »schwimmenden Träumen« nicht irgendwann überschwemmte Albträume werden, wurde die Arbeits-

gruppe »Hallig 2050« gegründet, es wurden Millionen von Euro bewilligt, um zu helfen. So sollen Bewohner von niedriger gelegenen Hallig-Häusern auf neue und höhere, so genannte **»Klimawarften«**, umgesiedelt werden, zudem werden ab 2019 zum Teil sichelartige Mini-Deiche um gefährdete Warften herum errichtet. Und so hofft man an der Küste, dass Sturmfluten sogar – so paradox es klingt – für den Schutz der Halligen sorgen könnten. Denn mit jedem Mal werden Sedimente angetragen, die Landfläche der Halligen könnte dadurch anwachsen. Bei allen weiter reichenden Maßnahmen gilt es zu berücksichtigen, dass die Halligen inmitten eines Naturparks von großer Bedeutung liegen.
Das Überleben dieser grünen Tupfer im Wattenmeer zu sichern hat zweierlei Gründe: »Für uns sind die Halligen Bollwerke und Wellenbrecher vor dem Festland und elementar für den Küstenschutz«, so LKN-Chef Oelerich. Und zweitens bedeuten die Halligen ein gutes **Stück Identität** für die Nordfriesen. Schließlich gibt es diese »schwimmenden Träume« nur ein einziges Mal auf der Welt.

Die Halligen von Nord nach Süd

Ein reetgedeckter Leuchtturm

Oland

Drei Jahre brauchte man vor bald hundert Jahren, um die auf einem Damm errichtete Strecke von Dagebüll auf dem Festland bis zur Hallig Oland zu bauen. Einst sausten die **kleinen Loren** mit Segeln und der Kraft des ständig blasenden Windes über die Gleise, seit den 1960er-Jahren sind sie motorisiert. Die Strecke bis Oland (von dort aus geht es weiter nach Langeneß) wurde in den Jahren 2005 bis 2009 neu erbaut und dabei etwas erhöht, um sie auch bei höherem Wasserstand noch nutzen zu können.
Oland (friesisch Ualöön) ist die nördlichste der Halligen und ca. 200 ha groß. Auf ihr stehen auf der **einzigen Warft** inzwischen 17 Häuser, deren Bewohner sich – wie fast überall auf den Halligen – allesamt duzen. Auf der Warft steht der einzige reetgedeckte Leuchtturm Europas sowie eine Saalkirche aus dem Jahr 1824 mitsamt sehenswertem Friedhof.

Die größte der Kleinen

★ Langeneß

Ihre heutige Größe verdankt Langeneß (Lange Nase) der Tatsache, dass vor gut 150 Jahren die drei Inseln Butwehl, Langeneß und Nordmarsch durch systematische Landgewinnung allmählich zusammenwuchsen. Auch auf der größten der Halligen ticken die Uhren deutlich langsamer. Wie sie in früheren Zeiten tickten, das erfährt man am besten im **Kapitän-Tadsen-Museum** auf der Ketelswarft, einem originalen Hallighaus aus dem Jahre 1741. Möbel und Gerätschaften in dem kleinen Museum stammen weitgehend aus dem 18. Jahrhun-

dert. Kurios ist das so genannte **Grasterloch**, in dem einst die Bäuerin beim Brotbacken saß, um es bequemer zu haben. Auch das Privatmuseum »Friesenstube« bietet einen interessanten Einblick in die Kulturgeschichte der Halligen.
Beim Fähranleger auf der Rixwarft gibt es nicht nur Fischbrötchen, hier informiert das **Nationalpark- & Biosphären-Infozentrum** Langeneß über die Geschichte, Flora und Fauna der Hallig. Was sich ringsum alles im Wasser tummelt, verrät das Aquarium mit typischen Tieren des Wattenmeers. Auch in die **Kirche** auf der Kirchwarft sollte man einen Blick werfen: Sie wurde 1894 gebaut. Mehrere Vorgängerkirchen wurden zerstört, Teile des Inventars wie der bemalte Flügelaltar aus dem 17. Jh. aber übernommen. Auffällig ist die bemalte Holzdecke (1730) mit Szenen aus dem Alten und Neuen Testament.

Kapitän-Tadsen-Museum: Ketelswarft | Tel. 04684 217
Ostern – Okt. Mo. – Sa. 13.30 Uhr
»Friesenstube«: Honkenswarf | Tel. 04684 235 | ganzjährig Di. / Do. 10.30 Uhr (Führungen = Öffnungszeit)
Schutzstation Wattenmeer: Peterswarf | Tel. 04684 216

Hochburg der Piraten

Gröde-Appelland

Genau genommen besteht die 277 ha große Hallig aus Gröde und Appelland, die jedoch seit rund 100 Jahren miteinander verbunden sind. Damit ist Gröde die drittgrößte der Halligen. Es gibt allerdings weder eine Gaststätte noch einen Kaufmann. Treffpunkt für Hallig-Bewohner und Urlauber ist **Monikas Kiosk**. Auf der Knutswarft stehen vier Wohnhäuser, auf der Kirchwarft gibt es nur ein Gebäude, in dem Schule, die Kirche St. Margarethen und die Dienstwohnung des Lehrers untergebracht sind. Die Hallig-Kinder werden hier gemeinsam von der Grundschule bis zur 9. Klasse unterrichtet – wenn es denn schulpflichtige Kinder gibt. Die **kleinste Gemeinde Deutschlands** ist u. a. auch dadurch bekannt geworden, dass bei Wahlen stets als Erstes das Wahlergebnis bekannt gegeben wird. Bei der Landtagswahl 2017 in Schleswig-Holstein waren übrigens die »Piraten« stärkste Kraft auf der Hallig Gröde …
Im Frühjahr kann man auch auf Gröde Tausende von Ringelgänsen beobachten, die auf dem Rückweg in ihre sibirische Heimat Rast machen und sich auf den Salzwiesen für den Rückflug stärken. Wenn die Salzwiesen zur Zeit der **Fliederblüte** lila gefärbt sind, ist die Hallig besonders hübsch.

Betreten des Winzlings verboten

Habel

Winzige 6 ha weist die Hallig Habel noch auf, Tendenz abnehmend. Zu Beginn des 20. Jh.s war die Fläche dieser Hallig noch fast dreimal so groß wie heute. Auf der **Norderwarft** steht das einzige Haus, das in den Sommermonaten von einem Vogelwart des Vereins Jordsand bewohnt wird. Die ehemalige **Süderwarft** verschwand vor gut 20 Jahren in den Fluten der Nordsee. Die Hallig Habel, Rast-, Brut- und Nahrungsgebiet zahlreicher Seevögel, ist als Zone 1 des Nationalparks ausgewiesen, deshalb heißt es für Touristen: Betreten verboten!

Eigentlich keine Hallig mehr

Hamburger Hallig

Ob man die Hamburger Hallig noch als Hallig bezeichnen kann, bleibt strittig, ist sie doch durch einen 4 km langen **Damm** mit dem Sönke-Nissen-Koog verbunden. Namensgeber für die Hallig sind die beiden Hamburger Kaufleute Rudolf und Arnold Amsinck, die im frühen 17. Jh. einst die Deichrechte dieses Landstücks erwarben. Dadurch entstand zunächst der nach ihnen benannte **Amsinck Koog**. Im frühen 18. Jh. waren die Deiche nach mehreren Sturmfluten so weit zerstört, dass einzig die Warft übrig blieb, die ab dem späten 18. Jh. Hamburger Hallig genannt wurde. Der erste, 1859 gebaute Damm dorthin brach bald nach Fertigstellung ein, seit 1901 hält der Damm und verbindet die Hamburger Hallig mit dem Festland. Am Anfang des Damms befindet sich im **Amsinck-Haus** ein Informationszentrum zur Region Mittleres Nordfriesland, zudem können hier Fahrräder ausgeliehen werden, mit denen man allerdings ausschließlich die knapp 5 km lange Strecke zur Hamburger Hallig fahren darf. Inmitten des seit 1930 als Vogelschutzgebiet ausgewiesenen Gebiets befindet sich der Hallig Kroog, ein äußerst empfehlenswertes Restaurant. Auf der Hallig gibt es ein paar schöne **Badestellen**, vor allem aber hat man von hier einen tollen Blick hinüber zu den Halligen Habel, Gröde, Oland, Langeneß und Nordstrandischmoor.

www.amsinck-haus.de

Die »Königin« hat sogar ein Kino

★★ Hooge

Hooge, gern auch als »Königin der Halligen« bezeichnet ist wahrscheinlich die hübscheste, aber auch **die touristischste der Halligen**. Da kann es im Sommer schon mal zu Schlangen vor dem Inselkaufmann, beim Radverleih oder vor dem Kino kommen. Ja, die Hallig Hooge hat tatsächlich ein Kino, allerdings wird dort immer nur ein und derselbe Film gezeigt: Der ist allerdings beeindruckend, zeigt er doch, wie es ist, wenn die Sturmfluten auf den Halligen für »Land unter« sorgen. Davon wird Hooge übrigens vergleichsweise selten heimgesucht: Weil die 560 ha große Hallig ein 1,50 m hoher **Sommerdeich** umgibt, wird hier pro Jahr »nur« drei- bis viermal »Land unter« vermeldet. Dann steht das Wasser aber häufig auch bis zur Schwelle der hübschen Inselkirche **St. Johannis** (1637), die in Teilen aus den Resten älterer Kirchen gebaut wurde, die 1634 bei der Burchardiflut untergingen. Das blaue, bemalte Gestühl ist typisch für nordfriesische Kirchen. An der Renaissancekanzel des Flensburger Meisters Ringeling von 1743 ist die kleine Tür beachtenswert: Sie zeigt einen Wal mit Jungtier. Schön ist auch das hölzerne Taufbecken mit den vier Evangelisten von 1624. Die Grabsteine auf dem Hooger

Alles hergerichtet für seine Majestät Friedrich VI. im Königspesel auf Hallig Hooge

Friedhof sind vorn und hinten beschriftet: Aus Platzgründen mussten sich die verstorbenen Insulaner Grab und Grabstein teilen.

Die Attraktion auf Hooge ist jedoch der **Königspesel** im Kapitänshaus Tade Hans Bendiks. Seinen Namen hat der Pesel (gute Stube) aus dem 18. Jh., weil der **dänische König Friedrich VI.** 1825 aufgrund des schlechten Wetters in eben jener Wohnstube der Witwe Stienke Alberte Hansen übernachten musste. Der unter Denkmalschutz stehende Königspesel auf der Hanswarft ist vollständig mit blau-weißen Fliesen verkleidet, das Mobiliar ist original erhalten geblieben. Auf engstem Raum ist hier alles Nötige untergebracht: Das Bett, der Alkoven und ein Schränkchen für Geschirr sind in die Wand eingebaut. Gleich nebenan bietet das **private Heimatmuseum** Hans von Holdt einen guten Einblick in das Alltagsleben und die Wohnkultur der Halligen, zudem werden Exponate zur Seefahrt und speziell zum Walfang ausgestellt.

Wattwerkstatt und ein Gezeiten-Aquarium gehören zu den Höhepunkten des **Erlebniszentrums Mensch & Watt** der Schutzstation Wattenmeer im Biggerhus, wo man ansonsten Wattwanderungen buchen kann

Königspesel: Hanswarft 11 | Eintritt: 2,50 € | Tel. 04849 219
Heimatmuseum: Hanswarft 10 a | Tel. 04849 238
Meer&Watt: Hanswarft 2 | www.schutzstation-wattenmeer.de

Die kleinste Schule Deutschlands

Nordstrandischmoor

Auf Nordstrandischmoor kamen die Halligbewohner einst auf die Idee, die Gräber ihrer Friedhöfe mit **liegenden Grabplatten** zu versehen – anstatt wie üblich mit stehenden Grabsteinen. Eine gute Idee, denn klassische Grabsteine wären wohl von den Fluten umgeworfen oder gar weggespült worden. Denn auf keiner anderen Hallig wird und wurde so oft »Land unter« gemeldet wie auf Nordstrandischmoor. 1634 riss die verheerende **Burchardiflut** die Insel Strand auseinander, ein Teil der überlebenden Insulaner flüchtete in das höher gelegene »wüste Moor«. Ehemals war das Gebiet 500 ha groß, doch die Nordseestürme ließen bis heute nur ca. 190 ha übrig. Auf den **drei Warften** leben etwas mehr als 20 Menschen, einige von ihnen werden in der kleinsten Schule Deutschlands unterrichtet. Das Schulgebäude dient heute auch als Kirche, nachdem das ehemalige Gotteshaus bei der Sturmflut 1825 zerstört und dann abgerissen wurde. Auch Nordstrandischmoor ist über einen Lorendamm mit dem Festland (Lüttmoorsiel / Beltringharder Koog) verbunden.

Auch das Vogelparadies schrumpft

Norderoog

Legendär ist der ehemalige Vogelwart von Norderoog: Jens Wand lebte 40 Jahre mit und unter seinen Vögeln, ehe er eines Tages im Watt von der Flut überrascht wurde und ertrank. Heutzutage sind es zumeist junge Menschen, die z. B. ein Freiwilliges Ökologisches Jahr hier ableisten. Auch die nur etwa 9 ha große Hallig Norderoog gehört zur Zone 1 im Nationalpark. Sie ist **der letzte Brutplatz der gefährdeten Brandseeschwalbe** im schleswig-holsteinischen Wattenmeer. Neben den Brandseeschwalben brüten auf der Hallig Küsten- und Flussseeschwalben, Austernfischer, Rotschenkel, einige Kolonien von Lach-, Silber- und Heringsmöwen sowie Eiderenten, Brandgänse und seit einigen Jahren auch Graugänse. Der **Naturschutzverein Jordsand** kaufte bereits 1909 die Hallig für 12 000 Goldmark und betreut seitdem als Eigentümer das Vogelreservat, das im Verlauf des 20. Jh.s von einer Größe von 21 ha auf unter 10 ha schrumpfte.

Inspiration für Theodor Storm

Süderoog

Der Dichter Theodor Storm liebte die Nordsee und insbesondere die Halligen. Von der kleinen Hallig Süderoog (62 ha) soll er zu seiner Novelle »Eine Halligfahrt« inspiriert worden sein. Auf dieser nahe zur offenen See liegenden Hallig wurde schon in früheren Zeiten viel Strandgut angetrieben. So ist heute noch ein Überrest des spanischen Schiffs **»Ulpiano«** erhalten, das 1870 vor Süderoog auf Grund lief: In die Tür des einzigen Hauses, des Paulsen-Hauses, ist die Heckfigur der eisernen Bark integriert. Süderoog ist heute als **Vogelreservat** (Zone 1) unter Naturschutz gestellt und kann nur im Rahmen von Wattwanderungen mit dem Süderooger Postboten Knud Knudsen oder bei einigen wenigen Schiffstouren besucht werden.

EINMALIGES NATURSCHAUSPIEL

Es ist wahrlich beeindruckend, wenn alljährlich im April und Mai bis zu 80 000 Ringelgänse auf ihrem Weg zu den Brutgebieten an der Eismeerküste Rast auf den Halligen machen. Um dort Energie zu tanken für den rund 5000 km langen Rest ihrer Reise. Denn nur wenn die dunklen Vögel mit dem weißen Ring am Hals genug in den Salzwiesen der Halligen fressen, haben sie auch eine Chance, gesund und munter in Sibirien anzukommen und dort für Nachwuchs zu sorgen. Die Halligen bieten zu dieser Zeit Vogelbeobachtungen an Land, im Watt oder mit dem Segler »Ronja« vom Wasser aus an, dazu Halligführungen, Filme und Köstlichkeiten wie das Vogelzugmenü. (www.ringelganstage.de)

Von Untergang und Geburt

Südfall

Ungefähr dort, wo in den Uthlanden einst die sagenumwobene Stadt Rungholt lag, befindet sich heute die Hallig Südfall. **Rungholt** fiel, so vermuten die Wissenschaftler, der »Groten Mandränke« im Jahr 1362 zum Opfer, gleichzeitig war es die Geburtsstunde Südfalls: Entstanden auf etwas höher gelegenen Landflächen, auf denen sich Sedimente anlagerten, besteht die Hallig also seit mehr als 650 Jahren, wenn auch durch die Jahrhundertflut 1634 stark verkleinert von ca. 150 ha auf heute 57 ha. Jahrhundertelang lebten die Bewohner von Strandräuberei und Plünderungen, von 1910 bis 1953 residierte die »**Halliggräfin**« Diana von Reventlow-Criminil auf Südfall. Seit 1957 wird auch Südfall vom Verein Jordsand betreut und kann im Rahmen von Wattwanderungen, aber auch per Kutschfahrt von Nordstrand-Fuhlehörn aus besucht werden.

HEIDE

Schleswig-Holstein | **Landkreis:** Dithmarschen | **Einwohner:** 21 500 | **Touristinformation:** Markt 28 (im alten Pastorat), 25746 Heide, Tel. 0481 212 21 60 | **www.heide-nordsee.de**, **www.heide.de**

Das Provinzstädtchen Heide im Herzen Dithmarschens hält einen ganz besonderen Rekord. Es besitzt den größten unbebauten Marktplatz Deutschlands. Neudeutsch nennt man so etwas wohl »Megamarkt«. Fast fünf Hektar umfasst das Areal, das ergibt die Fläche von ungefähr zehn Fußballfeldern. Jeden Samstag ist hier Wochenmarkt – und das schon seit über 500 Jahren.

Vielfältig anregend

Anno 1447 wurde »uppe de Heyde« das erste Dithmarscher Landesrecht verkündet und der so genannte »Marktfrieden« beschlossen. Eine Vereinbarung, die auf gegenseitigem Respekt und Schutz vor Wegelagerern und sonstigen feindlichen Übergriffen beruhte. Dem Adel erteilten die **freiheitsliebenden Bauern aus Dithmarschen** sowieso eine Absage, sie probten bereits im Mittelalter so etwas wie Demokratie. 1559 allerdings war es vorbei mit dem Frieden: Dann nämlich legten die Truppen des dänisch-schleswig-holsteinischen Heeres die Stadt in Schutt und Asche.
Dennoch sollte man doch mindestens alle zwei Jahre am ersten Juli-Wochenende »den Frieden« feiern: das nächste Mal wird 2019 die Zeit um rund 550 Jahre zurückgestellt. Inmitten von Händlern, Handwerkern, Schaustellern, Gauklern und Musikanten kann man einen typischen **mittelalterlichen Markt** bestaunen und sieht einen kilo-

meterlangen Umzug mit Ochsengespannen, Pferdewagen und Reiter- und Fußvolk sowie eine Ratsversammlung, bei der Recht gesprochen wird. Zudem lässt sich ein echtes Dithmarscher Brautpaar trauen.
www.heider-marktfrieden.de

Wohin in Heide?

Mittelalterliche Altstadt

Rund um den Marktplatz

Heides geschichtsträchtiger Marktplatz – der mit dem Freudenstädter um den Titel des größten unbebauten Marktplatzes in Deutschland konkurriert – bildet mit 4,7 ha den Mittelpunkt der Stadt und ist alle ungeraden Jahre im Juli Festplatz für den Mittelaltermarkt »Heider Marktfrieden«. Eines der auffälligsten Häuser, das **Pastorat** (Nr. 27 / 28) aus dem Jahr 1739, erkennt man an seinem großen Torbogen. Sehenswert ist auch das **Dreetörnhus** (Dreitürme-Haus), das 1733 im Barockstil erbaut wurde.
Die auf das 15. Jh. zurückgehende **St.-Jürgen-Kirche** wirkt auf dem großen Platz etwas unterdimensioniert. 1559 zerstört, wurde sie anschließend wieder aufgebaut und mehrfach verändert. Innen erinnert sie zunächst eher an eine bescheidene Dorfkirche, doch korrigieren diesen Eindruck der Altaraufbau des Hamburgers Valentin Preuß (1699), das Altarbild von 1515 u. a. mit einer Darstellung des hl. Jürgen (niederdeutsch für Georg) sowie die Sandsteintaufe aus der Mitte des 15. Jh.s und die Eiderstedter Holzkanzel (16. Jh.).

Geschichte, Dichtung und Musik

Museumsinsel Lüttenheid

An der Straße Lüttenheid bilden das Klaus-Groth-Museum und das Heider Heimatmuseum die Museumsinsel Lüttenheid. Das **Heimatmuseum** belegt zwei Gebäude. Im ersten wird berichtet über die Entstehung und Entwicklung der Stadt im Laufe der Jahrhunderte. Thema des zweiten Gebäudes, des »Pferdestalls«, sind Handwerk und historische Kleidung. Durch den Pferdestall kommt man in das Haus, in dem am 24. April 1819 der niederdeutsche Dichter und Universitätsprofessor **Klaus Groth** geboren wurde. Dokumente und Fotografien des Museums zeigen sein Leben und Werk, und auch die umfangreiche Privatbibliothek ist ausgestellt.
Eine enge Freundschaft verband Klaus Groth mit Johannes Brahms, der auch dessen Texte vertonte. Das weiß getünchte **Brahmshaus** gehörte von 1819 bis 1997 der Familie des bedeutenden Komponisten. Inzwischen unterhält hier die schleswig-holsteinische Brahms-Gesellschaft eine Gedenkstätte. Regelmäßig finden Konzerte statt.
Museumsinsel: Lüttenheid 40 | Di. – Do., So. 11.30 – 17, Fr. 11.30 – 14, Sa. 14 – 17 Uhr | Eintritt: 2,50 €
Brahmshaus: Lüttenheid 34 | April – Okt. Di. – Do. 11.30 – 15.30, Fr. 11.30 – 13.30, Sa. 13.30 – 15.30 Uhr | Eintritt: 2 € | www.brahms-sh.de

★★ HELGOLAND

Schleswig-Holstein | **Kreis:** Pinneberg | **Einwohner:** 1350

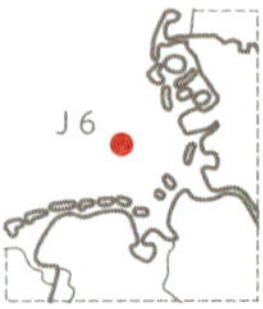

»Irgendwo ins grüne Meer hat ein Gott mit leichtem Pinsel lächelnd, wie von ungefähr, einen Fleck getupft: die Insel.« So beschreibt der berühmteste Sohn der Insel, der Kinderbuchautor James Krüss, Helgoland. Ganz so idyllisch und romantisch geht es nicht zu auf Deutschlands einziger Hochseeinsel, aber mit der Langen Anna, dem gesunden Hochseeklima und der Badedüne hat Helgoland einiges zu bieten. Das Image des »Fuselfelsens« – das Helgoland einst wegen des zollfreien Einkaufs von Spirituosen erhielt – hat das Eiland längst abgelegt.

Schnell nochmal zur »Langen Anna«

Helgoland liegt rund 55 km nordwestlich von ▶Cuxhaven und 75 km nördlich von ▶Wilhelmshaven in der **Deutschen Bucht**. Entstanden ist Helgoland vor rund 250 Millionen Jahren. Seitdem hat die Nordseeinsel mehrfach ihr Gesicht verändert. Am gravierendsten zuletzt bei einer Sturmflut im Jahr 1721, als die heutige Badeinsel, die »Düne«, von der Hauptinsel abgetrennt wurde. Heute ist die Hauptinsel nur noch 1 km^2 groß (Düne: 0,7 km^2) und teilt sich in Oberland, Mittelland und Unterland. Im Norden, Westen und Südwesten steigt sie in bis zu 61 m hohen Klippen aus dem Meer auf.

Friesisch, dänisch, britisch, deutsch und beinahe ausgelöscht

Wechselvolle Geschichte

Als Vorposten im Meer war Helgoland sowohl für Dänen, Briten und Deutsche wie auch für Seeräuber von Interesse – der berühmte **Störtebeker** fand hier Unterschlupf. Im frühen Mittelalter besiedelten vermutlich Friesen, die von Fischfang und Piraterie lebten, die Insel. Im 12. und 13. Jh. wurde Helgoland dänisch, fiel im 16. Jh. an die Herzöge von Gottorf, wurde 1714 wieder dänisch und 1807 schließlich von den Briten besetzt. 1826 gründete Jacob Andresen Siemens das **Seebad**. 1890 dann tauschten die Briten Helgoland gegen die zu Deutsch-Ostafrika gehörende Insel Sansibar. Das Deutsche Reich baute die Insel zum Marinestützpunkt mit riesigen Bunkeranlagen und einem U-Boothafen aus. In den beiden Weltkriegen wurden die Helgoländer evakuiert; im Zweiten Weltkrieg war die Insel Ziel heftiger Bombenangriffe der Alliierten. Von 1945 bis 1952 diente die nun britisch besetzte Insel als Übungsziel für Bomber. Am 18. April 1947 sprengten die Briten mehr als 6700 Tonnen Munition auf Helgoland, die Aschewolke war bis nach Cuxhaven sichtbar. Es war ein kleines Wunder, dass die Insel »überlebte«. Die vollständige Vernichtung war zwar nicht geplant, aber die Briten hatten sie im Zuge der **Entmilitarisierung** durchaus in Kauf genommen. Als Helgoland fünf Jahre später an Deutschland zurückgegeben wurde und die Bevölkerung zurückkehrte, glich die Insel einer Mondlandschaft. Die Ortsteile Unter- und Oberland wurden bis 1967 unter der Federführung des Architekten Otto Bartning einheitlich im Stil der **Nachkriegsarchitektur** wieder aufgebaut. Schön ist das aus heutiger Sicht nicht gerade. Lange Jahre war Helgoland Ziel der »Butterfahrten«, wo es vor allem darum ging, zollfrei und somit billig einzukaufen. Das Image des Fuselfelsens klebte an der Insel wie Möwendreck auf dem Ärmel.

»Wiedervereinigung« gescheitert

Geplantes Großprojekt

Als die Zahl der Gäste auf Helgoland zu Beginn des neuen Jahrtausends drastisch zurückging, stellte 2008 der Hamburger Investor Arne Weber seine Pläne vor, die Insel wieder zu vereinen. Der Masterplan sah vor, eine rund einen Kilometer lange Spundwand zwischen der seit rund 300 Jahren getrennten **Düne** und der **Hauptinsel** zu errichten. So genannte Hopperbagger sollten die Meeresenge mit ungefähr zehn Millionen Kubikmeter Sand auffüllen. Kosten für die Inselzusammenführung: ca. 80 Millionen Euro.
Auf dem rund hundert Hektar großen neuen Areal sollten nach Vorstellungen des Investors sowohl Wohnungen als auch Hotels mit Golfplatz entstehen. Zudem wurde geplant, die Landebahn des Inselflughafens zu verlängern und einen Anleger für die großen Schiffe sowie Windenergieanlagen, ein Gezeitenkraftwerk und eine Photovoltaik-Anlage zu errichten. Die **Helgoländer waren skeptisch**, 2010 entschied sich zunächst eine zuständige Lenkungsgruppe gegen die »Wiedervereinigung«, 2011 wurde das Projekt bei einem Bürgerentscheid mit 55 % der Stimmen endgültig abgelehnt.

BAEDEKER MAGISCHE MOMENTE

WALE STEUERBORD VORAUS

Meistens ist es Glück, einen Schweinswal in der Nordsee zu entdecken. Aber man kann seinem Glück ja bekanntlich etwas nachhelfen. Auch auf der Schiffstour Richtung Helgoland hat man gute Chancen, die bis zu zwei Meter großen Meeressäuger zu entdecken. Und selbst wenn man keine Schweinswale sieht, auch der Anblick der Seehunde auf den Sandbänken ist schließlich ein wunderbares Erlebnis.

HELGOLAND ERLEBEN

HELGOLAND TOURISTIK
Lung Wai 28
27498 Helgoland
Tel. 04725 81 370
www.helgoland.de

Ausflugsfahrten sowie Rundflüge zu den Offshore-Windparks vor Helgoland. Die Touren mit den »Halunder Jets« dauern zwei Stunden, die Rundflüge ca. 20 Minuten.
www.helgoline.de
Tel. 04725 411

Früher gehörte zur Anreise mit dem Seebäderschiff das **Ausbooten** mit den Börtebooten wie die Lange Anna zu Helgoland. Inzwischen läuft die MS Helgoland den neuen Südhafen an, ebenso die schnellen Katamarane. Für viele Helgoland-Besucher gehört das Ausbooten jedoch zum Urlaub auf der Insel dazu. Und nach wie vor wird der alte Hafen angesteuert. Dort heißt es Umsteigen in die rund 10 m langen und 3 m breiten **Börteboote** – wie bereits vor fast hundert Jahren als Helgoland 1826 als Nordseebad gegründet wurde.
Die schnellste Anreise mit einem Katamaran ab Cuxhaven dauert rund 75 Min., die klassischen Seebäderschiffe brauchen je nach Heimathafen zwei bis dreieinhalb Stunden. Von Hamburg sowie zahlreichen Nordseehäfen in Schleswig-Holstein und Niedersachsen werden auch Tagesausflüge mit mehrstündigem Inselaufenthalt angeboten.

AB CUXHAVEN, HAMBURG UND WEDEL
Förde-Reederei Seetouristik
www.helgoline.de

AB CUXHAVEN
Reederei Cassen Eils
www.helgolandreisen.de

AB OSTFRIESLAND, WILHELMSHAVEN, OSTFRIESISCHE INSELN
Aktiengesellschaft Ems
www.ag-ems.de

AB EMDEN
Juni – Okt.: Katamaran 3 Std.
Aktiengesellschaft Ems
www.ag-ems.de

AB BREMERHAVEN
Reederei Cassen Eils
www.helgolandreisen.de

AB BÜSUM
Reederei H.G. Rahder
www.rahder.de

Reederei Cassen Eils
www.helgolandreisen.de

AB SYLT, AMRUM, FÖHR UND DAGEBÜLL
Adler-Schiffe/Insel- und Halligreederei
www.adler-schiffe.de

MIT DEM FLUGZEUG
Der Ostfriesische Flugdienst fliegt ganzjährig ab Emden, Heide-Büsum und Cuxhaven-Nordholz nach Helgoland. Auch die Inselflieger aus Harle steuern die Hochseeinsel an.
www.fliegofd.de
www.inselflieger.de

Wer zum Baden kommt, muss sich mit Booten (Abfahrt ca. alle 30 Minuten) auf die Düne übersetzen lassen. Hier gibt es hervorragende, feinsandige Badestrände, am Nordstrand mit

Brandung, am Südstrand meist mit ruhigerem Wellengang. Fast immer kann man hier Kegelrobben beobachten.

Da Helgoland seit britischer Zeit »Zollhandelsfreigebiet« ist, also nicht zum Zollgebiet der EU gehört, gelten besondere Vorschriften z. B. für Zigaretten und Alkohol.

ATLANTIS € € €
Gute Adresse im Oberland, natürlich mit Fischgerichten ganz oben auf der Karte. Spezialität: Helgoländer Hummer und Helgoländer Knieper (Scheren vom Taschenkrebs).
Hingstgars 444
www.atlantis-helgoland.de

BUNTE KUH € € €
Traditionslokal auf der Insel, das nach dem Schiff des Piraten Klaus Störtebeker benannt wurde. Helgoländer Spezialitäten direkt am Hafen im Hummerbuden-Ambiente.
Hafenstr. 1013-1018
www.buntekuh-helgoland.de

MOCCA-STUBEN € € € – € € € €
Feinschmeckerrestaurant, gelegentlich auch Liveveranstaltungen. Es werden auch Zimmer und Appartements vermietet.
Hingstgars 447
www.mocca-stuben.de

WITTE KLIFF € € – € € €
Fünf Appartements mit herrlichem Blick auf die See. Jedes davon ist einem Flugpionier gewidmet: Graf von Zeppelin, Antoine de Saint-Exupéry, Otto Lilienthal, Charles August Lindbergh, Manfred von Richthofen.
Prof.-Heincke-Str. 31
www.wittekliff.de

Natürlich kann man mit dem Katamaran in den neuen Hafen brausen. Aber ein stilechter Helgoland-Besuch beginnt mit dem Ausbooten vom Schiff zum alten Hafen.

Wohin auf Helgoland?

Das Wahrzeichen wackelt

★★ »Lange Anna«

Schon von weitem ist sie zu sehen, die »Lange Anna«. Knapp 50 m ragt die Felsnadel aus **Buntsandstein** in den Himmel. Bis Mitte des 19. Jh.s war Helgolands Wahrzeichen über eine Felsbrücke mit der Hauptinsel verbunden, bis eine Sturmflut sozusagen für ihr Alleinstellungsmerkmal sorgte. Aber wie kam die »Lange Anna« eigentlich zu ihrem Namen und warum heißt er bzw. sie nicht »Lange Erna« oder gar »Langer Hein«? Der Legende nach befand sich unweit des Felsens ein beliebtes Lokal, indem eine langbeinige Schönheit servierte. Als die Kneipe geschlossen wurde, ging auch die Kellnerin. Die Helgoländer aber feierten weiter auf dem Oberland in der Nähe des Felsens, man trank ordentlich und stieß auf Anna an. Denn so hieß die bildschöne **Kellnerin mit den langen Beinen**, die die Helgoländer Kerle so vermissten. Bald schon hatte sich der Name eingebürgert. Ging man hinauf zum Felsen, ging man zur »Langen Anna«. Doch inzwischen könnte sie auch »Wackelige Anna« heißen. Der Fels ist akut vom Einsturz bedroht. Wissenschaftler sind sich uneinig darüber, was genau dafür verantwortlich ist: So genannte Katersandlagen – Schichten von besonders brüchigem Sandstein – könnten dafür sorgen, dass die oberen zwei Drittel abbrechen. Gleichzeitig besteht die Gefahr, dass der Sockel unterspült wird und das gesamte Gebilde komplett in sich zusammenkracht. Diverse **Maßnahmen zur Rettung** von Helgolands Wahrzeichen sind getroffen worden. Doch nachdem die Helgoländer sich einst von der Namensgeberin verabschieden mussten, so werden sie irgendwann wohl auch ohne ihr Wahrzeichen auskommen müssen.

Tollkühne Klippenspringer

»Lummensprung«

Ein besonderes Naturspektakel in den Felsen rund um die »Lange Anna« erwartet den Helgoland-Gast von Mitte bis Ende Juni beim »Lummensprung«. Dabei hüpfen die knapp drei Wochen alten Küken der **Trottellumme** tollkühn bis zu 40 m in die Tiefe. Erstaunlicherweise tun sich die noch flugunfähigen, kleinen »Trottel« dabei nichts. Unten angekommen, werden sie liebevoll von ihren Eltern versorgt. Der Grund für den Sprung in die Tiefe liegt darin, dass die Lummen zwar **erstklassige Schwimmer**, in der Luft jedoch eher Bruchpiloten sind und so die Nahrungssuche in der Brutkolonie äußerst eingeschränkt ist. Mehr als 2000 Lummen brüten alljährlich in den Helgoländer Klippen. Mutter Natur hat dafür gesorgt, dass nicht schon die Eier in die Nordsee plumpsen. Sie hat ihnen eine birnenartige Form verpasst, sodass sie nicht so leicht herunterrollen können. Erst im geschlechtsreifen Alter von zwei bis vier Jahren suchen die Trottellummen dann wieder die Felsen auf Helgoland auf und locken nun ihrerseits ihre Babys zum Sprung in die Nordsee. Sie haben es ja schließlich auch überlebt ...

Rarer Hummer

Unterland

Prägender Anblick im Hafen ist der Museumshof mit den bunten Hummerbuden, in denen einst die Hummerfischer ihre Werkstätten hatten. Heute sind in den Hummerbuden u. a. das **James-Krüss-Museum** und eine Ausstellung mit alten Helgoland-Fotos von Franz Schensky untergebracht. In der »Nordseehalle« dahinter befindet sich das **Museum Helgoland**, das Leben und Arbeiten in früheren Zeiten demonstriert.

Hinter dem Zollhaus beim Musikpavillon erinnert eine von Friedrich Schaper 1892 geschaffene Bronzebüste an den Vormärzdichter August Heinrich Hoffmann von Fallersleben (1798 – 1874). Er schrieb im August 1841 bei einem Aufenthalt auf Helgoland, sorgsam observiert von einem hannoveranischen Polizeispitzel, nichts Geringeres als das **Deutschlandlied**.

Noch in den 1920er-Jahren wurden so viele **Helgoländer Hummer** aus dem Meer gezogen, dass er fasst eine Volksspeise war. Heute ist dieser von Kennern als einer der besten der Welt bezeichnete Riesenkrebs eine gesuchte und nicht ganz billige Spezialität auf den Tellern

Kleine Lummen müssen ganz schön mutig sein, wenn sie von der Langen Anna springen.

der Inselrestaurants. Gerettet haben ihn die Züchter der **Biologischen Anstalt Helgoland** (BAH), die bereits seit fast 60 Jahren rund um die »Oase« Helgoland forscht. Das Felswatt und die über 35 km^2 große unterseeische Felslandschaft beherbergen die reichste marine Tier- und Pflanzenwelt der deutschen Küste. Seit 1998 gehört die Biologische Anstalt Helgoland zum renommierten Alfred-Wegener-Institut.

Museum Helgoland, Hummerbuden: Kurpromenade 1430 | Ende März – Anf. Nov. tgl. 10 – 14.30 Uhr | Eintritt: 4 € | www.museum-helgoland.de

Führungen durch das Tauchzentrum der **BAH:** Sa. 12, Anmeldung in der Tourist-Information | Eintritt: 7 €

Grandioser Ausblick

Oberland

Ins Oberland führen vom Ende des Lung Wai drei Treppen oder ein Fahrstuhl. Wegen des grandiosen Ausblicks sollte man unbedingt einen Spaziergang auf dem 2,8 km langen **Klippenweg** unternehmen, der das Plateau umrundet. Man überblickt die Hafenanlagen, das Unterland bis hinüber zur Düne und an der Westseite das Meer. Im Norden führt er am **Radarturm** vorbei, der den besten Ausblick auf die »Lange Anna« und den Lummenfelsen bietet.

★ HUSUM

Schleswig-Holstein | **Landkreis:** Nordfriesland | **Einwohner:** 23 000

»Graue Stadt am Meer« hat Theodor Storm einst seine Heimatstadt Husum genannt. Husum ist aber alles andere als grau, erst recht nicht im Frühjahr, wenn die Krokusblüte den Schlosspark in einen leuchtenden Blütenteppich verwandelt. Durch die »Grote Mandränke« im Jahr 1362 über Nacht zur Küstenstadt geworden, lockt die größte Stadt Nordfrieslands heute mit einer hübschen Altstadt, einem lebendigen Hafen und einem umfangreichen Kulturangebot. Und im Übrigen ist Storms Gedicht eine Liebeserklärung. Wie oft bei Zitaten, sollte man es im Zusammenhang lesen:

»

Doch hängt mein ganzes Herz an dir,
Du graue Stadt am Meer;
Der Jugend Zauber für und für
Ruht lächelnd doch auf dir, auf dir,
Du graue Stadt am Meer.

»

Husums Zugang zum Meer stellt der Außenhafen her, der die Stadt mit dem Heverstrom verbindet, der sich wiederum zwischen den Halbinseln Eiderstedt und Nordstrand ins Binnenland schiebt. Erstmals urkundlich erwähnt wurde Husum im Jahr 1252. Die gewaltigen Sturmfluten des 13. und 14. Jh. verbreiterten den Heverstrom, der nun tief ins Landesinnere bis nach Husum reichte. So konnte der Ort zum **Hafen- und Handelsplatz** werden, und die Entwicklung der Stadt nahm ihren Lauf. Das 16. und 17. Jh. brachten, tatkräftig unterstützt von den Gottorfer Herzögen, eine wirtschaftliche Blüte: 1582 erhielt Husum das Markt-, 1603 das Stadtrecht; 1582 schon war das herzogliche Schloss fertig geworden. Der Niedergang Husums setzte mit den Kriegen im 17. Jh. ein, und erst unter den Preußen, nach 1867, verbesserte sich die Situation wieder. Lange Jahre war Husum internationaler **Messe-Standort für die Windenergie**. Seit 2014 findet die internationale Messe in Hamburg statt, Husum richtet alle zwei Jahre die kleinere Messe HUSUM Wind aus.

Nicht grau, bunt!

Wohin in Husum?

★ Markt und Marienkirche

Das Geburtshaus Theodor Storms
Husums Innenstadt ist nicht besonders groß und lässt sich gut zu Fuß erkunden. Als Startpunkt eines Stadtrundgangs bietet sich der

lang gestreckte und weitläufige Marktplatz an. Rechts neben dem 1601 vom Niederländer Peter van Maastricht gebauten **Rathaus** steht das älteste Husumer Haus (Nr. 1–3), das noch aus dem späten 16. Jh. erhalten ist. Die Sandsteinköpfe in seiner Fassade erinnern an die 1472 nach einer Revolte gegen den dänischen König Christian I. hingerichteten Husumer und Eiderstedter. Die **Schwan-Apotheke** stammt aus dem Jahr 1656, Haus Markt Nr. 9 ist das Geburtshaus von Theodor Storm.
Die Husumer Marienkirche wurde zwischen 1829 und 1833 anstelle der 1807 abgerissenen, spätgotischen Marienkirche nach Entwürfen des Kopenhagener Architekten Christian Friedrich Hansen erbaut. Sie gilt neben der Vizelinkirche in Neumünster als **bedeutendster klassizistischer Sakralbau in Schleswig-Holstein**. Aus der alten Marienkirche stammen noch einige Ausstattungsstücke wie die von Evangelistenfiguren getragene barocke Messingtaufe sowie das von Jan van Groningen gemalte Epitaph aus dem 16. Jahrhundert.

Rund um den Binnenhafen

In Zucker konserviert

Der Binnenhafen südwestlich vom Markt besteht seit dem späten Mittelalter und ist somit der älteste Teil des Husumer Hafens. Den schönsten Anblick bieten die spitzgiebeligen **Häuserfronten der Hafenstraße** an der Nordseite und des Zingel an der Ostseite, an den das 1989 gebaute Neue Rathaus anschließt. Das **Schifffahrtsmuseum** Nordfriesland befasst sich mit Leben und Arbeit der nordfriesischen Seefahrer und ihrer Familien, dem Holz- und Stahlschiffbau sowie der Fischerei und dem Walfang. Seltenheitswert hat das Wrack eines so genannten Friesenschiffs aus dem 16. Jh., das bei Uelvesbüll gefunden und in Zuckerlösung (stimmt wirklich) konserviert wurde.

Zingel 15 | tgl. 10 – 17 Uhr | Eintritt: 4 €
www.schiffahrtsmuseum-nf.de

★ Theodor-Storm-Zentrum

Blick ins »Poetenstübchen«

Theodor Storm, der berühmtesten Sohn der Stadt, lebte von 1866 bis 1880 im Haus **Wasserreihe Nr. 31**, einem 1730 gebauten Kaufmannshaus. Wohn- und Arbeitszimmer (»Poetenstübchen«), die aus dieser Zeit erhalten sind, Landvogtei, der Hof und der kleine Garten geben im Theodor-Storm-Zentrum und -Museum einen guten Eindruck des **Ambientes** wieder, in dem mehr als 20 Novellen, darunter »Pole Poppenspäler«, »Carsten Curator«, »Aquis submersus« und »Viola tricolor« entstanden sind. Wechselnde Ausstellungen illustrieren ausgewählte Aspekte aus Storms Leben und Werk.

April – Okt. Di. – Fr. 10 – 17, Sa. ab 11, So. / Mo. ab 14; Nov. – März Di., Do., Sa. 14 – 17 Uhr | Eintritt: 4 € | www.storm-gesellschaft.de

OBEN: Wenn Wochenmarkt ist, lohnt sich der Gang über den Husmer Marktplatz erst recht. UNTEN: Der Schlossführer zeigt mit besonderem Stolz die prächtigen Kamine.

HUSUM ERLEBEN

TOURISTINFO
Historisches Rathaus
Großstr. 27
25813 Husum
Tel. 04841 89 870
www.husum-tourismus.de

Ab Nordstrand geht es per Schiff zu den Halligen und ins Wattenmeer (Buchung über Tourist Information Husum). Ebenfalls ab Nordstrand/Hafen Strucklahnungshörn legen die Schiffe der Neuen Pellwormer Dampfschifffahrts GmbH (NPDG) nach Pellworm ab.
www.faehre-pellworm.de

POLE-POPPENSPÄLER-TAGE
Jedes Jahr im September treffen sich Betreiber und Spieler von Puppentheatern zu den der gleichnamigen Hauptfigur aus Theodor Storms Novelle gewidmeten Pole-Poppenspäler-Tagen und geben Vorstellungen.
www.pole-poppenspaeler.de

1 EUCKEN €€€€
Das Gourmetrestaurant des Hotels Altes Gymnasium hat zwar ein wenig nachgelassen, dennoch kann man hier in gediegener Atmosphäre leckere Menüs oder auch regional angehauchte Speisen à la carte genießen.
Süderstr. 6
www.altes-gymnasium.de

2 ZUM KRUG €€€
Seit etwas mehr als 300 Jahren werden die Gäste im »Krug« im Ortsteil Hockensbüll verwöhnt. Theodor Storm hat es sich hier bereits gut gehen lassen. Heute kommen in den gemütlichen Gaststuben »unter Reet« erstklassige regionale Speisen auf den Tisch, besonders zu empfehlen sind die Gerichte vom Deichlamm.
Alte Landstr. 2a
Schobüll/Hockensbüll (4,5 km nordwestlich)
www.zum-krug.de

3 FISCHHAUS LOOF €–€€
Leckere und relativ günstige Fischspezialitäten, auch auf die Hand, gibt es im Fischhaus Loof am Hafen.
Kleikuhle 7
www.fischhausloof.de

4 HUSUMS BRAUHAUS €€–€€€
In Husum gibt es eine über 400-jährige Brautradition, die hier, in einem ehemaligen Bankhaus und im zugehörigen Biergarten, weiter gepflegt wird: es gibt gutes Bier und zünftiges Essen zu fairen Preisen. Wer mag, kann auch eine Führung durch die Brauerei machen.
Neustadt 60-68
www.husums-brauhaus.de

1 ROMANTIK-HOTEL ALTES GYMNASIUM €€€€
Die Zimmer im ehemaligen Gymnasium, meist alte Klassenzimmer, lassen kaum Wünsche offen. Einen Bade-/Fitnessbereich gibt es in der alten Turnhalle, und abgerundet wird alles durch das Restaurant »Eucken«.
Süderstr. 2–10
www.altes-gymnasium.de

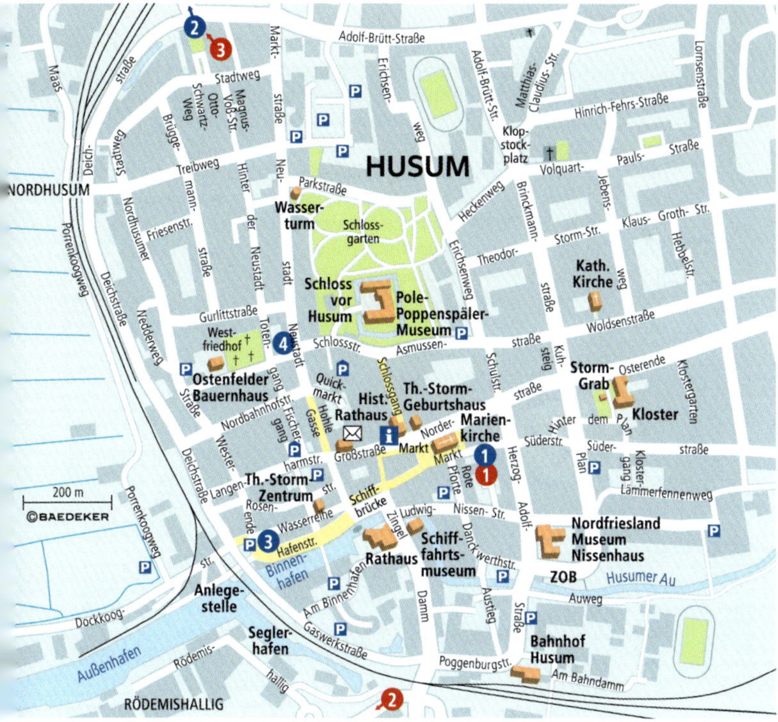

Restaurants:
1 Eucken
2 Zum Krug
3 Fischhaus Loof
4 Husums Brauhaus

Hotels:
1 Romantik-Hotel Altes Gymnasium
2 Lundenbergsand
3 Paulsen's Landhotel

2 LUNDENBERGSAND UND SPA €€€

Das ziemlich allein hinterm Deich am Meer gelegene Hotel bietet »unter Reet« seine 18 individuell gestalteten Zimmer. Zum sehr ansprechenden Wellness-Bereich gehört sogar ein Pool vor dem flackernden Kamin.
Lundenbergweg 3
Simonsberg/Simonsberger Koog
(7 km südwestlich)
www.hotel-lundenbergsand.de

3 PAULSEN'S LANDHOTEL €€

Dieses hübsches, familiengeführte Hotel findesn Sie rund 10 km nördlich von Husum. Hier kann man wunderbar vom Stress des Alltags abschalten und das auch noch mit gutem Gewissen, denn das Landhotel setzt in vielerlei Bereichen auf Nachhaltigkeit.
Norderende 8
25853 Bohmstedt
www.paulsens-hotel.de

Früher Heizungsbau

Schloss

Herzog Adolf von Gottorf ließ das Schloss zwischen 1577 und 1582 als Nebenresidenz errichten. Die zweigeschossige Dreiflügelanlage im Stil der niederländischen Spätrenaissance stand einst vor den Stadtmauern. 1751 / 1752 baute Landbaumeister Otto Johannes Müller sie zu einem Amtshaus um, das – wie die Staatsappartements zeigen – auch für Aufenthalte des (dänischen) Königs präpariert sein musste. Heute logieren hier das **Pole-Poppenspäler-Museum**, die Musikschule und das Archiv des Kreises Nordfriesland, außerdem finden im Schloss zu Husum Konzerte und Ausstellungen statt. Beim Rundgang sieht man von der ursprünglichen Ausstattung nur noch wenig: Erhalten sind die **Schlosskapelle** – hier ist das Gemälde »Madonna mit Christkind und Johannesknaben« (um 1670) von Jürgen Ovens beachtenswert – und fünf prächtige **Sandsteinkamine** mit Alabasterreliefs von 1614 bis 1616, darunter der Fortuna-Kamin und der Sagenkamin.

Der **Schlossgarten**, 1878 vom Hamburger Gartenarchitekten Rudolph Jürgens nach dem Vorbild englischer Naturparks umgestaltet, ist eine hübsche Oase der Ruhe mit schönen alten Bäumen. Das 1898 für Theodor Storm errichtete Denkmal stammt – wie auch der Brunnen auf dem Marktplatz – vom Husumer Künstler Adolf Brütt.

König-Friedrich V.-Allee | Mitte März – Okt. Di. – So. 11 – 17, Nov. – Mitte März Sa. / So. 11 – 17 Uhr | Eintritt: 5 €

Alles über die Nordfriesen

Museen

Das Ostenfelder Bauernhaus (ca. 1600) zählt zu den ältesten deutschen Freilichtmuseen. Das reetgedeckte Fachhallenhaus wurde bereits 1899 von Ostenfelde nach Husum verbracht und verschafft dem Besucher einen guten Überblick über das **Leben der Bauern** in den vergangenen Jahrhunderten. Herzstück des Museums sind die so genannte »Döns«, eine Wohnstube aus dem 18. Jh. mit geschnitzter Alkovenwand, sowie der vom Wohlstand der Bauern zeugende Pesel aus dem 17. Jahrhundert.

Über die Geschichte Nordfrieslands, seine Menschen, die friesische Kultur und Volkskunst informiert das **Nordfriesland Museum**. Es geht zurück auf eine Stiftung und Schenkung des 1855 in Husum geborenen Ludwig Nissen (1855 – 1924), Sohn eines Reepschlägers, der mit 17 nach Amerika auswanderte und dort eine echte Bilderbuchkarriere als Diamantenhändler machte. Themen des Museums im so genannten **Nissenhaus** sind die Natur, die Rolle des Meeres und der damit einhergehende Landschaftswandel, illustriert mit Funden aus dem Wattenmeer, Großmodellen von Deichen, Ebbe und Flut sowie historischen Landkarten, Grafiken und Fotografien. Volkskundliche Sammlungen mit Möbeln, Trachten und diversen Gerätschaften sowie eine naturkundliche Abteilung komplettieren das Angebot im Nordfriesland Museum.

Ostenfelder Bauernhaus: Nordhusumer Str. 13 | April – Okt. Di. – So. 14 – 17 Uhr | Eintritt: 2,50 € (plattdeutsche und Gruppenführungen auf Anfrage) | www.museumsverbund-nordfriesland.de
Nordfriesland Museum (Nissenhaus): Herz.-Adolf-Str. 25 | 16. Juni – 15. Sept. tgl. 10 – 17, 16. Sept. – 15. Juni Di. – So. 11 – 17 Uhr Eintritt: 5 € | www.museumsverbund-nordfriesland.de

Rund um Husum

Auf den Spuren des »Schimmelreiters«

Schobüll und Witzwort

Das kleine Schobüll mit seinem frühgotischen Kirchlein am Meer (1240) ist einen Abstecher wert. Innen fallen vor allem die geschnitzte Barockkanzel und die Kreuzigungsgruppe (13. Jh.) ins Auge. Der Ort liegt auf einer kleinen Geestanhöhe, die bis unmittelbar ans Meer reicht – die einzige Stelle an der deutschen Nordseeküste, an der es keinen Deich gibt. Wer auf den Spuren des Schimmelreiters wandeln will, der sollte nach **Hattstedt** fahren, auf dessen Friedhof der Deichgraf Johann Iwersen Schmidt, Storms Vorbild für den Schimmelreiter, begraben ist. Im Schimmelreiterkrug in der Hattstedter Marsch wurde der Schimmelreiter 1934 erstmals verfilmt. Die einschiffige Kirche stammt aus der Zeit um 1200, wurde aber kurze Zeit später erweitert und erhielt Ende des 15. Jh.s den auffälligen spätgotischen Turm. Sehr schön: der geschnitzte Altar, die gotländische Kalksteintaufe (13. Jh.) wie auch die Holzkanzel (Mitte 17. Jh.).
Der **Rote Haubarg**, 10 km südwestlich von Husum zwischen Simonsberg und Witzwort gelegen, macht seinem Namen zwar keine Ehre mehr, denn das Dach des historischen Bauernhofs ist inzwischen reetgedeckt. Heute beherbergt der mehr als stattliche Hof mit seinen 99(!) Fenstern aber ein Restaurant sowie ein kleines Museum, das einen Einblick über Leben und Schaffen der Eiderstedter Bauern gibt.
Sand 5, 25889 Witzwort | www.roterhaubarg.de

★ JEVER

Niedersachsen | **Landkreis:** Friesland | **Einwohner:** 14 000

Jever ist in aller Munde – im wahrsten Sinne des Wortes – durch die 1848 gegründete gleichnamige Brauerei. Das Pils aus der grünen Flasche gehört zu den bekanntesten Biermarken Deutschlands – wenngleich Bierkenner bemängeln, dass das Besondere, das Friesisch-Herbe, inzwischen zu sehr dem Massengeschmack angepasst worden ist.

Friesisch-herb

Die Stadt geht auf eine Siedlung der Chauken zurück und lag bis zum 11. Jh. noch direkt am Meer. Auch nach der Versandung des Hafens blieb das 1158 erstmals erwähnte Jever eine Handels- und Residenzstadt von großer Bedeutung, nacheinander beherrscht von den Friesen, Sachsen und Ostfriesen, ehe das **Fräulein Maria**, Erbtochter des ostfriesischen Grafen Edzard des Großen, Anfang des 16. Jh.s dafür sorgte, dass Jever seine Unabhängigkeit wiedererlangte und 1536 sogar das Stadtrecht erhielt. Bis heute trägt die Stadt im Nordosten der ostfriesischen Halbinsel den Beinamen »Marienstadt«. 1575 fiel Jever an das Herzogtum Oldenburg und bald darauf an das Haus Anhalt-Zerbst, bevor es 1793 – mit einem russischen Intermezzo – wieder oldenburgisch wurde. Heute ist Jever Kreisstadt des Landkreises Friesland.

Wohin in Jever?

Marienverehrung allenthalben

★ Schlossplatz und Schloss

Einen Rundgang durch die Stadt beginnt man am besten am Schlossplatz, wo ein 1903 aufgestelltes Denkmal Fräulein Marie von Jever ehrt. Sie ist auch auf dem 1995 am benachbarten Alten Markt errichteten **Sagenbrunnen** verewigt, auf dem Bronzefiguren verschiedene Jever Stadtsagen verkörpern. Die Verehrung geht noch weiter: Jeden Abend erklingt das **Marienläuten** – im Sommer um 22 Uhr, im Winter um 21 Uhr. Das Glockenspiel des Gasthauses »Hof von Oldenburg« am Schlossplatz zeigt große Persönlichkeiten der Stadtgeschichte. Den Reigen beschließt Katharina die Große, da Jever von 1793 bis 1816 zum russischen Zarenreich gehörte.
Jevers Hauptattraktionen sind im Schloss versammelt, das inmitten eines englischen Parks am Rand der Altstadt liegt. Vom ehemaligen Charakter der Ende des 14. Jh.s von Edo Wiemken d. Ä. angelegten Vierflügelanlage zeugt noch der 67 m hohe Turm, das **Wahrzeichen der Stadt**. Ihm wurde 1730 der barocke Helm aufgesetzt, nur eine von vielen Veränderungen, die das im Kern jedoch unverändert gebliebene Bauwerk erfuhr. Das **Schlossmuseum** beherbergt eine umfangreiche Sammlung zur Stadt- sowie zur Regionalgeschichte Frieslands. Hauptattraktion der Räume ist die filigran geschnitzte Renaissance-Holzdecke im von Fräulein Marie 1560 – 1564 zum Audienzsaal umgebauten Herrensaal. In den Sommermonaten bietet das Schlossmuseum eine Kostümführung durch das Schloss an (So. 15 Uhr). Durch die Gemächer führen dann das Frl. Maria von Jever höchstselbst, die Kastellanin des Schlosses und der Türmer. Einen tollen Ausblick auf die Stadt und über die ostfriesische Küstenlandschaft eröffnet der Schlossturm.

Glockenspiel: 11, 12 Uhr und 15 – 18 Uhr stdl.
Schlossmuseum: Di. – So. 10 – 18, Mai – 15. Okt. auch Mo. | Eintritt: 6 € | www.schlossmuseum.de
Schlossturm: April – Okt. 11 – 17 Uhr

JEVER ERLEBEN

TOURIST-INFORMATION

Alter Markt 18
26441 Jever
Tel. 04461 93 92 61
www.stadt-jever.de

In der Altstadt zwischen Schloss, Elisabethenufer und Schillerstraße findet man hübsche Lädchen mit allerlei Friesischem und die museale Blaudruckerei (s.u.). Natürlich auch den Jever-Shop für Bierfans, wo man vom Original-Bierglas über einen zünftigen Südwester bis hin zum Jever-Strandkorb alles rund ums Pils bekommt.

BLAUDRUCKEREI IN JEVER

Vor über 20 Jahren ließ Georg Stark eine alte Tradition wieder aufleben: die Blaudruckerei. Der Meister zeigt u. a., wie er den »Druckpapp« mit alten Holzmodeln aufstempelt, bevor der Stoff mehrere Bäder in einer besonderen Indigofarbe durchläuft. An den Stempelstellen bleibt der Stoff weiß. Mit den historischen Modeln werden Stoffe, Tischwäsche oder Seidenschals bedruckt, aber auch Porzellan.
Kattrepel 3
Mo.–Fr. 11–17 Uhr, Sa. 10–14 Uhr u. n. V.
www.blaudruckerei.de

HAUS ZITRONENGRAS €€–€€€€

Fantasievolle deutsch-friesische und orientalisch inspirierte Küche; vom Guide Michelin empfohlen.
Schützenhofstr. 47 (im Hotel Schützenhof)
www.schuetzenhof-jever.de

HAUS DER GETREUEN €–€€

Brauereiausschank des friesischen Brauhauses zu Jever, schon seit 1751. Gerstensaft und Deftiges werden auch im Biergarten serviert.
Schlachtstr. 1
www.hausdergetreuen.de

STADTHOTEL JEVER €€–€€€

Nettes, neues Hotel mit freundlichem Service mitten in der Altstadt. Das angeschlossene Restaurant »Zur Schlachte« ist schon etwas älter: Seit 1697 werden Hungrige hier verwöhnt, heute u. a. mit »Friesischen Tapas«.
Schlachte 3
www.stadthotel-jever.de

Ruhestätte des letzten Friesenhäuptlings
Die von außen eher unscheinbare, 1959 neu gebaute Stadtkirche nördlich vom Schloss bewahrt einen weiteren kunsthistorischen Höhepunkt: das Grabmal Edo Wiemkens d. J., des letzten friesischen Häuptling des Jeverlandes. Dieses exzellente Beispiel für die Plastik der **niederländischen Hochrenaissance** entstand im Auftrag des Fräulein Marie in der Antwerpener Werkstatt von Cornelis Floris de Vriendt: Unter einem achteckigen, mehrstöckigen Baldachin steht

★ Stadtkirche

Handwerks-Romantik sieht anders aus: Das Friesische Brauhaus zu Jever ist ein hochmoderner Betrieb. Nostalgisch wird's im Brauereimuseum.

der Sarkophag mit der überlebensgroßen Marmorfigur des letzten Friesenhäuptlings. Den Sarkophag wiederum stützen so genannte Karyatiden, die u. a. Planeten des Sonnensystems symbolisieren.

Bier, Bismarck und Schlachtmühle

Jever-Brauerei, »Haus der Getreuen«

Als moderner Kontrast zum Schlossturm prägen die drei 32 m hohen verspiegelten Türme der Jever-Brauerei die Altstadt von Jever. Man kann die modernen Produktionsanlagen des **1848 gegründeten Brauhauses** besichtigen, inklusive Bierprobe. Der Rundgang führt von der Malzbereitung über das Sudhaus zum Gär- und Filterkeller. Anschließend geht es über das Maschinenhaus, die Küferei, die Picherei und das **Braumeisterbüro** in die Flaschen- und Fassabfüllung. Wie sich die Brauereitechnik im Laufe der Zeit entwickelt hat, zeigt das interessante Brauereimuseum.
In der historischen Gaststätte »Haus der Getreuen« versammelten sich auch die »Getreuen von Jever«, die dem als Gourmet bekannten Reichskanzler Bismarck von 1871 an jährlich zu seinem Geburtstag 101 Kiebitzeier schenkten,. Noch heute treffen sich hier Bismarck-Verehrer am 1. April. Passend dazu hat Ende 2004 das **Bismarck-Museum** eröffnet. Die private Sammlung zeigt über 400 Stücke, darunter auch Objekte aus dem persönlichen Besitz.

Am Hooksweg steht die 187 erbaute Schlachtmühle, ein zweistöckiger Gallerieholländer mit Windrose. In der ehemaligen Mühlenscheune ist ein **Mühlen- und Landwirtschaftsmuseum** mit Ausstellungen zur Landwirtschafts- und Kulturgeschichte des Jeverlandes untergebracht. Glanzstück ist eine vollständig rekonstruierte Schlosserwerkstatt.

Jever Brauerei: Schlachtstr. 2 | anderthalbstündige Führungen Di. – Fr. (nach Voranmeldung) | www.jever.de, www.jeverfun.de
Bismarck-Museum: Wangerstr. 15 | Di. – So. 10 – 17 Uhr | Eintritt: 3 €
Schlachtmühle: Hooksweg 9a | Mitte März – Mitte Okt. Sa. / So. 14 – 17, Juli / Aug. auch Mi. / Fr. | Eintritt: 3 € | www.schlachtmuehle.de

★ JUIST

Niedersachsen | **Landkreis:** Aurich | **Einwohner:** 1500

Töwerland nennen die Juister auf plattdeutsch ihre Insel, was so viel wie Zauberland heißt. Andere Quellen behaupten, »Töwer« bedeute im Altplattdeutschen eigentlich Hexe, und die Insel wurde ursprünglich so bezeichnet, weil drei Inselbewohnerinnen Ende des 16. Jh.s der Hexerei beschuldigt und schließlich verbrannt wurden. Das Eiland zwischen ▶ Borkum und ▶ Norderney ist jedenfalls das schmalste der Ostfriesischen Inseln. Je nach dem Lauf der Gezeiten misst Juist teilweise nur 500 m in der Nord-Süd-Ausdehnung, ist dafür mit knapp 17 km die längste der Inseln. Gern wird das autofreie Juist auch »die schönste Sandbank der Welt« genannt.

Lassen Sie sich verzaubern

Keine der Ostfriesischen Inseln litt so sehr unter den Launen des Meeres wie Juist. 1651 wurde die Insel durch die **Petriflut** in zwei Teile gerissen, der neue Ortsteil Loog entstand, und 1715 ging die neue Kirche zwischen den beiden Ortsteilen während der **Fastnachtsflut** unter. Zwei Jahre später kamen an Heiligabend sämtliche Kirchgänger aus Loog auf dem Nachhauseweg durch die **Weihnachtsflut** ums Leben. Anfang des 19. Jh.s schließlich vereinigten sich die beiden Teile wieder zu einer Insel. Da die Juister immer wieder extreme Not leiden mussten, regte Pastor Janus 1783 in einem Brief an König Friedrich II. von Preußen an, ein Seebad nach englischem Vorbild einzurichten. 1840 wagte man den Versuch, scheiterte aber; erst der zweite Anlauf 1866 gelang. Seither gewinnt das **»Töwerland«** mit seinem langgezogenen Nordstrand und der fantastischen Dünenlandschaft immer mehr Fans.

JUIST ERLEBEN

KURVERWALTUNG
Strandstr. 5
26560 Juist
Tel. 04935 80 91 06
www.juist.de

Tideabhängige Personenfähre ab Norddeich-Mole (ca. 90 Min.)
www.reederei-frisia.de

Flugverbindung tgl. ab Norddeich (ca. 15 Min.)
www.reederei-frisia.de
www.inselflieger.de

Schiffsausflüge in den Sommermonaten mit der Wappen nach Nordeney, Borkum, Baltrum, zur Vogelinsel Memmert, den Seehundbänken und zum Krabbenfischen. Buchbar über die Tourist-Information.

Einige Hotels bieten in ihren SPA & Wellness-Abteilungen Thalasso-Anwendungen, Massagen und Naturkosmetikbehandlungen an. So das Strandhotel Juist, das TöwerVital, das Hotel Pabst und das Hotel Achterdiek oder auch die Praxis von Kathrin Wilhelmi.
www.annatur.de

Ein Blick in die Inseltöpferei von Nele Schmidt (Gräfin-Theda- Str. 1), das Keramik-Atelier Bauer-Düvel im Loog (Loogster Pad 27) oder in die Juister Treibholz Manufaktur lohnt sich.
www.juister-treibholz.de

FORKEN HANNES €€€€
Hieß früher mal GabelJürgen und serviert heute eine erstklassige regional-internationale Küche, die auf der Insel ihresgleichen sucht. Vorweg den Matjestatar oder Austern, als Hauptgang das klassische Labskaus oder das Kabeljaufilet ForkenHannes und der Tag war ein guter Tag. Ebenfalls im Angebot: 6 Appartements in verschiedener Größe.
Gräfin-Theda-Str. 3
www.forkenhannes.de

KÜCHENWERKSTATT JUIST €€€
Alles vom Burger über Salat bis zur Nordseescholle oder zum saftigen Steak in einem modern-rustikalen Ambiente – nachmittags auch Kaffee und Kuchen.
Strandstr. 1
www.kuechenwerkstatt-juist.de

MATJES & CO. €
Das Kultbistro in der Strandstraße – für den kleinen oder großen Fischhunger – auf die Hand oder im Strandkorb schlemmen!

STRANDHOTEL KURHAUS JUIST €€€€
Das 1898 errichtete Historische Kurhaus auf Juist, auch »Weißes Schloss am Meer« genannt, ist eines der beeindruckendsten Beispiele der Seebäder-Architektur an der Nordseeküste.
Strandpromenade 1
www.strandhotel-kurhaus-juist.com

HOTEL ACHTERDIEK €€€€
Romantikhotel, Clubraum, Bar, Halle mit offenem Kamin, Wellness und

Badelandschaft. Im angeschlossenen Slow-Food-Gourmet-Restaurant »Danzer's feines Achter'n Diek« speist man zum Beispiel »Auf der Haut gebratenes Wolfsbarschfilet in Sesambutter mit Wirsingstreifen aus dem Wok«.
Wilhelmstr. 36
www.hotel-achterdiek.de

HAUS ANNATUR €€–€€€
Bio-Garni-Hotel am westlichen Ortstrand; das Gesundheitszentrum verwöhnt mit Massagen und ayurvedischen Anwendungen.
Dellertstr. 13 / 14
www.annatur.de

Wohin auf Juist?

Allerlei Türme und seltene Vögel

Das Memmertfeuer am **Hafen** ist der einzige Leuchtturm, der sein Licht nicht auf das Meer hinausschickt. Nach dem Aus des Leuchtfeuers auf der Vogelinsel Memmert 1986, wurde auf Juist ein neuer Turm gebaut, von dem aus das Laternenhaus des alten Leuchtfeuers von Memmert alle 13 Sekunden die Insel Juist erleuchtet. Vom Hafen direkt zum makellosen, hellen **Nordstrand** sind es nur wenige Hundert Meter durch den Ort Juist. Der Wasserturm (1927/1928) an der Strandpromenade, von den Einheimischen **»Doornkaatbuddel«** genannt, steht auf einer 22 m hohen Düne und ist immer noch in Betrieb.

★ Memmert-feuer, Kalfamer

Der äußerste Osten Juists heißt **Kalfamer**, was soviel wie **»Kälberwiese«** bedeutet. Da hier viele seltene Vögel brüten, ist der Besuch nur von November bis März – und auch dann nur auf deutlich gekennzeichneten Wegen – erlaubt. Zwischen April und November kann der Kalfamer nur im Rahmen von Führungen betreten werden.
Memmertfeuer: Führungen April – Okt. Mi. 16, So. 11 Uhr
Aufstieg: 1 €

Wenigstens einmal sollte man in der Kuppelbar im Kurhaus Juist den Sonnenuntergang erlebt haben.

Gar nicht mal so klein, der Zwergwal

Rund um den Kurplatz

Der sanierte Kurplatz zeigt sich seit 2005 als kleine, grüne Oase mit neuer **Konzertmuschel**, in der von Mitte Mai bis Ende September das Kurorchester aufspielt. 2008 wurde mit dem 17 m hohen Seezeichen auf der neuen Seebrücke ein neues Wahrzeichen der Insel eingeweiht. Einst als Inselbahnhof und Güterschuppen errichtet beherbergt das Backstein-Gebäudekomplex an der Südseite des Kurplatzes heute u. a. das **Nationalparkhaus**. Hier erfährt man alles Wissenswerte zum Lebensraum Wattenmeer, im Angebot sind zudem diverse Vorträge und naturkundliche Führungen. Hauptattraktion im Gebäude: das Skelett eines 2001 gestrandeten Zwergwals.

Das **Küstenmuseum** im Loog wiederum präsentiert Interessantes zur Juister Inselhistorie, aber auch Ausstellungen allgemein zur Schifffahrt und Fischerei, zur Seebädergeschichte und zum Küstenschutz.

Nationalparkhaus: Carl-Stegmann-Str. 5 | Di. – Fr. 9.30 – 12.30 / 15 – 18, Sa. / So. 15 – 18 Uhr
www.nationalparkhaus-wattenmeer.de

Küstenmuseum: Loogster Pad 29 | April – Okt. Di. – Fr. 9 – 13 / 14.30 – 17.30, Sa. 9.30 – 13, So. 14.30 – 17, Nov. – März Di. / Sa. 14.30 – 17 Uhr | Eintritt: 6 € | www.kuestenmuseum-juist.de

Natur pur!

Hammersee

Der Hammersee ist der größte Süßwassersee der Ostfriesischen Inseln und Rastplatz für viele Wasservögel. Ungefähr an dieser Stelle teilte die **Petriflut** 1651 die Insel. Der Durchbruch erweiterte sich bis Mitte des 19. Jh.s auf fast 2 km, bis er sich auf der Südseite durch eine natürlich aufgewehte Dünenkette wieder zu schließen begann. 1927 sicherte man auch die Nordseite durch einen Dünendeich. Bei einer Sturmflut gelangte Salzwasser in die Bucht, mit der Zeit bildete sich eine Salztonschicht, die die Ansammlung von Regenwasser ermöglichte. Seither verlandet der Hammersee stetig. Von der **Aussichtsdüne** am Westende breitet sich ein schönes Panorama aus: im Norden die offene See, westlich das Naturschutzgebiet mit der Bill, südwestlich die Vogelinsel Memmert, am Horizont Borkum und die holländische Küste, im Osten Juist und Norderney.

Am westlichen Dünenende erreicht man ein ausgedehntes Sandgebiet, den **Bill**. Seinen Namen verdankt er seiner ausgeprägten Form, denn der friesische Begriff bedeutet so viel wie »Pobacke«. Das Billriff befindet sich in der Schutzzone 1 (Ruhezone) des Nationalparks. Das Betreten des Billriffs ist verboten. Erlaubt ist die Wanderung entlang der Wasserkante an der Nordseite bis zum Inselende und zurück. Vor dem Billriff liegt das beliebte Ausflugsziel Domäne Bill, das einfache leckere Gerichte anbietet. Besonders gut: Rosinenstuten mit Butter.

Die kleine **Insel Memmert** südwestlich von Juist war ursprünglich eine Sandbank und wurde durch die Anpflanzung von Strandhafer zur Vogelinsel. Im August und September darf sie unter Führung des Vogelwarts betreten werden, in der übrigen Zeit ist die Beobachtung nur vom Schiff aus erlaubt.

LAND WURSTEN

Niedersachsen | **Landkreis:** Cuxhaven

Zwischen ▸ Bremerhaven und ▸ Cuxhaven erstreckt sich das Land Wursten, dessen Name rein gar nichts mit Fleischerzeugnissen zu tun hat. Er leitet sich vielmehr von »Wurtsassen« bzw. »Wursaten« (Wurtenbewohner) ab.

Erfinder-geist

Das Land Wursten, bis 1524 eine freie Bauernrepublik, ist Marschland an der Küste, in dem man lange von der Milchwirtschaft und heute auch vom Tourismus lebt. Und hier steht eine der ersten, wirklich funktionstüchtigen Krabbenpulmaschinen der Welt, die man besichtigen kann.

LAND WURSTEN ERLEBEN

KURVERWALTUNG WURSTER NORDSEEKÜSTE

Am Kutterhafen 3
27639 Wurster Nordseeküste
Tel. 04741 96 00
www.wursternordseeküste.de

WATT'N BAD

Wellenfreibad in Dorum-Neufeld mit Blick auf das Wattenmeer. 64-m-Rutsche, Wellness, Wassergymnastik. Vom Bad aus – wie auch andersherum – gibt es einen direkten Zutritt zum Strandbereich, der mit seinen bunten Strandkörben ebenfalls zum Verweilen einlädt.

Am Kutterhafen 3
Wurster Nordseeküste
tgl. 10 – 18 Uhr (in den Sommerferien bis 20 Uhr)

RESTAURANT ZUR BÖRSE €€

Spezialität im ältesten Gasthaus von Wremen ist der Röhrkohl (Mai/Juni). Leckere Fisch- und Krabbengerichte. Im Winter gibt es hier Grünkohl & Pinkel klassisch, aber die Küchenchefs der »Börse« kombinieren das Wintergemüse gerne auch mal mit zartesten Rinderbäckchen, als Vorspeise wird Grünkohl-Quiche kredenzt.

Lange Str. 22, Wremen
www.zur-boerse.de

PENSION VILLA HEY €

Nette, schön gelegene Frühstückspension, ca. 1 km vom Strand. Auch im Garten kann man die Seele baumeln lassen.

Wurster Landstr. 93, Wremen
www.villa-hey.de

Wohin im Land Wursten?

Pioniere der Luftfahrt

Aeronauticum Nordholz

Mitten im Land Wursten und südlich von ► Cuxhaven liegt auf dem während des Ersten Weltkriegs ausgebauten Marine-Luftschiffplatz das Deutsche Luftschiff- und Marinefliegermuseum Aeronauticum. Hier war mit 42 Luftschiffen mehr als die Hälfte der deutschen Marineflotte stationiert. Zu sehen sind neben den historischen Anlagen eine Dokumentation zur Geschichte des Luftschiffplatzes, Modelle von Luftschiffen und Flugzeugen sowie 15 Originalflugzeuge auf dem großen Freigelände.

Peter-Strasser-Platz 3 | Mitte März – Okt. tgl. 10.30 – 17.30, Nov. – Mitte März bis 16 Uhr | Eintritt: 9,50 € | www.aeronauticum.de

Von Deichen und dem Leben im Watt

Dorum, Dorumersiel

Dorum, Hauptort des Lands Wursten, liegt seeabgewandt ca. 8 km vom Sielhafen Dorum-Neufeld entfernt und besitzt mit **St. Urbanus**

eine der größten und am reichsten ausgestatteten Kirchen des Landstrichs. Im 13. Jh. erbaut und um 1510 und 1750 größeren Veränderungen unterzogen, bewahrt sie romanische Schätze wie einen maskenverzierten Taufstein und ein Kruzifix sowie aus der Spätgotik das filigrane Sakramentshäuschen und die beeindruckenden Gewölbemalereien zum Jüngsten Gericht.
Inwieweit die Gezeiten das Leben der Küstenbewohner bestimmt haben und immer noch bestimmen, wird im Niedersächsischen **Deichmuseum** gezeigt. Das Haus präsentiert in anschaulichen Modellen die unterschiedlichen Deichtypen, Bau- und Entwässerungstechniken. Vom Kampf ums Überleben hinter dem Deich erzählt ein Film über die Orkanflut von 1962. Im Haus der Kurverwaltung ist wiederum das **Nationalparkhaus Land Wursten** untergebracht. Anschaulich erläutern Tafeln und Guckkästen die Tier- und Pflanzenwelt des Watts und der Salzwiesen. Außer einem Aquarium ist ein Wattmodell von besonderem Interesse. Zum Nationalparkhaus gehört das im Sielhafen liegende Nationalparkschiff »Nordstern«, das fast täglich zu Fahrten ins Watt ausläuft.
2003 wurde der 1887 in Betrieb genommene **Leuchtturm »Obereversand«** von der Außenweser in die Hafeneinfahrt von Dorumersiel versetzt. Der 30 m hohe Turm eröffnet weite Ausblicke auf das Wurster Land und die Küste – Fernglas nicht vergessen!

St.Urbanus: Oster- bis Herbstferien Mo. – Fr. 10 – 12 / 15 – 17, Sa. nur nachmittags | www.kirche-dorum.de
Deichmuseum: Poststr. 16 | Mai – Okt. tgl. 14 – 17 Uhr
Eintritt: 2,50 € | www.nds-deichmuseum.de
Nationalparkhaus: Am Kutterhafen 1 | Mai – Okt. tgl. 13 – 18, Nov. – April Di. – So. 11 – 17 Uhr | www.nationalparkhaus-wursternordseekueste.de
Leuchtturm: Am Kutterhafen 3 | Öffnungszeiten siehe www.obereversand.de | Eintritt: inkl. halbstündiger Führung 2 €

Nicht erschrecken

Padingbüttel

Im kleinen Ort Padingbüttel, etwas abseits der Störtebeker-Straße westlich von Dorum, weist die Kirche **St. Matthäus** aus dem 14. Jh. mehrere Besonderheiten auf, so zum Beispiel den im Jahr 1470 begonnenen und 300 Jahre später veränderten Flügelaltar mit Passionsszenen oder die spätgotische Kreuzigungsgruppe, deren erschreckend realistisches Kruzifix ursprünglich eine Echthaar-Perücke trug.

Von Krabben, Muscheln und einem kleinen Leuchtturm

Wremen

Der alte Ortskern von Wremen, 6 km südlich von Dorum, ist um eine hohe Wurt angelegt worden. Rund 1,5 km sind es bis zum Strand und zum Hafen, von dem aus täglich mehrere kleine Kutter zum Krabbenfang auslaufen. Südlich des Hafens erstreckt sich ein **feinsandiger Badestrand**. Mächtig erhebt sich die Kirche St. Willehad auf ihrer

Der Abend kommt, der Krabbenkutter geht am Leuchtturm »Kleiner Preuße« bei Wremen.

Wurt. Sie ist eine der größten und ältesten des Landes Wursten (um 1200). Innen fällt der barocke Hochaltar aus dem frühen 18. Jh. sowie der Taufstein besonders ins Auge.

Das **Museum für Wattenfischerei** ist in einem alten Fischerhaus untergebracht. Hier werden unterschiedliche Fangmethoden der Wattenfischerei wie die Reusenfischerei mit hundegezogenen Schlickschlitten präsentiert. Krabben wurden meist mit Schiebehamen gefischt, was schwere Frauenarbeit war. Das obere Stockwerk beschreibt vor allem die Granatverarbeitung und zeigt eine 1954 patentierte **Krabbenpulmaschine**. Zum Museum gehören auch eine vollständig eingerichtete Krabbenküche sowie ein Krabbenkutter.

Einer der kleinsten Leuchttürme an der Nordseeküste ist am Wremer Tief zu finden: der schwarz-weiß gestreifte, gerade einmal 10 m hohe Turm hört auf den Namen **»Kleiner Preuße«** und bietet Besuchern einen Einblick in das Leben eines Leuchtturmwärters in früheren Zeiten. Vor allem aber kann man sich im Kleinen Preußen das Ja-Wort geben. Und noch etwas Besonderes hat Wremen zu bieten: das **Kuriose Muschelmuseum** am Dorfplatz, wo unzählige Formen von Muscheln zu bestaunen sind und man zudem noch einiges Wissenswerte über Muscheln erfährt.

Museum für Wattenfischerei: Wurster Landstr. 118
Ostern – Okt. Di. – So. 14 – 17 Uhr | Eintritt: 2,50 €
www.museum-wremen.de
»Kleiner Preuße«: Mi., Sa. und So. 13 – 15 Uhr
www.kleiner-preusse.de

Kurioses Muschelmuseum: Zur alten Schule 3 | April – Okt. Di. – So. 10 – 12 / 14 – 16.30 Uhr | Eintritt: 2,50 €
www.muschelmuseum-wremen.jimdo.com

Ganz schön kompliziert

Spieka Neufeld

In Spieka Neufeld steht eine der wenigen funktionierenden **Krabbenpulmaschinen** überhaupt. Es dürfte längst kein Geheimnis mehr sein, dass die leckeren Nordseekrabben überwiegend nach Marokko verbracht werden, um sie dort schälen zu lassen. Krabbenfischer **Alwin Kocken** hat 14 Jahre lang, von 1972 bis 1986, an seiner Pulmaschine getüftelt, bis ihn das Ergebnis halbwegs zufrieden stellte. Die Crux bei der maschinellen Verarbeitung ist nämlich die unterschiedliche Größe von Männlein und Weiblein. In Kockens Betrieb wird regelmäßig seit Inbetriebnahme der Maschine Granat entschält. Der Vorteil: Die Meerestiere müssen nicht durch die Weltgeschichte transportiert werden, sondern kommen fangfrisch auf den Teller oder zwischen zwei Brötchenhälften.
Zum Kuterhafen 20 | www.kocken.de

Eine der am besten erhaltenen Orgeln von Arp Schnitger

★ Cappel

In Cappel weist – eine absolute Seltenheit im Norden – ein Zwiebelturm den Weg zur Kirche **St. Peter und Paul** (1266), die eine der am besten erhaltenen Orgeln von Arp Schnitger besitzt. Ursprünglich für das St.-Johannis-Kloster in Hamburg bestimmt, gelangte die 1680 vollendete Orgel 1816 während der Wirren der Napoleonischen Kriege nach Cappel. Regelmäßig finden Konzerte international renommierter Organisten in dem kleinen Ort statt, seit kurzem gibt es sogar Bestrebungen, die Orgel in die Liste des UNESCO-Weltkulturerbes aufzunehmen.
www.arp-schnitger-orgel-cappel.de

LANGEOOG

Niedersachsen | **Landkreis:** Wittmund | **Einwohner:** 1800

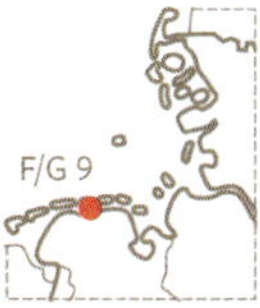

Der Name Langeoog (Lange Insel) kommt nicht von ungefähr. Die zwischen ▸Baltrum und ▸Spiekeroog gelegene Insel hat einen 14 km langen Sandstrand zu bieten. Zeitweise wurde das Eiland vor der ostfriesischen Küste von Bayern regiert. Aber das ist über 600 Jahre her, und man spürt davon rein gar nichts mehr. Vielmehr lockt auch Langeoog mit einer herrlichen Dünenlandschaft, frischer Luft und einer historischen »Bimmelbahn«.

Für jeden was dabei

Historiker gehen davon aus, dass Langeoog bereits im frühen 13. Jh. besiedelt war, die erste urkundliche Erwähnung datiert jedoch aus dem Jahr 1398, als der Ostfriesen-Häuptling Widzel tom Brok dem Herzog Albrecht von Bayern das Lehen über Langeoch übertrug. Nach der **Weihnachtsflut** 1717, die Langeoog in zwei Teile riss, wanderten die Langeooger in den darauffolgenden Jahren komplett aus. Erst um 1740 wurde die Insel wieder besiedelt. Der erste Badegast, ein Amtsrichter aus Aurich, entdeckte das Eiland 1830, doch erst 1949 wurde Langeoog als Nordseeheilbad anerkannt. Die wohl bekannteste Inselbewohnerin war die Sängerin **Lale Andersen** (»Lili Marleen«), die nach ihrem Tode 1972 ihre letzte Ruhestätte auf dem Dünenfriedhof gefunden hat. Zum 100. Geburtstag der Sängerin und Schauspielerin am 23. März 2005 wurde am Wasserturm ein von der Goldschmiedin Eva Recker geschaffenes, sehenswertes Bronzestandbild enthüllt.

Wohin auf Langeoog?

Einst per Pferdestärke, heute mit Dieselkraft

Inselkirche und Wasserturm

Die bereits 1901 in Betrieb genommene Pferdebahn führte bis 1937 vom Hafen durch den Ort ins ehemalige Hospiz. In den 1990er-Jahren wurde die Strecke umfassend modernisiert und seitdem rattert eine kleine, dieselbetriebene Schmalspurbahn mit den bunten Wagen vom Hafen im Süden in den Ort. Vom Bahnhof steuert man direkt auf den Wasserturm zu und passiert auf dem Weg in der Kirchstraße die evangelische Inselkirche. Sie besitzt ein sehr **ungewöhnliches Altarbild** des ostfriesischen Malers Hermann Buß. Es zeigt ein auf dem Deck eines anderen Schiffes gestrandetes Schiff; auf Deck steht eine Gruppe Menschen, die angesichts des Ereignisses völlig teilnahmslos bleiben und anscheinend auch untereinander nichts miteinander zu tun haben wollen. Den Glockenturm der katholischen Kirche nennen die Insulaner etwas abfällig »Nonnenrutsche«.

Von der Aussichtsplattform des 1910 errichteten Wasserturms, Langeoogs Wahrzeichen, eröffnet sich ein wunderbarer Blick über die Insel. Er steht auf der **Kaapdüne**, auf der vor Erbauung des Turms ein so genanntes Kaap als Seezeichen existierte. Im Turminneren präsentiert eine Ausstellung allerlei Wissenswertes zum Thema Wasserversorgung auf der Insel. Im **Seemannshus**, einem der letzten echten Insulanerhäuser, sind eine heimatkundliche Sammlung sowie Wechselausstellungen zu sehen. Heiratswillige können sich hier trauen lassen.

Nicht vor der Kaserne, aber vor dem Langeooger Wasserturm steht Lale Andersen unter der Laterne.

LANGEOOG ERLEBEN

TOURISMUS-SERVICE LANGEOOG
Hauptstr. 28 (Rathaus)
26454 Langeoog
Tel. 04972 69 30
www.langeoog.de

Tideunabhängige Personenfähre ab Bensersiel (ca. 30 Min., Reederei Schifffahrt der Inselgemeinde Langeoog).
Flugverbindung ab Norddeich oder Harle.
Ausflugsschiffe nach Baltrum, Norderney, Spiekeroog, Wangerooge, Helgoland, zu Seehundbänken und ins Wattenmeer.
www.inselflieger.de

KUR- UND WELLNESS-CENTER LANGEOOG
Im Kur- und Wellness-Center sorgen die Heilkräfte von Schlick, Algen und Salzwasser für Erholung und Wohlbefinden.
Kurstr. 3

HOTEL KOLB LIFESTYLE
In der Wellness-Oase des Hotel Kolb Lifestyle werden Gäste mit verschiedenen Massagen und kosmetischen Gesichtsbehandlungen verwöhnt.
Barkhausenstr. 32
www.hotel-kolb.de

SEEKRUG €€€–€€€€
Das Lokal punktet mit exklusiver Aussichtslage und allem, was Ostfrieslands Küche zu bieten hat in Bio-Qualität: Fisch, Granat, Lamm und Kalb von den Salzwiesen, Wild, Langeooger Bauernkäse – in der Saison gibt es jeden Mittwochabend das »Ostfriesen-Schlemmerbuffet«. Wer nachmittags die Aussicht genießen möchte, kann das mit Kuchen und Torten aus eigener Konditorei. Nächtigen kann man im zugehörigen Bio-Hotel Strandeck.
Höhenpromenade 1
www.seekrug.de

STRANDHALLE €€–€€€
Tagsüber ist der Ausblick schon richtig gut, abends ist er fantastisch, wenn man von der Strandhalle aus den Sonnenuntergang genießt. Weil auch die »friesische Crossover«-Küche meistens stimmt, einer der »must-see«-Orte auf Langeoog.
Höhenpromenade 5
www.hotel-kolb.de

TEE ROSE €
Im Hotel »Langeooger Inselzeiten« serviert die gemütliche Teestube zum klassischen Ostfriesentee das Gold der Insel, Sanddorn, als Sanddornpunschtorte mit Marzipan – nicht minder köstlich ist die ostfriesische Nusstorte!
Kirchstr. 1
www.teerose-langeoog.de

RETRO DESIGN HOTEL-KOLB €€€–€€€€
Von außen betrachtet macht das Retro Design Hotel nicht besonders viel her. Die inzwischen prämierte Inneneinrichtung hingegen kommt bis ins Detail im poppigen Stil der 1970er-Jahre daher.
Abke-Jansen-Weg 6
www.hotel-kolb.de

NORDSEEHOTEL KRÖGER € €
Zentral gelegenes Viersterne-Hotel, das sich selbst als »Langeoogs gute Stube« bezeichnet. Gut ist in jedem Fall das Restaurant »Wasserturm«, die Zimmer geschmackvoll eingerichtet, das Personal freundlich.
Am Wasserturm
www.nordseehotel-kroeger.de

Das Langeooger **Schifffahrtsmuseum** im »Haus der Insel« präsentiert Modelle historischer Schiffe, Buddelschiffe, navigatorische Geräte, Schiffspapiere, Logbücher und andere maritime Exponate. Im angeschlossenen **Nordsee-Aquarium** tummeln sich vom Taschenkrebs über den Seestern bis hin zum Katzenhai zahlreiche Nordsee-Bewohner.

Wasserturm: Mo. – Fr. 10 – 12 Uhr
Seemannshus: Caspar-Döring-Pad / Mittelstr. | Mi. / Fr. 15.30 – 17.30, So. 10 – 12 Uhr
Haus der Insel: Mo. – Sa. 10 – 13, Di. / Do. auch 14 – 17 Uhr

Gen Osten, die Natur genießen

★ Vogelkolonie

Östlich der Melkhorndüne – der mit knapp 20 Metern zweithöchsten natürlichen Erhebung Ostfrieslands – erreicht man den Rand der Vogelkolonie, wo u. a. jedes Jahr ab Mai **ca. 4000 Silbermöwen** brüten. Das Vogelschutzgebiet darf nur im Rahmen von Führungen, die am Vogelwärterhaus beginnen, betreten werden. Am beliebten Ausflugslokal Meierei Ostende genießt man einen leckeren Kuchen oder einen Sanddorn-Drink, ehe es per pedes weitergeht zum **Osterhook** – dem Ende eines Dünengeländes, das man nur zu Fuß überqueren kann. Nach ca. 700 m kommt man zu einer Aussichtsplattform, von der man Seehunde beobachten kann. Die beste Zeit dafür sind die drei Stunden vor und nach dem Hochwasser. Sollte man mit den Seehunden kein Glück haben, sind sicher viele Vögel wie Austernfischer

oder Eiderenten zu sehen. Ganz im Südwesten der Insel liegt der **Flinthörn**, ein im Laufe der Jahrhunderte gebildeter, nehrungsartiger Fluthaken, der durch Sandablagerungen entstanden ist. Ein informativer Lehrpfad verläuft zwischen Dünen und Fluthaken; ausführliche Schautafeln erklären die Vogel- und Pflanzenwelt.
www.falke-meierei.de

★ MELDORF

Schleswig-Holstein | **Landkreis:** Dithmarschen | **Einwohner:** 7450

Im platten Land Dithmarschens ist er nicht zu übersehen. Schon aus der Ferne sieht man den Turm der Meldorfer St.-Johannis-Kirche, im Volksmund aufgrund seiner immensen Ausmaße nur »Dom Dithmarschens« genannt – obwohl das mächtige, im gotischen Stil errichtete Gotteshaus niemals Bischofsweihen erhielt.

Große Kirche und große Geschichte

Der Ursprung Meldorfs liegt vermutlich auf einem leicht erhöhten Geestkeil, der früher direkt am Wattenmeer lag und als Hafen und Thingplatz diente. Jedenfalls ist »Melindorf« (mellen = wählen) für das Jahr 1265 erstmals urkundlich erwähnt und stieg zum Zentrum des sächsischen Gaus Dithmarschen und dessen erstem »Regierungssitz« auf. Hier kam regelmäßig der **Rat der freien Bauernrepublik** zusammen, bevor 1434 ▶Heide zum Versammlungsort auserkoren wurde. Bereits im frühen 14. Jh. war ein Dominikanerkloster gegründet worden, das nach der Reformation zur Lateinschule umfunktioniert wurde. Nach dem Ende der Bauernrepublik verlor Meldorf 1559 das Stadtrecht und erhielt es erst 1868 zurück.
Am Südermarkt fallen mehrere schöne Häuser ins Auge, darunter Nr. 6, ein fünfachsiges Giebelhaus mit Löwendarstellungen. Die Apotheke (Nr. 8) zeigt sich als klassizistischer Bau aus dem Jahr 1840. Auch **zwei Windmühlen** sind in Meldorf erhalten: die Nordermühle »Fortuna«, ein Erdholländer von 1863, und die Südermühle »Christel«, ein Galerieholländer von 1892, in dem ein Restaurant und eine Weinstube eingerichtet sind.

Wohin in Meldorf?

★ St.-Johannis-Kirche

Der »Dom der Dithmarscher«
Mit der St.-Johannis-Kirche besitzt Meldorf ein herausragendes Bauwerk. Der »Dom der Dithmarscher«, ist auch als Zeugnis der jahr-

Über 700 Jahre alt sind die Deckenmalereien im »Dom der Dithmarscher«.

hundertelangen politischen Unabhängigkeit Dithmarschens zu sehen, war er doch die **Hauptkirche der Bauernrepublik**. Der heutige gotische Bau in Gestalt einer dreischiffigen Backsteinbasilika ist zwischen 1250 und 1300 entstanden, der 61 m hohe Kirchturm wurde um 1870 anstelle des durch einen Brand zerstörten Vorgängers errichtet. In dieser Zeit erfolgten auch umfassende Renovierungsarbeiten am Kirchenschiff und die Verblendung der gesamten Außenfassade mit Ziegeln. An der Decke des Querschiffs sind noch einige Ausmalungen aus der Zeit um 1300 erhalten. Die **reichhaltige Ausstattung** besteht u. a. aus einer Messingtaufe (13. Jh.) mit einem hölzernen Deckel von 1688, dem Schnitzaltar (1520) aus der oberdeutschen Schule mit Kreuzigungsszene und Passionsdarstellungen und der 1601 gefertigten Holzkanzel.

Interessante und amüsante Zeitreise

Dithmarscher Landesmuseum

Einen Besuch wert ist auch das abwechslungsreiche Dithmarscher Landesmuseum, das mit zahlreichen, teilweise auch humorvollen Exponaten die **Alltagskultur und Geschichte der Region** veranschaulicht. Großen Raum nimmt die Dithmarscher Bauernrepublik ein. In der »modernen« Abteilung sind ein Friseursalon aus den 1950er-Jahren, eine Zahnarztpraxis, die bis 1966 in Betrieb war, die ersten Selbstbedienungsläden und die originalen »Capitol Lichtspiele« mit 180 Plätzen, die bis 1953 in ▶Tönning Filme zeigten, zu sehen.

MELDORF ERLEBEN

TOURISTENINFORMATION MELDORF
Nordermarkt 10
25704 Meldorf
Tel. 048 32 97 800
www.meldorf-nordsee.de, www.meldorf-urlaub.de, www.echt-dithmarschen.de

HISTORISCHE HANDWEBEREI
Die alte Kunst der Beiderwand- und Gobelinweberei lebt in der Museumsweberei im 400 Jahre alten Pastorat fort. Hier kann man nicht nur mitverfolgen, wie die traditionellen regionalen Motive gewebt werden, sondern im Werkstattladen auch von zeitgenössischen Künstlern gestaltete Kissen, Decken und Gardinen erwerben.
Papenstr. 2

HOTEL ZUR LINDE €€–€€€
Behagliches »Flair-Hotel« in zentraler Lage am Domplatz. Das gute Restaurant setzt auf bodenständige Dithmarscher Kost wie z. B. »Mehlbeutel«: ein salziger Mehl-Eierkloß, serviert mit zerlassener Butter, Zucker, Kirschsoße und Schweinebackenfleisch. Das sollte man unbedingt probieren!
Südermarkt 1
www.linde-meldorf.de

DOM CAFÉ €
Köstliche Kuchen und Torten aus eigener Herstellung, Kaffeespezialitäten und viele Teesorten, aber auch Flammkuchen und andere »salzige« Kleinigkeiten.
Südermarkt 4
www.domcafemeldorf.de

Im **Schleswig-Holsteinischen Landwirtschaftsmuseum** hingegen sind Maschinen, landwirtschaftliches Gerät, eine alte Backstube, eine Schmiede und die Wohnung des Schmieds zu sehen. Dort steht auch das niederdeutsche »Dithmarscher Haus«, ein Fachhallenhaus aus dem 17. Jh., das 1907 hierher versetzt wurde.
Dithmarscher Landesmuseum: Bütjestr. 2 – 4 | Di. – Fr. 11 – 16.30, So. 11 – 16, Juli, Aug. zusätzlich Sa. 11 – 16 Uhr | Eintritt: 5 €
www.landesmuseum-dithmarschen.de
Landwirtschaftsmuseum: Jungfernstieg 4 a | Di. – Fr. 10 – 16, Sa. / So. 11 – 16, Bauernhaus nur April – Okt. | Eintritt: 1 €
www.landwirtschaftsmuseum-schleswig-holstein.de

Rund um Meldorf

Wasser und Wind

Marne, Kaiser-Wilhelm-Koog

Marne, 17 km südlich von Meldorf, lag bis vor rund 200 Jahren noch direkt am Wattenmeer; die Ortsgründung geht sogar auf eine Ansiedlung auf einer wasserumspülten Warft zurück. Heute fährt man

etwa 7 km bis zum nächsten Nordseedeich, und der Hafen ist mittlerweile verschwunden. In der örtlichen **Brauerei** wird seit 1775 Dithmarscher Pilsener gebraut. Das fast monumental wirkende Marner Rathaus ist 1914/1915 in einer Spätform des Jugendstils, dem so genannten Klinker-Expressionismus, gebaut worden.
Am Kaiser-Wilhelm-Koog (5 km westlich von Marne), der als eines der windreichsten Gebiete in Deutschland gilt, wurde 1983 mit dem **GROWIAN** (Große Windenergieanlage) eine Forschungsanlage errichtet, die bis 1987 in Betrieb war. 1988 wurde die einst größte Windenergieanlage der Welt demontiert. Heute stehen hier moderne Anlagen, die ihren Teil dazu beitragen, dass Schleswig-Holstein so viel Strom aus erneuerbaren Energien bezieht wie kein anderes Bundesland. Der Betreiber der Anlagen am Standort Kaiser-Wilhelm-Koog hat für interessierte Besucher ein Informationszentrum rund um die Geschichte der Windenergienutzung errichtet.

NEUHARLINGERSIEL

Niedersachsen | **Landkreis:** Wittmund | **Einwohner:** 980

Neuharlingersiel, ▸ Spiekeroogs Festlandhafen, gilt als einer der schönsten an der Nordseeküste. Für das besondere Flair sorgt eine Flotte von Krabbenkuttern. Und vor Ort bekommt man endlich mal eine Antwort auf die Frage: Wie kommen eigentlich die Buddelschiffe durch den Flaschenhals? Im Buddelschiffmuseum vor Ort kann man den Künstlern über die Schulter schauen.

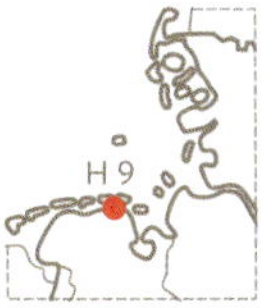

Vor mehr als 300 Jahren wurde Neuharlingersiel gegründet, und seitdem prägt der Hafen den Ort. Das gemauerte Siel mit Toren aus massivem Holz schützt die Häuser und das Hinterland seit 1875 vor den Fluten der Nordsee. Mitte des 18. Jh.s entwickelte sich Neuharlingersiel als Im- und Exporthafen, trieb regen Handel mit Skandinavien. Der Badetourismus begann schon im frühen 20. Jh., auf die **Krabbenfischerei** konzentrierte man sich erst nach dem Zweiten Weltkrieg. Beim Sandstrand vor Neuharlingersiel hat man ein wenig nachgeholfen, denn den **Naturschlick** bekommen Sie in Neuharlingersiel sozusagen frei Haus geliefert, direkt aus einer verlandeten, unterirdischen Schlickblase in der Harlebucht. So ist der Ort außer für Krabben auch für die mineralhaltigen Schlickanwendungen bekannt, die u. a. bei Gelenkschmerzen sowie bei Hautirritationen helfen.

Schlick macht schön

NEUHARLINGERSIEL ERLEBEN

KURVEREIN NEUHARLINGERSIEL E. V.

Edo-Edzards-Str. 1
26427 Neuharlingersiel
Tel. 04974 18 80
www.neuharlingersiel.de

Entdeckungstour ins Wattenmeer mit den Krabbenkuttern »Gorch Fock« und »Seestern«. Dabei werden nicht nur die Seehundbänke und zum Teil Spiekeroog angesteuert, den Gästen an Bord werden auch die Fangmethoden der Krabbenfischer nähergebracht.
www.neuharlingersiel.de

BADEWERK

Das BadeWerk in Neuharlingersiel gilt als eine der besten Thalasso-Einrichtungen in ganz Deutschland, bietet Wellness und medizinische Anwendungen auf höchstem Niveau und im Einklang mit der Natur.
Edo-Edzards-Str. 1
www.badewerk.de

KUTTERREGATTA

Die Regatta der Krabbenkutter ist nicht nur für den Ort, sondern für ganz Ostfriesland ein Top-Ereignis: Im Juli bzw. August treten die bunt beflaggten Kutter zu einem Wettrennen gegeneinander an. Gäste sind auch an Bord willkommen.

JANSSEN'S HOTEL €€–€€€

Sehr schönes Hotel mit 24 modern und hell eingerichteten Zimmern am idyllischen Hafen. Dazu passt das Restaurant mit »Kamerun-Zimmer«, kachelgeschmückter Teestube und Veranda. Gekocht wird mit regionalen Produkten, viel Fisch.
Am Hafen 7
www.hotel-janssen.de

LANDHOTEL BAUERNSTUBEN €€

Das an seinem Eckturm zu erkennende Landhotel liegt 2 km landeinwärts südwestlich des Orts direkt am Radweg und ist auf Radurlauber eingestellt (Fahrradgarage, kostenlose Tourenkarten). Aber auch wer nicht mit dem Rad unterwegs ist, wird die hübschen Zimmer, die Terrasse und das freundlich-friesischblau eingerichtete Restaurant schätzen.
Dorfstr. 10
www.landhotel-bauernstuben.de

Wohin in Neuharlingersiel?

★ Buddelschiffmuseum und Sielhof

Wie kommt das Schiff in die Flasche?
Das Buddelschiffmuseum zu Neuharlingersiel deckt fast alle Schiffstypen, Epochen und denkwürdigen Ereignisse ab: So findet man hier Wikingerschiffe, phönizische und römische Galeeren, Kolumbus' »Santa Maria«, Nelsons »HMS Victory«, **die untergehende »Tita-**

Nach dem Besuch im Buddelschiffmuseum von Neuharlingersiel ist endlich geklärt, wie die Schiffchen in die Flaschen kommen.

nic«, Thor Heyerdahls »Kon-Tiki«, außerdem noch ein Atom-U-Boot und ein im Trockendock liegendes Schiff.
In südwestlicher Richtung hinter der Schleuse, die Friedrich der Große 1785 bauen ließ, liegt inmitten eines kleinen Parks der Sielhof aus dem 18. Jahrhundert. Besonders sehenswert ist die Fliesenwand mit handgemalten biblischen Motiven. Der **schlossähnliche Gutshof** dient heute als Haus des Gastes; in der Hauskapelle werden in den Sommermonaten mittwoch- und freitagabends Andachten abgehalten, es finden aber auch Veranstaltungen von Lesungen, über Konzerte bis hin zu Comedy statt. Zudem kann man in dem ansprechenden Ambiente heiraten. Ebenfalls im Sielhof untergebracht ist ein empfehlenswertes Café / Restaurant.

Buddelschiffmuseum: Am Hafen Westseite 7 | 1 Woche vor Ostern – Okt. tgl. 10 – 13 u. 13.30 – 17 Uhr | Eintritt: 2 € | www.buddelschiffmuseum.de

★ NEUWERK

Hamburg | **Einwohner:** 40 (auf Neuwerk)

Trutzig ragt er seit mehr als 700 Jahren in den Himmel, der Leuchtturm von Neuwerk. 1299 bat Hamburg den Herzog von Sachsen, auf der unbewohnten Insel einen Wehrturm errichten zu dürfen, um die Elbmündung gegen Piraten zu sichern. Die Sachsen gaben ihr Okay und elf Jahre später war das 39 m hohe Bollwerk fertig. Der Legende nach wurde eine Jungfrau mit eingemauert. Das sollte dem Turm ein langes Leben bescheren. Ob es nun der Jungfrau oder der massiven Bauweise geschuldet ist – der Leuchtturm ist jedenfalls das älteste Gebäude Hamburgs, denn die Insel gehört politisch zum Bezirksamt Hamburg-Mitte.

Wattwandern mitten in Hamburg

Neuwerk hat treue Fans, die immer wieder mit der klaren Nordseeluft auch die **besondere Atmosphäre** der Insel in sich aufsaugen wollen. Dabei ist eigentlich nicht viel los auf dem kleinen Eiland – aber genau das macht den Reiz aus. Auf Neuwerk kann man einfach mal nichts tun, bis es zurück zum Festland geht. Die Älteren machen das bei Kaffee und Kuchen, das Jungvolk lungert an den Deichen herum und »chillt«. Langweilig wird das nie, denn die Nordsee verändert im Laufe der Gezeiten ständig ihr Gesicht. Wer so viel Müßiggang nicht aushält, der macht sich auf zu einer **Inselumrundung**, was nach knapp einer Stunde auf der rund 3 km² großen Insel auch erledigt wäre. Mit ein bisschen Glück kann man Seehunde beobachten. Mit

Auf dem Weg nach Neuwerk ...

NEUWERK ERLEBEN

Mit Schiff oder Wattwagen ab Cuxhaven:
Anbieter unter
www.cuxhaven-neuwerk.de

NIGE HUS €€–€€€
Von Mehrbettzimmern mit Stockbetten über Einzel- und Doppelzimmer bis zu geräumigen Suiten reicht das Zimmerangebot des modernen Hauses am Deich. Eher rustikal geht es im angeschlossenen Restaurant »Zum Anker« zu.
Insel Neuwerk 21
www.inselneuwerk.de

PENSION LEUCHTTURM NEUWERK €€€–€€€€
»Antjes Leuchtturm« ist alles andere als ein Luxushotel, die Preise sind allerdings recht happig. Vielleicht liegt's ja daran, dass Neuwerk zu Hamburg zählt, und da ist es nun mal ein bisschen kostspieliger als anderswo im Norden …
Leuchtturm 1
www.leuchtturmneuwerk.de

ein wenig Pech – oder mit noch mehr Glück – verpasst man die letzte Fahrgelegenheit zum Festland. Denn nur eins toppt einen Tagesausflug: auf Neuwerk zu übernachten. Etwa im Leuchtturm, einst den Senatoren Hamburgs vorbehalten und heute Pension für jedermann.

Wohin auf und um Neuwerk?

Das älteste Hamburger Bauwerk
Treffpunkt für die Tagesgäste ist der Inselkaufmann im Schatten des Leuchtturms. »Was wir nicht haben, brauchen Sie auch nicht«, ist auf einem Schild zu lesen. Die blinkenden Mini-Leuchttürme und kleinen Plastik-Seemänner mit Wackelköpfen scheint allerdings auch kaum jemand zu brauchen, Bier und Bockwurst gehen eindeutig besser. ★ Leuchtturm
Zwischen 1301 und 1310 wurde der mächtige Ziegelturm errichtet. Als Wehrturm nahm er zunächst elf Mann Besatzung auf, die die für Hamburg lebenswichtige Elbmündung zu sichern hatten. 1556 wurde rund um den Turm ein Deich gezogen, und seitdem fanden die Insulaner darin immer wieder Zuflucht bei Sturmfluten. Da viele Schiffe auf den flachen Sandbänken rund um Neuwerk und Scharhörn strandeten, wurde 1644 eine so genannte Blüse (ein Holz- oder Kohlefeuer auf einem Gerüst) als Seezeichen errichtet. 1814 hat dann der Turm diese Funktion übernommen. Heute ist er Wahrzeichen und zugleich Hauptattraktion der Insel. Von seiner Spitze hat man einen herrlichen Rundblick über die Insel und das Meer.

Vorposten der Hansestadt

★ Hamburgischer Nationalpark Wattenmeer

Der kleinste der drei deutschen Wattenmeer-Nationalparks, seit 2011 Weltnaturerbe der UNESCO, besitzt keine Festlandküste, umfasst aber mit den Inseln und Sandbänken rund um Neuwerk besondere **See- und Zugvogelschutzgebiete** sowie Ruheplätze für Seehunde. Aufgrund der besonderen Ruhebedürftigkeit dieser Tiere, vor allem während der Brutzeit, und zum Schutz zahlreicher bedrohter Arten sind weite Teile des Hamburgischen Nationalparks für Besucher gesperrt oder nur unter fachkundiger Führung zugänglich. Dazu

BAEDEKER MAGISCHE MOMENTE

NACHTWATTWANDERUNG

Die letzten Kutschen sind schon im Watt Richtung Festland unterwegs, die Schiffe haben ebenfalls abgelegt. Langsam fängt es an zu dämmern. Ein einmaliges Erlebnis steht bevor: eine Wattwanderung bei Nacht von Neuwerk nach Sahlenburg. Unter der Obhut eines erfahrenen Wattführers erlebt man das Wattenmeer zu ungewohnter Stunde. Man hört nichts als die eigenen Schritte und das Zwitschern der Austernfischer. In der Ferne, in der Fahrrinne der Elbe, leuchten die Positionslampen der großen Pötte mit den Sternen um die Wette.

gehört **Scharhörn** sowie die kleinere Nachbarinsel **Nigehörn**. Auch für Segler, Skipper, Paddler und Surfer gelten Sperrzonen. Das Nationalparkhaus auf Neuwerk informiert multimedial mit Aquarien, Dioramen, Modellen u. v. a. über die Tier- und Pflanzenwelt im Wattenmeer. Ein breites Angebot an Veranstaltungen macht das Biosphärenreservat rund um Neuwerk zum Erlebnis.

Insel Neuwerk 6 | Öffnungszeiten nach den Gezeiten | Verein Jordsand: www.jordsand.de, www.nationalpark-wattenmeer.de

Vorher anmelden!

Scharhörn

Was bei Flut schier unglaublich erscheint: Bei Ebbe kann man die 12 km nach Neuwerk zu Fuß zurücklegen. Von den ▶Cuxhavener Ortsteilen Duhnen und Sahlenburg führen die durch Reisigbündel, so genannte Pricken, **markierten Wattwanderwege** zur Insel hinüber. Es ist dringend anzuraten, sich einer professionellen Führung anzuschließen. Von Neuwerk aus werden auch Wattwanderungen zur Nachbarinsel Scharhörn angeboten. Diese rund einstündige Tour ist vor allem **Vogelliebhabern** zu empfehlen, da sich hier ausgezeichnete Einblicke in die Vogelschutzgebiete ergeben. Auch auf eigene Faust darf man hinüber nach Scharhörn gehen, allerdings immer nur nach vorheriger Anmeldung beim Vogelschutzwart (Tel. 04721 285 84). Nigehörn ist hingegen für Besucher gesperrt.

NIEBÜLL (NAIBEL)

Schleswig-Holstein | **Landkreis:** Nordfriesland | **Einwohner:** 9300

O/P 3

Niebüll sehen viele nur durch das Autofenster, denn von hier fährt der Autoreisezug ab, der über den Hindenburgdamm nach ▶ Sylt rollt. Sehr schade, denn das Städtchen besitzt drei attraktive Museen und bietet sich als Standort für Ausflüge in die Region an. Nicht nur für Kunstsachverständige in erster Linie nach Seebüll, wo die Werke des großen deutschen Expressionisten Emil Nolde zu bewundern sind.

Nicht nur durchfahren!

1887 ist ein wichtiges Datum in der Geschichte des 1436 als »Nubul« erstmals erwähnten Niebüll. Bis dahin ein kleines Marktzentrum einer bäuerlichen Kooglandschaft, avancierte der Ort mit der Eröffnung der **Marschenbahn** von Hamburg zur Nordseeküste zur Drehscheibe für den Verkehr auf die Nordfriesischen Inseln. Mit dem Bau des **Hindenburgdamm**s 1927 ist diese Rolle zementiert worden – Niebüll (friesisch: Naibel) ist ein wichtiges Sprungbrett zu den Inseln.

Wohin in Niebüll?

Fast für jeden etwas

Museen

Einen guten Einblick in die hiesige Wohnkultur gibt das **Friesische Museum**, zu finden in einem uthlandfriesischen Gehöft (1844) im Ortsteil Deezbüll, einer früheren Fischer- und Kleinbauernsiedlung. Das Gebäude ist ein gutes Beispiel für ein nordfriesisches Ständerhaus. Die Ausstellungen zeigen, wie die Friesen vor der Industrialisierung wohnten und arbeiteten.

Das **Richard-Haizmann-Museum** im alten Rathaus zeigt Skulpturen und Gemälde des Künstlers, der unter den Nationalsozialisten als »entartet« galt und sich nach Niebüll zurückgezogen hatte, wo er bis zu seinem Tod lebte. Zudem sind hier von Zeit zu Zeit hervorragende Wechselausstellungen von namhaften Künstlern des 20. Jh.s zu sehen. Mit heimischer Flora und Fauna befasst sich das **Naturkundemuseum**. Neben Dioramen und Grafiken beleben Aquarien und ein Bienenvolk die Ausstellung.

Friesisches Museum: Osterweg 76 | Juni – Sept. tgl. 14 – 16 Uhr | Eintritt: 2 € | www.friesisches-museum.de

Richard-Haizmann-Museum: Rathausplatz | Di. – Fr. 11 – 16.30, Sa. 10 – 12, So. 14 – 17 Uhr | Eintritt: 1,50 € | www.haizmann-museum.de

Naturkundemuseum: Hauptstr. 108 | April – Okt. Di. – So. 14 – 17.30, Juni – Aug. auch Mo. | Eintritt: 2,50 € | www.nkm-niebuell.de

Rund um Niebüll

Der wahre »Schimmelreiter«

Dagebüll, Fahretoft

Besonders hübsch gibt sich das Dörfchen Dagebüll-Kirche etwas landeinwärts. Es war bis Anfang des 18. Jh.s eine Hallig, wurde aber zwischen 1704 und 1727 mit einem Deich umgeben und ans Festland angeschlossen. Am **Hauke-Haien-Koog** unweit von Dagebüll liegt Fahretoft, wo der Mathematiker, Astronom und Mechaniker Hans Momsen (1735 – 1811) geboren wurde, Storms Vorbild für Hauke Haien in seiner Novelle »Der Schimmelreiter«. Momsen fertigte die Sonnenuhr an der Außenwand der Dorfkirche an. Diese wurde bereits 1240 erwähnt, doch erst 1703 in der jetzigen Form fertiggestellt. Ihr um 1480 entstandener Altar stammt ursprünglich aus der Kirche von Tondern und kam 1695 nach Fahretoft.

Die Horizonte Emil Noldes

★ Emil-Nolde-Museum Seebüll

Seebüll im äußersten Nordwesten Schleswig-Holsteins (ca. 15 km nördlich von Niebüll) ist für Freunde von Emil Noldes leuchtenden Gemälden und Aquarellen ein Erlebnis ohnegleichen. Der große deutsche Expressionist empfand geradezu eine tiefe Leidenschaft für diese Landschaft der weiten Horizonte in Nordfriesland. Eine intel-

Auch sein prachtvoller Garten in Seebüll inspirierte Emil Nolde.

lektuelle Herangehensweise war dem tief religiösen Künstler dabei fremd, seine Bilder waren ein Spiegel seiner Gefühle. Und dennoch war sein Stil **revolutionär**, verwegen – **und umstritten**. In den 1920er-Jahren kaufte sich der Maler ein Grundstück nördlich von Niebüll und zog 1930 dort ein. Seebüll nannte Nolde sein Refugium, wo er 1956 im Alter von 90 Jahren auch starb. Gemalt hat er bis zu seinem Tod, sein geliebtes Nordfriesland und die Blumen – in rauschenden Farben, mit verwegenen Pinselstrichen. Das im Stil der **Neuen Sachlichkeit** errichtete Refugium ging nach Noldes Tod in die »Stiftung Ada und Emil Nolde« ein.
Seebüll 31 | März – Nov. tgl. 10 – 18 Uhr | Eintritt: 6 €
www.nolde-stiftung.de

Hygge und Blätterteig

Ausflug nach Tønder

Von Niebüll ist es nur ein Katzensprung nach Dänemark ins kleine Städtchen Tønder (Tondern), das im Lauf der Geschichte mal deutsch, mal dänisch war. Unbedingt probieren: das berühmte dänische Blätterteiggebäck, hier **Wiener Brød** genannt. Außer echt däni-

LETZTER KÜNSTLER VOR DER GRENZE

Als ein Eigenbrötler, der sich mit seinen Künstlerkollegen schwertat und sich lieber in die Einsamkeit zurückzog, wird Emil Nolde (1867 – 1956) charakterisiert. Obwohl er als Maler völlig neue Wege ging und bis in die Südsee reiste, war er mit seiner Heimat tief verwurzelt: Die Farben Frieslands und das Meer kehren in seinen Bildern immer wieder.

Dänisch und Deutsch sprach der 1867 als **Emil Hansen** geborene Bauernsohn fließend, lag doch sein Geburtsort **Nolde** im schleswigschen Grenzgebiet. Die vom nahen Meer geprägte Landschaft, tiefe Religiosität sowie das überaus karge Leben im Einklang von Mensch, Tier und Natur beeinflussten ihn ein Leben lang. Doch schon früh wurde klar, dass sich Emil nicht wie seine Geschwister zur Landarbeit eignete. Deshalb ging er nach der Schule als **Möbelschnitzer-Lehrling** nach Flensburg. Es folgten 17 lange Jahre, die ihn als Kunsthandwerker und Lehrer nach Karlsruhe, München, St. Gallen und Dachau führten. Doch weder als Pädagoge noch als Kunsthandwerker fand er zu sich selbst.

Atelier in Berlin

Als Emil Nolde sich 1901 entschloss, den Namen seines Heimatorts als Künstlernamen anzunehmen, schienen die Jahre der Unsicherheiten und Selbstfindung zu Ende zu sein. Er heiratete die dänische Schauspielerin **Ada Vilstrop** und bezog mit ihr eine kleine Atelierwohnung in **Berlin**, um als freier Künstler zu arbeiten. Die folgenden Jahre verbrachte Nolde abwechselnd auf der dänischen Ostseeinsel Alsen und in Berlin. **Wirtschaftliche Sorgen** und wiederholte Krankheiten seiner Frau belasteten das Leben, ebenso das mühsame künstlerische Schaffen: Nolde studierte tagelang Farben und Natur, rang um Inspiration, Umsetzung und Ausdruck, zerstörte aber oft unbefriedigt die fertigen Werke. Sein stark **expressionistischer Stil** war radikal und stand den Ausdrucksformen seiner Altersgenossen entgegen.

Die Suche nach Ursprünglichkeit

Umso größer war die Freude, als ihn 1906 ein Brief der neu gegründeten Künstlergruppe **»Die Brücke«** zur Mitgliedschaft einlud. Vor allem Karl Schmidt-Rottluff sah in Nolde einen Mitstreiter für die Revolutionierung der deutschen Kunst. Er besuchte ihn auf der Insel Alsen, fand aber nur wenig Zugang zum Eigenbrötler Nolde, der täglich in seinem Atelier einsam mit der Kunst rang. Zwar erfuhr Nolde von den Brücke-Kollegen **fachliche Anerkennung**, doch entsprachen gemeinsame Diskussionen oder Malausflüge nicht seinem Arbeitsstil. Die Suche nach Ursprünglichkeit und wahren Empfindungen führte Emil Nolde 1913/1914 in die **Südsee**. Hier fand er, was ihn an seinen Vorbildern Gauguin und van Gogh faszinierte: Farbe als Ausdruck. Auch heute zählen Noldes Südseebilder neben den Landschaften und Naturthemen zu seinen charakteristischsten Werken. Seine Reisen führten ihn je-

Emil Nolde (links) war ein Eigenbrötler. Seine Malerkollegen hatten es nicht leicht mit ihm (Foto um 1930).

doch immer an den Ausgangspunkt zurück, nach **Nordfriesland**: In dieser Landschaft am Meer wollte er leben und arbeiten.

Die Legende vom strikten Malverbot

Urtümlichkeit bedeutete für ihn Inspiration – kein Wunder, dass er anfällig war für **nationales Gedankengut**. Früh trat er der NSDAP Nordschleswig bei und vertrat antisemitische Positionen, musste aber bald erkennen, dass seine Arbeit wenig mit den Kunstvorstellungen der Partei zu tun hatte. Anfangs offiziell hofiert, wurden seine Bilder bereits 1937 als **»entartete Kunst«** bewertet und aus den deutschen Museen entfernt. Er selbst wurde 1941 aus der Reichskammer der bildenden Künste ausgeschlossen. Dies bedeutete jedoch keineswegs ein striktes Malverbot, sondern lediglich das **Verbot von Verkäufen**, Ausstellungen und Reproduktionen seiner Werke. Privat malte Emil Nolde unterdessen trotz Materialmangels unverdrossen weiter: In einem entlegenen Raum seines Hauses entstanden auf kleinen Papierresten zahlreiche Zeichnungen und Aquarelle.

Diese Zeit lieferte **Siegfried Lenz** die Vorlage zu seinem Roman »Deutschstunde« (1968), in dem der Autor allerdings die Mär von der Opferrolle, die der Künstler nach Kriegsende inszeniert hat, weiter spinnt.

NIEBÜLL ERLEBEN

DAGEBÜLL-NIEBÜLL TOURISTIK
Bahnhofstr. 6
25899 Niebüll
Tel. 04661 94 10 15
www.niebuell.de

RATSKELLER € € – € € €
Der Ratskeller mitten im Ort legt Wert auf regionale und saisonale Produkte und hat eine kleine, aber feine Auswahl an Fisch- und Fleischgerichten sowie vegetarische Speisen im Angebot. Für leckeren Kaffee und Kuchen ist die benachbarte »Kaffeemaus« zuständig.
Hauptstr. 44
www.ratskeller-niebuell.de

INSEL-PENSION € €
Kleines, nettes Hotel mit Garten, Wellness-Angeboten und Kosmetikstudio. Etwas ganz Besonderes: die Übernachtung im 1-Zimmer-Hotel Wasserturm – wohnen und schlafen auf vier Ebenen, die allein Ihnen zur Verfügung stehen!
Gotteskoogstr. 2
www.inselpension.de

scher »Hyggeligkeit« findet man in den hübschen Gassen rund um den Marktplatz schöne Bürgerhäuser aus dem 17. und 18. Jh., die Christuskirche (1592) sowie das **Kunstmuseum**.
Wegners Plads 1, DK-6270 Tønder | Di. – So. 10 – 17, Juni – Aug. tgl. | Eintritt: umgerechnet ca. 9,50 € | www.msj.dk/kunstmuseet-i-toender

★ NORDEN · NORDDEICH

Niedersachsen | **Landkreis:** Aurich | **Einwohner:** 26 000

Norden und Norddeich müssen damit leben, Durchgangsstation zu sein auf dem Weg nach ▸ Juist und ▸ Norderney. Die älteste Siedlung Ostfrieslands kann damit (und davon) ganz gut leben. Es geht geschäftig zu, wirklich hübsch ist Norden aber nur rund um den Markt und die beeindruckende Ludgerikirche. Norddeich ist es gar nicht. Bekannt ist der Hafenort wohl vor allem durch das »Norddeich Radio«, eine Küstenfunkstelle, die ab 1905 rund hundert Jahre lang auf Schiffe in aller Welt sendete.

Die Ursprünge Nordens reichen wohl ins 6. Jh. zurück. Die erste urkundliche Erwähnung datiert auf 1255; die Stadterhebung selbst erfolgte allerdings erst 1535. Dazwischen lagen mehrere Sturmfluten, die die **Leybucht** vergrößerten und Norden zur Hafenstadt werden ließen, was man im 19. Jh. aber durch Eindeichungen wieder rückgängig machte und dafür Norddeich ausbaute. Dessen Hauptfunktion ist heute die eines lebhaften Fährhafens zu den in der Hauptsaison von vielen Urlaubern besuchten Nordseeinseln Juist und Norderney.

Tee, Heuler, und Piraten

Wohin in Norden und Norddeich?

Grüße in die Ferne

Ludgerikirche, Markt, Osterstraße

Umgeben von alten Bäumen, dominiert die Ludgerikirche, die größte mittelalterliche Kirche Ostfrieslands, den Markt. Mit ihrem Bau war 1235 begonnen worden; das romanische Langhaus entstand um 1250, danach folgten das Querschiff Anfang des 14. Jh.s und 1445 der hoch aufragende gotische Chor. Geweiht ist die Kirche Ludger, dem **Apostel der Friesen** und Schutzheiligen des Norderlandes. Drei Teile der Ausstattung ragen besonders heraus: das spätgotische Sakramentshaus von ca. 1480 mit einer außergewöhnlichen Bemalung der Innenseiten, das fast vollständig erhaltene spätgotische Chorgestühl und vor allem die für ihren großartigen Klang bekannte **Arp-Schnitger-Orgel** (1685 – 1688), auf der im Sommer jeden Samstag um 10.30 Uhr die »Orgelmusik zur Marktzeit« ertönt.
Rund um den **Markt** von Norden fallen noch weitere Bauten auf: zunächst neben dem klassizistischen Rathaus die **»Dree Süsters«**, drei zwischen 1570 und 1630 gebaute Renaissance-Bürgerhäuser. Die palaisartige, backsteinerne Mennonitenkirche entstand aus einem im Jahr 1662 gebauten und 1795 von der Gemeinde erworbenen Bürgerhaus, dem 1796 beziehungsweise 1835 die beiden Seitengebäude angefügt wurden. Die Decken des Gebetsraums sind im Rokokostil ausgemalt. Das prächtigste profane Bauwerk Nordens steht unweit des Markts in der Osterstraße. Das **Schöningh'sche Haus** mit seinen Sandsteinbändern und dem reich verzierten Staffelgiebel entstand 1576 als vierstöckiges Patrizierhaus im Renaissancestil. Die Sandsteinfiguren auf dem Giebel stellen die Taten des Herkules dar. Ebenfalls in der Osterstraße erinnert ein Museum an das legendäre **Norddeich Radio**, das rund ein Jahrhundert lang deutsche Seeleute an Bord ihrer Schiffe mit Informationen versorgte und Weihnachtsgrüße verschickte. Fast alle Geräte, die einst zum Senden benötigt wurden, stellen die Museumsmacher hier aus.

Ludgerikirche: Am Markt 37 | Sommerhalbjahr Mo. – Sa. 10 – 12.30, Di. – Sa. auch 15 – 17, Winterhalbjahr nachmittags nur Di. – Fr. | www.norden-ludgeri.de

Museum Norddeich Radio: Osterstr. 11a | www.norddeich-radio.de

Teekultur und andere Heimatkunde im alten Rathaus

★ Ostfriesisches Teemuseum

Das Alte Rathaus, ein Renaissancebau von 1542 am Markt 36 mit vorgesetztem Treppenturm, beherbergt heute zwei Museen: das Ostfriesische Teemuseum und das Heimatmuseum. Das Teemuseum beschäftigt sich mit vielerlei Aspekten des **ostfriesischen Nationalgetränks**, vom Anbau der Teepflanze, ihrer Ernte und ihrer Verarbeitung bis hin zur Bedeutung des Tees als Fernhandelsprodukt. Ein weiterer Schwerpunkt befasst sich mit der Teekultur: Liebevoll werden Teegeschirr, Samoware, Stövchen und andere Gerätschaften präsentiert, darunter auch chinesisches Teegeschirr aus einer im Jahr 1690 vor Vietnam gesunkenen Dschunke sowie aus dem 1817 in der Straße von Malakka auf einen Felsen gelaufenen und gesunkenen englischen Teeklipper »Diana«.
Angeschlossen ist ein **Heimatmuseum**, das die vollständigen Einrichtungen von alten Nordener Kaufmannsläden, Kontoren und Handwerksbetrieben – u. a. einer alten Zinngießerei und einer Blaufärberei – ausstellt. Zudem befasst sich das Museum mit der **Wohnkultur** im 18. und 19. Jh., wobei der so genannte »Rummel« im 1. Stock, ein Festsaal mit Fliesenkamin und alten Möbeln, besonders gelungen ist. In der Theelkammer versammelte sich einst der **Theelacht**, die auf das 9. Jh. zurückreichende älteste bäuerliche Gemeinschaft Europas. Einen Überblick über die Stadtgeschichte erhält man im Gewölbekeller Norden.

Teemuseum: März / April Di. – So. 10 – 17, Mai – Okt. auch Mo., Nov. – Feb. Mi. / Sa. 11 – 16 Uhr; ostfriesische Teezermonie Di. / Mi. / Sa. 14, Fr. 11 Uhr (Voranmeldung erbeten) | Eintritt: 6 €
www.teemuseum.de
Heimatmuseum: März – Okt. Di. – So. 12 – 17, Juli / Aug. auch Mo.

Prächtige Galerieholländer

Mühlen

14 Mühlen drehten sich einst in Norden, drei sind erhalten geblieben. Als technisches Museum zu besichtigen ist die **Deichmühle**, deren mächtige Flügel einen Durchmesser von 23 m haben. Entstanden ist der vierstöckige Galerieholländer im Jahr 1900. Die **Mühle Frisia**, ebenfalls eine vierstöckige Galerieholländer-Mühle, am Stadtrand geht auf eine Konzession aus dem Jahr 1700 zurück. Ein Mahlwerk fehlt der »Zwillingsmühle« der Deichmühle, doch seit 1993 drehen sich die Flügel der Mühle wieder. Heute ist hier eine Ausstellung zum Bäckereihandwerk eingerichtet. Das Besondere an der **Westgaster Mühle** ist ihre Verbindung mit einer überdachten Diele und dem Wohnhaus. Zudem wurde sie 1863 bereits aus einem feuerfesten Material errichtet, nachdem zuvor zwei Holzmühlen in unmittelbarer Nähe abgebrannt waren. In dem dreistöckigen Galerieholländer sind eine Teestube und ein Laden untergebracht.

Deichmühle: Bahnhofstr. | Di. – Fr. 15 – 17 Uhr
www.deichmuehle.de

Alles über den Ostfriesentee – woher er kommt, wie man ihn zubereitet und auch wie man ihn einst verkaufte – erfährt man im Teemuseum.

Frisia-Mühle: In der Gnurre 40 | Besichtigung nach Vereinbarung
Westgaster Mühle: Alleestr. 65 | Mo. – Fr. 19 – 12.30 / 15 – 18, Juni – Okt. Do. 15 – 17 Uhr Führung inkl. Getreide mahlen und backen | Teestube: Di. – So. 10 – 18 Uhr

Waisenhaus für niedliche Knopfaugen

★ Seehundstation Norddeich

Norddeichs Attraktion ist die Seehundstation beim Nationalparkhaus. Hier werden jedes Jahr bis zu 90 verwaiste Seehunde und Kegelrobben aufgepäppelt und im besten Fall in den Schutzgebieten der Nordsee wieder ausgesetzt. Die Ursachen für die Trennung zwischen Seehund-Müttern und ihren Jungen sind vielfältig. Unterschieden wird zwischen **natürlicher und unnatürlicher Trennung**. Als natürlich gilt beispielsweise, wenn Zwillinge zur Welt kommen, die Mutter sich aber nur um eines der Jungen kümmern kann. Oft trennen auch extreme Wetterbedingungen die Familien. Für die unnatürliche Trennung ist fast ausschließlich der Mensch verantwortlich, wenn er beispielsweise zu nah an die Seehunde herankommt oder mit Booten an den Sandbänken vorbeirast.
In der ehemaligen Seefunkstelle Osterloog (Außenstelle der Seehundstation) ist das **Waloseum** untergebracht. Dort erfährt man

NORDEN UND NORDDEICH ERLEBEN

TOURISTINFORMATION NORDEN UND NORDDEICH

Dörper Weg 22
26501 Norden-Norddeich
Tel. 04931 98 62 00
www.norddeich.de

Im Sommer und zu bestimmten Anlässen fährt eine Museumseisenbahn ►von Dornum nach Norden. Die Bahn transportiert auch Räder.
Fahrplan unter www.mkoev.de

OCEAN WAVE

Großes Erlebnisbad direkt neben der Touristinformation. 15 m hoher Leuchtturm mit 105-m-Rutsche, Wasserfall, Strömungskanal, Brodelbecken, Saunalandschaft, Restaurants.
Dörper Weg 22, Norddeich

SPA & WELLNESS IM HOTEL FÄHRHAUS

Die ganze Palette an Wohlfühl-Angeboten ist in der Wellness-Abteilung des Hotels Fährhaus zu bekommen, von Ayurveda- und Klangmassagen über Schaumbäder, diverse Peelings (u. a. Schoko-Kaffee) bis hin zu Meeresalgenbehandlungen und diversen Beauty-Angeboten vom Scheitel bis zum großen Zeh.
Hafenstr. 1
www.wellnesss-norddeich.de

HAVANNA €€–€€€

Das Panorama Café und Restaurant Havanna am Ocean Wave ist alles andere als die übliche Pommes- und Currywurst-Verköstigung bei sonstigen Erlebnisbädern. Hier gibt es richtig gute, interessant komponierte Burger, regionale Fischgerichte – und bei Sonnenuntergang genießt man die Speisen am besten auf der großen Terrasse.
Dörper Weg 23
www.havanna-norddeich.de

UTKIEK €–€€

Für die einfachen, schmackhaften Gerichte muss man nicht tief in die Tasche greifen. Die herrliche Aussicht auf Hafen und Wattenmeer gibt's gratis dazu.
Badestr. 1, Norddeich (auf dem Deich)

ROMANTIK HOTEL REICHSHOF NORDEN €€€–€€€€

Bereits im frühen 17. Jh. wurde hier Bier gebraut, Anfang des 18. Jh.s wurde in der Ausspannwirtschaft das Bier ausgeschenkt. Heute kann man im historischen Backsteinbau des Hotel Reichshof immer noch Bier trinken, vor allem aber auch stilvoll übernachten.
Neuer Weg 53
www.reichshof-norden.de

---

rund um das 15 m lange Skelett eines 2003 vor Norddeich gestrandeten Pottwals Wissenswertes über die großen Meeressäuger. Angeschlossen ist eine Vogelpflegestation.

Seehundstation: Dörper Weg 24 | tgl. 9 – 17, Fütterung 11 / 15 Uhr
Eintritt: 10 € | www.seehundstation-norddeich.de

Jetzt schön stillhalten ...

Waloseum: Osterlooger Weg 3 | Mitte März – Okt. tgl. 9 – 17 Uhr
Eintritt: 10 € (Kombicard Seehundstation + Waloseum 17 €)
www.waloseum.de

Rund um Norden und Norddeich

Kirchenasyl für Störtebeker

Lütetsburg, Marienhafe

»Ein uraltes Schloss am Meeresstrand, Ein herrlicher Park im baumlosen Land«, so dichtete ein begeisterter Theodor Fontane bei seinem Besuch in Lütetsburg. Der Park ist das Lebenswerk von Reichsfreiherr Edzard Mauritz zu Inn- und Knyphausen. Ihm zu verdanken ist ein herrlicher **Schlosspark im frühromantischen Stil**, mit prächtigen Alleen, Hügeln, Bächen und mehr als 150 exotischen und heimischen Pflanzenarten. Das Wasserschloss selbst befindet sich in Privatbesitz und ist nicht zu besichtigen.

Weiter im Landesinneren, im **Brookmerland**, ragt der Kirchturm der **St. Marienkirche** zu Marienhafe in den Himmel. Die Kirche wurde Mitte des 13. Jh.s als dreischiffige Kreuzbasilika gebaut und war bis zum Teilabbruch im 19. Jh. mit 72 m Länge und 23 m Breite der größte Kirchenbau Ostfrieslands; lediglich das Mittelschiff ist erhalten geblieben, der Turm wurde um zwei Stockwerke verkürzt. Marienhafe war tatsächlich **einst ein Hafenort**, der vor mehr als fünfhundert Jahren, dem berühmt-berüchtigten Pirat Klaus Störtebeker Unterschlupf gewährte (▶ Baedeker Wissen, S. 202). Erst im späten Mittelalter wurde Marienhafe durch die Verlagerung der Küstenlinie zum

ROBIN HOOD DER MEERE

BAEDEKER WISSEN

Über Klaus Störtebeker sind selbst die Historiker nicht wirklich im Bilde – doch jedes Kind weiß, dass er einer der gefürchtetsten Piraten aller Zeiten war. An seine waghalsigen Kaperfahrten, seinen sagenhaften Reichtum und sein schauriges Ende erinnern zahlreiche Lieder und Legenden, die ihn bis heute vor dem Vergessen bewahrt haben.

Verbürgt ist von Klaus Störtebeker nicht einmal der Vorname. Sein Nachname leitet sich hingegen von seiner vorgeblichen Trinkfestigkeit ab: Er soll gleich mehrere große Becher hintereinander auf einen Zug geleert haben. So wurde aus **»Stürz den Becher«** Störtebeker. Mehrere Orte nehmen für sich in Anspruch, Geburtsort des Piratenkapitäns gewesen zu sein, wahrscheinlich stammte er aber aus der Ostsee-Hansestadt Wismar, ebenso wie sein Wegbegleiter, der Seeräuberhauptmann Godeke Michels.

Reiche Beute

Als der Krieg zwischen Mecklenburg und Dänemark (1389 – 1391) ausbrach und **zur Seeräuberei aufgerufen** wurde, hat sich Störtebeker vermutlich wie viele andere zur organisierten Kaperfahrt gemeldet. Die marodierenden Seefahrer erfüllten zunächst ihre Aufgabe und schädigten Dänemark gehörig. Da die Besatzungen jedoch ausschließlich auf Raub und Plünderungen angelegt waren, wurden bald auch die schwer beladenen Hansekoggen Ziel der so genannten »Vitalienbrüder«. Sie selbst bezeichneten sich als **»Liekedeler«**, Gleichteiler, da sie ihre Beute gerecht untereinander aufteilten. Außerdem wurde der Hauptmann demokratisch gewählt. Dieses geradezu sozialrevolutionäre System bedeutete für viele der recht- und besitzlosen Seeräuber die große Freiheit.

Große Verluste

Seeräuber wurden mehr und mehr zum Problem: Zwischen 1395 und 1398 beherrschten sie die Ostsee und fügten der Hanse große Verluste zu. Also ging man nach einer Friedenslösung mit Dänemark gemeinsam gegen die Piraten vor. Nach anfänglichen Fehlschlägen konnten die Vitalienbrüder aus der Ostsee vertrieben werden. Zu dieser Zeit tauchten die Namen Störtebeker und Godeke Michels als gefürchtete Seeräuberhauptmänner erstmals auf. Zwar schien der Ostseehandel nun gerettet, doch hatte sich das Piratenunwesen lediglich in die Nordsee verlagert. Unterstützung fanden die Seeräuber entlang der ostfriesischen Küste, denn den friesischen Häuptlingen war die **Vormacht der Hanse** schon lange ein Dorn im Auge. Die Piraten verkauften ihre erbeuteten Waren günstig und boten Verstärkung bei Kämpfen an. Einer der mächtigsten ostfriesischen Häuptlinge, Keno tom Brook aus Marienhafe, war sogar mit Störtebeker befreundet. Im dortigen Störtebeker-Turm kann man noch die Stube des berüchtigten Hauptmanns besichtigen. Schließlich drohten die Hamburger und Bremer den Friesenhäuptlingen mit einer imposanten Flotte. Im Frühjahr 1401 organisierte Störtebeker von Helgoland aus eine weitere Kaperfahrt. Das erste vermeintliche Opfer entpuppte sich jedoch als gut gerüstete

hamburgische Streitflotte. Vor Helgoland kam es zum Gefecht, und erstmals unterlagen die Seeräuber. Ihr größter Verlust waren aber weder die getöteten Kameraden noch die verlorenen Schiffe, sondern die **Gefangennahme** ihres Hauptmanns Störtebeker. Als wenig später auch Godeke Michels seinen Gegnern ins Netz ging, waren zwei der führenden Köpfe ausgeschaltet. Gemeinsam mit rund 40 Kameraden wurden Störtebeker und Michels im Oktober 1401 in Hamburg hingerichtet, inszeniert als großes Volksschauspiel.

Unzählige Mythen

Eigentlich war Störtebeker nur einer unter mehreren Seeräuberhauptmännern, doch um seine Person rankten sich schon kurz nach seinem Tod unzählige Mythen. Vor allem sein **sagenhafter Reichtum** trug zur Legendenbildung bei: In zahlreichen Höhlen und Verstecken an der Nord- und Ostsee soll er seine Schätze gelagert haben, zudem seien die hohlen Masten seiner Schiffe mit Gold ausgegossen worden. Andere Erzählungen rühmen seine **soziale Ader**: So soll er einer armen Fischertochter einen mit Gold gefüllten Schuh geschenkt und Teile seiner Beute regelmäßig an Arme verteilt haben. Klaus Störtebekers Taten, Leben und Ende wurden zum Gegenstand von Moritaten und Chroniken, die sich bald im gesamten deutschen Sprachraum verbreiteten und zur **Volkssage** wurden. Dichtung und Wahrheit lassen sich heute nicht mehr sicher voneinander trennen. Auch sein vermeintliches Porträt (siehe unten) beruht auf einer Verwechslung und stellt eigentlich einen Vertrauten Kaiser Maximilians I. dar. Sicher ist nur, dass niemals ein Störtebeker-Schatz gefunden wurde. Bislang jedenfalls ...

Binnenort. Störtebeker bekam in der Marienkirche so etwas wie Kirchenasyl. Seitdem nennen die Marienhafer den Turm ihrer Kirche stolz **»Störtebeker-Turm«**.

Park Lütetsburg: Mai – Sept. 8 – 21, Okt. – April 10 – 17 Uhr
Eintritt: 2 € | www.schlosspark-luetetsburg.de
Marienkirche: Am Markt 20 | April – Sept. Di. – Sa. 10 – 12 / 14 – 17, Okt. nur So. 14 – 17 Uhr | Eintritt: 2 € (Führungen auf Anfrage, Tel. 0175 48 85 259)

NORDENHAM

Niedersachsen | **Landkreis:** Wesermarsch | **Einwohner:** 26 900 | **Nordenham Marketing und Touristik:** Marktplatz 7, 26954 Nordenham, Tel. 04731 93 640 | **www.nordenham.de**

Im Gegensatz zu den historischen Friesendörfern auf der nahen Halbinsel ▶ Butjadingen kann die Stadt Nordenham erst auf eine rund 150-jährige Geschichte zurückblicken. Dank der Eingemeindung älterer Vororte bietet sie jedoch auch einige Sehenswürdigkeiten, die den Besuch lohnen.

Etwas unterschätzt

Als Gründer Nordenhams gilt der Kaufmann Wilhelm Müller, der 1857 beim Dorf Atens einen Pier bauen ließ, von dem der Norddeutsche Lloyd Ochsen nach England verschiffte. Von ▶Bremerhaven nur durch die Wesermündung getrennt, wurde Nordenham zum heute wichtigsten deutschen Ölhafen, zudem Ausweichhafen für den Norddeutschen Lloyd und Getreideumschlagplatz. Das zeitigte **Industrieansiedlungen**, die Nordenham zwar steigende Einwohnerzahlen einbrachten, doch auch den Ruf einer unansehnlichen Industriestadt. Zumindest einige der 35 Stadtteile bestätigen dies nicht. Ans andere Weserufer gelangt man seit 2004 durch den **Wesertunnel** von Kleinensiel aus. Der 365 Mio. € teure Bau bedeutete das Aus für die 600-jährige Fährtradition an dieser Stelle.

Das **Museum Nordenham** führt durch die Stadt- und Regionalgeschichte, von der Urgeschichte über die Eindeichungen und die Nordenhamer Gründerzeit bis zum Standort von Fischerei- und Metallindustrie. Ein Film rundet die Ausstellung ab. Im schönen »Friesenzimmer« kann man auch heiraten.

Hansingsstr. 18 | April – Mitte Juni / Mitte Sept. – Okt. Di. – Sa. 14 – 17 / So. 10.30 – 17, Mitte Juni – Mitte Sept. Di. – Fr. / So. 10.30 – 17, Sa. 14 – 17, Nov. – März nur Sa. / So. | Eintritt: 3 €, Kinder von 6 – 16 Jahren 1,50 € | www.museum-nordenham.de

Wohin in Nordenham und Umgebung?

Einkaufen und Brot backen wie anno dazumal

Abbehausen, Moorseer Mühle

Im westlich des Zentrums liegenden Stadtteil Abbehausen betrieb in der Butjadinger Str. 101 die Familie Freese seit 1927 in vierter Generation das 1853 eröffnete **Kaufhaus J.H. Büsing Sohn** – ein sammelsuriumartiges Geschäft mit allem, was für den täglichen Bedarf wichtig ist, inmitten einer historischen Ausstattung mit der originalen Ladeneinrichtung. Nach dem Tod des Inhabers wird das Kaufhaus mit eingeschränkten Öffnungszeiten weitergeführt.

Obwohl die Abbehausener **Kirche** 1858 grundlegend erneuert wurde, blieben wertvolle Ausstattungsstücke früherer Zeiten erhalten, vor allem der romanische Taufstein, den der berühmte Bildhauer Münstermann 1628 zum manieristischen Kunstwerk umarbeitete. Ebenfalls als eine Arbeit Münstermanns wird der Grabstein für das Vogtsehepaar Meiners (um 1630) angesehen.

Nur wenig nordwestlich von Abbehausen kommt man zur Moorseer Holländermühle, die seit 1840 in Betrieb und noch voll funktionstüchtig ist, wovon man sich während der Führungen überzeugen kann. Das **komplett erhaltene Mühlenensemble** mit Müllerhaus und mehreren Nebengebäuden sowie Werkstätten ergänzt ein Ausstellungsgebäude, in dem über Geschichte und Technik von Wind- und Wassermühlen und historische Arbeitsgänge vom Getreideanbau bis zum Brotbacken informiert wird. An den Backtagen kann man in der historischen Bäckerei Brot backen wie anno dazumal.

Historisches Kaufhaus: Butjadinger Str. 101 | Fr. 8.30 – 12.30 / 15 – 18 Uhr | Eintritt: 3 € | www.historisches-kaufhaus-abbehausen.de

Moorseer Mühle: Butjadinger Str. 132 | April – Okt. Di. – So. 10 – 17, Nov. – März 14 – 17 Uhr | Eintritt: 3 €, Kinder über 6 Jahre 1,50 €, Familien 7,50 € | www.museum-moorseer-muehle.de

Mehr als nur ein Fährhafen

Blexen

Blexen ist heute vor allem wegen der regelmäßigen Autofährverbindung von und nach ▶Bremerhaven für die Halbinsel ▶Butjadingen von Bedeutung. Es ist aber auch der **Sterbeort des ersten Bischofs von Bremen**, Willehad. Vermutlich befand sich an der Stelle, an der er während seiner Missionierung des Friesenlands eine Kirche erbauen ließ, ursprünglich ein heidnisches Heiligtum. Hier soll er 798 auch gestorben sein, was der Kirche eine besondere Bedeutung verlieh. Diese erste Kirche war wohl aus Holz und brannte um das Jahr 1000 ab. Mehrere Jahrhunderte baute man anschließend an der heutigen repräsentativen **Steinkirche St. Hippolyt** mit Wehrturm und Wehrmauern. Das Inventar enthält wertvolle Stücke der **Bildhauerfamilie Münstermann**: Vater Ludwig und Sohn Johann schufen 1637/1638 die sieben Statuetten am Altar; Ludwig fertigte die Kanzel (1638) und von dessen Schüler Onnen Dierksen stammt der Taufstein von 1642.

★ NORDERNEY

Niedersachsen | **Landkreis:** Aurich | **Einwohner:** 6000

Norderney ist die Insel mit dem ältesten Seebad an der Nordseeküste, von der Entstehungsgeschichte her jedoch die jüngste. Das Eiland bewältigt heute recht erfolgreich den Spagat zwischen Tradition und Tourismustrubel.

Urlauben und Urlauben lassen

Am altehrwürdigen Conversationshaus lauschen sittsam gekleidete Gäste älteren Semesters dem Kurkonzert. Wo einst Clara Schumann für gekrönte Häupter Klavierkonzerte gab, erklingen auch heute noch moderate, klassische Töne. Einen Steinwurf entfernt wummert Technomusik, oder Kegelklubs grölen sinnfreie Schlagertexte. Und sittsam gekleidet ist kaum jemand, wenn beispielsweise das »White-Sands-Festival« zelebriert wird. Ein Event, das Beachvolleyball, Windsurfen und Party kombiniert.

Die Insel ist einerseits **»Grande Dame«** der Ostfriesischen Küste, die mondäne Vornehme – hier urlaubten einst mit Vorliebe Staatsmänner und Dichterfürsten – aber andererseits auch so etwas wie der **»Ballermannn«** im Wattenmeer. Während auf anderen Ostfriesischen Inseln morgens um 5 Uhr die Vogelkundler aus den Federn kriechen, wanken auf Norderney die Nachteulen zurück in ihre Hotels und Pensionen. Hier sitzt man in edlem Ambiente und Kerzenlicht beim Diner, man steht aber auch bei der Dönerbude. Kegelklubs promenieren einträchtig mit Promis, die seit einigen Jahren wieder verstärkt die Insel besuchen, am Strand entlang. Urlauben und Urlauben lassen könnte das Motto Norderneys heißen.

Einst königliche Sommerresidenz

Im Westen urban, im Osten natürlich

Heinrich Heine behauptete zunächst, die Norderneyer seien »meist blutarm und leben vom Fischfang«. Später äußerte er sich weitaus wohlwollender:

> »
> Die See war mein einziger Umgang,
> und ich habe nie einen besseren gehabt.
> Nächte am Meer, wunderherrlich, groß.
> «

Bis heute ist die mit 26,3 km² Fläche zweitgrößte Ostfriesische Insel ausgesprochen beliebt, kann die meisten Besucher aller sieben Inseln vorweisen. Als »Osterende« wurde Norderney erstmals 1398 urkundlich erwähnt, 1549 bekam sie den Namen »Norder-Nye-Oog« (»Nordens neue Insel«). 1797 gründet man auf Norderney Deutschlands **erstes Nordseebad**. Ganze Straßenzüge mit Biedermeier- und klassizistischen Bauten verweisen auf die Zeit, als Norderney 1836 Sommerresidenz des hannoverschen Kronprinzen und späteren Königs Georg V. von Hannover wurde und auch prominente Besucher wie eben Heine oder sein Dichterkollege Theodor Fontane zu Gast waren. Dazwischen ragt die eine oder andere Bausünde in den Himmel. Schon von der Fähre aus fällt die **urbane Silhouette** der Stadt Norderney ins Auge. Die östliche Inselhälfte zeigt sich hingegen als »Natur pur« mit ausgedehnten Salzwiesen und Dünenlandschaften. Sie gehört zur Ruhezone des Nationalparks, durch die nur wenige Wege führen.

Wohin auf Norderney?

Prunk und Pracht des alten Seebads

★ Kurplatz

Weiße Prunkbauten aus der Gründungszeit verleihen dem Mittelpunkt der Insel, dem Kurplatz, seinen nostalgischen Touch, musikalisch untermalt aus der Konzertmuschel auf der Rasenfläche. Hier steht auch das schönste Gebäude der Insel, das elegante **Kurhaus** von 1822, in dem seit 1978 die Spielbank residiert. Das Kurhaus ist Nachfolger des 1799 auf Empfehlung des Seebadgründers, Medizinalrat Dr. Friedrich Wilhelm von Halem (1762 – 1835), errichteten Conversationshauses. Im 1894 von Hotelbesitzer Gustav Weidenmann gebauten **Kurtheater** finden auch heute noch regelmäßig Gastspiele, Konzerte und Kino-Abende statt, hier wird auch alljährlich das Internationale Kinofestival Emden-Norderney zelebriert. Direkt daneben steht vor dem Haus der Insel ein **Denkmal für Heinrich Heine**, 1930 entworfen von Arno Breker. Die Skulptur, ein Geschenk der Gesellschaft Heinrich-Heine-Denkmal e. V. an die Stadt Norderney, wurde 1983 aufgestellt; begleitet von heftigen Protesten angesichts Brekers Rolle im Dritten Reich.

Von der Windmühle zum Heimatmuseum

Durch die Stadt schlendern

Norderney ist stolz auf die einzige Windmühle der Ostfriesischen Inseln. Man findet sie am Ostende der Marienstraße. Der Galerieholländer mit dem Namen »Selden Rüst« (»Selten Ruhe«) war bis 1962 in Betrieb, heute beherbergt das Gebäude ein Restaurant. In der Poststraße sollte man sich wiederum das **Postamt** ansehen. Mit seinen Ziegelverzierungen, der Bemalung und dem neoromanischen Rundbogenfries gilt es als eines der schönsten Gebäude des Orts. Ecke Bismarckstr. / Herrenpfad erinnert das 1899 enthüllte **Kaiser-Wilhelm-Denkmal** an die Gründung des Deutschen Reichs im Jahr 1871. 75 Städte aus dem gesamten Reichsgebiet haben für den Bau der 13 m hohen Pyramide Steinblöcke auf die Insel geschickt. Im Gebäude des ehemaligen Freibads zwischen Argonnerwäldchen und

NORDERNEY ERLEBEN

TOURIST-INFORMATION IM CONVERSATIONSHAUS

Am Kurplatz 1, 26548 Norderney
Tel. 04932 89 19 00
www.norderney.de

Tideunabhängige Autofähre der Reederei Frisia ab Norddeich-Mole (ca. 50 Min.). Von Norden-Norddeich aus Flugverbindung.
Tagesfahrten und Ausflüge nach Helgoland, Baltrum, Borkum, Juist, Langeoog und Spiekeroog sowie Mini-Kreuzfahrten zu den Seehundbänken.
www.reederei-frisia.de

BADE:HAUS NORDERNEY

Das ehemalige Meerwasserwellenbad von 1931 wurde 2005 als Badetempel der Superlative neu eröffnet mit diversen Wellnesseinrichtungen, Beauty-Anwendungen und dem größten **Thalassozentrum** Deutschlands.
Am Kurplatz 2
Thalasso SPA tgl. 9.30 – 21 Uhr
Familien-Thalassobad bis 18 Uhr

RESTAURANT SEESTEG €€€€

Chefkoch Markus Kebschull hatte sich einst im Sterneck in Cuxhaven schon zwei Michelin-Sterne erkocht. Hier auf Norderney ist es immerhin einer: für edle Speisen, bei denen der Meister traditionelle Gerichte auf höchstem Niveau verfeinert oder ergänzt. Wie zum Beispiel beim Labskaus mit Seehecht oder Grünkohl, kombiniert mit feinstem Steinbutt.
Damenpfad 36 a
www.seesteg-norderney.de

ESSZIMMER €€€–€€€€

Trendy, recht lässig und dennoch vom Feinsten. Das Restaurant Esszimmer pflegt eine nordisch-internationale Fusion-Küche, da darf vieles sein, Hauptsache es schmeckt. Der Gebeizte Rotbarsch mit Salatherz, Pulpo & Stabmuscheln in Krustentiersauce tut es, genau wie die passenden Weine dazu.
Damenpfad 36
www.inselloft-norderney.de

WEISSE DÜNE €€–€€€€

Der wahrscheinlich coolste Platz auf der Insel ist die Strandbar »Weiße Düne«. Die Lage zwischen Dünen und Nordsee ist kaum zu toppen. Auf der Speisekarte tagsüber sind Currywurst und Krabben zu finden, abends verwandelt sich die lässige Strandbar in ein Gourmet-Restaurant.
Weisse Düne 1
www.weisseduene.com

MILCHBAR €

Die Milchbar am Norderneyer Weststrand verspricht so einiges: Wir versorgen euch mit Strand, Sonne, Sturm, Schiffen, Möwen, Wasser, Sonnenschirmen, Muscheln, Salz, Luft, Brandung, Weitblick, Tradition, harmonischem Design, Lifestyle, Naturverbundenheit, Geselligkeit und Rückzug, Ruhezone oder Partyflair. Und natürlich gibt's hier viel mehr als Milch zu trinken …
Damenpfad 33
www.milchbar-norderney.de

HOTEL SEESTEG €€€€

Die salzgetränkten Mauern des alten Depots für die Versorgung der Seeschiffe, originalgetreu wieder aufgebaut, beherbergen heute das schöns-

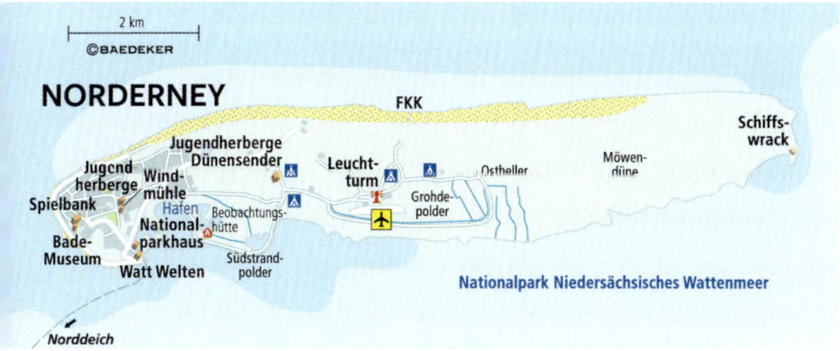

te Hotel von Norderney, mit neun Juniorsuiten und sieben Doppelzimmern in warmen Erdfarben; Showküche, Spa und Rooftop-Pool mit toller Aussicht aufs Meer.
Damenpfad 36a
www.seesteg-norderney.de

STRANDHOTEL PIQUE
€€-€€€
Freundliches Strandhotel mit geschmackvoll arrangierten Zimmern und ausgezeichneter Küche im Restaurant »Mahl anderz« (ehemals »Mathilde am Meer«), abends mit Paradeblick auf den Sonnenuntergang.
Am Weststrand 3
www.hotel-pique.de

Weststrand lädt das **Bade-Museum** zu einem sehr spannenden Streifzug durch Norderneys mehr als 200-jährige Geschichte als Seebad und Kurort ein. Die im März 2012 eröffnete Galerie zeigt Gemälde und Zeichnungen des Malers Hans Trimborn (1891 – 1979), der überwiegend in Ostfriesland lebte und arbeitete.
Bereits 1937 wurde das Heimatmuseum im Fischerhaus eröffnet. In dem originalgetreuen **Nachbau einer Fischerkate** ist zu sehen, wie die Fischer einst lebten und arbeiteten und wie sich der Wandel vom Fischerort zum mondänen Seebad vollzog. Der Heimatverein Norderney bietet Führungen an.
Bade-Museum: Am Weststrand 11 | Di. - Fr. 11 - 17, Sa. / So. 14 - 17, Mo. 16 nur Führungen | Eintritt: 4 €
www.bademuseum-norderney.de
Fischerhaus-Museum / Teestube: Weststrandstr. 1
www.heimatverein-norderney.de

Spannend und interaktiv

Das modernste, 2015 neu eröffnete Nationalparkhaus aller Ostfriesischen Inseln, heißt seitdem Watt Welten Norderney. Hier werden auf vielfältige Art und Weise die besonderen biologischen und geologischen Prozesse und die **Biodiversität** des UNESCO-Weltnaturerbes

★ Watt Welten Norderney

LEUCHTZEICHEN AM HORIZONT

Entlang der deutschen Nordseeküste stehen 36 Leuchttürme. Solche Navigationshilfen gab es bereits in der Antike und trotz Radar und Satellitennavigation sind sie auch heute nicht überflüssig als zusätzliche Sicherungssysteme, markante Denkmale der Schifffahrtsgeschichte sowie beliebte Ausflugsziele – vor allem ihre Aussichtsplattformen.

▶ **Leuchtturmarchitektur**
Leuchttürme unterscheiden sich nach Form, Aussehen und Aufgabe (z.B. für Positionsbestimmung oder zur Warnung vor Untiefen). Es gibt u.a. Backsteintürme, Gittertürme und Leuchtbaken. Die Leuchtfeuer senden je nach Bedeutung verschiedene farbige Signale in unterschiedlichen Intervallen aus. Angegeben sind die Leuchtfeuerhöhen in Meter, ihre Leuchtsignalfarben sowie das Baujahr der Türme.

1 Norderney (1900)

2 Sankt Peter (1890)

3 Amrum (1874)

4 Helgoland, Oberland (1952)

Die Größenverhältnisse sind nicht exakt wiedergegeben.

Seezeichen
Unterschieden wird zwischen festen und schwimmenden Seezeichen (z.B. Tonnen). Leuchttürme sind die auffälligsten festen Sichtzeichen. Weitere, meist unbefeuerte sichtbare Orientierungshilfen für die Schifffahrt sind:

Pricken *Sichtzeichen; 4–7 m hohe Birkenstämme oder Eisenstangen als Kennzeichnung im kleinen Fahrwasser. Ein Abstand von 3–5 m sollte zur Pricke eingehalten werden.*

Baken *(auch: Kap, Kape, Kaap) Sichtzeichen; Holz- oder Metallgerüst*

Seetürme *Hohe, massive Bauwerke, über weite Entfernung sichtbar für Schiffe*

5 Nieblum (1983)

6 Oland (1929)

7 Norddorf (1906)

8 Helgoland, Düne (1936)

Wer behauptet, auf Norderney sei nichts los, sollte sich abends zum Kurplatz aufmachen.

Wattenmeer erläutert, außerdem werden regelmäßig Führungen und Aktivitäten für die ganze Familie angeboten. Zudem erfahren Besucher nicht nur, welche besonderen Tiere und Pflanzen im Nationalpark leben und wachsen, sondern auch, welche Probleme es beispielsweise mit dem Müll in der Nordsee und den Offshore-Anlage auf See gibt.

Am Hafen 2 | März – Sep. tgl. 10 – 17, Okt. – Feb. Di. – Sa. 9 – 17 Uhr
Eintritt: 7 € | www.nationalparkhaus-norderney.de

Kontrastprogramm: »Natur pur«

★ Osten der Insel

Der Südstrandpolder östlich des Hafens ist das älteste Naturschutzgebiet der Insel. Hier brüten rund 150 Vogelarten, u. a. Nachtigallen, Rohrdommeln, Teichrohrsänger und Wasserrallen. Einblicke in diesen Lebensraum verschafft eine 4,5 km lange Rundwanderung. Der einzige **Leuchtturm** der deutschen Küste, dessen Feuer links dreht, bietet einen grandiosen Ausblick. Rund 250 Stufen sind zu erklimmen, dann steht man auf der rund 50 m hohen Plattform des 1871 bis 1874 erbauten Leuchtfeuers. Allein der Weg dorthin durch die Dünenlandschaft ist schon einen Ausflug wert. Und wer es noch weiter schafft: Beliebtes Ziel ganz im Osten der Insel ist das **Wrack eines Muschelbaggers**. Er befreite 1968 ein festsitzendes Schiff, strandete aber selbst unrettbar. Man erreicht das Wrack über den einzigen zulässigen und markierten Weg durch diesen Inselteil oder am Strand entlang.

Leuchtturm: April – Okt. tgl. 14 – 16 Uhr | Eintritt: 2 €

NORDSTRAND

Schleswig-Holstein | **Landkreis:** Nordfriesland | **Einwohner:** 2300

Ist Nordstrand nun eine Insel oder nicht? Die Nordstrander beantworten das auf ihre norddeutsch trockene Art: Halb Insel – doppelt Urlaub! Wer Ruhe sucht, weit ab von Schickimicki und touristischem Trubel, der ist auf Nordstrand jedenfalls goldrichtig, egal ob Insel oder Halbinsel.

Schafe auf und Ruhe hinter dem Deich

Mit dem Festland ist Nordstrand über einen 2,5 km langen Damm verbunden, der etwas nördlich von Schobüll beginnt und beweist, dass Nordstrand tatsächlich einst eine Insel war. Sie entstand, als 1634 die **Buchardi-Flut** die größere Insel Strand – die schon bei der »Großen Mandränke« 1362 an Substanz verloren hatte – noch einmal auseinanderriss. Übrig blieben Nordstrand, ▶Pellworm und die ▶Hallig Nordstrandischmoor. Die Überlebenden auf Nordstrand fristeten ein solch armseliges Dasein als Halligbauern, dass Herzog Friedrich III. ihre Insel 1652 an vier Holländer verkaufte, sehr zum Verdruss der Insulaner. Bereits 1654 begannen die neuen Besitzer mit dem Bau des am Ende 28 km langen (und heute 8 m hohen) Deichs. Durch weitere Eindeichungen, Landanspülungen und Entwässerungen wurden mehrere so genannte **Köge** gebildet und Neuland gewonnen. 1935 baute man den Damm zum Festland, an dessen Nordseite inzwischen durch Eindeichung ein weiteres Kooggebiet entstanden ist, sodass Nordstrand nun als Halbinsel zählt. Satte Wiesen, Weiden und Rapsfelder prägen die **überwiegend unter dem Meeresspiegel** liegende Landschaft, in der die vielen Schafe auffallen, die das Gras auf den Deichen kurz halten. Strände gibt es auf Nordstrand nicht, gebadet wird am Deich.

Wohin auf Nordstrand?

Eine Kirche trotzte allen Fluten

Oldenbüll

Hauptort Nordstrands ist Oldenbüll. Am Ortsrand steht – geschützt zwischen hohen Bäumen auf einer kleinen Warft – die **Vinzenz-**

BAEDEKER ÜBERRASCHENDES

6X DURCHATMEN

Entspannen, wohlfühlen, runterkommen

1. WOHLFÜHL-SCHLAMM

Wenn der Trubel auf der Insel mal zu viel wird: Lassen Sie sich im **bade:haus Norderney** doch einfach mit einer Thalasso-Behandlung rundum verwöhnen. (▶ **S. 208**)

2. I'M WALKING

Der **Nordic Walking Park** auf Sylt bietet zahlreiche Routen in unterschiedlichsten Schwierigkeitsstufen. Genießen Sie die Bewegung in freier Natur. (▶ **S. 316**)

3. AUTOFREI

Entschleunigung im Urlaub ist auf ▶ Baltrum, ▶ Juist, ▶ Langeoog, ▶ Spiekeroog und ▶ Wangerooge ganz einfach, denn man bewegt sich hier ganz gemütlich per pedes, Fahrrad oder Pferdewagen.

4. NACHTS IM WATT

Die **Weite des Watts** erscheint in der Nacht noch unendlicher. Die einzigen Geräusche: das leise »Schmatzen« der eigenen Schritte und das Zwitschern der Austernfischer. (▶ **S. 190**)

5. SCHAFE ZÄHLEN

Man kann sich darüber streiten, ob **Nordstrand** eine Insel oder eine Halbinsel ist, unstrittig ist dagegen, dass hier goldrichtig ist, wer Ruhe und Erholung sucht. (▶ **S. 213**)

6. DURCHATMEN

Der Neuenburger Urwald lockt zu Spaziergängen inmitten unberührter Natur. Atmen Sie tief durch! (▶ **S. 254**)

NORDSTRAND ERLEBEN

KURVERWALTUNG
Schulweg 4
25845 Nordstrand
Tel. 04842 454
www.nordstrand.de

Ausflugsfahrten zu den Halligen, nach Amrum, Hörnum/Sylt und zu den Seehundbänken.
www.adler-schiffe.de

HOFLADEN SCHÄFEREI BAUMBACH
Lammspezialitäten aller Art: Fleisch und Wurst, Felle, Bekleidung und Pflegeprodukte
Pohnshalligkoogstr. 1
www.lammfleisch.de

NORDSTRANDER TÖPFEREI
Traditionelle Töpferei, in der es schöne Gebrauchskeramik in typischer grau-blauer Glasur nach historischen Vorbildern zu kaufen gibt.
Süden 44
www.nordstrander-toepferei.de

ZUR NORDSEE €€€
Direkt am Deich, sodass man vom Gastraum und teilweise aus den Zimmern den wunderbaren Halligblick genießen kann. Gekocht wird verfeinert friesisch. Hausgemachte Kuchen nach friesischen Rezepten gibt es im Strandcafé »Halligblick«.
Norderhafen 20
www.zur-nordsee.de

PHARISÄER-HOF €
In dem friesischen Strohdachhaus ist 1872 angeblich der »Pharisäer« erfunden worden und noch heute der Renner. Im Bauernmarkt im ehemaligen Stallgebäude kann man bestens stöbern: Lammwurstspezialitäten, Schaf- und Ziegenkäse, Fell- und Wollartikel, Marmelade, Liköre...
Elisabeth-Sophien-Koog 3

Kirche aus dem 13. Jahrhundert.. Abgesehen von den beiden Kirchen auf Pellworm ist sie weit und breit das einzige Gotteshaus, das die Flutkatastrophen von 1362 und 1634 überstanden hat. Ihr ursprüngliches Aussehen hat sie durch Umbauten jedoch verloren. Erhalten ist noch der Schnitzaltar von 1480, eine achteckige Marmortaufe aus Namur und ein Triumphkreuz, beide aus dem 15. Jahrhundert. Die Kanzel von 1605 zeigt Reliefs mit Darstellungen des Sündenfalls, der Kreuzigung, der Auferstehung und des Jüngsten Gerichts.

Das **Inselmuseum** im Kurhaus gibt Besuchern einen Einblick in die von Sturmfluten geprägte Historie Nordstrands, über die sagenumwobene Insel Rungholt sowie die Geschichte der Kirchen und der Häfen auf der (Halb-)Insel.
Schulweg 8 | Mo. - Do. 8 - 12 / 14 - 16, Fr. 8 - 12 Uhr, sonst n. Vereinbarung

Für Vogelkundler

Beltringharder Koog

Ein höchst interessantes Areal für Vogelkundler ist der Beltringharder Koog. 1987 eingedeicht, dient diese Fläche – neben ihrer Funktion als Speicherbecken – zahlreichen Vögeln als Brut- und Raststätte. Das Betreten des Schutzgebiets ist verboten, aber vom Deich aus können Besucher die Vogelwelt gut beobachten. Außerdem steht eine **Beobachtungshütte** im Gebiet zur Verfügung. Für Interessierte gibt es regelmäßig vogelkundliche Führungen. Treffpunkt ist das Café am Holmer Siel.

Nationalpark-Haus Nordstrand: Am Kurhaus 27a
www.schutzstation-wattenmeer.de

OTTERNDORF

Niedersachsen | **Landkreis:** Cuxhaven | **Einwohner:** 7200

Die dicken Pötte auf der Elbe scheinen zum Greifen nah vom Deich bei Otterndorf. Das hübsche Städtchen hinterm Deich mit seinem historischen Altstadtkern wird auch die »Grüne Stadt am Meer« genannt. Durch den Hauptort des Landes Hadeln schlängelt sich in vielen Schleifen das Flüsschen Medem, am Ort vorbei führt schnurgerade der Hadelner Kanal. Wer genug durch die Altstadtgassen Otterndorfs mit seinen schönen Fachwerk- und Backsteinbauten flaniert ist, kann zu einer Schiffs-Tour auf nicht ganz so dicken Pötten auf Fluss und Kanal aufbrechen.

Silber und Schiffe

Bereits 1261 wird Otterndorf erstmals urkundlich erwähnt, im Jahr 1400 erhielt der Ort Stadtrechte. Ab 1450 schützten Deiche die Stadt, Dämme, Kanäle und Schleusen förderten den Handel. Das **Stadtbild** blieb seit dem 16. Jh. im Wesentlichen unzerstört. Erstaunlich, wenn man bedenkt, dass in Otterndorf durchaus reiche Beute gewartet hätte: Seit 1550 wirkten hier die Goldschmiedemeister, die das Otterndorfer Silber berühmt gemacht haben.

Stadtführungen April – Okt. Mi. 11 Uhr

Wohin in Otterndorf und Umgebung?

Durch die Altstadt schlendern

Kranichhaus

Als Ausgangspunkt für einen Stadtrundgang bietet sich das historische Rathaus an. Das Backsteingebäude wurde 1583 erbaut und im 20. Jh. umgebaut. Die Hauptachse der Altstadt bilden Marktstraße

OTTERNDORF ERLEBEN

TOURIST-INFORMATION
Wallstr. 12
21762 Otterndorf
Tel. 04751 91 91 31
www.otterndorf.de

Ausflugsschiffe auf der Medem
»MS Jens«: www.schifffahrt-otterndorf.de
»MS Heinz«: P.-W. Rüsch, Ihlienworth, Tel. 04755 230

SOLE-THERME OTTERNDORF/ MIOMARE
In der Sole-Therme lässt es sich herrlich im warmen und heilenden Wasser dümpeln und in der Sauna schwitzen; im benachbarten MIOMARE werden verschiedenste Massagen, Beauty- und Ayurveda-Anwendungen angeboten.
Goethestr. 12 a

HOTEL AM MEDEMUFER
€€€
Angenehmes Landhotel, direkt am Fluss gelegen mit freundlichen in Weiß und Türkis gehaltenen Zimmern. Im Restaurant Leuchtfeuer werden neben dem Otterndorfer »Nationalgericht« De Utröper (Scholle mit Nordseekrabben und Tomatenwürfel in Dillbutter) auch internationale Gerichte serviert.
Goethestr. 15
www.hotel-am-medemufer.de
www.restaurant-leuchtfeuer.de

ELB-TERRASSEN €€ – €€€
Beliebtes Ausflugslokal oberhalb des Hafens; besonders schön ist der Panoramablick zum Schifffahrtsweg.
Schleuse 18
www.restaurant-elbterrassen.de

und Reichenstraße, die vom Rathausplatz abzweigen. Das imposante **Hadler Haus** (Marktstr. 21) ist ein typisches Kaufmannshaus mit Speicher, erbaut 1792. Hinter dem Gebäude liegt die Stadtscheune, ein beliebter Ort für Kulturveranstaltungen.
Besonders stolz sind die Otterndorfer auf ihr Kranichhaus. Man kann es kaum verfehlen, denn seinen Giebel krönt ein mächtiger Kranich, **Symbol kaufmännischer Wachsamkeit**. 1696 erbaut und 1764 mit Backsteinen im Hamburger Stil umgebaut, wurde das Kaufmannshaus 1997 einer umfassenden Renovierung unterzogen. Heute beherbergt es neben dem Archiv des Landkreises Cuxhaven das »Museum des alten Landes Hadeln«, das kleinstädtische und ländliche Wohnkultur von etwa 1550 bis 1850 zeigt. Höhepunkte sind der Biedermeiersalon, ein originalgetreuer Laden sowie seltene **Gold- und Silberarbeiten**.
Reichenstr. 3 | März – Okt. Mi. – Fr. 10 – 12 / 15 – 17, Sa. / So. 15 – 17, im Winter nur Sa. / So. 15 – 17 Uhr | www.kranichhaus.de

Konkrete Dichtung und gegenstandsfreie Kunst

St. Severi-Kirche und Museen

Die Otterndorfer St. Severi-Kirche ist die größte im Land Hadeln, ein Backsteinsaalbau unter einem hohen Satteldach. Der 1586 entstandene Chor ist als dreischiffige und dreijochige gewölbte Halle ausgebildet. Im 18. und 19. Jh. wurden die Westempore eingebaut und der Westturm errichtet, der eine Doppelfunktion als **Seezeichen und Wasserturm** erfüllte. Aus der Mitte des 14. Jh.s stammt die bronzene Taufe, die restliche Innenausstattung gehört ins Barock: So ist die Kanzel (1644) ein Werk des dänischen Hofbildhauers Jürgen Kriebel, der auch die Kanzel des Bremer Doms schuf.
Hinter der Kirche liegt die alte **Lateinschule**, ein Fachwerkbau von 1614. Von 1778 bis 1782 lehrte hier der Dichter **Johann Heinrich Voß**. Er machte sich einen Namen als Homer-Übersetzer und ist vor allem für die deutsche Fassung der »Odyssee« bekannt. Heute ist in dem hübschen Fachwerkbau aus dem 17. Jh. ein Museum eingerichtet, das Ausstellungsstücke zu Voß' Leben und Werk präsentiert.
Alles andere als Mainstream bietet das interessante »**Museum gegenstandsfreier Kunst**« in der Dauer- und jährlich vier wechselnden Ausstellungen. Das wohl komplette Gegenteil stellt das **Puppenmuseum** Otterndorf dar: Es beherbergt in einem Bürgerhaus von 1782 weit über 1000 Puppen, Plüschtiere und Puppenhäuser.

Museum Voß: Mi. / So. 15 – 18 Uhr und nach Vereinbarung
Eintritt: frei, Spenden erbeten
Museum gegenstandsfreier Kunst: Marktstr. 10 | Di. – Fr. 10 – 13 / 15 – 18, Sa. / So. 15 – 18 Uhr | Eintritt: 3 € | www.mgk-otterndorf.de
Puppenmuseum: Marktstr. 12 | April – Okt. Mi. / Do. / Fr. / So. 14.30 – 17, Nov. – März Mi. / So. 14.30 – 17 Uhr | Eintritt: 1 € | www.puppenstube-otterndorf.de

PELLWORM

Schleswig-Holstein | **Landkreis:** Nordfriesland | **Einwohner:** 1200

N/O 4/5

Ein rot-weiß gestreifter Leuchtturm, eine Kirchenruine und eine Mühle ragen aus den topfebenen, sattgrünen Weiden heraus, die größtenteils unter dem Meersspiegel liegen. Vorm »Blanken Hans« geschützt wird die Insel Pellworm von einem bis zu acht Meter hohen Deich. Schafe und Kaninchen gibt es hier wie Sand am Meer. Nur Sand, den gibt es auf der Nordseeinsel so gut wie gar nicht. Schaut man von der Südküste hinüber Richtung Südfall – dann sieht man nichts. Doch vor hunderten von Jahren lag hier das sagenumwobene Rungholt, bei der »Groten Mandränke« 1362 in den tosenden Fluten der Nordsee versunken.

Wie die östlich gelegene Insel ▶Nordstrand entstand auch Pellworm im Zuge der Buchardi-Sturmflut im Jahr 1634, als die frühere Insel Strand auseinandergerissen wurde. Nach der Sturmflut erhielt Pellworm rundherum einen Deich, der die 38 km² große Insel mit ihren dreizehn Kögen vor dem Meer schützt. Von den Inseldörfern ist Westertilli mit seinen hübschen, alten Friesenhäusern das idyllischste.

Schafe, Wiesen, Deich

Untergang als Strafe Gottes

Sagenumwobenes Rungholt

Südlich von Pellworm muss Rungholt gelegen haben. Jahrhundertelang rankten sich Legenden um die Stadt: angeblich unfassbar reich, zahllose **Orgien** sollen dort gefeiert worden sein. Für die gottesfürchtigen Küstenbewohner war der Untergang folglich nichts als die gerechte Strafe Gottes. Erst in den 1920er- und 1930er-Jahren verwissenschaftlichte sich die Diskussion. Durch Funde des Hobby-Archäologen Andreas Busch im Wattenmeer verdichteten sich die Anzeichen, dass es Rungholt wirklich gegeben hat.
Fest steht inzwischen, dass die Stadt über einer **eiszeitlichen Moränenlandschaft** errichtet worden war. Im Laufe der Jahrtausende war der Krater unter dem Watt zwar aufgefüllt worden, als dann die Flut hereinbrach wurde das schlammige Material aber weggeschwemmt und Rungholt versank in der Tiefe. Schaut man heute von der Südküste Pellworms herüber zur Hallig Südfall sieht man dazwischen nichts als Wasser oder Watt, je nach dem Stand der Gezeiten. Es sei denn, man hält in der Johannisnacht Ausschau nach der versunkenen Stadt. Denn **alle sieben Jahre**, so die Legende, **taucht Rungholt wieder aus den Fluten auf**. Wer nicht so lange warten will, muss nur bei ruhiger See die Ohren spitzen, denn dann kann man angeblich das Läuten der Rungholter Kirchturmglocken hören.

Wohin auf Pellworm?

Noch eine Orgel von Arp Schnitgers

Kirchen und der Leuchtturm

Wie ein mahnender Zeigefinger ragt der 1611 teils eingestürzte Turm der Alten Kirche **St. Salvador** im Westen Pellworms empor. Man reparierte das in Mitleidenschaft gezogene Kirchenschiff, räumte die heruntergefallenen Turmziegel weg und ließ den 26 m hohen Stumpf stehen, der heute eine **eindrucksvolle Backsteinruine** bildet. Mit dem Bau der Alten Kirche, einst Hauptkirche der Pellworm-Harde, wurde im 12. Jh. begonnen. Größter Schatz der Kirche ist die 1711 von Arp Schnitger gebaute Orgel, die bei Konzerten ihren hervorragenden Klang unter Beweis stellt. Sehenswert sind auch der Schnitzaltar (um 1470) und die Bronzetaufe von 1475. Die **Neue Kirche**, ein Backsteinbau aus dem Jahr 1622, markiert die Mitte der Insel. Ihre Fenster und die Westseite sind 1867 neogotisch umgestaltet worden. Als bei der Sturmflut 1634 die Kirche von Ilgrof auf der Insel Strand

PELLWORM ERLEBEN

KUR- UND TOURISMUSSERVICE
Uthlandestr. 2, 25849 Pellworm
Tel. 04844 18 940
www.pellworm.de

Über den 4 km langen Damm nach Nordstrand und von dort vom Hafen Strucklahnungshörn im Westen der Insel per Fähre (ca. 45 Min.) nach Tammensiel auf Pellworm.
Neue Pellwormer Dampfschiff-fahrts GmbH
www.faehre-pellworm.de

PELLE WELLE FREIZEITBAD
20 m Becken mit Spaßelementen, 62-m-Wasserrutsche, Kleinkinderbecken und Saunalandschaft.
Uthlandestr. 6

GASTHAUS HOOGER FÄHRE €–€€
Schönes, reetgedecktes Haus, etwas »piefiges« Ambiente. Die wirklich gute gutbürgerliche, saisonale und regionaltypische Küche macht das locker wett – u. a. das Porrenpann (Krabben in Kräutersauce mit einem Schuss Köm) und im Frühjahr die Gerichte vom Salzwiesenlamm.
Hooger Fähre 5
www.gasthaus-pellworm.de

CLAUSENHOF €€
Unter dem Reetdach des weiß getünchten und von Rosen bewachsenen Clausenhofs (1761) am Rand des Naturschutzgebiets Waldhusen Tief verbergen sich heute ein paar wunderbare Ferienwohnungen.
Waldhusen 9
www.clausenhof.de

NORDERMÜHLE €€
Drei moderne Ferienwohnungen gibt es in der 1652 am Seedeich erbauten Mühle – aus den oberen Stockwerken eröffnen sich wunderschöne Ausblicke auf die Nordsee und die Halligen.
Nordermitteldeich
www.fewo-nordsee-insel-urlaub.de

---

weggespült wurde, konnte der Schnitzaltar (um 1520) geborgen werden, er steht jetzt in Pellworm.
Im Südosten von Pellworm ragt der 1907 errichtete rot-weiße Leuchtturm gut 41 m in die Höhe und markiert die **Einfahrt in den Heverstrom**. Nach Absprache mit der Kurverwaltung kann der Leuchtturm besichtigt werden. Vor allem können hier heiratswillige Paare in den Hafen der Ehe einlaufen, wovon schon weit mehr als 3000 Paare Gebrauch gemacht haben.
www.leuchtturm-hochzeit.de

Geschichte(n) der Insel und ihrer Bewohner

Ausstellungen

Die Exponate des Inselmuseums im Gebäude der Kurverwaltung vermitteln einen guten Überblick über Besiedlung, Eindeichung sowie

Sturmfluten und informieren über Alltagsleben und Wohnkultur auf Pellworm in früheren Zeiten. Ergänzend dazu zeigt die Dauerausstellung **»Seefahrt tut Not«** im Dampferschuppen vielerlei Gerätschaften zur Arbeit der Fischer, Seeleute und Schiffer. Funde aus dem Wattenmeer wiederum können im **Rungholtmuseum** im Westen der Insel nach Voranmeldung besichtigt werden. Die Stücke trug der Wattführer Hellmut Bahnsen in über 20 Jahren zusammen.

Inselmuseum: Uthlandestr. 2 | Mo. – Do. 8 – 12 / 14 – 16, Fr. 8 – 12, Sommer nachmittags bis 18 Uhr | www.insel-museum.de
Dampferschuppen: Am alten Hafen / Nordseite, April – Nov. tgl. 10 – 17 Uhr
Rungholtmuseum: Westerschütting 2 | Mi. ab 15 Uhr und n. V. Eintritt: 3 €

Vielleicht hört man oben vom Pellwormer Leuchtturm ja die Glocken von Rungholt. Nur die Ohren gespitzt …

★ ST. PETER-ORDING

Schleswig-Holstein | **Landkreis:** Nordfriesland | **Einwohner:** 4100

Endlos erscheint er, der Strand von St. Peter-Ording, dem größten Seebad an der schleswig-holsteinischen Nordseeküste. 2000 Fußballfelder würden hineinpassen in den 12 km langen Beach der Superlative. Windumtost ist er oft, weshalb SPO ein Mekka für Wind- und Kitesurfer, aber auch für die ulkigen Kitebuggys ist, die im Affentempo über ihren Strandabschnitt cruisen. Die Pfahlbauten am Strand gehören zu St. Peter-Ording wie der Wattwurm zum Watt. Leider gehören auch die Parkplätze am Strand dazu, auf denen in der Hauptsaison tausende von Autos stehen.

Strand soweit das Auge reicht

Die Gemeinde St. Peter-Ording besteht aus den vier Ortsteilen St. Peter-Ording, St. Peter-Bad, St. Peter-Dorf und St. Peter-Böhl. Jedes Viertel hat seinen eigenen Charakter: **Dorf** bildet den historischen Kern mit etlichen guten Adressen zum Schlemmen und Einkaufen, in **Bad** befinden sich die Solequelle, Wellness- und Therapieeinrichtungen. Nicht weit zu Wald und Meer ist es von **Ording** aus. In **Böhl** erkennt man noch den bäuerlichen Ursprung des Orts.
Typisch und ein beliebtes Fotomotiv sind die **Pfahlbauten**, die an fünf Stellen auf dem flachen Strand – ursprünglich einmal als Umkleidekabinen – errichtet wurden. Bei Ebbe gelangt man zu Fuß dorthin und muss über die Holztreppen bis zu den rustikalen Gaststätten hinaufsteigen, bei hohen Fluten werden die Häuschen von Wasser umspült. Auf die vor dem Ort gelegene Sandbank führt von St. Peter-Bad eine Seebrücke, von Ording aus ein Holzsteg.

Wohin in St. Peter-Ording und Umgebung?

Alles über das »Gold der Nordsee«

Durch die vier Ortsteile

Zentrum des alten Ortsteils St. Peter-Dorf ist die um 1200 erbaute Backsteinkirche, die mehrfach umgebaut wurde. Der Schnitzaltar (1480 – 1500) ist der älteste von Eiderstedt, weiter sind eine reich verzierte Kreuzigungsgruppe und eine Renaissancekanzel zu sehen. Das in einem nordfriesischen Bauernhaus eingerichtete **Museum Landschaft Eiderstedt** zeigt die Entstehungsgeschichte der Halbinsel, die Geschichte des Seebads sowie eine Sammlung zu Schifffahrt, Fischerei, Handwerk und Alltag.
Seit über 50 Jahren betreibt Familie Jöns ihre **Bernsteinschleiferei** und sammelt angeschwemmte Stücke. Besonders schöne Exemplare, darunter Inklusen (Insekteneinschlüsse) zeigt das **Bernsteinmuse-**

Man kann es ruhig angehen lassen am Strand von St. Peter-Ording, etwa im »54° Nord«.

um, in dem auch erklärt wird, wie der Bernstein entsteht, wie er an die Nordsee kommt und wie man Bernstein am Strand aufspürt. Ebenfalls im Angebot: Bernsteinbearbeitungskurse.

Museum Landschaft Eiderstedt: Olsdorfer Str. 6 | Mo. – So. 10 – 17 Uhr | Eintritt: 5 € | www.museum-landschaft-eiderstedt.de

Bernsteinmuseum: Dorfstr. 15 | Mitte März – Okt. Mo. – Fr. 9.30 – 13 / 14.30 – 18, Sa. 9.30 – 13, So. 11 – 13, sonst Mo. – Fr. 10 – 12 / 15 – 17, Sa. 10 – 12 Uhr | Eintritt: 2 € www.nordsee-bernsteinmuseum.de

Was für ein Strand!

★ Strand

In St. Peter-Bad führt eine rund 1 km lange **Seebrücke** zum Strand. Seit einigen Jahren ist die Lärchenbohlen-Brücke auf beiden Seiten mit Lampen bestückt und verwandelt sich abends in eine romantische Spazierstrecke. Der aus rotbraunen Ziegeln im Jahr 1892 errichtete Leuchtturm ist das Wahrzeichen des eher ländlichen Ortsteils St. Peter-Böhl. Eine Besichtigung ist allerdings nicht möglich.

Der schönste Leuchtturm der Nordseeküste

★ Wester heversand

Wenige Kilometer nördlich von St. Peter-Ording steht der Leuchtturm Westerheversand (▶ Titelbild). Der Klassiker im rot-weiß gestreiften Gewand gilt als schönster Leuchtturm an der Nordseeküste.

ST. PETER-ORDING ERLEBEN

TOURISMUS-ZENTRALE

Maleens Knoll 2
25826 St. Peter-Ording
Tel. 04863 99 92 23
www.st.peter-ording-nordsee.de
Im Ortsteil Dorf: Badallee 1
Im Ortsteil Böhl: Böhler Landstr. 153

DÜNEN THERME

Im Gesundheits- und Wellnesszentrum von SPO bleiben kaum Wünsche offen: Thalsso, Beauty-Anwendungen, verschiedenste Massagen; und das alles mit Blick auf Dünen, Strand und die Nordsee.
Maleens Knoll 2
www.st-peter-ording.de/duenentherme.html

BERNSTEIN BOY JÖNS

An das Bernsteinmuseum angeschlossener Laden, der eine Vielzahl von schönen Stücken, insbesondere Armbänder und Ketten, präsentiert.
Dorfstr. 15
www.nordsee-bernsteinmuseum.de

STRANDSEGELN

Schnell wie der Wind sind die Piloten, die auf drei Rädern mit ihren an Seifenkisten mit Segeln erinnernden Fahrzeugen über den Strand flitzen. Dabei werden Geschwindigkeiten bis zu 130 km/h erreicht! Im Sommer finden in St. Peter-Ording deutsche und internationale Wettkämpfe statt. Wer selbst Strandsegler werden will, kann im hiesigen Jachtclub einen Pilotenschein machen.

1 STRANDBAR 54° NORD € € €

Der neueste der typischen Pfahlbauten am Ordinger Strand. Hier sitzt man definitiv in der ersten Reihe – wenn man einen Platz bekommt. Das Publikum besteht bisweilen aus vielen arrogant dreinschauenden Hamburger »Schnöseln« – die gute regionale bis internationale Küche lohnt dennoch einen Besuch
Ordinger Strand
www.strandbar-54grad-nord.de

2 DIE INSEL € € – € € €

Auf dem Festland, mitten an der Hauptmeile von SPO gelegen, heißt aber »Die Insel«. Und auf der gibt es eine vielfältige, internationale Küche von Currywurst über Tapas und verschiedenen Pastagerichten (besonders gut sind die Linguine Oslo in einer Mohn-Zitronensauce mit Rauchlachs) bis hin zu Klassikern wie Labskaus und Scholle.
Im Bad 27
www.restaurant-die-insel.de

3 AM KAMIN € € – € € €

Schon der Name klingt vielversprechend, und das Reetdach tut das Seine, um von außen den gemütlichen Eindruck zu unterstreichen, der sich innen fortsetzt. Serviert werden regionale Spezialitäten.
Dorfstr. 12
www.amkamin-spo.de

KIRCHSPIELKRUG WESTERHEVER € € €

Allerfeinste Fisch- und Deichlammspezialitäten bietet der Gasthof Kirchspielkrug Westerhever, etwas nörd-

❶ Strandbar 54°Nord
❷ Die Insel
❸ Am Kamin

❶ Das Kubatzki
❷ Zweite Heimat

lich von St. Peter-Ording. Tolle Krabbensuppe, super Matjes-Tatar oder Stufhusener Matjesteller, alles ohne Chi-Chi und Schnickschnack.
Dorfstr. 7, Westerhever
www.kirchspielkrug.de

❷ ZWEITE HEIMAT €€€–€€€€

Direkt am Deich gelegen, gemütlich, gediegen, friesisch, international. Das Premium Strandhotel »Zweite Heimat« bietet individuell gestaltete Zimmer und Suiten, die hier allerdings »Kleine Stube« oder »Große Stube« genannt werden. Der Wellnessbereich heißt »Kleine Flucht« und ist in der Tat nicht besonders groß.
Am Deich 41
www.hotel-zweiteheimat.de

❶ DAS KUBATZKI €€€

Auf dem Grundstück des ehemaligen Hotels Tannenhof hat im April 2015 mit »Das Kubatzki« das erste Yogahotel in St. Peter Ording eröffnet. Wohlfühlatmosphäre und schöne Lage auf dem höchsten Punkt der Innendüne.
Im Bad 59
www.das-kubatzki.de

Er ist so schön und so markant mit seinen beiden **kleinen Häuschen an der Seite**, dass die Marketing-Abteilung eines Bierbrauers von der Ostfriesischen Halbinsel ihn für ihre Werbezwecke nutzte, ja ihn geradezu missbrauchte. In ▶ Jever haben sie nämlich einfach mal so getan, als stünde der Leuchtturm Westerheversand bei ihnen, und ihre Kampagne mit dem griffigen Slogan »Wie das Land, so das Jever« versehen. Ganz schön unverschämt! Und überhaupt: als hätten sie jenseits von Elbe und Weser nicht selbst genug Leuchttürme herumstehen ... Der 37 m hohe Turm jedenfalls wurde 1906 auf einer aufgeschütteten Warft **auf Baumstämmen errichtet**, die das Absacken des Bauwerks verhindern sollten. In den Häuschen daneben wohnten früher die Leuchtturmwärter, inzwischen wird das Leuchtfeuer von ▶ Tönning aus überwacht und gesteuert. Heiratswillige Paare können sich im Turm trauen lassen.

Mo. / Mi. / Sa. jeweils zur vollen Stunde von 10 – 16 Uhr (nicht um 12 Uhr) | Eintritt: 5 € (Kartenverkauf nur im Info-Hus in Westerhever, Ahndelweg 4) | www.westerhever-nordsee.de

Es geht aber auch wesentlich stürmischer. Nachahmung nur für Profis empfohlen.

★★ SPIEKEROOG

Niedersachsen | **Landkreis:** Wittmund | **Einwohner:** 780

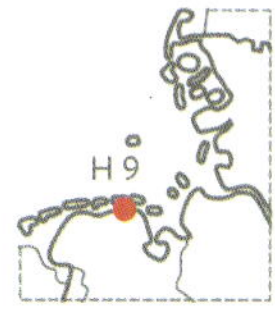

Spiekeroog scheint eine geradezu magische Anziehungskraft auf deutsche Bundespräsidenten auszuüben. Sowohl Gustav Heinemann als auch Walter Scheel, Richard von Weizäcker und vor allem Johannes Rau urlaubten bereits auf der Nordseeinsel. Rau hatte eine genaue Vorstellung davon, wie der perfekte Tag auf der selbst ernannten »Insel der Entschleunigung« auszusehen hat: Im Sommer dürfe man auf keinen Fall den Wecker stellen, sondern müsse schlafen, bis man wach wird. Danach solle man bitteschön gemütlich auf der Veranda frühstücken und anschließend nachsehen, ob das erste Schiff mit den aktuellen Zeitungen angelegt habe. Für den Winter hatte der 2006 verstorbene Politiker ebenfalls einen exzellenten Plan parat: »Alles genau so machen wie im Sommer, nur die Heizung höher drehen.«

Entschleunigung im Grünen

Spiekeroog ist ein Hort der Ruhe. Hier geht es tatsächlich so zu, wie es in einer Bierwerbung versprochen wird: Keine Staus. Keine Termine. Keine Hektik. Kein Stress. Keine Kompromisse. Was auch heißt: Kein Flughafen, kein Bus, keine Autos und möglichst noch nicht einmal Fahrräder. Das öffentliche Verkehrsmittel auf Spiekeroog wird von exakt einer Pferdestärke betrieben, seit in den 1980er-Jahren die alte **Pferdebahn** reaktiviert wurde. Ansonsten wird gewandert. Die hübschen historischen Häuser im Inseldorf, mit ihren verglasten Wintergärten und grün getünchten Zäunen davor, ducken sich im Schutz mächtiger **Linden und Kastanien**. Das älteste von ihnen wurde 1705 errichtet. Spiekeroog ist wohl nicht nur die beschaulichste, sondern auch die grünste der Ostfriesischen Inseln. Was in erster Linie einem Oberforstdirektor aus Hannover zu verdanken ist. Als er Mitte des 19. Jh.s als Gast auf der Insel weilte, begann er, das erste Wäldchen anzulegen. Den Insulanern gefiel die Idee und sie taten es ihm nach. Schwarzkiefern, Eichen, Erlen, Ebereschen, Zitterpappeln und Birken, aber auch die weit verbreiteten Krähenbeerheiden, gediehen und gedeihen prächtig und geben der Insel ihr typisches **grünes Kleid**.

Wohin auf Spiekeroog?

Drama auf hoher See

Inseldorf

Mitten im Dorf steht die älteste erhaltene Kirche der Ostfriesischen Inseln (erbaut 1696). Man betritt sie durch einen niederen Vorbau,

der früher als Bootsschuppen und Leichenhalle diente und heute einen Opferstock und sieben Apostelbilder birgt. Diese und die Pietà stammen vermutlich von einem 1588 vor der Insel gestrandeten **Schiff der spanischen Armada**. Erwähnenswert sind zudem die Renaissancekanzel sowie die beiden Schiffsmodelle, die von der Wand hängen (▶ Abb. S. 300). Ein paar Meter weiter, in einem Kapitänshaus aus dem frühen 18. Jh., befindet sich das **Inselmuseum**, das über die Geschichte Spiekeroogs sowie seine Tier- und Pflanzenwelt informiert. Weitere Schwerpunkte bilden Schifffahrt, Fischerei und Badewesen, zusätzlich sind Schiffsmodelle sowie kuriose Souvenirs der Seeleute aus fernen Ländern zu sehen. Ein wichtiges Ausstellungsstück ist die **Glocke des Auswandererschiffs »Johanne«**, das nach Baltimore wollte, aber am 6. November 1854 vor Spiekeroog sank. 77 Passagiere kamen ums Leben, nicht zuletzt deshalb, weil ihnen von der Insel aus nicht geholfen werden konnte. Nach Protesten aus der Bevölkerung wurde daraufhin 1861 die erste Gesellschaft zur Rettung Schiffbrüchiger gegründet.

Rund 3000 Muscheln und Meeresschnecken aus aller Welt sind im Haus »Kogge« über der Touristeninfo zu bestaunen. Auf die lateinischen Fachterminologie wurde im **Kuriosen Muschelmuseum** verzichtet, stattdessen haben sich die Macher mehr oder minder lustige Namen für die Exemplare ausgedacht. Weitere Kursiosität der Insel: Mit der Weißen Düne (Wittdün) nördlich des Kurzentrums besitzt Spiekeroog den **höchsten »Berg« Ostfrieslands**. Stolze 24 m ragt die Düne in den Himmel.

Kirche: Mi. / Do. 11 – 12, Do. / Fr. 16 – 17, Sa. 11 – 12 Uhr
Inselmuseum: Ostern – Okt. Di. – So. 15 – 17.30 Uhr | Eintritt: 2 €
Muschelmuseum: Mo. – Fr. 9 – 17, Sa. / So. 9 – 12 Uhr | Eintritt: 1 €

SPIEKEROOG ERLEBEN

TOURIST-INFORMATION
Noorderpad 25
26466 Spiekeroog
Tel. 04976 91 93 101
www.spiekeroog.de

Fähre von ▶ Neuharlingersiel nach Spiekeroog (ca. 1 Std.). Ausflugsfahrten ins Wattenmeer und zu den Seehundbänken; gelegentliche Fahrten zu den Nachbarinseln.

PFERDEEISENBAHN
Eines der letzten romantischen Verkehrsmittel zieht auf Spiekeroog seine Bahn: Deutschlands einzige Pferdeeisenbahn verkehrt auf historischer Strecke vom alten Inselbahnhof bis zum Dünenrand im Westen der Insel und zurück. Ca. 12 Min. dauert die Fahrt mit dem Wagen von 1885. Abfahrt ab Bahnhof Westend. Hauptsaison: Mo. – Fr. 10 / 10.45 / 15 / 15.45, So. 14 Uhr Nebensaison: nur nachmittags, wetterabhängig

INSELBAD & DÜNENSPA
Mit dem Slogan »Alles. Außer gewöhnlich« empfängt das InselBad & DünenSpa auf Spiekeroog seine Gäste. Thalasso-Anwendungen stehen auch hier an erster Stelle, Schlickpackungen, Massagen und verschiedene Bäder komplettieren das Programm.
Noorderpad 20
www.spiekeroog.de/wissenswertes/inselbad-duenenspa

CAPITÄNSHAUS € € € – € € € €
Ebenfalls im Dorfkern gelegen. Maritime Artmosphäre und erstklassige Fischgerichte. Zwischen 11.30 und 17.30 Uhr Bistroküche, abends à la carte: Klassiker wie Kutterscholle mit Bratkartoffeln oder Extravagantes wie »Zanderfilet mit Rahmkraut, glasierten Trauben und Blutwurst«.
Norderloog 11
www.capitaenshaus-spiekeroog.de

GIVTBUDE € – € €
Keine Krabben, kein Fisch, keine Rote Grütze, dafür gute Pizza, Pasta und Tiramisu. Und besser als auf der Terrasse der Givtbude kann man im Dorf kaum sitzen.
Noorderloog 3
www.givtbude-spiekeroog.de

TEETIED IN'T WITTHUUS
In dem 200 Jahre alten Gebäude versteckt sich eine gemütliche ostfriesische Teestube. Richtig gut sind die Waffeln und Tante Gretes Rosinenkuchen.
Süderloog 1
www.teetied-spiekeroog.de

ZUR LINDE € € €– € € € €
Traditionsreiches Hotel im Zentrum des autofreien Dorfes. Wunderschönes Haus unter der namensgebende Linde, die Zimmer sind eher 08/15.
Noorderloog 5
www.hotelzurlinde.eu

SPIEKEROOGER LEIDENSCHAFT € € €
Hier kann man wählen zwischen großen und stilvoll eingerichteten Dop-

pelzimmern und Appartements für 2 – 6 Personen, jeweils mit Balkon oder Terrasse. Eine finnische Holzsauna, eine Dampfsauna, eine Liegewiese und eine Sonnenterrasse stehen den Gästen zur Verfügung.
Norderpaad 6
www.spiekerooger-leidenschaft.de

★★ Ostplate

Weitgehend unberührte Natur
Den wohl schönsten Spaziergang auf der Insel macht man an der Ostplate. Wo noch vor 60 Jahren eine nackte Sandbank lag, hat sich auf der Insel Spiekeroog ohne die Einwirkung des Menschen ein **Dünen- und Salzwiesengebiet** entwickelt . Weil die Ostplate von vielen Vogelarten als Brutgebiet genutzt wird, kann sie nur zwischen August und März und nur auf einigen wenigen, gekennzeichneten Wegen bzw. mit Führung betreten werden. Das **Nationalparkhaus** Wittbülten zeigt eine Ausstellung zu Gezeiten, Entstehung und Naturraum der Insel. Im Aquarium tummeln sich die Bewohner des Wattenmeeres, Highlight ist das Skelett eines Pottwals.
Hellerpad 2 | Mitte März - Okt. Di. - Sa. 11 - 17, sonst nur Di. / Sa.
Eintritt: 4,50 € | www.nationalparkhaus-wittbuelten.de

★★ SYLT

Schleswig-Holstein | **Landkreis:** Nordfriesland | **Einwohner:** 170

L/M 1-3

Sylt ist ein Mythos, schlank wie eine Ballerina streckt sich die Königin der Nordsee entlang der Küste aus. Man kann ihr huldigen, man kann sie aber auch verschmähen. Sylt polarisiert, ist und bleibt eine Insel der Gegensätze. Sylt ist die Insel der Schönen und Reichen, ein Gucci-Paradies. Und Sylt ist die Insel für Jedermann, ein Naturparadies. Ein Sehnsuchtsort inmitten des UNESCO-Weltnaturerbes Wattenmeer, eine norddeutsche Bilderbuchinsel mit traumhaften Stränden und allem, was der Urlauber braucht – oder auch nicht.

Alles außergewöhnlich

Nirgendwo sonst in Deutschland kracht die Brandung der Nordsee mit solcher Macht gegen die Küste wie im Westen Sylts. **Thomas Mann** schrieb einst, anno 1927, in sein Tagebuch:

» An diesem erschütternden Meere habe ich tief gelebt. «

Knapp 40 km feinsten Sandstrand hat Sylt auf der Seeseite zu bieten. Hier kann man baden, angekleidet oder nackedei, sich sonnen, sur-

Leuchtturm
Ellenbogen
Leuchtturm
Königshafen
NORDSEE
28 m
Rømø
Fähre
Listland
31 m
List
Akademie am Meer Klappholttal
Blidselbucht
Kampener Vogelkoje
Wattenmeer
Rotes Kliff
Kampen
Uwe-Düne
52,5 m
Leuchtturm
Denghoog
Wenning-stedt
Braderup
Munkmarsch
Westerland
SYLT
Tinnum
St. Severin
Keitum
Tinnumburg
Tipkenhoog
Hindenburgdamm
Morsum-Kliff
Festland, Niebüll
Rantum-Becken
Archsum
Morsum
Hünengrab
NÖSSE
Wall
Rantum
Wattenmeer
5 km
©BAEDEKER
23 m
Hörnum
Leuchtturm
Odde
Föhr

fen, Burgen bauen, Beachvolleyball spielen, relaxen. Und Champagner und Austern schlürfen in einer der legendären Strandbuden – wo sonst außer auf Sylt kann man das?

Besonders (und) schön

Natur und ...

Sylts Dünenlandschaft hinter dem Strand ist ein Naturparadies. Wer abseits der Holzwege und -stege läuft, bekommt Ärger. Große Teile der Dünen stehen unter Naturschutz, auch weil sie so immens wichtig sind für den Küstenschutz, quasi eine Art **Naturdeich**. Die Wattseite im Osten ist eine stille Schönheit, ganz besonders bei Sonnenaufgang über dem Wattenmeer, dieser eigentümlichen und so ungeheuer spannenden Naturlandschaft, die 2009 von der UNESCO zum **Weltnaturerbe** erklärt wurde. Uwe-Düne und Rotes Kliff bei Kampen zählen im Wortsinne zu den Höhepunkten eines Sylt-Besuchs. In den urigen Friesendörfern wie Keitum mit seinen prächtigen alten Kapitänshäusern duften die Rosen in den Bauerngärten, auf sattgrünen Weiden im Osten der Insel lassen es sich die Schwarzbunten gutgehen, während die **Lämmer** auf den Deichen um die Wette blöken. Sylts Ellenbogen ganz im Norden wiederum ist einsam und wild. Das alles ist Sylt, ein Traum inmitten des Schleswig-Holsteinischen Wattenmeeres – die Lieblingsinsel der Deutschen.

Zwischen Trend und Tradition

... Luxus-Tourismus

Aber Sylt, das ist auch eine Insel, die in der Hauptsaison aus allen Nähten platzt. Sylts Hauptstadt Westerland ist ein architektonisches Desaster und zur **Rush Hour** steht man im Stau wie am Kamener Kreuz. Sylt bewegt sich ständig zwischen Trend und Tradition. Hier Lagerfeuer-Romantik in Hörnum, dort Luxus-Kaufrausch in Kampen. Friesische Kultur in Keitum, Kegelklubs in Westerland. Weil die Oberen Zehntausend sich Sylt als Urlaubsinsel ausgesucht oder hier ihre Zweitwohnsitze haben, sind die **Preise** auf der gesamten Insel höher als anderswo in der Urlaubsregion (wenngleich sie wiederum weniger gestiegen sind als anderswo). Aber Sylt hat so auch jenseits von Stränden und Dünen eine Menge zu bieten. Langweilen muss sich hier definitiv niemand. Und eine solche **Dichte an hervorragenden Restaurants** findet man nirgendwo sonst an der Nordseeküste.

Die Insel schrumpft

Lang und schmal

Deutschlands nördlichste Insel erstreckt sich als schmaler, 38,5 km-langer Landstreifen von Norden nach Süden. Die Insel ist an ihrer engsten Stelle bei Rantum noch nicht einmal mehr 600 m breit. In der Mitte, wo sie sich nach Osten hin erweitert, sind es 12,5 km.
Dieser schmale Inselkörper ist schon durch die normalen Tiden stark gefährdet, und die schweren **Sturmfluten** tun seit Jahrhunderten ein Übriges, um die Insel schrumpfen zu lassen. Die Westküste ist den Angriffen des Meeres besonders ausgesetzt: Dörfer wie Wending-

stadt und Eidum existieren heute nicht mehr. Ohne **gigantische Sandvorspülungen** wäre Sylt vielleicht schon in zwei Teile zerbrochen! Die Gestalt des Eilands verändert sich laufend; bei einem Blick auf alte Landkarten kann man feststellen, wie sich die Form der Insel im Lauf der Zeiten verändert hat.

Düne, Watt und Weinberg

Landschaftsformen

Von den 99 km² Gesamtfläche stehen gut 50 Prozent unter Natur- oder Landschaftsschutz. Die Westküste Sylts vom Ellenbogen im

WINTERFREUDEN SPEZIAL

Saunafreunde schwören auf das Tauchbecken XXL, nämlich die Nordsee. Einige Saunen – insbesondere auf Sylt – liegen direkt am Strand – und was liegt da näher, als sich gleich nach dem Schwitzen in die Brandung der Nordsee zu stürzen. A...kalt ist das Wasser, vor allem natürlich in den Wintermonaten, aber dafür auch umso schöner, das prickelnde Salzwasser des Meers statt das Chlorwasser auf der Haut zu spüren. Auch ein Spaziergang bei richtig frostigen Temperaturen und Sonnenschein auf Sylt ist ein einziger Wintertraum: Strand und Dünen sind wie von Puderzucker überzogen. Auf der zugefrorenen Wattseite bilden sich die tollsten Skulpturen, Kunst aus Eis sozusagen. Die eisigen Fabelwesen verwandeln das Watt in eine einzigartige Märchenlandschaft.

SYLT ERLEBEN

SYLT MARKETING GMBH
Stephanstr. 6, 25980 Westerland
Tel. 04651 82 020
www.sylt.de

MIT DEM AUTO
Autoreisezug ab Niebüll über den Hindenburgdamm bis Westerland oder ab Havneby auf der Insel Rømø/ Dänemark mit der Fähre bis List.
www.syltshuttle.de
www.autozug-sylt.de
www.syltfaehre.de

MIT DER BAHN
Mit dem IC von vielen Städten ohne Halt bis Westerland über den Hindenburgdamm. Regionalbahn stündlich ab Hamburg-Altona in ca. 3 Stunden bis Westerland mit Halt in Morsum und Keitum.
www.bahn.de
www.sylt.de

MIT DEM FLUGZEUG
Der Flughafen Westerland wird von Hamburg, Düsseldorf, Köln/Bonn, Frankfurt/Main, Mannheim, Stuttgart, München und Nürnberg sowie Basel, Bern und Zürich angeflogen.
www.sylt.de
www.flughafen-sylt.de

IN HÖRNUM

STRANDSAUNA HÖRNUM
Finnische Blockhaus-Anlage mit Schwitzraum (90 °C) und Biosauna (65 °C) in den Dünen.
Süderende 25
tgl. 12 – 18 Uhr
Tageskarte: 20 €
www.strandsauna-sylt.de

KEITUM

WOLKENLÖN SPA IM ROMANTIK-HOTEL BENEN-DIKEN
Klassische und Ayurveda-Massagen, Cleopatrapackung, div. Thalasso-Anwendungen.
Süderstr. 3–5
www.benen-diken-hof.de

IN LIST

BEAUTY BALANCE SPA LOUNGE
Schwimmbad, Sauna, Aroma- & Wellnessmassagen, Beauty-Anwendungen, »Sylter Muschelmassage«.
Hafenstr. 14
Mo., Mi., Fr. 10 – 12.30, Di., Mi., Do. 14 – 18 Uhr
www.syltkosmetik.de

GRAND SPA A-ROSA
3500 m² großes Spa mit Meerwasser-Poollandschaft, Themensaunen und 18 Behandlungsräumen.
Listlandstr. 11
tgl. 9 – 22 Uhr
www.a-rosa-resorts.de

STRANDSAUNA LISTLAND
Drei finnische Blockhaussaunen in den Dünen, Sonnen auf der Terrasse, Abkühlen in der Nordsee.
1. Parkplatz an der Str. Weststrand/Ellenbogen
April – Okt. tgl. ab 11 Uhr
Tageskarte: 18 € (keine Kartenzahlung möglich)
www.strandsauna-list-auf-sylt.de

IN RANTUM

STRANDSAUNA SAMOA
Seit 30 Jahren bereits kommt man in Achims Strandsauna Samoa ins

Schwitzen. 2016 wurde die Sauna komplett renoviert und mit einem neuen, großen Panoramafenster versehen.
Hörnumer Landstr. 70
tgl. April/Mai, Sept./Okt. 12 - 18, Juni - Aug. 11 - 19 Uhr
Tageskarte inkl. Handtuch: 18 €
www.strandsauna-samoa.de

STRANDSAUNA RANTUM

Highlight der Strandsauna unweit des Rantumer Campingplatzes ist das Saunieren bei Vollmond. Die Termine erfährt man auf der Homepage des Betreibers.
Dünengrund 30
www.strandsauna-sylt.de

IN WESTERLAND

SYLTNESS CENTER

Von A wie Abhyanga und Ayurveda bis U wie Udvarthana hat die Wellness-Abteilung eine Vielzahl an Anwendungen zu bieten. Die Thalasso-Behandlungen setzen auf die Kraft des Meeres (Algen-, Meersalz- und Schlick-Behandlungen). Ein Beauty-Center und die Fitness-Abteilung runden das umfangreiche Programm ab.
Doktor-Nicolas-Str. 3
www.syltnesscenter.de

SYLTER WELLE

Große Saunalandschaft mit Osmanischem Dampfbad, Wikingersauna im Schein des Lagerfeuers und Finnischem Bieraufguss – und fast alles mit Blick auf die Nordsee.
Strandstr. 32
www.sylterwelle.de

IN KEITUM

GENUSS-SHOP JOHANNES KING

Sternekoch Johannes King serviert hier delikate Kleinigkeiten in seinem Bistro, im Delikatessenladen bietet der »Maitre« u. a. seine Produkte wie »Kings Sylter Rosensirup« oder »Kings Lauchöl« an.
Gurtstig 2
Mo. - Sa. 11 - 20 Uhr
www.johannesking.de

SCHMUCKWERKSTATT BIRTE WIEDA

Prunkstücke der Goldschmiedin Birte Wieda sind die Objekte aus der Kollektion »Sandart«.
Gurtstig 26
www.sylterschmuck.de

IN LIST

DÜNENSTRAUSS

Wohnaccessoires & Meer lautet der Slogan des Ladens. Hier findet man Möbel, Nützliches und Unnützes aus Treibholz.
Dünenstr. 1b
www.duenenstrauss.de

IN RANTUM

SYLT-STRANDKÖRBE GMBH

In dritter Generation werden hier von Willy Trautmann und Team Strandkörbe gefertigt. Originale und Unikate, denn Trautmann baut Strandkörbe auch auf Wunsch; Ein- oder Dreisitzer beispielsweise statt dem klassischen Zweisitzer. Geliefert hat er schon nach Mexiko und Australien ...
Hafenstr. 10
www.meinstrandkorb.de

SANSIBAR STORE RANTUM

Sansibar-Gläser, -Schatztruhen, -Dekantier-Karaffen, -Caps, -Essig, -I-Phone-Hüllen, -Espresso-Untertassen, -Kochmesser, -Grillpfannen, -Gürtel, -Grills, -Sandspielzeug, -Senf, -Wein, -Shirts, -Sonnenbrillen, -Schals, -Cookies, -Sardinen ...
Hafenstr. 6
www.sansibar.de

IN WESTERLAND

TEEHAUS ERNST JANSSEN
Ernst Janssen ist ein wandelndes Tee-Lexikon. Seit über 50 Jahren beschäftigt er sich mit der Materie. In seinem Teehaus am Meer kann man nicht nur Tee kaufen, jeden Montag (19 – 21 Uhr) findet ein Teeseminar inklusive Teeverkostung statt.
Strandstr. 28
www.teehaus-janssen.de

DER »KLEINE LADEN« DER SCHOKOLADENMANUFAKTUR SYLT
Die zarteste Versuchung der Insel: Unweit des Stammhauses Café Wien bietet der kleine Laden der Schokoladenmanufaktur seit 2002 mehr als 300 verschiedene Schokoladen – hergestellt in der Manufaktur in **Tinnum** – Friesenkekse und feinste Pralinées an. Ob die Sorten »Bier und Korn« oder »Sex on the beach« einem schmecken, muss man selbst ausprobieren.
Strandstr. 13
www.cafe-wien-sylt.de

IN HÖRNUM

BREIZH €€€–€€€€
Bretonische Küche mit Fisch, Seafood, sommerlichen Salate. Für die Bouillabaisse »Riche« kommen manche gar vom ganz anderen Ende der Insel nach Hörnum. Das stylishe, moderne Restaurant liegt direkt am Hauptstrand und gehört zum Hapimag-Hotelkomplex.
Strandweg

CAFÉ LUND
Im 2015 »zurückrenovierten« Café Lund gibt es seit den späten 1960er-Jahren die hausgemachte »Sölring Iskreem« – ohne Zusatzstoffe, Geschmacksverstärker oder sonstige Aromen.
Rantumer Str. 1-3
www.lund-sylt.de

IN KAMPEN

MANNE PAHL €€€–€€€€
Einen »lukullischen Salto« legt das »Manne Pahl« nach eigener Aussage hin. Manche Gäste überschlagen sich jedenfalls vor Begeisterung über die angeblich besten Wiener Schnitzel auf der Insel ...
Zur Uwe-Düne 2
www.manne-pahl.de

KUPFERKANNE
Einst Flakbunker, in dem höchstens hartes Brot serviert wurde. Seit 1950 so genanntes und labyrinthisches Künstlerlokal, in dem es definitiv sehr leckeren Kuchen gibt. Wer draußen sitzt, hat einen schönen Blick aufs Watt.
Stapelhooger Wai
www.kupferkanne-sylt.de

IN KEITUM

BROT & BIER €€€–€€€€
Deftig friesisch und delikat kreativ belegte Brote, dazu das auf Sylt gebraute WATT-Bier, das ist das namensgebende Konzept der selbst ernannten »Stullenmacher«. Achtung! Auch die Preise der zweifelsohne leckeren »Stullen« sind mehr als deftig!
Gurtstig 1
www.brot-und-bier.de

IN LIST

ALTER GASTHOF €€€–€€€€
Eine der besonderen Wohlfühl-Oasen auf der Insel: In der historischen »guten Stube« gibt es eine frische, regionale Küche. Köstlichkeiten, von denen der ursprüngliche Besitzer, ein knorriger Walfangkapitän, wohl nur träumen konnte.

Was man aus einem Flakbunker doch machen kann: Kupferkanne Kampen.

Alte Dorfstr. 5
www.alter-gasthof.com

L. A. SYLT LISTER AUSTERNPERLE € € €

Mal wieder nicht mehr als eine Bude, aber mal wieder in 1-a-Lage. Erstklassiger Platz zum »Chillen«, dazu auf der Terrasse mit Meerblick ein paar Austern und einen leckeren Weißen schlürfen.
Oststrand-Promenade

SYLTER EISMANUFAKTUR

Jeden Tag frisch, immer mal was anderes: Vom Quark-Meersalz-Karamell-Eis über Lakritz-Eis bis zum Blaubeerschmand-Eis ist alles dabei. Guten Kaffee gibt es außerdem.
Dünenstr. 3
www.sylter-eismanufaktur.de

IN RANTUM

SANSIBAR € € € – € € € €

Die Sansibar ist Kult, sie ist legendär. Glücklicherweise hat das nicht dazu geführt, dass der ebenso legendäre Wirt Herbert Seckler die Zügel hat schleifen lassen. Für zweifelsohne

hohe Preise gibt es eine ebenso hohe Qualität. Die Lage ist sowieso unschlagbar. Wer im Hochsommer dort einen Platz haben möchte, der sollte Weihnachten reservieren – und umgekehrt.
Hörnumer Str. 80
www.sansibar.de

COAST, RESTAURANT & WEINBAR €€€–€€€€

»Kreative Küche von Land und Meer«, lautet der Slogan des noch relativ jungen Sylter Restaurants Coast. Der Tatar vom Friesenrind (mit Ziegenquark, Artischockenchips und Birnenessig-Vinaigrette) hält das Versprechen genau so wie das Wolfsbarschfilet (mit dicken Bohnen-Tomatenkompott, Zitronen-Kartoffelcreme und Krustentierfond).
Stiindeelke 2
www.restaurant-coast.de

IN WENNINGSTEDT

GOSCH AM KLIFF €–€€€

»Jünnes Düne« nannte Jürgen Gosch den geschwungenen Holzbau mit Grasdach selbst, in dem er 2012 ein weiteres Restaurant auf Sylt eröffnete. Hier gibt es bewährte Gosch-Qualität, allerdings geht es auch am Kliff wie in den anderen Filialen oft sehr hektisch zu.
Dünenstr. 17a
www.gosch.de

IN WESTERLAND

ALTE FRIESENSTUBE €€€€

»Nu gift dat wat to eeten.« Die Speisekarte ist im ältesten Haus in Westerland auf platt(deutsch) gehalten, das Niveau der Speisen im urigen und gemütlichen Ambiente ist hoch.
Gaadt 4
www.altefriesenstube.de

WEB CHRISTEL €€€€

Was sich nach digitaler Gegenwart anhört, hat bereits mehr als 30 Jahre Tradition. Friesische Gerichte, Klassiker wie Ente, Kalbsleber und eine wirklich gute Bouillabaisse werden hier serviert.
Süderstr. 11
www.webchristel.de

STRANDOASE SYLT €€€–€€€€

Wenn man in der Sansibar keinen Platz bekommt, geht man halt in die Strandoase. Und wenn man in der Sansibar einen Platz bekommen würde, könnte man trotzdem in die Strandoase. Genauso lecker, fast noch schöner gelegen, alles ein bisschen weniger aufgebrezelt als in Rantum. Di., Do. und So. gibt es knusprige Ente auf Vorbestellung.
Lorens-de-Hahn-Str. 42
www.strand-oase.de

SYLTER STADTGEFLÜSTER €€–€€€€

Man muss das gar nicht weiterflüstern, man kann es ruhig laut sagen, dass hier ein reizendes Bistro und Café eröffnet hat, das internationale Spezialitäten und leckersten Kuchen in einem freundlichen Ambiente serviert.
Boysenstr. 4
www.sylter-stadtgefluester.de

IN KEITUM

ROMANTIKHOTEL BENEN-DIKEN-HOF €€€€

Wer wissen und vor allem erleben möchte, wie man ur-friesische Gemütlichkeit und Luxus am besten miteinander verbindet, der sollte eines der 43 individuell gestalteten Zimmer oder Suiten im reetgedeckten Kapitänshaus oder einem der Nachbargebäude des Benen-Diken-Hofs buchen.
Süderstr. 3–5
www.benen-diken-hof.de

LIST

HAUS ÜTHORN €€–€€€

Nördlichste Ferienwohnung Deutschlands. Wind, Dünen, ein weiter Himmel und das Rauschen des Meeres; fernab vom Trubel liegen die Appartements des Hauses Üthorn inmitten der faszinierenden Naturlandschaft des Sylter Ellenbogens.
www.uethoern.de

IN RANTUM

ALTE STRANDVOGTEI €€–€€€€

Näher dran am Wattenmeer geht kaum, aber wenn der Wind aus Westen bläst, was er fast immer tut, dann kann man sogar die Brandung der Nordsee hören. Entweder man schläft im unlängst modernisierten Haupthaus der Ur-Sylter Familie Lassen oder in einem der angrenzenden Ferienhäuser.
Merret-Lassen-Wai 6
www.alte-strandvogtei.de

IN HÖRNUM

HOTEL REETHÜÜS €€€€

Das Reethüs bekommt den Spagat zwischen Tradition und Moderne gut hin: Die Landhauszimmer, viele davon mit Terrasse und Strandkorb, bieten allen Komfort und sind gleichzeitig freundlich und gemütlich.
Hauptstr. 18
www.reethues-sylt.de

IN WESTERLAND

1 HOTEL NIEDERSACHSEN €€€–€€€€

Strandnah und zentral liegt das Designhotel schon immer, seit einigen Jahren ist es auch ein zertifiziertes Öko-Hotel. Das beinhaltet u. a. den Bezug von Ökostrom, Energieeinsparungen durch Heizen mittels Geothermie (Nutzung der Erdwärme) und die Reduzierung der CO_2-Emissionen auf ein Viertel von vergleichbaren Hotels.
Margarethenstr. 5
www.hotel-niedersachsen.de

2 HAUS NOGE €€€–€€€€

Schlafen wie einst die Sylter Kapitäne, Schlafen im Friesenzimmer, Schlafen unter der Ahnengaleie. Das kleine Hotel im Herzen Westerlands mit seinen individuell gestalteten Zimmern ist ein wunderbarer Rückzugsort in Westerland. Ideal für Langschläfer oder auch für Aktivisten, die früh unterwegs sind und mit Hunger zurückkommen: Denn Frühstück gibt es hier von 8 bis 12 Uhr.
Dr.-Ross-Str. 31
www.haus-noge.de

Norden bis zur Hörnumer Odde im Süden bildet einen **Sandstrand** von knapp 40 km Länge. Er geht nach Osten in eine Dünenlandschaft über, die in Höhe von Wenningstedt und Kampen am **Roten Kliff** steil abfällt. Die Kliffs gehören landschaftlich wie geologisch gesehen zu Sylts Attraktionen. An den schmalsten Stellen Sylts folgen Dünen- und Wattlandschaft fast unmittelbar aufeinander, an den breiteren Stellen im Norden finden sich hingegen zwischen Dünen und Watt größere **Heideflächen**. Nördlich von Keitum legt der Rheingau-Winzer Balthasar Ress im Jahre 2009 auf 0,3 ha Deutschlands nördlichsten »Weinberg« an. Im Herbst 2012 fand die erste **Weinlese am Wattenmeer** statt, und der erste Jahrgang von 55° Nord – der Name verweist auf die Lage – wurde auf Flaschen gezogen.

Wohin in Westerland und im Norden von Sylt?

Die einzige Stadt

Westerland

Westerland ist mit rund 9500 Einwohnern die einzige Stadt auf der Insel und Sylts Hauptstadt. Und Westerland ist mit seinen versammelten **Bausünden** das komplette Gegenteil eines gemütlichen Friesendorfs. Ruhe findet man hier nicht, dafür pulsierendes Leben, Shopping-Adressen en masse und ein umfangreiches **gastronomisches Angebot** – vom Imbiss bis zum Gourmet-Tempel.

Was die architektonischen Entgleisungen anbelangt, muss man sagen: es hätte noch schlimmer kommen können. Denn 1969 wurden die ersten Pläne für ein gigantisches, 28 Stockwerke hohes Gebäude, publik. Das »Atlantis« sollte 3000 Wohnungen und 1500 Parkplätze in der Tiefgarage beherbergen und unweit des Strands dort errichtet werden, wo jetzt die »Sylter Welle« liegt. Nach massiven Protesten der Bevölkerung und endlosen Diskussionen in den zuständigen Gremien wurde der »Turmbau zu Sylt« schließlich im April 1972 gekippt. Hübsch ist Westerland in den **Gassen rund um die St. Niels-Kirche**, dort findet man die letzten Reste des alten Orts. Der wurde im 15. Jh. von Einwohnern des Dorfs Eidum gegründet, das südwestlich des heutigen Westerlands gelegen hatte und bei der Allerheiligensturmflut von 1436 gänzlich zerstört wurde.

Am **Strand** vor Westerland ist wiederum rein gar nichts auszusetzen. Breit, feinsandig ist er, ordentlich sauber gehalten, wie das an der deutschen Nordseeküste üblich ist. Die Nordsee lädt zum Baden, sie kann ein Spektakel sein, wenn der Wind sich zu einem Sturm entwickelt. Die Luft ist klar, frisch und gesund. Aber man sollte sich nicht umdrehen, denn da ragen die Betonburgen in die Höhe. »Ach Sylt, schön muss es hier einmal gewesen sein, auch im Sommer«, seufzte der Schriftsteller Walter Jens einst und sprach damit sicherlich vielen aus der Seele. Das **Sylt-Aquarium** an den Dünen präsentiert in 25 Becken diverse Meereswelten. Durch zwei der Becken führt ein Wassertunnel aus Acryl.

Gaadt 33 | tgl. 10 – 18 Uhr | Eintritt: 13,50 € | www.syltaquarium.de

Sagenumwobener Ort in toller Lage

★ Wenningstedt, Denghoog

Nur wenige Kilometer nördlich von Westerland liegt Wenningstedt, Spötter bezeichnen den Ort auch als Vorort der Sylter Hauptstadt. So etwas wie Charakter besitzt das heutige Wenningstedt nicht wirklich. Den Ortskern rund um den **Dorfteich** kann man kaum noch als solchen erkennen. Spannender sind da die Sagen, die um den Ort gesponnen werden – und die 1-a-Lage unweit des Roten Kliffs. Zur Zeit der Völkerwanderung sollen Angeln und Sachsen vom Hafen »Wendingstadt« aus Richtung England in See gestochen sein, was jedoch eher zweifelhaft ist, da es unwahrscheinlich scheint, dass es zur offenen Seeseite einen Hafen gab. Fest steht, dass die Region um

Wenningstedt schon zur Steinzeit besiedelt war, wie der Denghoog, ein **steinzeitliches Grab**, bezeugt. Der Denghoog (»Thing-Hügel«) gilt als eine der bedeutendsten Grabanlagen in Nordeuropa überhaupt. Er besteht aus riesigen Findlingen, die während der Saale-Eiszeit aus dem skandinavischen Raum hierher transportiert worden waren und um 3000 v. Chr. zu der Grabanlage aufgeschichtet wurden. 1850 standen in Wenningstedt genau elf Häuser, neun Jahre später begann sich langsam ein **Badebetrieb** zu entwickeln. Nach einer »Curliste für das Jahr 1859« hatte Wenningstedt (friesisch: Woningstair) damals 20 Gäste. Heute sind es mehrere tausend, allein in den Sommerferien.

Denghoog: April / Okt. Mo. - Fr. 10 - 16, Sa. / So. 11 - 16, Mai - Sept. bis 17 Uhr | Eintritt: 3 € | www.soelring-museen.de

Künstler, Literaten, Jetset

Kampen

Einst war Kampen das Mekka der Künstler und Literaten: **Marlene Dietrich** war hier, Emil Nolde malte in den Dünen von Kampen, Heinz Rühmann trank mehr, als er vertragen konnte. Sie alle kamen immer wieder gern nach Kampen und gründeten in der ersten Hälfte des

Er weiß viel über den Denghoog zu erzählen.

20. Jh.s zunächst den Ruf des kleinen Ortes als **Künstlerkolonie**. Nur Romy Schneider, die hatte keinen Spaß an Kampen und seinen legendären FKK-Stränden, störte sich die Diva doch an den »nackten Ärschen in jeder Welle«.
Später dann in den wilden 1960er- und 1970er-Jahren vergnügte sich in dem kleinen Ort der Jetset, nackedei am Strand und bis in die Nacht an der **legendären Whisky-Meile**. Gunter Sachs brachte Brigitte Bardot mit ins Kampen der Reichen und Schönen – und Nackten. An der legendären Buhne 16 lagen Hippies, Nudisten, Filmsternchen und echte Stars am Strand wie Gott sie schuf. Kampen wurde zum **»St. Tropez des Nordens«**. Nur der Playboy und Millionenerbe Sachs selbst mochte nicht so recht mitspielen. Trotz der Plakate einiger Witzbolde »Badehose runter, Gunter« ließ Gunter Sachs die Badehose an. Die Schickimicki-Gesellschaft bestimmt bis heute das Image von Kampen, aber es geht längst nicht mehr so wild zu wie einst.
Heute ist Kampen **eines der teuersten Pflaster in ganz Deutschland**, die Immobilienpreise sind in astronomische Höhen gestiegen. Die Grundstückspreise in Kampen zählen zu den höchsten in der Republik: 30 000 Euro pro Quadratmeter sind heutzutage keine Seltenheit, da müssen inzwischen schon ganz normale Millionäre passen. Und wer es nicht zum Genfer Autosalon schafft, der kann auch hier Ferraris und Maseratis en masse bestaunen. In Kampen stehen jedoch nicht nur die Villen der Neureichen, sondern auch noch einige sehenswerte, **traditionelle Friesenhäuser**.

Die schönsten Sonnenuntergänge auf der Insel

★ Rotes Kliff

Im Gegensatz zu einigen Damen, die in Kampens Boutiquen shoppen, ist das berühmte Rote Kliff hundertprozentig Natur. Bis zu 30 m hoch und nahezu viereinhalb Kilometer lang zieht es sich von der Nordseeklinik nördlich von Westerland bis zum Kliffende bei Kampen und wurde bereits 1979 zusammen mit knapp 180 ha Dünenlandschaft unter Naturschutz gestellt. Durch **Eisenoxidation** entstand die rotbraune Farbe. Hier erlebt man die schönsten Sonnenuntergänge an der Nordsee, wenn das Rote Kliff in der Abendstimmung noch roter als rot erstrahlt. Aus der Dünenlandschaft auf dem Roten Kliff ragt die **Uwe-Düne** heraus, mit fast 53 m die höchste Erhebung von Sylt. Sie wurde zu Ehren des Sylter Unabhängigkeitskämpfers Uwe Jens Lornsen so benannt.
Südlich von Kampen steht der **weiß-schwarze Leuchtturm**, »Langer Christian« genannt, der ab 1853 auf Initiative bzw. Befehl des dänischen Königs Friedrichs VII. erbaut wurde. Von 1767 bis 1921 war die **Kampener Vogelkoje** in Betrieb, bevor man sie 1935 unter Naturschutz stellte. Heute wird hier die Funktion der Vogelkojen im Informationszentrum erklärt; anhand einer rekonstruierten Fanganlage und eines Lehrpfads lässt sich der Entenfang nachvollziehen.

Dieses Braderuper Haus zeigt sich stilecht mit roten Ziegeln und reetgedecktem Dach, obwohl es aus jüngerer Zeit stammt als viele andere seiner Art.

Kampener Vogelkoje (beim Restaurant Vogelkoje zwischen Kampen und List): April / Okt. Mo. – Fr. 10 – 16, Sa. / So. 11 – 16, Mai – Sept. bis 17 Uhr | Eintritt: 4 € | www.soelring-museen.de

Der nördliche Zipfel des Zipfelbunds

List

List, im Osten des größten zusammenhängenden Dünengebiets gelegen, ist der nördlichste Ort Deutschlands und gehört damit gemeinsam mit Orten wie **Oberstdorf, Görlitz** und dem Städtchen **Selfkant** (Süden, Osten, Westen) zum so genannten Zipfelbund. Das Listland, westlich des Orts und ebenfalls seit Generationen in Privatbesitz, steht bereits seit 1923 unter Naturschutz. Das größte Dünengebiet Sylts, die »Sylter Sahara« – der Vergleich geht auf Thomas Mann zurück – wartet am Mannemorsumtal mit der einzigen **Wanderdüne** an der deutschen Nordseeküste auf. Besonders schnell ist sie nicht, sie schafft pro Jahr höchstens 7 m ostwärts. Damit nicht auch noch die letzte ihrer Art vom Winde verweht wird, sorgen Naturschützer für die kontinuierliche Bepflanzung der Düne, um ihr möglichst viel Halt zu geben. Das gesamte Gelände darf nur auf den ausgewiesenen Wegen betreten werden.

Am Ort List selbst scheiden sich die Geister: Die einen mögen den **maritimen Charakter** von List, die Lage zwischen Dünen und Watt. Für andere ist hier einfach zu viel kommerzieller Urlaubstrubel, ein bisschen zu viel **»Ballermann am Wattenmeer«**, andere nennen es »List-Vegas«. Kneipen, Imbissbuden und Souvenirstände prägen das Bild rund um den 2003 komplett neu im skandinavischen Stil renovierten Hafen. Um einen Besuch bei »Gosch«, der nördlichsten Fischbude Deutschlands, kommt man allerdings kaum herum. Ansonsten verkehren hier die Fähren nach Rømø sowie verschiedene Ausflugsschiffe, etwa zu den Seehundbänken.

Das interaktive **Erlebniszentrum Naturgewalten** am Hafen vermittelt u. a. die Ergebnisse neuester Meeresforschung. In den Themenbereichen »Klima, Wetter, Klimaforschung«, »Leben mit Naturgewalten« und »Kräfte der Nordsee« kann man z. B. im Sturmraum die Naturkräfte sehr konkret erleben, in einem Kanal Wind und Wellen erzeugen und Ebbe und Flut simulieren.

Hafenstr. 37 | tgl. 10 – 18, Juli / Aug. 10 – 19 | Eintritt: 13,50 €
www.naturgewalten-sylt.de

Ganz weit weg vom Trubel

★ Ellenbogen

Ganz oben, da wo Sylt einen Haken schlägt, da wo Schafe Vorfahrt vor Autos haben und wo die Brandung mit Wucht an die Küste donnert – da ist man wiederum ganz weit weg von all dem Sylter Trubel und Schnickschnack, der andernorts auf der Insel stattfindet. Als Ellenbogen wird der nördliche Ausläufer Sylts bezeichnet. Bei der Fahrt oder der Wanderung auf die Ellenbogen-Spitze (friesisch: Alembögspünt) kommt man an den 1857 erbauten **Zwillings-Leuchttürmen** List-Ost und List-West vorbei, die ältesten gusseisernen Leuchttürme Deutschlands. An der Ostspitze des Ellenbogens treffen die offene Nordsee und das Wattenmeer aufeinander.

Wunderschöne Heide

Braderup

Braderup liegt an der Wattseite der Insel, eingebettet in eine wunderschöne Heidelandschaft. Diese endet abrupt an der Steilküste, dem so genannten **Weißen Kliff**, das seinen Namen dem hellen, feinerdigen Kaolinsand verdankt. In der unter Naturschutz gestellten Braderuper Heide ist noch ein Stück ursprünglicher Flora erhalten. Am südlichen Ortsrand (Buchholz-Stig 1) informiert ein Naturschutzzentrum über die Besonderheiten der Region.

Munkmarsch, die »Marsch der Mönche« vom dänischen Kloster Odense, ist das kleinste Dorf auf Sylt. Einst lag hier der Hafen von Sylt. Als 1927 der Hindenburgdamm gebaut wurde, verlor das Dorf an Bedeutung. Heute zieht der Ort vor allem **Surfanfänger** an: Die sanften Gewässer in der Bucht machen Anfängern den Einstieg leichter.

Vergangener Reichtum

★ Keitum

Mit seinen alten reetgedeckten Kapitänshäusern, dem üppigen Baumbestand, den hübschen Bauerngärten und der reizvollen Lage am Grünen Kliff ist Keitum **eins der schönsten Friesendörfer** in ganz Nordfriesland. In den Vorgärten blühen zur Sommerzeit Rosen, Malven und Geißblatt. Üppige Kastanien, Linden, Buchen und Ulmen erheben ihre mächtigen Kronen über den Reetdächern, als wollten sie die alten Häuser vor allen Wettern schützen. Von ca. 1650 bis um 1800 lebte Keitum wie die meisten Inseldörfer vom Walfang. Viele **Kapitäne** setzten sich hier zur Ruhe und bauten prachtvolle Häuser im friesischen Stil. Ab 1820 war Keitum großer Hafen- und Hauptort der Insel. 1868 versandete der Hafen, Munkmarsch wurde Hafenort, das aufstrebende Westerland Verwaltungssitz.

Die **St. Severin-Kirche** wurde im 13. Jh. errichtet, der schlichte Turm 200 Jahre später angebaut. Der lichte Innenraum mit taubenblauen Kirchenbänken und gleichfarbiger Empore ist mit einigen Kostbarkeiten ausgestattet: Das älteste Stück stellt das romanische Taufbecken dar, der dreiflügelige Altar ist eine Schnitzarbeit der Spätgotik. Direkt an der Wattseite steht das **Altfriesische Haus**. Der Heimatverein Söl'ring Foriining kaufte das Haus 1907 und wandelte es in ein Museum um. Es verschafft einen guten Einblick in die friesische Wohnkultur des 18. und 19. Jahrhunderts. Auch das 1908 gegründete **Sylter Heimatmuseum** gleich nebenan lässt friesische Kulturgeschichte lebendig werden. Hier sind friesische Trachten, Schmuck, Gemälde Sylter Künstler, alte Seefahrer-Utensilien, nautische Instrumente, Seekarten und Mitbringsel aus aller Herren Länder ausgestellt. Eine Abteilung präsentiert archäologische Fundstücke, eine andere erläutert die geologische Entstehung der Insel.

Altfriesisches Haus: Am Kliff 13 | Ostern – Okt. Mo. – Fr. 10 – 17, Sa. / So. ab 11, Nov. – März Do. – So. 11 – 15 Uhr | Eintritt: 5 €
www.soelring-museen.de

Heimatmuseum: Am Kliff 19 | Ostern – Okt. Mo. – Fr. 10 – 17, Sa. / So. ab 11, Nov. – März Do. – So. 11 – 15 Uhr | Eintritt: 4 € (Kombiticket für beide Häuser: 8,50 €)

Wohin im Osten und im Süden?

Geologisch einzigartig

★★ Morsum-Kliff

Mit Sandstränden kann Morsum nicht aufwarten. Mit Gourmet-Restaurants auch nicht. Schickimicki-Boutiquen? Fehlanzeige. Mit Pumps kommt man hier nicht weit, man braucht eher **Wanderschuhe**, um auf den zahlreichen Wegen rund um Morsum die wunderschöne, abwechslungsreiche Landschaft – eine Mischung aus Feldern, Marschen, Wattwiesen, Heide und einem kleinen Wäldchen – und vor allem das Morsum-Kliff, zu erkunden. Das Morsum-Kliff ist ein geologisches, in ganz Europa einzigartiges Naturschauspiel. Die rund 20 m hohe Steilküste, wegen ihrer Farbigkeit auch **»Buntes Kliff«** genannt, steht bereits seit 1923 unter Naturschutz. Das Besondere am Morsum-Kliff ist, dass die Formationen in der knapp zwei Kilome-

ter langen Klippe durch Einwirkung von Gletschern der Saale-Kaltzeit (vor 300 000 bis 120 000 Jahren) schräg gestellt wurden. So sind die Schichten im Morsum-Kliff, im Gegensatz auch zu den anderen Kliffs auf Sylt, nebeneinander statt übereinander angeordnet. Die ältesten Schichten sind bis zu 10 Mio. Jahre alt.
So wie das Morsumer Gotteshaus muss man sich die anderen Inselkirchen in frühester Zeit vorstellen: Alle wurden zunächst ohne Turm gebaut, die Glocke hing in einem offenen, hölzernen Gestell, wie es bei der **St. Martin-Kirche** heute noch der Fall ist. Im Innenraum ist vor allem der spätgotische Flügelaltar mit den Aposteln sehenswert, außerdem die geschnitzte Kanzel von 1698. Auf dem kleinen Friedhof dahinter stehen einige »sprechende« Grabsteine.

Üble Burschen

Rantum

Insel-Feeling als in Rantum geht nicht. Wenn die Möwen keinen Lärm machen, kann man von der Wattseite noch das Rauschen des offenen Meeres hören. Das Ortsbild von Rantum (Ranteem: Ort am Rande) ist heute geprägt von Reetdach-Villen. Lange Jahre allerdings ging es den Rantumern gar nicht gut. Sie lebten bis ins 18. Jh. vom Strandgut und vom Strandraub. Dabei sollen die **Rantumer Strandpiraten** ganz besonders perfide vorgegangen sein: Angeblich banden sie ihren Kühen Fackeln an die Hörner, um ortsfremde Schiffe mit den Irrlichtern auf die Sandbänke vor Rantum zu locken. Die Besatzung wurde erschlagen und in den Dünen verscharrt.
Rantum, erstmals bereits 1142 erwähnt, wurde immer wieder von **Sturmfluten und Sandverwehungen** zerstört. Allein vier Kirchen sollen im Laufe der Jahrhunderte versunken sein. Bis ins 20. Jh. hinein war der Ort das Armenhaus der Insel. Erst in den 1930er-Jahren, als mit dem Rantumbecken neben List und Hörnum noch ein dritter Standort als **Seefliegerhorst** gebaut wurde, entstand das heutige Rantum. Sowohl das Rantumbecken als auch die Salzwiesen der Rantum-Inge sind wichtiger Brut- und Rastplatz für zahlreiche Vögel. Außerdem befindet sich hier **die legendäre Sansibar**.

Piraten, Soldaten und das Maskottchen Willi

Hörnum

In dem früheren Strand- und Seeräubernest Hörnum an Sylts Südspitze herrschten einst raue Sitten. Nachdem das Dorf **Eidum** bei einer Sturmflut im 15. Jh. verloren gegangen war, zogen einige der Überlebenden in die höher gelegene Dünenregion an der Südspitze der Insel. Eine Zeit lang bot der Heringsfang eine gute Einnahmequelle, doch im 17. Jh. blieben die Schwärme immer mehr aus und die Bewohner schlugen sich als Strand- und Seeräuber durch. Später war dieser Teil von Sylt **lange Zeit wieder unbewohnt**. In den 1930er-Jahren begann der Ausbau des Orts zum Militärstandort, Jahrzehnte lang war der Ort vom Militär geprägt und wurde bisweilen sogar boshaft die **»DDR von Sylt«** genannt. In den 1990er-Jahren zog die Bun-

Und noch ein Sylter Klassiker: die Sansibar

deswehr ab und obwohl ein historisch gewachsener Ortskern fehlt, hat sich Hörnum zu einem hübschen Urlaubsort zwischen Watt und Dünen gemausert. 2002 wurde der Hörnumer **Hafen** umfassend renoviert und verschönert. Eine Art Maskottchen und Sehenswürdigkeit im Hörnumer Hafen ist Willi, besser gesagt Wilhelmine, eine weibliche Kegelrobbe, die seit 1991 Stammgast ist.

Der in Rot-Weiß gehaltene **Leuchtturm** zu Hörnum (1907 erbaut, 34 m hoch) beherbergte bis 1933 die kleinste Schule Deutschlands. Heute können sich Heiratswillige von April bis Oktober auf dem Leuchtturm das Ja-Wort geben. Seit 2013 residiert das Nationalparkhaus »Arche Wattenmeer« in der alten Hörnumer Kirche. Die Mitarbeiter kümmern sich in erster Linie um den Schutz von Insel und Nordsee. Im **Natur-Erlebniszentrum** erfährt man allerlei Wissenswertes zum Thema Wattenmeer. Die Mitarbeiter der Schutzstation bieten darüber hinaus verschiedene Exkursionen an.

Leuchtturm: Besichtigung: Mo. / Mi. / Do. 9, 10, 11 und 12 Uhr (jew. max. 10 Pers., bis Windstärke 5, reservieren unter Tel. 04651 9 62 60 oder info@hoernum.de) | Eintritt: 6 € |www.hoernum.de
Arche Wattenmeer: Rantumer Str. 33 | April - Okt. Di. - So. 10 - 18 Uhr | Eintritt: 5 € | www.arche-wattenmeer.de

Gnadenloser »Blanker Hans«

Hörnum-Odde

Die Sylter Südspitze ist der am stärksten bedrohte Teil der Insel. Im März 1989 trennten die Wassermassen die äußerste Südspitze von der Insel ab, sie wurde zu einer Sandbank im Meer. Die Sturmflut im Herbst 2015 war besonders verheerend. Durch die im Jahr zuvor installierten Tetrapoden wurde der Ort Hörnum verschont, an der Randdüne der Hörnum-Odde gab es jedoch auf fast einem Kilometer Länge **schwere Abbrüche**. In Zeiten des Klimawandels und vermehrt zu erwartenden Sturmfluten werden die Sandaufspülungen vor der Sylter Südwestküste nur ein Tropfen auf den heißen Stein sein. Die Dünen, natürlicher Schutzwall gegen den »Blanken Hans«, werden stetig neu bepflanzt, damit die Stabilität gewährleistet ist. Doch auch das hilft nicht wirklich. Vor 50 Jahren dauerte ein Spaziergang um die Odde noch drei Stunden, vor zehn Jahren wenigstens noch zwei; inzwischen ist man in einer knappen Stunde herum marschiert.

★ TÖNNING

Schleswig-Holstein | **Landkreis:** Nordfriesland | **Einwohner:** 4900

Einst lagen die noch zahlreichen Kutter der Tönninger Krabbenfischerflotte im historischen Hafen. Heute aber machen die wenigen nochübrig gebliebenen Krabbenkutter am Eidersperrwerk fest. Für Landratten bietet sich bei Ebbe deshalb ein merkwürdiges Bild im ansonsten überaus sehenswerten Tönninger Hafen. Denn dann liegen die Boote allesamt im Schlick, keine Handbreit Wasser unterm Kiel. Was es mit Ebbe und Flut auf sich hat, über die Geheimnisse des UNESCO-Welterbes Wattenmeer und seine Bewohner informiert das Multimar Wattforum am Eiderdeich.

»Hygge« auf Eiderstedt

Tönning, der Hauptort der Halbinsel Eiderstedt, blickt auf eine große Geschichte zurück. Der Ort an der Eider entstand um 1000 auf einer Warft und entwickelte sich zu einem **bedeutenden Handels- und Verladeplatz**. Im 17. Jh. passierten pro Jahr mehr als 2000 Schiffe Tönning und luden Getreide, Vieh und Käse. Tönning besaß eine eigene Handelsflotte und war bis 1895, dem Zeitpunkt der Eröffnung des Nord-Ostsee-Kanals, **ausgesprochen wohlhabend**, was man heute noch an den stattlichen Bürgerhäusern am Markt und am hübschen historischen Hafen ablesen kann. Im 16. Jh. wählten die Gottorfer Herzöge Tönning sogar als Nebenresidenz, 1583 bezogen sie hier ein von italienischen und französischen Vorbildern inspiriertes Schloss, das jedoch 1735 wieder abgebrochen wurde. Wenn auch anders, ist die Stadt für die Nordseeküste immer noch sehr wichtig, denn von hier aus werden zahlreiche Leuchttürme an der Küste und auf den Inseln per Funk in Gang gesetzt und überwacht.

Wohin in Tönning?

»Hyggelig«

Im hübschen Tönninger Hafen steht noch eine hölzerne Ziehbrücke. Für die Gemütlichkeit des maritimen Areals haben sich die Tönninger im Dänischen bedient und nennen die Atmosphäre »Hafenhygge«. Eein ganz angenehme Art,den Hafen zu erleben: Holen Sie sich ein Fischbrötchen, setzen Sie sich auf eine Bank und shauen Sie einfach. Am Skipperhuset (Nr. 30) und dem Pfahl davor sind **Flutmarken** angebracht, die die Höchstwasserstände der Jahre zwischen 1634 und 1962 dokumentieren. Das auffälligste Gebäude am Hafen ist das dreigeschossige **Packhaus** (1783), das anlässlich der Eröffnung des Eiderkanals erbaut wurde. Heute ist hier unter anderem ein sehenswertes Museum zur Tönninger Stadtgeschichte eingerichtet. Themen sind zum Beispiel die frühe Besiedlung bis zur Wikingerzeit, das Schloss und die Festung des 17. Jh.s sowie die Eisenschiffswerft. Im Winter verwandelt sich das Packhaus in einen der längsten Weihnachtskalender der Welt.

★ Hafen und Markt

Am Tönninger Markt erhebt sich die **Laurentiuskirche**, die im 12. Jh. gebaut und anschließend mehrfach verändert wurde. Eindrucksvoll in dem überaus freundlich wirkenden Gotteshaus ist die mit Motiven der Bergpredigt bemalte Holztonnendecke (1704). Ein besonderer Kunstschatz ist ein Gemälde von Jürgen Ovens, der 1623 in Tönning zur Welt kam (und 1678 in Friedrichstadt starb) und Schüler von keinem Geringeren als Rembrandt wurde. Das Epitaph (1691) zeigt die heilige Familie und darüber zwei Ovale, auf denen Ovens selbst und seine Frau Maria zu sehen sind.

Packhaus: Am Eiderdeich 18 | Mai – Sept. Mi. – So. 14.30 – 17.30 Uhr
www.packhaus-toenning.de

Eintauchen ins Wattenmeer

Das Multimar Wattforum etwas außerhalb des Zentrums beleuchtet die Vielfalt des Watts im Detail, aber auch in größeren Zusammenhängen (Mensch – Natur – Wissenschaft) und erlaubt einen faszinierenden Blick in die **Unterwasserwelt** des Nationalparks Schleswig-Holsteinisches Wattenmeer. Mehr als 280 Arten von Fischen, Krebsen, Muscheln und Schnecken tummeln sich in den großen Aquarien, darunter der stoisch seine Runden drehende Katzenhai. Hier kann man auch beobachten, wie der Seewolf Muscheln knackt, am Mikroskop die Wattschnecke erforschen und sich an Infoterminals über Tidenhub, Wellendynamik und Küstenschutz informieren. Infos über das Leben der Schweinswale in der Nordsee und sei-

★ Multimar Wattforum

1997 strandete dieser mächtige Pottwal vor der Küste, jetzt steht er präpariert im Tönninger Wattforum.

ne großen Verwandten in aller Welt findet man im angeschlossenen **Walhaus**. Herzstück dieser Ausstellung ist das ehrfurchtgebietende, 17,5 m lange Präparat eines Pottwals, halb Skelett und halb Nachbildung.

Am Robbenberg | Nov. – März tgl. 10 – 17, April – Okt. 9 – 18 Uhr
Eintritt: 9 € | www.multimar-wattforum.de

Rund um Tönning

Gewaltige Tore gegen die Fluten

★ Eidersperrwerk

Im Zuge des »Generalplans Küstenschutz« wurde das als Jahrhundertwerk gepriesene Eidersperrwerk bei Tönning errichtet. Umgerechnet knapp 90 Mio Euro verschlangen die Bauarbeiten, die von 1967 bis zur **Eröffnung im März 1973** andauerten. Das Sperrwerk mit seinen fünf jeweils 40 m breiten Toren hat weitgehend gehalten, was die Experten einst versprachen. Jahrhundertelang hatten die Menschen auf der Halbinsel Eiderstedt nasse Füße bekommen. Durch das Sperrwerk, das Fluten von sieben Metern über dem mittleren Tidenhochwasser abhält, ist die Gefahr zumindest minimiert. Wenngleich schon in den 1980er-Jahren der erste Planungsfehler offenbar wurde: Durch den **massiven Eingriff in die Natur** hatten

TÖNNING ERLEBEN

TOURIST-INFORMATION
Am Markt 1
25832 Tönning
Tel. 04861 61 420
www.toenning.de

Ab Tönning Eiderkaje durch die Schleusen des Eidersperrwerks zu den Seehundbänken. Die Tour wird von einem Nationalpark-Ranger oder NABU-Mitarbeiter begleitet.
tgl. April – Okt.
Tickets in der Tourist-Info
www.adler-schiffe.de

KRABBEN UND FISCH GMBH
Direkt am Hafen gibt es frischen Räucherfisch, Krabben und leckere Salate, zudem leckere Fischbrötchen auf die Hand.
Am Eiderdeich 12

ROTER HAHN €–€€
Café, Bar und Restaurant mit Terrasse; preiswerter Mittagstisch, Burger und große Schnitzelkarte; manchmal Live-Rock.
Alte Feuerwache
Kaltrepel 4
www.roter-hahn-toenning.de

SCHANKWIRTSCHAFT ANDRESEN €–€€
Hinter dem Deich in Katingsiel steht dieser mehr als 300 Jahre alte Gasthof. Wenn der Name des Senior-Wirts »Opa Eiergrog« lautet, muss man nicht lange rätseln, was die Spezialität dieser denkmalgeschützten Gaststätte ist. Zudem gibt es in Katingsiel an der Süderbootfahrt auch leckeren hausgebackenen Kuchen und exquisite Krabbenbrote.
Katingsiel/Tönning
(ca. 9 km südwestl.)
www.schankwirtschaft-andresen.de

ALTE SCHULE €€–€€€€
Erstes Bio-zertifiziertes Hotel in Schleswig-Holstein. Im Angebot: Massagen, Yoga und Ayurveda-Anwendungen. Das modern eingerichtete Restaurant kredenzt saisonale Produkte aus der Region und aus Bio-Anbau.
Westerstr. 21 (im Hotel Miramar)
www.biohotel-miramar.de

GODEWIND €€–€€€
Liebevoll geführtes Romantik-Hotel direkt am Hafen, mit Sonnenterrasse, Wintergarten und einem empfehlenswerten Restaurant. Sensationell leckeres Frühstück!
Am Hafen 23/24
www.hotel-godewind.info

sich die Strömungsverhältnisse extrem verändert und ein fast 30 m tiefes Loch in den Grund der Eider gefressen, das mit mehr als 45 000 Sandsäcken aufgefüllt werden musste. Im Zuge des Sperrwerk-Baus entstand als Ausgleichsfläche das trocken gefallene **Katinger Watt**. Wo sich ehemals Wattwurm & Co tummelten, finden heute zahlreiche Vogelarten ein ideales Zuhause. Im Lisa-Hähnle-Haus des NABU kann man sich über die Besonderheit der neu gewonnen Naturlandschaft informieren, zudem Führungen durch das Naturschutzgebiet buchen.

Das **Gut Hoyerswort**, ein schlossartiger Renaissancebau, wurde Ende des 16. Jh.s errichtet. Herzog Adolf von Gottorf schenkte es daraufhin seinem wichtigsten Ratgeber Caspar Hoyer. 1704 wurde an das ungefähr 7 km nördlich von Tönning gelegene Gebäude eine Haubarg-Scheune angefügt. Hier gibt es ein Museum, ein Café, eine Töpferei und einen Weinhandel.

Naturzentrum Katinger Watt: Katingsiel 14
www.schleswig-holstein.nabu.de
Hoyerswort: Oldenswort | Di. – So. 11 – 18 Uhr (6. Jan. – 21. Feb. nur Sa. / So.) | www.hoyerswort.de

VAREL · DANGAST

Niedersachsen | **Landkreis:** Friesland | **Einwohner:** 24 000 (Varel) bzw. 600 (Dangast)

Im Jahr 1984 erschreckte die Bildzeitung ihre Leser mit der Schlagzeile »Riesenpenis am Jadebusen«. Der Künstler Eckart Grenzer hatte für viele brave und gottesfürchtige Friesen mit seinem »Grenzstein« am Dangaster Strand eindeutig die Grenzen des guten Geschmacks überschritten. Manche, wie der inzwischen verstorbene Betreiber des legendären Kurhauses zu Dangast, Karl-August Tapken, sahen in der Skulptur am Strand eher einen Seemann mit Südwester auf dem Kopf. Inzwischen stört sich niemand mehr an dem einst so provokanten Kunstwerk. Die Badegäste nutzen ihn als Handtuchhalter, die Kinder als Torpfosten. Der Hintergrund der Skulptur war natürlich nicht so banal: Sie sollte laut Künstler den Zusammenhang zwischen dem »weiblich-weichen« Meer und der »männlichen Erde« darstellen.

Wohin in Varel und Umgebung?

Sommerresidenz der Oldenburger Grafen

Schlossplatz, Windmühle

Durch die leicht erhöhte Lage blieb Varel vor den verheerenden Sturmfluten geschützt, die die Jadebusen genannte Bucht aus dem Land rissen. Die Stadt liegt malerisch schön zwischen Wäldern und Küste und diente den Oldenburger Grafen lange als Sommerresidenz. Deren Schloss ist längst abgetragen, nur der Schlossplatz mit der **Schlosskirche** verweist auf vergangenen Glanz. Auf dem Platz entstand schon um 1150 ein erster Sakralbau, der im 15. Jh. durch einen wesentlich größeren, die Schlosskirche, ersetzt wurde. Aus dieser Zeit stammen Freskenreste an Apsis und Chor. Am anderen Ende der Fußgängerzone liegt der idyllische **Neumarktplatz** mit seinem historischen Gebäudeensemble. In einem Eckhaus ist das Heimatmuseum untergebracht.

In der Mühlenstraße ragt das Wahrzeichen Varels auf, die große Windmühle: Sie wurde 1847/1848 als fünfgeschossige Kappenwindmühle des Holländertyps erbaut und ist mit einer Gesamthöhe von

BAEDEKER MAGISCHE MOMENTE

FRÜHMORGENS

Ausschlafen ist etwas Schönes im Urlaub. Ganz früh aufstehen und den Sonnenaufgang an der Nordsee erleben, ist aber noch ein bisschen schöner. Auf ► Sylts Wattseite, beispielsweise am Morsum-Kliff, am scheinbar endlosen Strand von ► St. Peter-Ording, in den Dünen von ► Juist oder am »Alten Kurhaus« in Dangast. Langsam aber sicher lichtet sich der Seenebel, die Sonne piekst ein paar kleine Löcher durchs Grau, ehe sie das Meer, die Dünen und den Strand in dieses ganz besondere Licht der Küste taucht. Den paar wenigen anderen Frühaufstehern murmelt man ein kurzes »Moin« entgegen – um sich danach einfach noch einmal hinzulegen; ist ja schließlich Urlaub..

39 m **eine der größten Windmühlen Deutschlands**. Bis 1965 wurde sie voll genutzt und ist immer noch betriebsfähig. Außerdem beherbergt sie ein Museum. Im Schuppen hinter der Mühle sind landwirtschaftliche Geräte und Maschinen ausgestellt, unter anderem ein Lanz-Bulldock von 1938. Exponate zum Thema Friesensport, Deichbau und Fischerei sind dort ebenfalls zu finden.

Heimatmuseum: Neumarktplatz 3 | Mai – Okt. So. 10 – 12, Mi. 15 – 17 Uhr | Eintritt: 3 € | www.heimatvereinvarel.de

Windmühle: Mühlenstr. 12 | Feb. – Nov. Sa. 10 – 12, Mai – Okt. zusätzlich Mi. / So., Juli – 10. Sept. Sa. / So. zusätzlich 12 – 16 Uhr Eintritt: frei | www.heimatvereinvarel.de/muehle.htm

Das Gras wachsen hören

Kuriositäten-Museum

Ziemlich schräg geht es im Kuriositäten-Museum Spijöök direkt am Vareler Hafen zu. Die Betreiber von der »Aktionsgruppe Menschenmüll« und dem »Kulturförderverein Kunstdünger« behaupten, die **letzten offenen Fragen der Menschheit** und der Wissenschaft zu klären. So haben sie u. a. das »Ei des Columbus«, konserviert in einem Marmeladenglas. Wo ist der Stein der Weisen zu finden, wo der Bernstein aus dem legendären Bernsteinzimmer? Natürlich im **Spijöök**. Auf einem »Grasplattenspieler« kann man das Gras wachsen hören und den einzigen im Jadebusen gefangenen Piranha bewundern.

Kohlhof 5 | Mitte Mai – Mitte Sept. Sa. / So. 15 – 17 Uhr | Eintritt: 4 € www.spijöök.de

Auf zur Urwald-Expedition!

Neuenburg

Seit 1462 war das rund 10 km westlich von Varel gelegene Städtchen Neuenburg Sommerresidenz der Oldenburger Grafen. Heute bietet der Schlosspark Platz für Kunst und ein Heimatmuseum, dessen Hauptattraktion eine 300 Jahre alte **friesische Rauchkate** ist. Im Schloss gibt es u. a. eine vogelkundliche Sammlung zu bestaunen. Von Neuenburg kommend, links der B 437, wuchert der **Neuenburger Urwald**. Seit über 200 Jahren wird dieses Waldstück weitgehend sich selbst überlassen. **Baumveteranen** wie eine 700-jährige Eiche, seltene Farne, Moose und Blumen finden ideale Bedingungen, verschiedene Specht- und Kauzarten haben hier ihre Nisthöhlen. Die Wege, die den Urwald erschließen, dürfen nicht verlassen werden, damit das sensible Ökosystem nicht gestört wird.

Noch ein wenig weiter nördlich bietet sich mit dem Nordwestdeutschen **Schulmuseum** hingegen eine ganz andere Attraktion. Im ehemaligen Schulhaus wurden seit Mitte der 1970er-Jahre Schul- und Unterrichtsmaterialien zusammengetragen. Heute umfasst die Sammlung 400 Landkarten, 4000 Schulwandbilder, 6000 Lehrdias, mathematische und physikalische Geräte sowie eine Bibliothek.

Wehdestr. 97 | April – Okt. Di. – So. 11 – 18 Uhr | Eintritt: 2 € www.schulmuseum.de

VAREL UND DANGAST ERLEBEN

KURVERWALTUNG NORDSEEBAD VAREL-DANGAST
Edo-Wiemken-Str. 61
26316 Varel
Tel. 04451 91 140
www.dangast.de

Mit der »Etta« von Dangast: Jade-Rundfahrt zum Arngaster Leuchtturm, durch den Wilhelmshavener Marinehafen und zur Kaiser-Wilhelm-Drehbrücke, zu den Seehundbänken,
www.ettavondangast.de

SCHIENFATT € € € €
Historisches Ambiente und moderne Küche. Der Gastraum ist im Stil der Bürgerhäuser des 18. Jh.s eingerichtet, auf den Teller kommen Kalbsbäckchen, Flusskrebs-Tatar oder Wan Tan von der Ente.
Neumarktplatz 3
www.restaurant-schienfatt-varel.de

AAL UND KRABBE € € – € € €
Fisch und Krabben direkt vom Kutter sowie ein Plätzchen direkt am Meer. Mittags und abends auch Fischbuffet.
Am Hafen 2a
www.aalundkrabbe.de

KURHAUS DANGAST € – € € €
Der Rhabarberkuchen des Kurhauses in Dangast besitzt Kultstatus, genauso wie das um 1800 erbaute Haus selbst – beides vollkommen zurecht. Der Ort, an dem der leckere Kuchen kredenzt wird, ist ein besonderer Ort – oberhalb des Strandes in einem kleinen Wäldchen gelegen.
An der Rennweide 46
www.kurhausdangast.de

HOTEL GRAF BENTINCK € € € €
Ruhig gelegenes Vier-Sterne-Hotel, familiengeführt, was auch hier einmal mehr zu einem ordentlichen Plus an Freundlichkeit und Aufmerksamkeit führt. Die Zimmer sind nichts Besonderes, das Frühstück zählt dafür bestimmt zu den besten an der gesamten Nordseeküste!
Daueneser Str. 7
www.bentinck.de

PENSION ALTES POSTHAUS € €
Das efeuumrankte Haus mit Garten hat besonderen Charme. Zum Strand sind es nur ein paar Meter, und man wird mit einem reichhaltigen Frühstück verwöhnt.
An der Rennweide 38
www.altes-posthaus.de

★ Dangast

Kunst hat eine lange Tradition
Dangast ist schon seit Anfang des vergangenen Jahrhunderts ein Ort der Kunst. Vor allem die 1905 gegründete Künstlergemeinschaft **»Die Brücke«** ließ sich von der besonderen Atmosphäre inspirieren, darunter Erich Heckel, Max Pechstein und Karl Schmidt-Rottluff. Sie

Im Neuenburger Urwald wird seit gut 200 Jahren keine Säge mehr angesetzt. Viele Pflanzen und Tiere finden hier einen Rückzugsort.

erprobten hier den freien Umgang mit Licht und Farbe und zeigten in ihren Dangaster Arbeiten neue, expressive Ausdrucksformen. Auch der Maler Franz Radziwill hatte sein Atelier nach Dangast verlegt, Joseph Beuys war von Zeit zu Zeit Gast am Jadebusen. Heute kann man ihre Werke auf einem **Kunstpfad** bewundern. Das Haus von Franz Radziwill steht Besuchern offen. Neben einem Einblick in Leben und Werk Radziwills gibt es regelmäßig interessante Sonderausstellungen zu sehen. Ulrike Tapken wiederum versteht sich auf eine andere Art von Kunst: Ihr **Rharbarberkuchen** im »Alten Kurhaus« gilt als der beste an der Nordseeküste.

Radziwill-Haus: Sielstr. 3 | Mi. – Fr. 15 – 18, Sa. / So. 11 – 18 Uhr
Eintritt: Erw. 3,50 € | www.radziwill.de

.»Stolpersteine« und »Seh-Zeichen«

Strand- und Deichgalerie

Über den Ort verteilt sind die »Stolpersteine«, die Natur, Kultur oder Geschichte in Szene setzen, wie die Skulpturen »Tor zum Wattenmeer«, Nähe Kurhaus-Klause, oder **»Fenster zur Marsch«** am Gröningsweg. Auch der Strand bildet eine begehbare Galerie. Hier befindet sich neben der Plastik von Grenzer u. a. noch der hölzerne

Thron des »Kaisers Butjatha«. Als »Seh-Zeichen« finden sich entlang des Deichs zwischen Dangast, Cäciliengroden und Mariensiel sieben Kunstwerke, die die sieben Tage der Schöpfung versinnbildlichen. Direkt am Ortseingang von Dangast liegt die **Alte Schule**, in der das Nationalparkhaus logiert. Die vielfältige und interessante Ausstellung lohnt bei jedem Wetter einen Besuch. In Aquarien und im Tidenbecken bewegen sich die Bewohner des Wattenmeeres, die man in der Natur selten so eingehend betrachten kann.

Zum Jadebusen 179 | April - Okt. Di. - Fr. 10 - 12 / 14 - 18, Sa. / So. nur 14 - 18 Uhr | www.nlph.de

WANGERLAND

Niedersachsen | **Landkreis:** Friesland | **Einwohner:** 10 200

Hier oben im Wangerland an der friesischen (nicht ostfriesischen!) Nordseeküste weht fast immer eine steife Brise. Das hält abertausende von Urlaubern allerdings nicht davon ab, hier ihre Ferien zu verbringen. Am liebsten auf dem Campingplatz. Denn das Wangerland mit seinen Hauptorten Schillig, Hooksiel und Horumersiel ist Camperland, nirgendwo sonst in Deutschland stehen die Zelte, Wohnwagen und Wohnmobile so dicht an dicht wie hier an den Grün- und Sandstränden in der ansonsten so weiten Landschaft Frieslands.

Camping-freunde vor!

Als 1542 Maria von ▶ Jever das Horumer Tief zum Sielhafen ausbauen ließ, legte sie damit auch den Grundstock für **Horumersiel**, das sich zum Hafen der Stadt Jever entwickelte. Doch wegen seines rein bäuerlichen Umlands erlangte es nie die Bedeutung der Nachbarhäfen Hook- und ▶ Carolinensiel. 1888 besiegelte der Bau der Bahnlinie von Jever nach Carolinensiel den Niedergang von Horumersiel. Um 1900 profitierte der kleine Ort allerdings vom aufkommenden Bäderwesen und lockte zahlreiche Badegäste an. Den offiziellen Status eines Nordseeheilbads erhielt Horumersiel-Schillig jedoch erst 1985. Im 9 km westlich von Horumersiel liegenden **Hohenkirchen** hat die Gemeinde Wangerland mit St. Sixtus und St. Sinicius ihre bedeutendste Kirche. Der spätromanische Granitquaderbau geht zurück auf eine im 9. Jh. vom hl. Ansgar gegründete Kirche und besitzt mit dem 1620 von **Ludwig Münstermann** geschaffenen Altar ein einzigartiges Werk dieses Meisters. Ebenfalls von Münstermann stammt die reich geschnitzte Kanzel von 1628; wesentlich älter ist der Taufstein aus Bamberger Sandstein: Er entstand um 1265.

WANGERLAND ERLEBEN

WANGERLAND TOURISTIK
Zum Hafen 3
26434 Horumersiel/Wangerland
Tel. 04426 98 70
www.wangerland.de

WANGERLAND TOURISTIK IN HOOKSIEL
Hoher Weg 1
26434 Hooksiel
Tel. 04425 95 800

FRIESLANDTHERME
Modernes Freizeitbad, das aus einer 160 m tiefen Solequelle gespeist wird: drei Becken, Kinderbereich, großes Außengelände, Sauna, medizinische Bäder, Massagen.
Zum Hafen 3, Horumersiel

AUF ZUR JADERENNBAHN
Zwischen Hooksmeer und der Bäderstraße kann man im Juli und August mittwochabends oder sonntagnachmittags Trab- und Galopprennen verfolgen.
www.hooksieler-rennverein.de

ZUM SCHWARZEN BÄREN €€€
Seit seiner Erbauung 1765 ist der Schwarze Bär Gasthaus. Heute wird hier anspruchsvoll gekocht, u. a. Hooksieler Fischspezialitäten, klassische Seemannsgerichte (Labskaus), Fleisch vom Lavagrill.
Lange Str. 15, Hooksiel
www.zum-schwarzen-baeren.de

HANNY'S RADLERCAFÉ
Kleine friesische Oase im Wangerland. Leckere Kuchen, gutes Frühstück, herzlicher Service. Das Café im herrlichen Bauerngarten ist eines der beliebtesten Stopps nicht nur für Radler. Einfache Zimmer im Haus.
Störtebekerstr. 15, Horum
www.hannys-radlercafe.de

NAKUK €€€€
Das Landhotel Nakuk ist eine Oase der Entschleunigung. In einem alten Gutshof untergebracht wurden die Zimmer jenseits von Friesentümelei nach Feng-Shui-Prinzipien gestaltet. Ein gutes Wellness-Angebot und das Angebot an gesunder Kost (Basenfasten) runden das stimmige Gesamtpaket ab.
Wardergroden 22, Horumersiel
www.nakuk.de

PACKHAUS €€€€
Schönes und vor kurzem komplett renoviertes Hotel in einem der drei historischen Packhäuser am Hafen.
Am Hafen 1, Hooksiel
www.hooksiel-hotel.de

Wohin im Wangerland?

Einst der Hafen von Jever

Hooksiel

Ähnlich wie Horumersiel entstand auch Hooksiel 1546 auf Initiative des legendären Fräuleins Marie als Hafen für Jever, führte das damals schiffbare Hooksieler Tief doch direkt vom Stadthafen Jevers in die **Jade**. Rund um den Hafen entwickelte sich ein ansehnlicher Ort, der

Anfang des 19. Jh.s seine Blüte erlebte. Mit der Gründung der schnell wachsenden Stadt ►Wilhelmshaven drohte Hooksiel der Niedergang. Bis weit in die Nachkriegszeit währte der Streit mit dem großen Nachbarn, dessen Häfen und Industrieanlagen den Jadebusen verschmutzten. Höhepunkt war der Bau eines **Chemiewerk**s vor den Toren Hooksiels. 1974 brachte dann die vorläufig letzte einschneidende Veränderung: Neue Deiche, der Bau einer Schleuse und eines Außenhafens ließen das Hooksmeer, ein rund 60 ha großes Binnentief, entstehen. Dies reicht bis zum alten Hafen in der Ortsmitte, der dadurch seinen Charakter bewahren konnte.

Waddewarden, 6 km westlich von Hooksiel, ist immer noch ein typisches Wangerland-Dorf. Seine Kirche St. Johannes, aus einer 1246 gebauten Kapelle hervorgegangen, besitzt neben einem schwarzen Marmor-Taufstein aus der Gründungszeit zwei sehr schöne Werke von Jacob Cröpelin: den Altaraufsatz von 1661 sowie die Kanzel von 1649. Das **Nationalparkhaus Wangerland** wurde 2016 mit einer neuen Ausstellung zu den Themen UNESCO-Weltnaturerbe Wattenmeer, das Biosphärenreservat Niedersächsisches Wattenmeer, erneuerbare Energien, Klimawandel und Klimaschutz wiedereröffnet.
Kirchstr. 9, 26434 Wangerland-Minsen | 24. März – Okt. Mo. – Fr. 10 – 17, Sa. / So. 14 – 17 Uhr | www.nationalparkhaus-wattenmeer.de

WANGEROOGE

Niedersachsen | **Landkreis:** Friesland | **Einwohner:** 1200

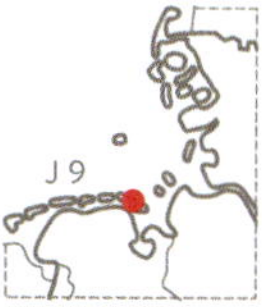

Streng genommen ist Wangerooge gar keine Ostfriesische Insel. Denn das Eiland gehört historisch betrachtet zum friesischen Jeverland, also zum Landkreis und historisch zu Oldenburg. Keine der anderen Inseln liegt näher an der Küste als Wangerooge und keine hat sich in den vergangenen Jahrhunderten so verändert. Strömung und Wind haben dafür gesorgt, dass die Westseite Verluste zu beklagen hatte, während sich das abgetragene Land zum Teil im Inselosten wieder anlagerte. Insgesamt jedoch ist Wangerooge geschrumpft – und geht es so weiter, dann löst sie vielleicht sogar irgendwann ► Baltrum als kleinste der Ostfriesischen Inseln ab.

Immer in Bewegung

Wangerooge fiel 1575, nachdem es zum Besitz verschiedener ostfriesischer Häuptlinge gehört hatte, an Oldenburg. Bereits in russischer Zeit (1793 – 1807) kamen die ersten Badegäste auf die Insel. Der Name setzt sich zusammen aus den Begriffen Wanga (Wiese) und Oog (Insel), könnte also mit **Wieseninsel** übersetzt werden. Nach wenigen Jahren unter holländischer und französischer Herrschaft ging die Insel 1818 wieder an Oldenburg. Schwere Sturmfluten haben 1854 das ehemalige Dorf rund um den Westturm völlig zerstört. Das neue Dorf wurde rund um den Alten Leuchtturm in der Inselmitte errichtet. Ein Bombenangriff in der Nacht des 25. April 1945 zerstörte fast die gesamte historische Bausubstanz. Im Februar 2020 fegte Sturmtief »Sabine« fast den gesamten Strand fort; er wurde wieder aufgeschüttet.

Wohin auf Wangerooge?

Alles über die »Nomaden der Lüfte«

National-parkhaus

Am Westausgang des Kurparks Rosengarten liegt zwischen hohen Bäumen das Nationalparkhaus **»Rosenhaus«**. Themenschwerpunkt der Ausstellung ist die internationale Bedeutung des Wattenmeeres für den Vogelzug. Anschaulich gemacht mittels Schautafeln, Modellen, einem Meerwasseraquarium und zahlreichen Tierpräparaten erfährt man vieles über die Insel und den Nationalpark. Darüber hinaus werden Diavorträge sowie Exkursionen zu Fuß oder per Rad angeboten. Der breite Strand jenseits der Dünen gehört zur Ruhezone des Nationalparks, ebenso die anschließende **Westlagune**, durch die die Inselbahn fährt. An der einsamen äußersten Ostspitze der Insel findet man außerdem noch einige Überreste des einstigen Ostanlegers, der nach langem Ringen 1958 wegen dauernder Versandung aufgegeben wurde. Früher legten hier Schiffe aus Wilhelmshaven und Umgebung an, zudem war er Endpunkt der Inselbahn.

Friedrich-August-Str. 18 | Mitte März – Okt. Di. – Fr. 9 – 13 / 14 – 18, Sa. / So. 10 – 12 / 14 – 17, Nov. – Mitte März Mo. – Fr. 10 – 13 / 15 – 17, Sa. / So. 14 – 17 Uhr | www.nationalparkhaus-wattenmeer.de

Turmbau zu Wangerooge

Drei Leuchttürme

Wangerooge leistet sich gleich drei Leuchttürme, wenngleich nur noch einer leuchtet. Der **Westturm**, bereits um 1600 erbaut, bekam Mitte des 19. Jh.s nach einer Sturmflut und durch Wangerooges ausgeprägter Neigung im Wattenmeer herum zu wandern, nasse Füße. 1914 wurde er kurzerhand in die Luft gejagt, aus Sorge, die englische Marine könnte durch ihn allzu leicht zum kaiserlichen Marinestützpunkt in Wilhelmshaven geführt werden. Heute beherbergt der in den 1930er-Jahren fast originalgetreu nachgebaute neue Westturm die Jugendherberge der Insel. Von 1855 – 1859 errichtete man den **Alten Leuchtturm** (39 m). Bis zum Herbst 1969 wies er den Seeleuten den Weg, dann reichte sein Leuchtfeuer bzw. seine Reichweite nicht mehr aus und wurde vom modern ausgestatteten **Neuen Leuchtturm** abgelöst. Heute dient der Alte Leuchtturm als Aus-

Guter Ausguck: der Alte Leuchtturm von Wangerooge

99 211

WANGEROOGE ERLEBEN

KURVERWALTUNG

Obere Strandpromenade 3
26476 Wangerooge
Tel. 04469 990
www.wangerooge.de

Ab Harlesiel tideabhängige Personenfähre (Überfahrt: 45 Min). Auf der Insel verkehrt eine Inselbahn (Fahrtzeit bis ins Dorf ca. 15 Min.). Rundfahrten ins Wattenmeer, gelegentlich zu den Nachbarinseln. Mit dem Fischkutter »Jens Albrecht II.« zum Krabbenfang.
Anmeldungen am DB-Container am Hafen oder unter
Tel. 04464 94 94 21

Flugverbindung ab Harlesiel stündlich, im Sommer noch öfter, Flugzeit ganze 5 Min.
FLN – Frisia Luftverkehr GmbH Norden
www.inselflieger.de

GESUNDHEITSZENTRUM OASE

Umfangreiches Thalasso-Angebot, u. a. Schlickpackungen, Meerwasserbäder mit Sanddorn, Algen und Rosen sowie Wohlfühlmassagen und physiotherapeutische Behandlungen. Gleichzeitig Meerwasser-Erlebnisbad mit Geysiren, Whirlpools, Riesenrutsche und Sauna.
Obere Strandpromenade 2
www.oase-wangerooge.de

1 JAN SEEDORF €€–€€€

Friesische Gerichte wie Krabbenomelette, Aalsuppe und Speckpfannkuchen; Reservierung unbedingt erforderlich, sonst gibt es keinen Tisch!
Str. zum Westen 72
(an der Saline)
Tel. 04469 387

2 CAFÉ PUDDING

Der Rundbau an der Strandpromena-

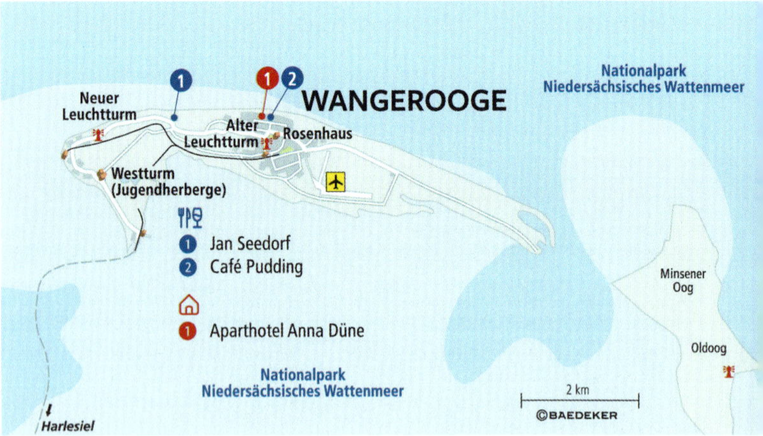

de besitzt Kultstatus, der Name stammt vermutlich von dem norddeutschen Spruch »um'n Pudding gehen«, was so viel heißt, wie einen kleinen Spaziergang um den Häuserblock machen.
Im Café Pudding gibt es allerdings keinen Pudding, dafür leckere Kuchen und Torten.
Zedeliusstr. 49
www.cafe-pudding.de

1 APARTHOTEL ANNA DÜNE €€–€€€
Direkt am Strand, modernes Ambiente, insbesondere im Restaurant »Friesenjung«. Die Appartements besitzen alle eine »Pantryküche«.
Obere Strandpromenade 13
www.upstalsboom-aparthotels.de

sichtsturm, Inselmuseum und als Standesamt. Das Museum im Leuchtturm ist vollgestopft mit Exponaten, die Wissenswertes über die wechselhafte Geschichte der Insel erzählen.
Zedeliusstr. 3 | Mi. – Fr. 17 – 19, Sa. 11 – 14 Uhr u. n. Vereinbarung |www.leuchtturm-wangerooge.de

★ WILHELMSHAVEN

Niedersachsen | **Landkreis:** Kreisfreie Stadt | **Einwohner:** 76 000

»Schlicktown« nannten Spötter die zweitgrößte Stadt an der deutschen Nordseeküste. Touristen machten lange einen großen Bogen um den einstigen Marinestützpunkt. Wilhelmshaven nennt sich heute stolz die »Grüne Stadt am Meer«. Pittoreskes und eine hübsche Altstadt sucht man hier jedoch vergeblich. Dafür hat Wilhelmshaven Bremen und Hamburg in einem Punkt überholt: Mit dem JadeWeserPort besitzt Wilhelmshaven Deutschlands einzigen tideunabhängigen Containerhafen, den auch die größten »Pötte« der Welt anlaufen können.

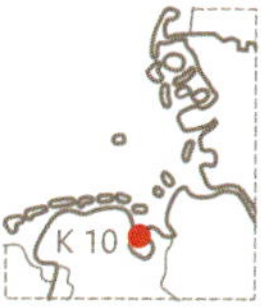

Mehr als (nur) der Hafen

Schon weit vor der Stadtgründung lebten zeitweise Seeräuber in der Gegend. 1435 schaffte sich die Hanse dieses Problem durch die Zerstörung der Siebethsburg vom Hals. Wilhelmshavens Geschichte war fortan eng mit **militärstrategischen Ziele**n verknüpft. Die Preußen wollten einen Kriegshafen an der Nordseeküste, kauften 1853 vom Großherzogtum Oldenburg das gewünschte Gebiet und stampften die Stadt gewissermaßen aus dem Schlick. 1869 weihte König Wilhelm I. den Hafen und die Stadt feierlich ein. Um ein Gegengewicht zum Kriegshafen zu schaffen, ließen Städteplaner **ausgedehnte Parkanlagen** und Grünachsen anlegen.

Die Stadt wuchs schnell, und der Aufbau einer Hochseeflotte sowie der massive Ausbau der kaiserlichen Marine sorgten für Arbeit und Wohlstand. Doch die Abrüstungsverpflichtungen nach dem Ersten Weltkrieg zogen soziale Verelendung nach sich. Der **zweite Aufschwung** kam mit der Wiederaufrüstung durch die Nationalsozialisten, aber bereits am 4. September 1939 wurde die Stadt zum ersten Mal bombardiert. Am Ende des Zweiten Weltkriegs waren zwei Drittel der Innenstadt zerstört, in der Folgezeit demontierte die UdSSR die meisten Werftanlagen. Mit der Gründung der Bundeswehr im Jahr 1955 wurde Wilhelmshaven wieder Marinestandort. Bald siedelten sich neue Industrien an; seit 1957 gibt es den **Ölhafen**, in dem in 35 Tanks bis zu 1,6 Mio. m³ Erdöl gelagert werden können. 2012 wurde schließlich auch der JadeWeserPort in Betrieb genommen.

Mehr als holpriger Start, aber Besserung in Sicht

★ JadeWeser-Port

Der JadeWeserPort sollte für den Anschluss der Exportnation Deutschland im weltweit boomenden Containerumschlag mit immer gigantischeren Schiffen sorgen. Die Idee und mit ihr die Hoffnung auf mindestens 2000 neue Arbeitsplätze in der strukturschwachen Region entstand bereits 1993, doch erst im März 2008 konnten die Bagger schließlich die Arbeit aufnehmen. Rund 3000 Petitionen gegen das Projekt führten immer wieder zu **Verzögerungen**. Anwohner und Naturschützer befürchteten die Zerstörung des Geniusstrandes und sorgten sich um die Brutgebiete seltener Vogelarten. Zudem gab es reichlich Zoff um die Auftragsvergabe. Ein Untersuchungsausschuss musste eingesetzt werden, von Korruption gar war die Rede. Nachdem 2010 als Betriebsbeginn anvisiert worden war, wurde der JadeWeserPort im September 2012 offiziell in Betrieb genommen. Mit nochmaliger Verzögerung, weil im Frühjahr 2012 auch noch mehr als 150 Risse in den Stahlplatten der fast zwei Kilometer langen Kaimauer festgestellt wurden. Deutschlands damals größte Baustelle schrieb **Negativschlagzeilen** als »Pannenhafen« und »Milliardengrab«. Doch damit nicht genug. Nach der Eröffnung sollte sich bald zeigen, dass die Prognosen vollkommen überzogen waren. 2,7 Mio. Container könnten an Deutschlands einzigem Tiefwasserhafen umgeschlagen werden. Doch nach einem Jahr zog man die vernichtende Bilanz, dass gerade einmal zehn Prozent der erwarteten Menge umgeschlagen worden war, ein Großteil der Hafenarbeiter musste in Kurzarbeit geschickt werden. Der JadeWeserPort mutierte zum Geisterhafen, seine Zukunft war ungewiss. Seit 2015 geht es aufwärts, u. a. weil der Containerhafen von drei Überseelinien der **Reederei Maersk** angesteuert wird. Andere Reedereien folgten, auch zur Freude der zahlreichen **Shipspotter**, die auf der Suche nach den besten Bildern am Wilhelmshavener Deich auf der Lauer liegen.

Am tiefen Fahrwasser 11 | Mai – Sept. Di. – So. 10 – 18 Uhr
Eintritt: 4 € | www.jadeweserport-infocenter.de

Wohin in Wilhelmshaven?

Architekturgeschichte

Rathaus

Ein echtes Highlight ist das Rathaus aus den Jahren 1928/1929. Das eigenwillige kubische Bauwerk mit den Löwenplastiken am Portal wird von den Wilhelmshavenern auch »Burg am Meer« genannt und ist in die Architektur-Geschichte eingegangen. Der zum **Backsteinexpressionismus** zählende Klinkerbau entstand nach den Entwürfen des Architekten Fritz Höger, der auch das markante Chilehaus in Hamburg entwarf (seit 2015 UNESCO-Weltkulturerbe). Der 49 m hohe Wasserturm wird seit Jahren restauriert. Wenn die Arbeiten abgeschlossen sind, dann dürfte man auch wieder mit dem Fahrstuhl hinauffahren und die Aussicht über die Stadt und den Jadebusen genießen können.

Die **Kunsthalle** Wilhelmshaven zeigt pro Jahr fünf bis sechs Ausstellungen und gibt damit sowohl Künstlern aus dem Nordwesten wie auch internationalen Talenten ein Forum. Zu sehen ist auch die Vielfalt der 2000 Werke der Städtischen Kunstsammlung, die u. a. Arbeiten von Künstlern wie Otto Modersohn, Fritz Radziwill und Georg Baselitz umfasst.

Kunsthalle: Adalbertstr. 28 | Di. 14 – 20, Mi. – So. 11 – 17 Uhr
Eintritt: 3 € | www.kunsthalle-wilhelmshaven.de

★ »Maritime Meile

Geschichte(n) und Wale

Küstenmuseum, Kaiser-Wilhelm-Brücke

Östlich des Einkaufszentrums Nordsee-Passage begibt man sich bereits auf die »Maritime Meile«, wo sich mehrere Sehenswürdigkeiten aneinanderreihen. Gegenüber vom Haupteingang liegt der Friedrich-Wilhelm-Platz mit dem Denkmal Wilhelms I., einem Nachguss des 1896 enthüllten Originals. Richtung Großer Hafen kommt man auf den **Bontekai** und zum Küstenmuseum. Das Erdgeschoss informiert über die Nordseeküste und den Klimawandel, erzählt Geschichten von Sturmfluten, Deicharbeitern, Häuptlingen, Piraten, Schiffen, Kaisern und Masken. Der abwechslungsreiche Rundgang beginnt mit der Entstehung der Küste und reicht bis zu Wilhelmshavens Tiefwasserhafen JadeWeserPort. Der erste Stock ist den Walen gewidmet. Spektakulärstes Ausstellungsstück ist das 15 m lange **Skelett eines Pottwals**, der 1994 vor ▶ Baltrum strandete. Eine Fotoserie dokumentiert die Stationen vom Anstranden des Tieres bis zur Präsentation im Museum. Außer dem Skelett sind die größten plastinierten Organe der Welt – Herz, Bronchien, Penis und Blasrohr des Wals – zu bestaunen.

Zum Südstrand gelangt man über die Kaiser-Wilhelm-Brücke, eines der Wahrzeichen von Wilhelmshaven. Die ehemals längste **Drehbrü-**

WILHELMSHAVEN ERLEBEN

TOURIST-INFORMATION

Ebertstr. 110
26382 Wilhelmshaven
Tel. 04421 91 30 00
www.wilhelmshaven-touristik.de

HAFENRUNDFAHRTEN

Mit der » MS Harle Kurier« geht es in den Marinehafen, zu den Tanker-Löschbrücken und zum JadeWeser-Port.
www.reederei-warrings.de

1 RESTAURANT ARTISCHOCKE €€€–€€€€

Die alteingesessene Adresse besteht seit fast 40 Jahren. Französisch angehauchtes Feinschmecker-Restaurant, das 2010 an neuer Wirkungsstätte die Qualität mindestens aufrecht halten konnte.
Peterstr. 19
www.artischocke-whv.de

2 SEGLERHEIM AM NASSAUHAFEN €€€

Abseits der touristischen Routen findet man am Wilhelmhavener Jachthafen dieses Restaurant mit sehr guten Fischgerichten und vielen Leckereien mehr; vor allem auch das gute Preis-Leistungsverhältnis ist zu loben!
Schleusenstr. 23
www.seglerheim-wilhelmshaven.de

3 L'ORIENT €€–€€€

Wenn es mal nicht friesisch sein soll: Orientalisches Restaurant mit hervorragendem Essen und sehr freundlichem Service.
Gökerstr. 152
www.lorient.one

1 HOTEL AM STADTPARK €€–€€€

Das Hotel am Stadtpark bietet 60 angenehme und moderne Zimmer. Wer möchte, kann sich mit der hoteleigenen Motorjacht bis zur Insel Helgoland schippern lassen. Auch das angeschlossene Restaurant »Alkoven« ist sehr empfehlenswert.
Friedrich-Paffrath-Str. 116
www.hotel-am-stadtpark.de

2 STRANDHOTEL DELPHIN UND HOTEL SEESTERN €€–€€€

Strandhotel ist ein bisschen übertrieben, aber sowohl das Delphin als auch das Seestern liegen direkt am Wasser; die geschmackvollen modernen Zimmer bieten einen wunderbaren Blick auf den Jadebusen.
Südstrand 118
www.hoteldelphin.de

PUMPWERK

Das bekannte Kulturzentrum in einem ehemaligen Pumpwerk bietet Jazz-, Rock- und Popkonzerte, Kleinkunstevents sowie Kabarett und Dichterlesungen.
An der Deichbrücke
www.pumpwerk.de

WILHELMSHAVEN
HEPPENS
TONNDEICH
SÜDSTADT
CITY
Kopperhörner Mühle
Kreuzkirche
Heppenser Kirche
Kurpark
St.-Willehad-Kirche
Gorch-Fock-Haus
Jochen-Klepper-Haus
Stadtbücherei
Kunst-halle
Stadt-theater
Amtsgericht
Nordsee-passage/ Bahnhof/ ZOB
Christus-kirche
Sporthalle Süd
Nationalpark-verwaltung
Küsten-museum
TheOhs
Kulturzentrum Pumpwerk
Banter Ruine
Banter See
Großer Hafen
Bauhafen
Westkaje
Ostkaje
Südkaje
Jachmann-brücke
Ausrüstungs-hafen
Nord-hafen
Hafen-insel
Altes Hafentor
Verbindungshafen
Marine-museum
Strand-halle
U-Boote
Museumsschiffe
Kaiser-Wilhelm-Brücke
Wattenmeer-haus
Aquarium
Helgoland-kai
»Windwächter«
Jadebusen
Busbahnhof
Stadtpark
Rathaus
Kinopolis
Brommy-Grün
Bismarckstraße
Ebertstraße
Rheinstraße
Peterstraße
Marktstraße
Viktoriastr.
Gökerstraße
Jachmannstraße
Friesendamm
Südstrand
Bontekai
Deichbrücke
Grodendamm
Jadeallee
Hannoversche Straße
300 m
©BAEDEKER
Artischocke
Seglerheim
L'Orient
Hotel am Stadtpark
Strandhotel Delphin

cke Europas, die zwischen 1903 und 1907 gebaut wurde, überspannt 159 Meter. Die 760 t Eisen werden heute jedoch nicht mehr von Hand zur Seite gekurbelt, sondern per Knopfdruck bewegt.

Küstenmuseum: Weserstr. 58 | Feb. – Nov. Di. – So. 11 – 17 Uhr
Eintritt: 5 € | www.kuestenmuseum.de

»Im Auge des Sturms«

Wattenmeer Besucherzentrum, Marinemuseum

Das UNESCO-Weltnaturerbe Wattenmeer Besucherzentrum in Wilhelmshaven ist das Hauptbildungs- und Informationszentrum für den Nationalpark Niedersächsisches Wattenmeer. Die umfangreiche Ausstellung bietet u. a. den **Sturmerlebnisraum** mit der Multimedia-Präsentation »Im Auge des Sturms«. Des Weiteren gibt es eine Windmaschine, Mikroskope für Kleinstlebewesen, ein Hörspiel, den Herzschlag eines Austernfischers in Panik, Spuren im Wattboden, den begehbaren Fischerkutter »Daggi«, das große Nordseeaquarium und vieles mehr.

Auf dem ehemaligen Gelände der Kaiserlichen Werft lässt man die 150-jährige **Geschichte der deutschen Marine** Revue passieren. Ausgehend von der Flotte des Deutschen Bunds 1848 bis zur aktuellen Bundesmarine – die DDR-Marine findet ebenfalls Berücksichtigung – werden verschiedene Aspekte der Militärgeschichte gestreift. Auf dem Freigelände können mehrere Schiffstypen besichtigt werden, u. a. ein **U-Boot** der Bundesmarine, ein Minenjagdboot und ein Hafenschlepper.

Die Kaiser-Wilhelm-Brücke dreht sich zur Seite, wenn ein Schiff passieren will.

Wattenmeer Besucherzentrum: Südstrand 110 b | Nov. – März Di. – So. 10 – 17, April – Okt. tgl. 10 – 17, Juli / Aug. bis 18 Uhr Eintritt: 6,50 € | www.wattenmeer-besucherzentrum.de
Marinemuseum: Südstrand 125 | April – Okt. tgl. 10 – 18, Nov. – März tgl. 10 – 17 Uhr | Eintritt: 11,50 € | www.marinemuseum.de

Gehen Sie auf Unterwasserreise

Aquarium

Die Aquarien und Schaukästen sind als Unterwasserreise konzipiert, vom Wattenmeer über die Deutsche Bucht, Helgoland, den Atlantik bis zum Regenwald. Selbst die Antarktis wird nicht übergangen. In verschiedenen Becken mit über 600 000 l Meeres- und Süßwasser kann man die **unterschiedlichsten Meeresbewohner** in Ruhe beobachten, aber auch im Regenwald lebende Vögel, Frösche und Affen. Das neue **Urzeitmuseum** nimmt die Besucher mit auf eine spannende Reise durch alle Erdzeitalter. Gezeigt werden dabei vor allem maritime Fossilien.
Südstrand 123 | tgl. 10 – 18 Uhr | Eintritt: 12,50 €
www.aquarium-wilhelmshaven.de

H

HINTER-GRUND

Direkt, erstaunlich, fundiert

Unsere Hintergrundinformationen beantworten (fast) alle Ihre Fragen zur Nordseeküste.

Noch fahren die Krabbenkutter jeden Tag hinaus. Aber die Bedeutung der Fischereiwirtschaft an der Nordseeküste schwindet. ▶

SEESTERN

DIE REGION UND IHRE MENSCHEN

Naturraum

Küste und Inseln

Die deutsche Nordseeküste erstreckt sich von der niederländischen Grenze am Dollart bis zur dänischen Grenze über **vier Bundesländer**: über Niedersachsen, Schleswig-Holstein, Bremen (Vorposten Bremerhaven) sowie ein kleines Stück von Hamburg, denn die Inseln Neuwerk und Scharhörn gehören zur Hansestadt. Die wichtigsten vorgelagerten Inseln sind die sieben Ostfriesischen Inseln – Borkum, Juist, Norderney, Baltrum, Langeoog, Spiekeroog und Wangerooge. Die Lage bzw. die Reihenfolge der Inseln im Niedersächsischen Wattenmeer – von Osten aus gesehen – soll man sich angeblich am besten mit folgendem Merksatz merken können: **W**elcher **S**eemann **l**iegt **b**ei **N**anni **i**m **B**ett? Vor der Nordseeküste Schleswig-Holsteins sind es die drei großen Nordfriesischen Inseln Sylt, Amrum und Föhr sowie Pellworm, Nordstrand und die Halligen. Helgoland liegt 65 km vor der Küste in der Deutschen Bucht.

Landschaft im Wandel

Die Nordseeküste ist eine ständig im Wandel begriffene Landschaft. **Wasser und Wind** formen sie bis heute, auch wenn Menschen seit Jahrhunderten versuchen, diesen Gewalten zu trotzen. Deiche und andere Küstenschutzmaßnahmen sichern Menschen, Tiere, Häuser und Dörfer. Doch nicht nur die großen Sturmfluten verändern die Küstenlinie: Strömungen, Winderosion und andere Umweltfaktoren lassen **die Inseln »wandern«**. Im Lauf der Jahrhunderte hat sich ihre Lage deutlich verändert; so schieben sich die Ostfriesischen Inseln z. B. jährlich um mehrere Meter ostwärts. Die Natur bestimmt an der Nordseeküste stärker den Alltag als im Binnenland.

Ein »junges Meer«

Die Nordsee ist erdgeschichtlich noch sehr jung. Erst vor rund 45 000 Jahren ließ das Abschmelzen des Eises der letzten großen Eiszeit den Wasserspiegel stark steigen, sodass zwischen den britischen Inseln und dem **europäischen Festlandsockel** allmählich die Nordsee auflief. Zuvor konnte man tatsächlich trockenen Fußes vom Kontinent über das sogenannte Doggerland nach Großbritannien gelangen. Die **Inseln**, auf denen die Meeresbrandung für unterschiedliche Küstenformen mit Dünen und Sandstränden sorgt, sind den Küsten meist parallel vorgelagert und fungieren deshalb als Wellenbrecher. Dies ist die Ursache dafür, dass die Festlandküste nur an wenigen Stellen Sandstrände oder Steilküsten aufweist und dafür Deiche und sogenannte Grünstrände das Bild bestimmen. Beim Hochstand der

OBEN: Die Schafe halten den Deich in Ordnung, der Wind sorgt für Energie.
UNTEN: Tradition schlägt sich auch im Baustil nieder: reetgedecktes Friesenhaus auf Sylt.

Flut reicht das flache Wasser oft bis zur Vegetationsgrenze, während sich das Meer bei Ebbe weit zurückzieht und das **Watt** offen liegt. Wie und wann es zur Bildung von Dünen kam, ist bis heute nicht genau geklärt. Einige Forscher glauben, dass sich vor den Inseln Sandbänke oder trockene Böden befanden, von denen Sand mit den vorherrschenden Westwinden nach Osten auf die höher gelegenen **Geestkerne** geweht wurde (Strandwall-Hypothese). Die Strandwälle verfestigten sich selbst, da sie von Pionierpflanzen wie beispielsweise der Strandquecke besiedelt wurden. Durch den Wind entstanden Dünen bis zur Höhe von 20 m. Mit steigendem Wasserstand wurde das Wallsystem an mehreren Stellen durchbrochen, und es entstanden die heutigen Ostfriesischen Inseln. Andere meinen, dass dem heutigen Inselbereich vorgelagerte Sandansammlungen per Strömung in Richtung der Inseln transportiert wurden, sich an die Geestkerne anlagerten, trockneten und als **Wanderdünen** auf die Landflächen vordrangen, wo sie landwirtschaftlich genutzte Böden und ganze Dörfer unter sich begruben (Platen-Hypothese). Als relativ sicher gilt, dass die Entstehungszeit um 1000 n. Chr. oder sogar einige Jahrhunderte später gelegen haben muss.

Einzigartig: die Halligen

Vor der schleswig-holsteinischen Küste liegen die Halligen im Wattenmeer. Sie stellen ein weltweit einmaliges Phänomen dar. Halligen sind **Überbleibsel des Festlands**, das einst viel weiter nach Westen reichte als heute. Während das Meer allmählich landeinwärts vordrang, sind die Halligen bis heute stehen geblieben. Die meisten Halligen sind, ebenso wie die Inseln Sylt, Amrum und Föhr bei der Zweiten Marcellusflut von 1362 entstanden. Ganze Dörfer und Inseln verschwanden, andere Inseln wurden auseinandergerissen, neue Inseln bildeten sich. Seitdem zeichnet sich die Küste durch **tiefe Landeinschnitte** wie Dollart oder Jadebusen aus. Die als »Grote Mandränke« bezeichnete Flut von 1362 soll fast 200 000 Menschenleben gekostet haben.

Gezeiten (Tiden)

Die Gezeiten (Tiden) entstehen durch die Gravitationskräfte von Mond, Sonne und Erde. Zweimal täglich, bei Ebbe, sinkt der Meeresspiegel um mehrere Meter bis zum sogenannten Niedrigwasser ab, um bei Flut allmählich wieder zum Hochwasser aufzulaufen. Zwischen Hochwasser und Einsetzen der Ebbe gibt es – ebenso wie zwischen Niedrigwasser und Einsetzen der Flut – für wenige Minuten **Stillwasser**, eine kurze Gezeitenpause. Zwischen zwei Hochwassern liegen 12 Stunden und 25 Minuten. Der mittlere Tidenhub (Differenz zwischen Niedrig- und Hochwasser) an der deutschen Nordseeküste beträgt 3 m, am höchsten ist er bei Dangast im Jadebusen mit 3,70 m. (▶ Baedeker Wissen, S. 276). Die Gezeitenwelle gelangt von Westen an die deutsche Küste, erreicht also zuerst Borkum. Bei Niedrigwasser sind die flachen Strände extrem breit, und das Wattenmeer liegt trocken. Doch Vorsicht: Das Wasser läuft schneller auf, als viele denken. Außerdem entstehen bei Ebbe und Flut z. T. recht gefährliche **Strömungen**.

Gefährliche Sturmfluten

Auch der Wind beeinflusst die Wasserstände. Ernsthafte Gefahren für Mensch und Natur entstehen, wenn starke Stürme über dem Atlantik vermehrt Wasser durch den Ärmelkanal in die Nordsee drücken. Besonders gefährlich sind anhaltend starke **Nordwest-Winde**, die große Wassermassen in die breiten Flussmündungen der Deutschen Bucht pressen. Sturmfluten von ungeheuren Ausmaßen kön-

BAEDEKER MAGISCHE MOMENTE

DIE NORDSEE VON OBEN

Die unendliche Weite des UNESCO-Weltnaturerbes Wattenmeer bei einem Rundflug zu erleben, beschert unvergessliche Momente. Flieger starten von Harlesiel, ▶ Norden und Emden, aber auch von ▶ Föhr und ▶ Sylt. Besonders beeindruckend sind die sich stetig in den Gezeiten verändernden Muster und Formationen des Wattenmeeres mit seinen Prielen und Sandbänken. Und ein Rundflug kostet auch nicht viel mehr als das Abendessen beim Edelitaliener auf Sylt oder Norderney...
www.fliegofd.de, www.westkuestenflug.de, www.inselflieger.de u. a.

SONNE, MOND UND MEER

Die Gezeiten (Ebbe und Flut) und der Stand von Mond und Sonne zur Erde stehen in direktem Zusammenhang. Die stärkste Anziehungskraft auf das Wasser der Weltmeere hat der Mond. Aber auch die Anziehungskraft der viel weiter von der Erde entfernten Sonne erreicht noch 40% der Anziehungskraft des Mondes. Je nach Stand der Gestirne, Küstenform, Wassertiefe, Windverhältnissen kommt es dann zu mehr oder weniger ausgeprägten Gezeiten. Die höchsten Schwankungen weltweit werden in der Bretagne gemessen.

▶ **Tidenhub an der Nordsee**

▶ **Aktuell: Zeiten und Tidenhub**

www.bsh.de

▶ **Tidenhub am 8. Februar 2019** (Höchst- und Niedrigstände)

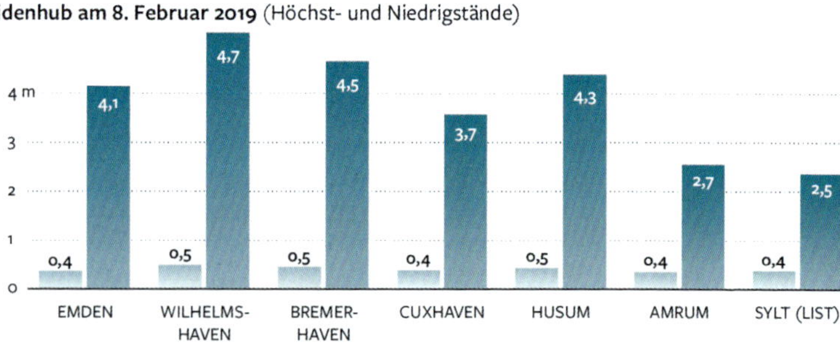

▶ **Die Gezeiten**

An allen großen Weltmeeren kann man täglich ein beeindruckendes Naturschauspiel verfolgen: die in etwa 12 1/2 stündigem Rhythmus ablaufenden Wasserstandsschwankungen. Ursache dieses mit dem Begriff Gezeiten (Tiden) benannten Phänomens sind die Anziehungskräfte von Mond und Sonne sowie die Zentrifugalkraft im System Erde - Mond, die für vertikale Wasserstandsschwankungen und horizontale Verschiebungen der Wassermassen sorgen.

Tägliche Verschiebung

Durch die Erdrotation verzögert sich das Auflaufen der Flut um jeweils etwa 24 Minuten. Pro Tag ergibt dies eine Zeitverschiebung von zirka 48 Minuten.

Springtide

Ein besonders starkes Hochwasser nennt man Springflut (Springtide). Es entsteht, wenn Erde, Mond und Sonne auf einer Linie stehen und Mond und Sonne das Wasser in ihre Richtung anziehen. Das geschieht jeden Monat ein bis zwei Tage nach Neu- bzw. Vollmond.

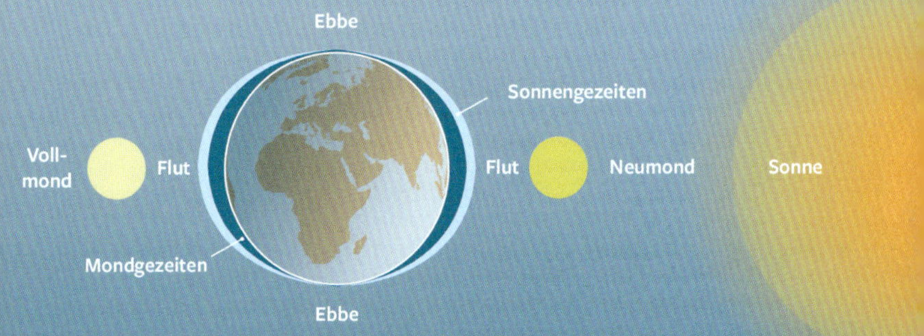

Nipptide

Einen besonders niedrigen Wasserstand bezeichnet man als Nippflut (Nipptide). Er tritt ein, wenn Erde, Mond und Sonne rechtwinklig zueinander stehen und die Anziehungskräfte von Mond und Sonne in unterschiedliche Richtungen wirken.

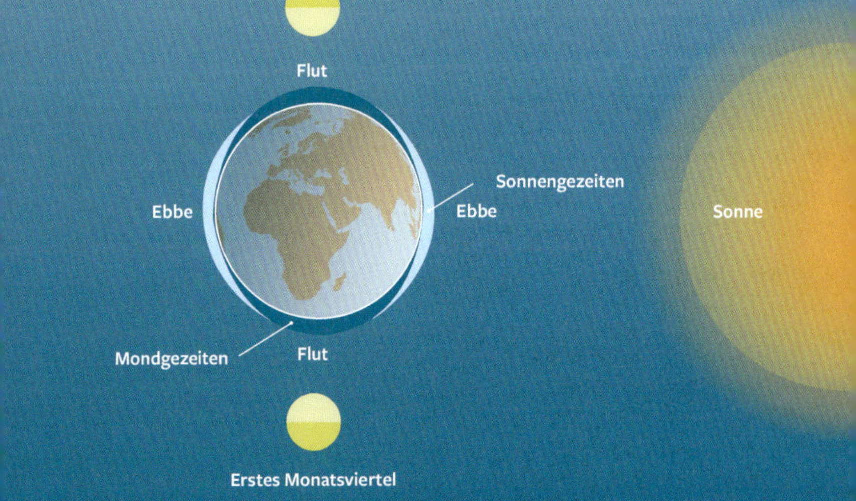

nen entstehen, die sogar das rund 80 Flusskilometer landeinwärts liegende Hamburg gefährden. Sturmfluten haben auch im 20. und 21. Jh. zahlreiche Menschenleben gefordert: 1976, 1981, 1994, 1999 und 2007 wurden die höchsten Nordsee-Pegelstände seit Menschengedenken erreicht.

Küstenschutz

Küstenschutz ist seit Jahrhunderten eines der Hauptthemen der Nordsee-Anrainer. Er dient heute weniger der Gewinnung von neuem Land als vielmehr der dauerhaften Sicherung der Küstenlinie. Auf einer Länge von 1600 km schützen **Deiche** die Nordseeküste. Dazu wurden 112 Mio. m³ Bodenmaterial verbaut – so viel, wie man für den Bau von 43 Cheops-Pyramiden veranschlagen müsste. Zunächst werden Entwässerungsdeiche im Küstenvorland angelegt. Danach schüttet man senkrecht zur Küste Bruchsteinbänke auf, um die Strömungsverhältnisse zu ändern. Anschließend werden aus Reisigbündeln, die zwischen eingerammte Holzpfähle geschichtet werden, sogenannte **Lahnungen** parallel zur Küste errichtet. Sie bremsen die Gezeitenströmung und halten bei ablaufendem Wasser Schlick und Sand zurück, wodurch allmählich neues Land entsteht.
Die heutigen Deiche haben ein zur See hin abgeflachtes Profil, sodass sie bei Sturmfluten dem Druck besser standhalten können. Ihre mit Gras bedeckte Oberfläche wird von Schafen kurz gehalten.

Staatliche Verantwortung

Mit dem Generalplan Küstenschutz hatte die Bundesregierung in den späten 1960er-Jahren die Verantwortung übernommen. Deichbau für den immens wichtigen Schutz war nach den verheerenden Sturmfluten von 1962 zur nationalen Aufgabe geworden. Zudem übernahmen die Länder 1971 die Seedeiche als Landeschutzdeiche, damit war die erste Deichline verstaatlicht, und die Jahrhunderte alte Tradition, nach der der Küstenschutz Teil der regionalen Selbstverwaltung war, endete. Die **Deichgrafen** behielten zwar ihren Titel, doch verloren sie den Deich.
In Zeiten des Klimawandels und des damit erhöhten Meeresspiegels steigen die Anforderungen nochmals. Bereits vor Jahren ist ein **Sicherheitspuffer** von 25 cm über Sollhöhe umgesetzt worden. Trotz der angespannten Haushaltslage in den Bundesländern sollen in den kommenden Jahren noch einmal mehr als eine Milliarde Euro für den Küstenschutz in die Hand genommen und die Deiche an der deutschen Nordseeküste um weitere 25 cm erhöht werden.

Pflanzen

Land und Meer zugleich

Das Wattenmeer ist ein auf der ganzen Welt fast einmaliges Revier, das seit Juni 2009 zum Weltnaturerbe der UNESCO gehört. Es ist eine **amphibische Landschaft**, die im Wechsel der Gezeiten mal überflutet und dann wieder halbwegs trocken ist, nicht Land und nicht Meer – oder eben beides. Dieser außergewöhnliche Naturraum ist Heimat zahlreicher hoch spezialisierter Tiere und Pflanzen.

Strand und Düne

Der oft nährstoffarme und erosionsgefährdete Sandboden direkt am oder hinterm Strand lässt nur wenige Pflanzen gedeihen. Hierzu zählt die klassische Dünenvegetation mit Strandmiere, Kalisalzkraut und Strandquecke, die mit ihren langen Wurzeln sehr zur Bodenbefestigung beiträgt. Eine ähnliche Funktion erfüllen **Strandhafe**r und -roggen, deren Wurzeln bis zu 40 m lang werden. Erst dort, wo die Düne nicht mehr so stark durch Windeinflüsse gefährdet ist, kann sich eine **dünne Humusschicht** bilden. Sie ist Grundlage für die Sandsegge, die Dünenrose, das Silbergras oder das Bergsandglöckchen. Sammelt sich durch diese dichtere Pflanzenschicht mehr Humus an, können sich z. B. die Krähenbeere, verschiedene Heidearten oder der Sumpfbärlapp ansiedeln.

Salzwiesen

Flächen, die den Deichen vorgelagert sind und deshalb bei höherem Wasserstand vom Meer überspült werden, weisen eine spezifische, **salzresistente Vegetation** auf. Diese ist vor allem dort zu finden, wo sich strömungsbedingte Ablagerungen ansammeln. Die an Salz angepassten Pflanzen befestigen den Boden, tragen wesentlich zur allmählichen Landgewinnung bei und profitieren von den vielen Nährstoffen ihres Lebensraums, die bei jeder Flut erneut angeschwemmt werden. Durch Landgewinnung und Eindeichungen werden diese Salzwiesen jedoch immer wieder gefährdet. In häufig überfluteten Bereichen wachsen der Queller oder das Schlickgras, die beide wasserspeichernde Eigenschaften haben. Ganz nebenbei ist der Queller, gekocht oder in Butter gedämpft, eine echte Delikatesse. In seltener überfluteten Bereichen gedeiht der Strandwermut, der das Salz über seine behaarten Blätter ausscheidet. Besonders faszinierend sind die Blütenpflanzen der Salzwiesen wie Strandkamille, -aster, -grasnelke oder -flieder, allesamt **Überlebenskünstler**, müssen diese Pflanzen doch in der Lage sein, Salzwasser aufnehmen zu können.

Tiere

Lebensraum Watt

Allein 1 000 000 Brutvögel, Scharen von Zugvögeln sowie Fische und Meerestiere bevölkern die Nordseeküste. Das Watt ist der am dichtesten besiedelte Lebensraum und bildet so einen wichtigen Bestandteil im sensiblen Ökosystem und in der Nährstoffkette der zahlreichen anderen Tiere. Der **Schlickboden** des Watts ist nach dem Trockenfallen für zahllose Vögel ein täglich reich gedeckter Tisch. Verschiedene Arten von Schnecken, Krebsen, Muscheln, Würmern und Algen hinterlassen bei Ebbe ihre Spuren im Wattboden, die meis-

Diese Brandseeschwalbe war erfolgreich.

ten bleiben jedoch unsichtbar: Zu sehen sind nur die Löcher ihrer Wohnröhren oder Kotspuren des Wattwurms (▶ Das ist ..., S. 20ff.).

Seehund und Kegelrobbe

Die Seehundpopulation verzeichnete im gesamten Lebensraum Wattenmeer zuletzt (2017) einen leichten Rückgang auf ca. 25 500 Tiere (Dänemark: 3000, Schleswig-Holstein: 9000, Niedersachsen und Hamburg: 7500, Niederlande 6000), den Experten jedoch mit einer natürlichen Fluktuation erklären. Insgesamt blieb der **Bestand** an Seehunden im gesamten Wattenmeer der Nordsee **weitgehend stabil**. Steigend ist weiterhin der Bestand der Anfang des 20. Jh.s fast komplett ausgerotteten Kegelrobbe; 2019 wurden ca. 6500 Exemplare gezählt.

Man kann die putzigen Tiere in der Nähe von Pellworm und auf den Sandbänken zwischen Sylt und Rømø sowie zwischen Sylt und Amrum beobachten. Sie bevorzugen die Sandbänke und die flachen Wasser der Küste. Vor allem an der Küste vor Schleswig-Holstein finden sie neben einer guten Nahrungsgrundlage – Krabben und Fische – abgelegene und **ruhige Sandbänke**. Besonders scheu sind Weibchen mit Jungtieren. Bei der geringsten Störung flüchten sie ins Wasser, und vor allem Jungtiere scheuern sich dabei den Bauch wund. Bricht dabei der Nabel auf, können die Welpen daran sterben. Störungen während der Säugezeit führen zur Unterernährung und zum Tod der Jungtiere.

Was tun mit einem Heuler?

Die Ursachen für die Trennung zwischen Seehund-Müttern und ihren Jungen sind vielfältig. Unterschieden wird zwischen natürlicher und unnatürlicher Trennung. Natürlich bedeutet, wenn Zwillinge zur Welt kommen, die Mutter sich aber nur um eines der Jungen kümmern kann. Oft trennen auch extreme Wetterbedingungen die Familienmitglieder. Für die unnatürliche Trennung ist fast ausschließlich der Mensch verantwortlich, wenn er beispielsweise zu nah mit Booten an den Sandbänken vorbeirast. Wer einen einsamen Heuler entdeckt, sollte auf keinen Fall selbst eingreifen, sondern unbedingt die zuständigen **Nationalpark-Ranger** informieren. Die Telefonnummern findet man auf der Website www.nationalpark-wattenmeer.de. Verwaiste und kranke Heuler werden in den **Seehund-Aufzuchtstationen** von Norddeich und Friedrichskoog wieder aufgepäppelt – mit ihren Schaubecken und Showfütterungen sind sie zugleich Touristenmagneten.

Schweinswale

Mit etwas Glück kann man in der Nordsee Schweinswale beobachten. Die etwa 2 m langen Tiere tummeln sich in den Gewässern der Nordfriesischen Inseln und sind an ihrer **dreieckigen Rückenfinne** gut zu erkennen. Gute Chancen auf Schweinswal-Sichtungen hat man auch bei der Überfahrt nach Helgoland.

Von Scholle bis zur Sardine

Im Wattenmeer tummeln sich rund 70 Fischarten, von denen jedoch nur etwa zehn Prozent auf den trockenfallenden Wattflächen leben. Darunter die Schollen oder die Flundern, die in den von der Sonne beheizten flachen Prielen und Pfützen schnell aufwachsen. Auch Hornhechte, Hering und Wittlinge verbringen die Zeit als Jungfische im Watt in Küstennähe. Andere Arten wie Butterfische, Seenadeln und -skorpione sind nur zu bestimmten Jahreszeiten Gäste des Watts. Durch die **Erwärmung des Meeres** um etwa 1,5 °C in den vergangenen 50 Jahren ziehen sich Kälte liebende Arten wie die Seezungen inzwischen eher in die nördliche Nordsee zurück, dafür wurden rund um Helgoland über 30 neue, eher in wärmeren Gewässern beheimatete Arten von Fischen, Schnecken und Muscheln entdeckt. Sogar Fische, die eigentlich im Mittelmeer zu Hause sind, wie Sardellen und Sardinen, wurden in der südlichen Nordsee schon gesichtet.

Dauerbewohner und Gäste

Vor allem ist die deutsche Nordseeküste ein weltweit bedeutendes Gebiet für **Zugvögel** wie beispielsweise Ringelgänse und Alpenstrandläufer. Dauerbewohner der Küstenregion sind u. a. Austernfischer, Säbelschnäbler, Rotschenkel und diverse Entenarten. Hinzu kommen typische **Seevögel** wie Lach-, Herings- oder Silbermöwe sowie verschiedene Seeschwalbenarten. Vogelbeobachter haben reichlich Gelegenheit, ihrem Hobby nachzugehen. Seeschwalben, von denen man vor allem die Fluss- und Küstenseeschwalben antrifft, nisten vorzugsweise auf Sandbänken und in Dünentälern. Tausende von Eiderenten dümpeln auf dem Wattenmeer herum, auf der Suche nach Nahrung, vorzugsweise Miesmuscheln. Auch Brandgänse findet man vorwiegend im Wattbereich. Sie sind am braunen Bruststreifen und dem roten Schnabel zu erkennen.

Von Möwe bis Gans

Ständige Begleiter sind die Möwen: Silbermöwen mit dem charakteristischen roten Fleck am gelben Schnabel, die kleinere und dunklere Heringsmöwe, Lachmöwen mit braunem Kopf bzw. dunklem Fleck am Hinterkopf und Sturmmöwen mit grünlich-gelbem Schnabel und ebensolchen Beinen. Der **Austernfischer** ist an seinem typischen Ruf und am roten Schnabel zu erkennen. Er findet seine Nahrung vorzugsweise im Wattboden. Kopf, Rücken und Schwanz sind schwarz, die Bauchseite weiß. Laut und langgezogen ist der Ruf des Kiebitz, der sich in den Marschwiesen und auf der Wattseite der Inseln tummelt. Zu erkennen ist er an seinem typischen Schopf am Hinterkopf und seinem schwarz-weißen Gefieder. Unverwechselbar ist auch die **Uferschnepfe** mit ihrem langen und schmalen Schnabel, mit dem sie den Boden nach Essbarem durchsucht. Die Inseln sind ein wichtiger Rastplatz für viele Zugvögel. Mitte April lassen sich auf den Halligen, aber auch auf Neuwerk Abertausende von Ringel- und Weißwangengänsen beobachten, die hier einen Zwischenhalt einlegen.

Das ganze Watt lebt

Neben Vögeln und Fischen kreuchen und fleuchen Abermilliarden von Lebewesen im Watt herum (▶Das ist..., S. 20ff; Baedeker Wissen S. 284). Gut erkennbar für den Wattwanderer ist die **Strandkrabbe**, die im typischen Seitengang über den Schlick huscht. In einem leeren Schneckenhaus versteckt der Einsiedlerkrebs seinen empfindlichen Körper. Das charakteristische Geräusch des Wattbodens, ein unermüdliches leises Schmatzen, stammt von kleinen **Schlickkrebsen**. Bis zu 20 000 Tierchen leben auf einem Quadratmeter dicht unter der Oberfläche. Zwischen den Fühlern tragen sie eine kleine Wasserhaut, die beim Auseinanderziehen der Fühler platzt und das typische Geräusch erzeugt. Der Lebensraum der zahlreichen **Muscheln** liegt zwischen 2 und 25 cm unter dem Wattboden. Auch sie sind den einzigartigen Bedingungen perfekt angepasst. Ein Röhrchen stellt die Verbindung zur Erdoberfläche dar. So nehmen sie Wasser auf und ziehen daraus Sauerstoff und Nahrungspartikel. Da sie Wasser speichern können, überstehen sie die Trockenphase in der Gezeitenfolge. Wattspaziergänger erkennen den Wohnsitz der Muscheln an einer kleinen Fontäne aus dem Boden. Vier einzeln lebende Arten findet man im Wattboden: die Herzmuschel, die Plattmuschel, die etwas größere Pfeffermuschel und die größte von allen, die Sandklaffmuschel. Alle bestehen aus zwei symmetrischen Schalenhälften, die durch Schließmuskeln fest verschlossen sind. Stirbt die Muschel ab, öffnen sich die Schalen und fallen auseinander – so werden sie von Spaziergängern am Strand gefunden und gesammelt.

Die Nationalparkhäuser entlang der Küste informieren umfassend und unterhaltsam über Flora und Fauna. Geführte Wanderungen zu den Themen Watt, Salzwiesen, Vögel oder Vegetationsformen werden ebenso angeboten wie naturkundliche Bootsfahrten. Unglaublich aktiv an der Nordseeküste ist der **Verein Jordsand**, der sich bereits 1907 unter dem sperrigen Namen »Verein zur Begründung von Vogelfreistätten an den deutschen Küsten – Jordsand« gründete und damit einer der ältesten Umweltverbände Deutschlands ist. In erster Linie betreut der Verein die Schutzgebiete im Wattenmeer, stellt die Vogelwärter und bietet zudem Führungen und Workcamps an. Nationalparkhäuser

www.jordsand.de

Bevölkerung

Der Landstrich entlang der Küste gehört, abgesehen von den größeren Städten wie Bremerhaven, Wilhelmshaven, Cuxhaven, Heide und Husum zu den schwach besiedelten Regionen Deutschlands. Die Friesen, ursprünglich Seeleute und Fischer, gliedern sich grob in **Ostfriesen**, die das Land zwischen Dollart und Jadebusen besiedeln, und die schleswig-holsteinischen **Nordfriesen**. Die Friesen sind neben den Sorben, den Dänen und den deutschen Roma und Sinti eine der vier anerkannten nationalen Minderheiten in Deutschland. An der schleswig-holsteinischen Küste, auf den Inseln und den Halligen leben rund 50 000 Menschen, die sich als Friesen fühlen. Dünn besiedelt

Es gibt dort jedoch mehrere regionale Untergruppen mit kulturellen und sprachlichen Unterschieden, deren Ursprünge auf historische friesische Stämme zurückgehen. Die Dithmarscher kamen aus Sachsen an den südlichen Teil der schleswig-holsteinischen Küste zwischen Elbe und Eider. Neben der niederdeutschen Mundart, dem **»Platt«** mit regionalen Ausprägungen, blieb **das Friesische** erhalten, dessen Vorform Altfriesisch vom 13. bis 16. Jh. Handels- und Rechtssprache war. Mit dem Aufstieg der Hanse wurde es jedoch vom Niederdeutschen abgelöst. In Ostfriesland blieb mit dem Saterfriesisch lediglich eine Sprachinsel erhalten. Das »Seeltersk« wird noch von rund 1500 Menschen gesprochen. Die sprachlichen regionalen Unterschiede waren und sind in Nordfriesland vielfältiger als in Ostfriesland. Man schätzt die Zahl der Friesisch Sprechenden in Schleswig-Holstein heute auf ca. 10 000 Personen, darunter sind das Sylter Friesisch (Sölring), das auf Amrum gesprochene Öömrang, das Fering auf Föhr und das Halunder auf Helgoland. Vielfach wird Friesisch wieder an Schulen unterrichtet; es gibt friesische Zeitungen, Radiosendungen und **zweisprachige Ortsschilder**. Auch auf Initiative des Nordfriisk Instituut wird heute an den Universitäten Kiel und Flensburg sogar das Studienfach Friesisch angeboten. Kulturelle und sprachliche Vielfalt

LEBEN IM WATT

Unzählige Vögel nutzen das Watt als Rast- und Brutstätte, Abermillionen von hochspezialisierten Tieren sind in diesem Lebensraum zwischen Ebbe und Flut zu finden.

Würmer, Krebse und Muscheln, unzählige Meeresvögel, Fische und die freundlichen Seehunde sind das lebendige, Salzwiesen, Priele, Schlick- und Sandflächen das landschaftliche Kapital des Wattenmeers, das sich sich vom dänischen Esbjerg bis zum holländischen Den Helder erstreckt. Zwei Drittel nimmt der deutsche Anteil ein, den **etwa eine Million Brutvögel** wie Küstenseeschwalbe, Austernfischer, Rotschenkel und Silbermöwe bevölkern. Zu ihnen gesellen sich im Frühjahr und Herbst rund 10 Mio. **»internationale« Gäste**, darunter Ringelgans, Pfeifente und Knutt, die auf ihrem Weg von Nordostkanada oder Nordsibirien Rast machen. 1985 wurde in Schleswig-Holstein der erste Nationalpark Wattenmeer gegründet. Ein Jahr später folgte Niedersachsen und 1990 richtete Hamburg seinen Nationalpark ein.

UNESCO-Weltnaturerbe

Im Jahr 2009 zeichnete die UNESCO das Wattenmeer als UNESCO Weltnaturerbe aus. Damit befindet es sich **in illustrer Gesellschaft** mit solch weltberühmten Naturwundern wie dem Great Barrier Reef in Australien und dem Grand Canyon in den USAk. Im Vorfeld der Nominierung war allerdings der (Watt)wurm drin. Die Hansestadt Hamburg stieg aus dem Vertrag aus, weil sie die geplante Elbvertiefung durch das Welterbe-Siegel gefährdet sah. Die Hansestadt erklärte jedoch noch am Tag der Ernennung 2009, dass sie ihren Teil des Wattenmeeres nachnominieren lassen wolle, nachdem signalisiert wurde, die Elbvertiefung würde der Auszeichnung nicht im Weg stehen. 2011 schließlich wurde das gesamte deutsche Wattenmeer ist seitdem UNESCO Weltnaturerbe als »eine überragende Naturerscheinung von außergewöhnlicher Naturschönheit und ästhetischer Bedeutung«. Vor allem aber ist es eine **weltweit einzigartige Landschaft**. Was auf den ersten Blick wie eine scheinbar end- und leblose Fläche gräulich-brauner »Matschepampe« aussieht, ist in Wirklichkeit ein äußerst sensibles Ökosystem. Kinderstube und Lebensraum für rund 10 000 hoch spezialisierte Pflanzen- und Tierarten. Auf nur einem Kubikmeter Watt kommen 50 000 Schlickkrebse und mehr vor, die sich ihren Wohnraum mit genau so vielen Wattschnecken und zahlreichen anderen Mikrolebewesen teilen.

Wat is wat im Watt?

Das Wattenmeer an der Nordseeküste ind ca. 8000 km² Schlickflächen, 58 Inseln, unzählige Priele und Salzwiesen, Sandbänke und die landseitigen Seemarschen. Kaum ein anderes Ökosystem wird seit Jahrtausenden von den **Gewalten der Natur**, von Ebbe und Flut so geprägt wie das Wattenmeer. Unterschiedliche Gezeitenhöhen und die geologischen Gegebenheiten schufen **drei Wattregionen**: An der nord- und ostfriesischen Küste, wo der Tidenhub nicht mehr als 1,5 bis 3 m beträgt, säumen lang gestreckte Sandinseln und hohe Sandbänke die Küste. Sie sind den anstürmenden Wellen frontal ausgesetzt. Im nordfriesischen Bereich kommen noch einige Marsch- und Geestinseln hinzu. In der inneren Deutschen Bucht konnten sich bei einem Tidenhub von 3 bis 4 m keine größeren Sandinseln entwickeln.

Schutz des Lebensraums

Zusätzliche Sperrwerke und Dämme im Wattenmeer, die Förderung von Öl und Gas, die Verlegung von Kabeln und Pipelines, Offshore-Windparks sowie die Intensivierung der Fischerei und letztlich **auch der intensive Tourismus** setzen dem sensiblen Ökosystem enorm zu. Nach wie vor gelangen viel zu viele Nähr- und Schadstoffe aus der Landwirtschaft ins Meer.

Die Nationalparks sind in **Schutzzonen** aufgeteilt. Für Schleswig-Holstein gilt: Schutzzone 1 ist weitgehend der Natur überlassen, Schutzzone 2 darf eingeschränkt genutzt werden. Der niedersächsischenNationalpark hat die am strengsten geschützte und mit Abstand größte Ruhezone, die Zwischenzone und die Erholungszone. Es gibt auch **Sonderregelungen**: So ist die Krabbenfischerei auch in Schutzzone 1 größtenteils erlaubt .
Die Bemühungen zeigen Wirkung – auf der einen Seite: Der Eintrag von Nähr- und Schadstoffen ist erheblich vermindert worden. Gleichzeitig sind auch in der Nordsee große Kreuzfahrtschiffe unterwegs, bekanntlich die größten Dreckschleudern überhaupt. Ein Teil der Bemühungen geht auch in die Richtung, die **besonderen landschaftlichen Werte** bewahren wie den weiten und offenen Horizont. Lange Zeit waren deshalb Offshore-Anlagen im Wattenmeer verboten; inzwischen wurden einige – allerdings weit draußen vor der Küste – in Betrieb genommen. Problematisch dabei ist vor allem der Lärm beim Bau der Fundamente, der die empfindlichen Schweinswale nicht nur vertreiben, sondern gravierend schädigen könne. Zudem werden die Routen vieler Vögel durch die gigantischen Anlagen zerschnitten, wichtige Rast- und Nahrungsgebiete gehen verloren.
www.waddensea-worldheritage.org
▶ Das ist ..., S. 20ff.

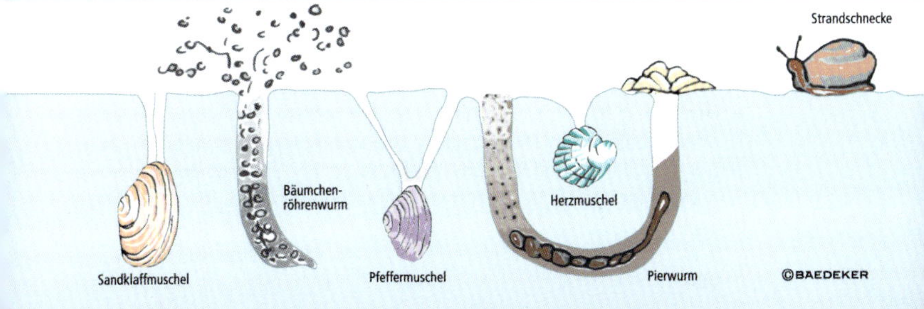

Wirtschaft

Wenig industrielle Großbetriebe

Die Wirtschaftsstruktur an der deutschen Nordseeküste ist geprägt von unzähligen **klein- und mittelständischen Betrieben**; Großbetriebe wie VW in Emden oder ENERCON mit dem Stammsitz in Aurich sowie die Bünting-Gruppe machen nur einen geringen Prozentsatz aus. Industrielle Zentren von Bedeutung sind vor allem Bremerhaven, Wilhelmshaven, Cuxhaven, Brunsbüttel, Emden und Husum. Bremerhaven wird gern auch die »größte Tiefkühltruhe Europas« genannt, ist die Stadt doch europäischer Marktführer bei der Verarbeitung von Tiefkühlfisch- und Tiefkühlkost im Allgemeinen. Im ständigen Widerspruch sind **Industrie und Umweltschützer**, was die wirtschaftliche Nutzung der Küstenregion mit ihren zahlreichen Nationalparks anbelangt.

Wichtigster Wirtschaftsfaktor: Tourismus

Seit dem Aufkommen des Badewesens im 18. Jh. hat sich der Tourismus an der gesamten Nordseeküste zu einem wichtigen wirtschaftlichen Standbein entwickelt, der jährlich mehr als fünf Milliarden Euro umsetzt und bis zu 300 000 Menschen Arbeit verschafft. Viele Bade- und Kurorte leben ausschließlich von den Urlaubern. **Hauptziele** der Besucher in Niedersachsen sind die Ostfriesischen Inseln und Cuxhaven, in Schleswig-Holstein die Nordseeinseln Amrum, Sylt, Föhr, Pellworm, die Halligen sowie St. Peter-Ording.

Landwirtschaft

Das Hinterland der Küste ist bis heute von Landwirtschaft geprägt. Auf den Kögen und Deichen sowie auf den sattgrünen Weiden Ostfrieslands dominiert die **Rinder- und Schafzucht** mit entsprechender Milchwirtschaft, auf den fetten Marschen Dithmarschens der Kohlanbau. Im größten europäischen **Kohlanbaugebiet** werden alljährlich rund 80 Millionen Kohlköpfe geerntet. Während in den Niederlanden und Dänemark die Fischerei noch ein wichtigerer Wirtschaftszweig ist, hat der Fischfang an der deutschen Nordseeküste wegen drastisch gesunkener Fangquoten kaum noch Bedeutung. In Büsum, wo 1950 noch 120 Kutter ausliefen, liegen heute weniger als 30 Kutter, der Hafen von Friedrichskoog wurde 2015 geschlossen.

Energiewirtschaft

Eine echte »Boom-Branche« an der gesamten Küste ist die **Windenergie**. Spätestens seit den 1990er-Jahren schossen die Windräder an der windreichen Küste wie Pilze aus dem Boden. Der Großteil der mehr als 3500 Anlagen in Schleswig-Holstein steht an der Nordseeküste, in Ostfriesland drehen sich inzwischen die Rotoren von ca. 1500 Windrädern, weitere Standorte sind beantragt. Die ENERCON GmbH mit Stammsitz in Aurich ist der größte Hersteller von Windenergieanlagen in Deutschland. Die Windenergie deckte zuletzt einen Anteil von rund 95 bis teilweise sogar 100 Prozent des schleswig-holsteinischen Bruttostromverbrauchs. Allerdings ist der Markt weltweit umkämpft, und zuletzt mussten vor allem in Bremerhaven einige Hersteller von Mühlen und Rotoren Kurzarbeit oder gar Insolvenz anmelden. Umstritten ist der Ausbau der **Offshore-Windenergie**-Industrie vor der Küste. Die Rotoren der Windenergieanlagen idrehen sich bisweilen mitten in den Autobahnen des Vogelzugs. Der erste Offshore-Windpark, alpha ventus, nahm 2010 vor Borkum seinen Betrieb auf. Es folgten weitere vor Sylt und Amrum seit 2013; im Sommer 2018 es rund 20 Offshore-Windparks in der 12-Meilen-Zone der deutschen Nordseeküste, Tendenz steigend. Denn immer noch hängt Deutschland etwa hinter Großbritannien oder Belgien zurück. Andere Unternehmen lockt das **Erdöl** – rund 23 Millionen Kubikmeter des fossilen Rohstoffs werden in der Region Weltnaturerbe Wattenmeer vermutet. Bereits seit mehr als 30 Jahren wird von der Bohrinsel Mittelplate vor der Küste Dithmarschens Erdöl gefördert, rund 30 Millionen Tonnen Öl bislang. Die Vorkommen werden auf rund 100 Millionen Tonnen geschätzt, 2010 wurde die Konzession für die zuständigen Unternehmen bis ins Jahr 2041 verlängert. An **Erdgas** werden an der deutschen Nordseeküste jährlich rund 17 Milliarden Kubikmeter gefördert.

Traumschiff von rechts: Die Meyer-Werft in Papenburg gehört zu den großen Herstellern von Kreuzfahrtschiffen.

DEUTSCHE NORDSEEKÜSTE

Landkreise

Niedersachsen
Aurich, Wittmund, Friesland, Wesermarsch, Cuxhaven, Emden (kreisfrei), Wilhelmshaven (kreisfrei)

Schleswig-Holstein
Dithmarschen, Nordfriesland, Helgoland (zum Kreis Pinneberg)

Bremen
Bremerhaven

Hamburg
Neuwerk und Scharhörn

Gesamtfläche der genannten Kreise: **9242 km²**

Gesamteinwohnerzahl der genannten Kreise: **1,2 Mio.**

Größte Gemeinde:
Bremerhaven
113 000 Einwohner

Kleinste Gemeinde:
Neuwerk
40 Einwohner

Insel-Tourismus

Übernachtungen (2018/2019)

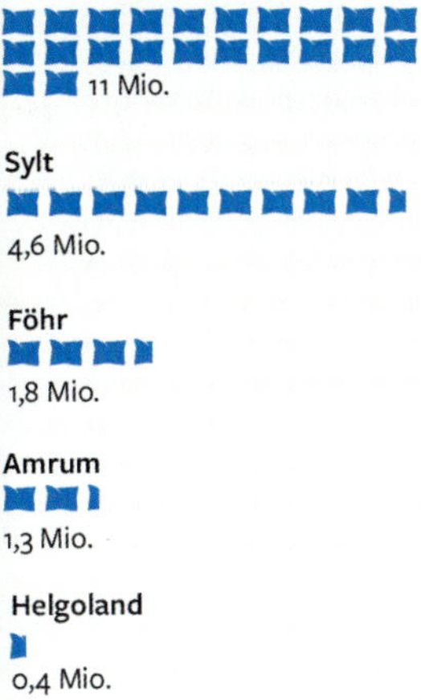

Das Wetter

St. Peter-Ording

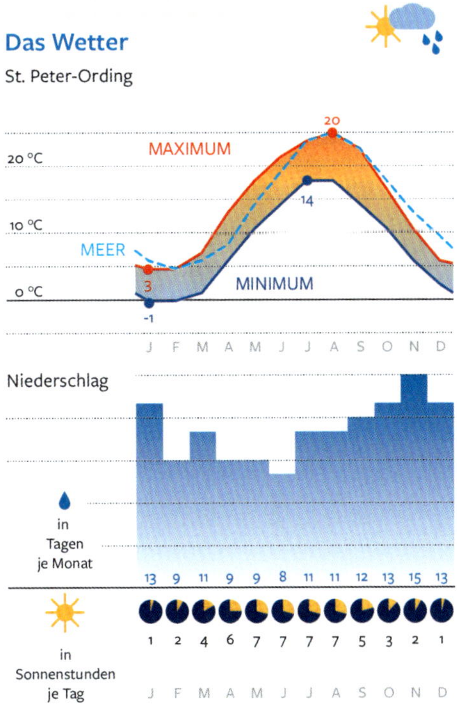

Halligen

Einmalig sind die Halligen vor der nordfriesischen Küste: Die Deiche dort sind bewusst niedrig gehalten. Dadurch werden sie 40-60 Mal im Jahr überflutet, das Meer bringt Schlick mit sich, und die Halligen werden größer.

Bewohnte Inseln

Langeneß
9,76 km²
140 Einwohner

Hooge
5,74 km²
120 Einwohner

Gröde-Appelland
2,8 km²
17 Einwohner

Nordstrandischmoor
1,75 km²
20 Einwohner

Oland
0,96 km²
30 Einwohner

Naturschutzgebiete
(unbewohnt)

Süderoog 0,6 km²
Südfall 0,5 km²
Norderoog 0,1 km²
Habel 0,07 km²
Hamburg Hallig
mit Festland verbunden

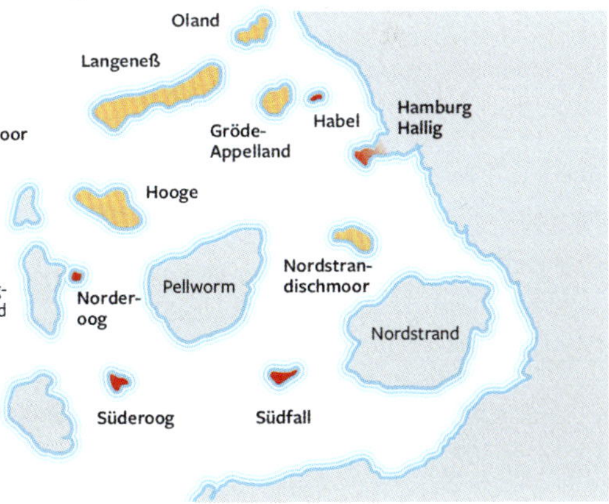

Schiffbau

Für viele überraschend: das beschauliche **Leer** in Ostfriesland ist der zweitgrößte deutsche Reedereistandort nach Hamburg. Nirgendwo sonst in Deutschland sind so viele Menschen im Schiffbau beschäftigt wie im westlichen Ostfriesland. Dank der **Schifffahrtsstraßen** Elbe, Weser und Ems sind die neun Häfen an der niedersächsischen Nordseeküste ein bedeutender Wirtschaftsfaktor. Ein große Arbeitgeber unweit der Küste ist die Meyer-Werft in Papenburg: Sie gehört nach wie vor zu den weltweit führenden Herstellern von **Kreuzfahrtschiffen**. Ein Schauspiel ist die Überführung dieser riesigen schwimmenden Hotels auf der schmalen Ems in die Nordsee, gleichzeitig überaus umstritten aufgrund der Umweltbelastung dieser Manöver.

Häfen

Wilhelmshaven, größter Importhafen für Rohöl und bedeutendster deutscher Marinestandort, ist durch den 2012 eröffneten **JadeWeserPort** zudem der einzige Containerhafen der deutschen Nordseeküste, der auch von künftigen Containerschiffgenerationen angefahren werden kann. Der Containerterminal von **Bremerhaven** bildet mit rund 5 km Länge die größte Stromkaje (Kaimauer eines Containerterminals) der Welt; zudem ist die Hafenstadt Drehscheibe für die weltweiten Exporte der deutschen Automobilindustrie. Zeitweise stehen hier Fahrzeuge im Wert von rund vier Milliarden Euro auf den gigantischen Parkplätzen herum. **Cuxhaven** macht sein Hauptgeschäft mit Stückgut und der Verladung von Komponenten für die Offshore-Windindustrie. In Schleswig-Holstein arbeiten zahlreiche kleinere Häfen eng im Bereich der Offshore Windpark Logistik zusammen. Eine besondere Bedeutung kommt dabei **Brunsbüttel** als Eingang zum Nord-Ostsee-Kanal sowie als schwerlastfähigem Tiefwasserhafen zu. Der Brunsbütteler Tidehafen an der Elbe ist zudem der einzige bedeutende Seehafen Schleswig-Holsteins.

GESCHICHTE

Der lange Weg zum Urlaubsziel

Im ewigen Kampf gegen den »Blanken Hans« litten die Küstenbewohner und Insulaner oft unter bitterer Armut. Sturmfluten wie die »Grote Mandränke« anno 1362 rissen Abertausende wackere Friesen in den Tod, die Küstenlinie veränderte sich durch die Fluten im Laufe der Jahrhunderte. Salzsiederei, Heringsfischerei und vor allem das »Goldene Zeitalter« des Walfangs im 17. Jh. brachten zeitweise Erleichterung. Doch erst als das Baden in Mode kam, drehte sich der Wind wirklich: Heute ist der Tourismus einer der wichtigsten Wirtschaftsfaktoren an der gesamten Nordseeküste.

Vor- und Frühgeschichte

Erste Siedler

Um 10 000 v. Chr. waren sowohl die Britischen Inseln als auch die deutschen Nordseeinseln noch mit dem Festland verbunden. Durch das Abschmelzen der Gletscher der letzten **Eiszeit** stieg der Wasserspiegel jedoch kontinuierlich an, erreichte ungefähr 2000 v. Chr. die heutige friesische Küste und ließ die vorgelagerten Inseln entstehen. In der **Steinzeit** entstanden wohl die frühesten menschlichen Siedlungen; die ursprünglich in Jütland ansässigen germanischen Völker der Kimbern, Teutonen und Ambronen beherrschten in der **Bronzezeit** den Nord- und Ostseeraum zwischen Südschweden, Mecklenburg und Friesland. Grabfunde lassen auf den Reichtum der damaligen Bevölkerung schließen, und tatsächlich spielten die Küstenbewohner eine bedeutende Rolle im Seehandel mit dem Mittelmeerraum. Das letzte Jahrtausend v. Chr. verzeichnet eine Klimaverschlechterung und einen Anstieg des Meeresspiegels. Wahrscheinlich nach einer verheerenden Sturmflut um 120 v. Chr. verließen die Kimbern, Teutonen und Ambronen die Küstenregion. Nur einzelne Stämme wie die **Chauken** widerstanden dem ungünstigen Klima.
Im Verlauf der Germanenzüge kamen kurz vor der Zeitenwende auch die **Römer** in diese Gefilde. Wie **Plinius d. Ä.** eindrücklich beschreibt, fanden sie hier jedoch sehr unwirtliche Verhältnisse vor:

> »
> Eine Gegend, von der es zweifelhaft ist, ob sie zum Land oder zum Meer gehört. Dort bewohnt ein beklagenswertes Volk hohe Erdhügel. Es ist ihnen nicht vergönnt, Vieh zu haben. Aus Schilfgras und Binsen flechten sie Stricke, um Netze für die Fische daraus zu fertigen. Indem sie Schlamm am Wind trocknen [Torf], erwärmen sie ihre Speisen und die vom Nordwind erstarrten Glieder.
> «

Auch weil ihre Kräfte durch die Konflikte mit den Kimbern und Teutonen gebunden waren, errichteten die Römer an der Nordseeküste keine dauerhafte Herrschaft.

Die Friesen

Mächtige Stämme

Um 600 n. Chr. stießen aus den Niederlanden kommende friesische Volksstämme in das nur wenig besiedelte Land vor. Um 700 n. Chr.

gelang es König Radbod (679–719), diese Stämme zu einigen und ein **friesisches Großreich** zu schaffen, das jedoch nur bis zur Weser reichte. So blieb die Macht vieler Stammesfürsten groß, auch nachdem Karl der Große das östliche Friesland seinem fränkischen Reich einverleibt hatte. Bis um 1100 erschlossen die Friesen die gesamte Nordseeküste bis ins südliche Dänemark, zu dessen Herrschern sie meist freundschaftliche Kontakte pflegten.

In dieser Konstellation zwischen dem Heiligen Römischen Reich und den Dänenkönigen hielten sich bis gegen Ende des Mittelalters **zahlreiche autonome Stammesgebiete**, sie gerieten jedoch zunehmend unter den Einfluss mächtiger Häuptlingssippen. Dennoch bestanden die einzelnen Stämme auf ihrer althergebrachten Autonomie und hielten an vordemokratischen Rechtsformen fest. Legendär wurde der **Upstalsboom**, wo sich seit 1156 friesische Stammesvertreter jährlich trafen. Im Norden avancierte Adolph I. von Schauenburg 1111 zum Grafen von Holstein, das die Dänen unter Knud VI. 1203 eroberten. Frieden kehrte erst wieder ein, als 1227 die Eider als Grenze festgelegt wurde.

Bauern, Häuptlinge und ein Fräulein

Südlich der Eider blieb Dithmarschen seit der Ansiedlung sächsischer Stämme im 5. Jh. von der friesischen Entwicklung unberührt. Von 1434 bis 1559 dauerte die Ära der **Dithmarscher Bauernrepublik**, einer Zeit, in der die reichen Bauern dieser Gegend autonom von den Fürsten regierten. Noch im Jahr 1500 konnten die Dithmarscher ihr Gebiet in der legendären Schlacht von Hemmingstedt gegen eine dänische Übermacht behaupten. 1559 unterlagen sie jedoch einer Allianz der dänischen und holsteinischen Fürsten, Dithmarschen wurde geteilt.

Überragende friesische Häuptlingspersönlichkeiten ab dem 14. Jh. waren u. a. Edo Wimken d. Ä (gestorben 1415). Im westlichen Ostfriesland herrschte die Häuptlingssippe der tom Brok. 1430 schlossen sich sieben Stämme um Enno Cirksena zu einem **Freiheitsbund** zusammen, und es begann eine neue Ära: Der Kaiser ernannte den Sohn Ennos, Ulrich Cirksena, 1454 zum Reichsgrafen in Ostfriesland. Damit stand das gesamte Land zwischen Weser und Ems unter einheitlicher Herrschaft. Der letzte große Friesenhäuptling war Edo Wimken d. J. Unter seiner Tochter, dem legendären Fräulein **Marie von Jever**, erlebte Jever und das zugehörige Land eine Blüte. Mit ihrem Tod 1575 endete in Ostfriesland die große Zeit der Stammesherrschaften.

Wikinger und Missionare

Außer mit inneren Zwistigkeiten hatten die Friesen auch mit Angriffen von außen zu kämpfen: Zum einen mussten sie sich lange gegen die Wikinger wehren, zum anderen widersetzten sie sich hartnäckig den Missionierungsversuchen der **katholischen Kirche**. Doch auf Dauer hatten die Missionare Erfolg, und es entstanden die ersten Kir-

EPOCHEN

VOR- UND FRÜHGESCHICHTE

10 000 v. Chr.	Die Britischen Inseln und Norddeutschland sind eine zusammenhängende Landmasse.
2000 v. Chr.	Die Nord- und Ostfriesischen Inseln entstehen.
120 v. Chr.	Kimbern, Teutonen, Ambronen ziehen nach Süden.

DIE FRIESEN

um 600	Die niederländischen Friesen wandern ein.
785	Karl der Große unterwirft das östliche Friesland.
seit 1156	Jährliche Treffen der Stammesvertreter in Upstalsboom
1227	Festlegung der Eider als Grenze zu Dänemark.
1362	Die Marcellusflut fordert 160 000 bis 200 000 Opfer.
14./15. Jh.	Zeit der Seeräuberei
1434 - 1559	Ära der Dithmarscher Bauernrepublik

UNTER DEN PREUSSEN

1744	Ostfriesland schließt sich Preußen an.
1864	Nach dem Deutsch-Dänischen Krieg wird auch Nordfriesland preußisch.
um 1850	Beginn des Bädertourismus
1895	Eröffnung des Nord-Ostsee-Kanals

20. UND 21. JAHRHUNDERT

1914 – 1918	Küstenorte und Häfen werden befestigt.
1920er-Jahre	»Mondäne« Ära der Badeorte
1939 – 1945	Luftangriffe u. a. auf Emden, Wilhelmshaven und Bremerhaven
1986/1990	Gründung der Nationalparke Niedersächsisches (1986), Hamburgisches und Schleswig-Holsteinisches Wattenmeer (beide 1990).
Juni 2009	Das Wattenmeer wird Welterbe der UNESCO.
2020	Die Corona-Pandemie bringt den Tourismus zeitweise zum Erliegen.

chen, meist auf künstlich angelegten Erdwällen (Wurten / Warften) und oft an bislang heidnischen Kultstätten.

Der Ära der friesischen Regionalherrschaften folgten schwere, von **Naturkatastrophen** und großer Armut geprägte Jahre. Bereits um 1000 n. Chr. reichten die Erdwälle als Schutz gegen die immer heftigeren Sturmfluten nicht mehr aus. Die Küstenbewohner begannen, Deiche zunächst um ihre Dörfer zu ziehen, später tat man sich mit den Nachbarn zu größeren Deichbaumaßnahmen zusammen: Der

Armut

Bau des **»Goldenen Rings«**, eines durchgehenden Deichs, der bis heute die deutsche Nordseeküste schützt, begann um 1200. Und trotzdem: Nach der verheerenden Marcellusflut im Jahr 1362 (»Grote Mandränke«), forderten die Fluten von 1634 und an Weihnachten 1717 erneut unvorstellbar viele Opfer. Zahlreiche Ostfriesen zogen in die Moorgebiete im Landesinneren, wo sie zwar sicher waren, doch nur eine ärmliche Existenz führen konnten. Der Großteil der Bevölkerung bestand aus **besitzlosen Landarbeiter**n, die nur für ein Dach über dem Kopf und notdürftige Verpflegung bei den wenigen Großbauern arbeiteten. Lediglich in den Residenz- und Handelsstädten wie Emden, Jever oder Husum entwickelte sich bürgerlicher Wohlstand.

Störtebeker und Co.

Im 14./15. Jh. hatte die Seeräuberei an der Nordsee ihre große Zeit: Mehrere Banden, von denen die Mannschaft Klaus Störtebekers die berühmteste ist, kontrollierten die gesamte Küste, brachten Handelsschiffe auf und raubten sie aus. Die Inseln und zahlreichen Küstenbuchten boten ihnen **Unterschlupfmöglichkeiten**. Die Friesen verbündeten sich oft mit den Seeräubern, sahen sie doch in der Hanse, die den Ost- und Nordseehandel kontrollierte, einen gemeinsamen Gegner.

Unter den Preußen

Manch einer wandert lieber aus

Nach dem Dreißigjährigen Krieg schloss sich Ostfriesland schließlich 1744 dem Königreich Preußen an. Nordfriesland stand hingegen unter dänischer, schleswig-holsteinischer und erst seit 1864 als Folge des Deutsch-Dänischen Kriegs dann ebenfalls unter preußischer Herrschaft. Die nach wie vor herrschende große Armut, die sozialen Probleme sowie der drohende preußische Militärdienst veranlassten viele Friesen um die Mitte des 19. Jh.s zur Auswanderung nach Amerika.

Bescheidener Aufschwung

Erst mit der Industrialisierung begann allmählich der Aufschwung. Großprojekte wie der Ausbau Bremerhavens zum Auswandererhafen, der Bau des 1895 eröffneten Nord-Ostsee-Kanals und die Gründung des Marinestandorts Wilhelmshaven brachten **Arbeitsplätze**. Doch während die Ansiedlung von Werften, Handels- und Seefahrtsgesellschaften, Marine und Industrie manchen einen bescheidenen Wohlstand brachte, verschärften sich zugleich auch die sozialen Probleme der Arbeiterfamilien.

In den kleinen Küstenorten entwickelten sich Mitte des 19. Jh.s **die ersten Seebäder**, wodurch ein wenig Geld in die leeren Kassen der Einheimischen gespült wurde – doch erst um die vorige Jahrhundertwende blühten die Badeorte auf.

20. und 21. Jahrhundert

Die große Zeit des Bädertourismus

Den ersten großen Einbruch erlebte der noch junge Wirtschaftsfaktor Tourismus durch den Ersten Weltkrieg: Die Inseln, zahlreiche Küstenorte und die großen Häfen waren von strategischer Bedeutung und wurden teilweise zu Festungen ausgebaut. Die Badegäste blieben aus – auch in den ersten Nachkriegsjahren – und damit auch der dringend benötigte Verdienst der Küstenbewohner. Erst in den **»Goldenen Zwanzigern«** erlebte der Bädertourismus einen immensen Aufschwung. Vor allem Helgoland und Sylt zogen mondäne Badegäste an. Zunächst trafen sich hier neben der High Society aus Industrie und Gesellschaft auch die Berühmtheiten aus Kunst und Kultur, später folgte dann die Politprominenz des Dritten Reichs.

Erst der Aufbau, dann die Zerstörung

Nach der Machtergreifung der Nationalsozialisten flossen ungeheure Summen in den Ausbau Wilhelmshavens zum ersten Marinehafen, in das Festungsprojekt Helgoland und andere strategische Küstenprojekte. Zwangsarbeiter in großer Zahl wurden eingesetzt. Im **Zweiten Weltkrieg** richteten sich die Bombenangriffe der Alliierten vor allem gegen militärstrategisch wichtige Ziele wie Emden, Wilhelmshaven, Helgoland oder auch Wangerooge. Bremerhavens Hafenanlagen blieben weitgehend verschont, da sie den Alliierten nach Kriegsende als Drehscheibe für den Nachschub dienen sollten.

Wiederaufbau und Wirtschaftswunder

Nach dem Krieg wurden zahlreiche Flüchtlinge, vor allem aus Ostpreußen, Pommern und Schlesien auf die 1946 neu gegründeten Länder Schleswig-Holstein und Niedersachsen verteilt, die strukturschwache Küstenregion konnte den Zustrom kaum bewältigen. Zwar wurde bald in den Wiederaufbau investiert, neue Arbeitsplätze entstanden, doch weite Landstriche blieben von den spärlichen Erträgen aus Fischfang oder Landwirtschaft abhängig.
Nur langsam kam der Tourismus wieder in Gang: Ein neuer Urlauberboom machte sich erst mit dem Wirtschaftswunder an der deutschen Nordseeküste bemerkbar. Die **touristische Infrastruktur** wurde kontinuierlich ausgebaut: Viele Orte erhielten den Status eines Bade- oder Kurorts, Strand- und Kuranlagen entstanden. Lange wurde aber Raubbau an der Natur betrieben, »Bausünden« insbesondere in der 1960er- und 1970er-Jahre wie beispielsweise in Westerland verschandelten die Küstenorte: Umwelt- und Wasserverschmutzung, der Bau von Industrieanlagen und nicht zuletzt die relativ hohen Touristenzahlen schädigten das sensible Ökosystem entlang der Küste erheblich.

Nationalparke und UNESCO-Welterbe

Mit der Einrichtung der Nationalparks Niedersächsisches, Hamburgisches und Schleswig-Holsteinisches Wattenmeer Mitte der 1980er- und Anfang der 1990er-Jahre wurde die Natur an der Küste besser

OBEN: Die 1950er läuteten die goldenen Jahre des Nordseetourismus ein.
UNTEN: Der Kampf mit den Pfunden ist schon lange Thema: öffentliches Wiegen am Strand von Norderney im Jahr 1910.

geschützt. Seit Juni 2009 steht der schleswig-holsteinische und der niedersächsische Teil des Wattenmeers auf der UNESCO-Liste des Welterbes – das Hamburgische Wattenmeer erhielt diesen Status erst 2011, nachdem es zunächst Differenzen um die geplante Elbvertiefung gegeben hatte.

KUNST UND KULTUR

Bildende Kunst und Handwerk

Religiöse Kunst

Bis ins 19. Jh. hinein blieb die Kunst an der Nordseeküste fast ausschließlich religiösen Themen gewidmet – Relikte der berühmtesten Stilrichtung, des sogenannten **norddeutschen Knorpelstil**s, sind vielerorts zu bewundern. Im Gegensatz zu den benachbarten Niederlanden, wo schon seit der Barockzeit Hafen, Meer und Strand zum Sujet der Malerei avancierten, wurde die deutsche Nordseeküste erst Ende des 19. Jh.s von den Malern entdeckt. Jahrhundertelang bestimmten niederländische Seestücke den Kunstgeschmack, heimische Motive konnten sich nur allmählich durchsetzen.

Realismus und Impressionismus

Zwei Malerfreunde, **Hans Peter Feddersen** (1848 – 1914) und **Hinrich Wrage** (1843 – 1912), waren die Vorreiter aller malenden Nordseebesucher: Während ihrer Sylt-Aufenthalte entstanden dramatische Landschaftsgemälde im Stil des Realismus; Feddersen entwickelte sich damit zu einem der bedeutendsten Landschaftsmaler Schleswig-Holsteins. Ihnen folgten stark vom Impressionismus beeinflusste Maler wie Jacob Alberts oder Robert Breyer (1866 bis 1914), der den Badebetrieb auf Sylt, Amrum und Cuxhaven thematisierte. **Sylt** zog in Folge auch die Worpsweder Maler wie Fritz Overbcek (1869 – 1909), Paula Modersohn-Becker (1876 – 1907) und Heinrich Vogeler (1872 – 1942) an.

Künstlerkolonie Dangast

Die schillerndste Figur unter den Malern war der große deutsche Expressionist **Emil Nolde** (▶ Baedeker Wissen, S. 194), dessen Meisterwerke häufig das Meer und die Landschaft an der Küste abbildeten. Er gilt heute als der Künstler, dem es auf unnachahmliche Weise gelang, Licht und Farbe der Landschaft und des Meers zum Gegenstand seiner Gemälde zu machen. Vertreter der Künstlergruppe **»Die Brücke«** entdeckten die Bilder Noldes und die Nordseeküste als Eckpunkte ihrer eigenen künstlerischen Entwicklung. Karl Schmidt-Rottluff (1884 – 1976) war der Erste, der 1907 nach Dan-

Gutshof in Dangast von Karl Schmidt-Rottluff, gemalt 1910

gast reiste, um dort zu malen. Bis 1912 kam er jeden Sommer nach Ostfriesland und zog seine Malerkollegen Erich Heckel (1883 – 1970) und Max Pechstein (1881 – 1955) nach. Es entstanden zahlreiche Werke: Von Schmidt-Rottluff sind über 300 Bilder mit Dangaster Bezügen bekannt. **Franz Radziwill** (1895 – 1983) zog 1923 nach Dangast und blieb dem Ort treu bis zum Ende seines Lebens. Er wurde zum Mittelpunkt einer lebendigen Kunstszene, zu dem u. a. die Skulpturen an Strand und Deich oder das Radziwill-Haus gehören, in dem regelmäßig Ausstellungen stattfinden.

Orgelbau in Perfektion

Aus Schmalenfleth bei Brake an der Unterweser stammt mit **Arp Schnitger** (1648 – 1719) einer der bedeutendsten deutschen Orgelbauer aller Zeiten. Berühmt sind vor allem seine Orgeln für die Hamburger Kirchen St. Nicolai und St. Jacobi, doch auch in Kirchen an der Küste übte er sein Handwerk meisterlich aus, so beispielsweise in der Ludgerikirche zu Norden. In besonders gutem Zustand ist z. B. die Schnitger-Orgel von Cappel an der Wurster Nordseeküste erhalten, die ursprünglich in der Hamburger St. Johanniskirche stand und an der heute Orgelvirtuosen aus aller Welt spielen. Auch in England, den Niederlanden, Spanien, Russland, Portugal, ja sogar in Brasilien sind

Schnitger-Orgeln zu finden. Die Instrumente entsprachen den **höchsten Ansprüchen** des Hochbarock: Mit bis zu vier Manualen und zahlreichen Mixturen ausgestattet, zeichneten sie sich durch eine außergewöhnliche Klangfülle aus.

Norddeutscher Knorpelstil

Während nur wenige romanische und gotische Ausstattungsstücke, zumeist Taufsteine, in den Kirchen erhalten sind, ist Friesland berühmt für Werke des sogenannten norddeutschen Knorpelstils. Dieser eigene, dem **Manierismus der Spätrenaissance** folgende Stil, zeichnet sich durch wulstige und kurvenreiche Ornamentverzierungen aus. Es entstanden zwischen 1630 und 1700 zahlreiche geschnitzte Altäre, Kanzeln, Epitaphien sowie Skulpturen. Eine der bedeutendsten dieser manieristischen Bildhauerkunst verpflichteten Werkstätten an der Nordseeküste geht auf **Ludwig Münstermann** (1580 – 1638) zurück, der als Bildhauer und Holzschnitzkünstler bekannt wurde. Berühmt sind zum Beispiel seine Arbeiten in der Vareler Schlosskirche sowie in Tossens oder Blexen.

Architektur

Megalithgräber

Die ältesten menschlichen Bauten an der deutschen Nordseeküste sind beeindruckende, bis zu 5500 Jahre alte Megalithgräber. Die aus riesigen Findlingen zusammengesetzten Ganggräber geben heute noch Rätsel auf, da nicht geklärt ist, wie die Steine bewegt und aufeinandergesetzt wurden. Das größte diese Gräber, der **Denghoog**, befindet sich auf Sylt in der Nähe von Wenningstedt; seine Grabkammer ist mit rund 15 m^2 eine der größten in Nordeuropa.

Kirchenbau

Schon im Altertum schütteten die Menschen künstliche Erdhügel zum Schutz ihrer Häuser vor den Sturmfluten auf. Diese Wurten oder **Warften** wurden nach der Christianisierung zu Bauplätzen für Kirchen, von denen noch viele erhalten sind. Seit dem 12. Jh. verwendete man zunächst Findlinge oder behauene Granitquader, später Tuffstein, der aus dem Süden herbeitransportiert wurde. Nachdem die Backsteinproduktion verbessert worden war und sich die heimischen Produkte durch besondere Festigkeit auszeichneten, baute man die Kirchen daraus. Kirchhof und Kirche boten Mensch und Vieh in kriegerischen Zeiten oder bei Unwettern **Zuflucht**. In den Küstenorten dienten die meist frei stehenden Kirchtürme den Schiffern als **Orientierungshilfe**. Die mächtigen Kirchen, insbesondere die, die die gottesfürchtigen Ostfriesen auf den Warften errichteten, fanden in der aufgeschütteten Erde jedoch keinen richtigen Halt, und viele Kirchtürme ragen bis heute ziemlich schief in den Himmel; der Turm in Surhuusen (► S. 112) ist sogar deutlich schiefer als der Schiefe Turm von Pisa.

In vielen Kirchen finden sich Motive aus der Seefahrt, auch auf Spiekeroog.

Ausdruck von Macht und Wohlstand

Erst gegen Ende des Mittelalters entstanden repräsentativere weltliche Gebäude wie die **Häuptlingsburgen** der führenden Sippen in Ostfriesland. Größere Anlagen wie Wasserburgen oder Schlösser entstanden erst im 16. Jh., so etwa in Jever oder Dornum. In Städten wie Emden, Jever, Otterndorf, Glückstadt, Friedrichstadt und Husum, die vor allem dank des Handels rasch an Bedeutung gewannen, entwickelte sich im 16. und 17. Jh. eine **bürgerlich geprägte Architektur**: Repräsentative Rats-, Kaufmanns- und Wohnhäuser aus Sand- oder Backstein mit vielen Fenstern, reich verzierten Giebeln und Schmuckelementen waren Ausdruck des Bürgerstolzes, ohne jedoch an die hanseatische Prachtentfaltung heranreichen zu können.

Reetgedeckte Bauernhäuser

Prägend jedoch für die norddeutsche Küstenlandschaft sind die beachtlichen reetgedeckten Bauernhäuser, von denen man – je nach Region – unterschiedliche Bautypen vorfindet. Beim **nordfriesischen Ständerhaus** (▶ Baedeker Wissen, S. 302) lastet die Konstruktion auf dicken Holzbalken, den sogenannten Ständern. Hinter dem Giebel an der Längsseite des Hauses befindet sich der Flur, der das Haus in Wohn- und Stallteil trennt. Charakteristischer Haustyp der Marschen und Ostfrieslands sind die oft riesigen **Gulfhäuser**, deren Grundkonstruktion ebenfalls von Ständern getragen wird und große Ähnlichkeit mit dem sogenannten **Haubarg-Typ** Nordfrieslands aufweist. Hinter hohen Giebelwänden aus Fachwerk wird im

Raum zwischen den inneren Zentralständern bis unter den First Heu gelagert, während der Raum zwischen Ständern und Außenwand als Stall genutzt wird. Dieser Haustyp zeichnet sich durch oftmals schön geschmückte Schaugiebel aus, in dessen Mitte sich ein großes Tor zum Einfahren des Heus befindet. Auf der rechten und linken Seite davon führen kleinere Türen zu den Ställen.

Die gute (Friesen-) Stube

Selbst in der kleinsten Seefahrerkate auf den Nordfriesischen Inseln ist die Wohnstube mit reichem Dekor ausgestattet. Auf den Großbauernhöfen finden sich stattliche Stuben, die vom Wohlstand der Besitzer zeugen. Gemeinsam ist den Friesenstuben, dass ihre Wände meist vom Boden bis zur Decke mit **blauweißen Kacheln** bedeckt sind, die oft aus berühmten niederländischen Manufakturen stammen. Sie sind Schmuck, weisen darüber hinaus die Feuchtigkeit von außen ab und wirken isolierend. Bei den Kacheln wie bei anderen wertvollen Ausstattungsstücken oder kostbarem Teegeschirr handelte es sich zumeist um Mitbringsel der Seeleute von ihren Reisen. Für die Friesenstuben weiterhin typisch sind **reich verzierte Einbauten**: Betten, die Alkoven, ein Ofen und die Einbauschränke, von denen einer als Vitrine zur Schaustellung der Prunkstücke diente. Je nach Geldbeutel und Mode sind die Einbauten mit geschnitzten oder gemalten Ranken, Medaillons und Blumen dekoriert.
Die in Ostfriesland Pisel und in Nordfriesland Pesel genannte gute Stube erfüllte mit ihrem ganzen Prunk jedoch fast ausschließlich **Repräsentationszwecke**. Nur ausgewählte Gäste wurden hier an besonderen Tagen mit Tee bewirtet; die Familie trank ihren Tee in der Küche, wo es sich bekanntlich ja auch viel gemütlicher sitzen und klönen lässt. Die schönsten noch erhaltenen Friesenhäuser in Schleswig-Holstein findet man heute u. a. noch auf Föhr in Nieblum, in Nebel auf Amrum oder in Keitum auf Sylt.

Friesisches Kulturgut

Trachten: wieder in Mode

Nicht immer, aber immer öfter sieht man heutzutage wieder die reich verzierten friesischen Trachten, insbesondere auf den Nordfriesischen Inseln und den Halligen. Ansonsten kann man die Trachten in zahlreichen Heimatmuseen bewundern. Insbesondere an Festtagen werfen sich die friesischen Frauen wieder in ihre traditionellen, zumeist schlichten dunklen Trachtenkleider mit den kunstvoll gestickten weißen **Schürzen**. Akzente setzen die bunten, oft blau bestickten Halstücher und Borten sowie die bestickten und perlenbesetzten **Samthauben**.

Regionale Unterschiede

Farbe und Schnitt der Trachten veränderten sich über die Jahrhunderte; regionale Unterschiede bestehen vor allem zwischen den ein-

NORDFRIESISCHES STÄNDERHAUS

BAEDEKER WISSEN

Zum Landschaftsbild Nordfrieslands gehören reetgedeckte Friesenhäuser, von denen die ältesten noch erhaltenen aus dem 17. Jh. stammen. Besonders schöne Beispiele, die oft von wohlhabenden Kapitänen erbaut wurden, finden sich in Keitum auf Sylt.

1 Ständerkonstruktion
Tragendes Element sind nicht die Mauern, sondern die Balken (mitunter ausgediente Schiffsmasten). So blieb bei Sturmfluten, wenn die Mauern bereits eingedrückt waren, das auf den Ständern ruhende Dach als erhöhter Zufluchtspunkt erhalten.

2 Mauerwerk
Das Fundament wurde meist aus Feldsteinen aufgebaut, die Mauern aus Backstein.

3 Reetdach
Traditionell wird dieses aus einer 35 cm dicken Schicht Reet gefertigt, das bis Mitte der 1950er Jahre aus der Marsch der friesischen Inseln geholt wurde. Heute wird es aus Österreich, Polen und vor allem Ungarn importiert. Die Lebensdauer der Dächer liegt zwischen 50 und 70 Jahren. Wegen der Brandgefahr und der Kosten, die für ein Reetdach etwa dreimal so hoch sind, werden heute immer mehr Häuser mit Hartdächern ausgestattet. Erst seit der Walfängerzeit sind die Dachböden als Lagerraum bzw. als Fluchtort bei Sturmfluten ausgebaut.

4 Flur
Hinter dem Giebel an der Längsseite des Hauses befand sich der Flur. Er trennte den Stallbereich von den Wohnräumen.

5 Wirtschaftstrakt
Stall, Kammer und Dreschtenne lagen meist auf der Windseite im Westen, um die Wohnräume dadurch ein wenig zu schützen.

6 Wohnteil
Das Leben spielte sich, nicht zuletzt wegen Wind und Wetter, zumeist in den Innenräumen ab. Die Wohnräume für den Alltag bestanden aus Kööv (Alltagswohnraum), Kellerkammer (der Raum über dem einzigen Kellerraum des Hauses) und Kööken (Küche) mit Speisekammer, offener Feuerstelle und Herd.

7 Schlafgelegenheit
In der Küche und im Wohnraum gab es in die Wand eingelassene Betten, sogenannte Alkoven. Da mehrere Generationen unter einem Dach lebten, war der Raum knapp. In den Alkoven schliefen meist zwei Erwachsene mit bis zu vier Kindern.

8 Pesel
Die »gute Stube« wurde für besondere Anlässe genutzt und diente zum Repräsentieren. Reiche Kapitäne beispielsweise kleideten die Wände mit teuren Fliesen aus und brachten von ihren Fahrten Hausschmuck, Möbel, Delfter Keramik oder chinesisches Porzellan mit. Berühmt für seine feine Ausstattung ist etwa der Königspesel auf der Hallig Hooge.

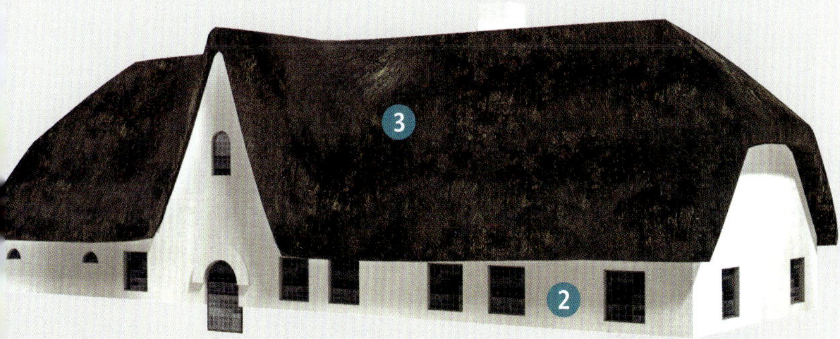
3
2

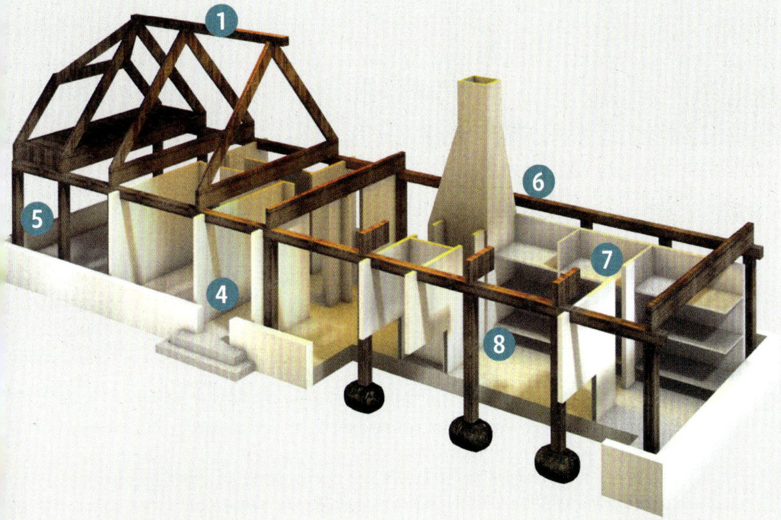
1
5
4
6
7
8

Was heute nostalgisch aussieht, hatte einen ernsten Hintergrund: Frauen in friescher Tracht verabschieden ihre »Seemänner«.

zelnen Inseln. Die **Sylter Tracht** aus der Zeit um 1800 war je nach gesellschaftlichem Stand und Jahreszeit unterschiedlich ausgestattet. Im Sommer trugen Sylterinnen knielange Kleider aus hellem Leinen, bei Kälte ein Kleid aus Fellen, dazu grobe rote Wollstrümpfe. Auffällig war vor allem der Kopfschmuck, die so genannte Hüüf aus schwarzem Samt.

Besonders hübsch sind die **Föhrer Trachten**. In der Blütezeit des Walfangs, im 17. und 18. Jh., waren sie bunt und auffällig; damals gab es noch Alltags-, Sonntags- und Festtagstrachten. Ein Charakteristikum der festlichen Föhrer Tracht ist der besonders auffällige Brustschmuck aus Silber: silbrige Knöpfe, filigrane Ketten mit Herz, Kreuz und Anker als Symbol für Glaube, Liebe und Hoffnung. Im 19. Jh. prägte sich eine Trachtenform aus, die farblich auf Schwarz und Weiß reduziert ist. Sie besteht aus einem langen Faltenrock und einem Oberteil mit eng anliegenden Ärmeln, um das ein großes Tuch gelegt wird. Auf dem Kopf wird eine runde, bestickte Haube getragen.

Zu den besonderen kunsthandwerklichen Produkten auf den Nordfriesischen Inseln zählen die Fliesen. Sie weisen eine deutliche Verwandtschaft zu den als »Delfter Kachel« bezeichneten **holländischen Vorbildern** auf. Die nordfriesischen Seefahrer hatten sie auf ihren Fahrten kennengelernt, und wer es sich leisten konnte, brachte sie mit nach Hause. Man unterscheidet die Einzelfliese mit jeweils einem Motiv oder Ornament und großflächige Bilder aus mehreren Fliesen, die meist Schiffe oder biblische Szenen zeigen. Als Einzelmotive waren florale oder biblische Motive und kleine Landschaften üblich. Fliesen

INTERESSANTE MENSCHEN

Ein Lied für alle Fronten: Lale Andersen

Lale Andersen wurde zeitlebens mit **»Lili Marleen«** (▶ Abb. S. 179), ihrem erfolgreichsten Lied, identifiziert. Dabei begann die Sängerin ihre Karriere erst spät und unter ungünstigen Umständen. 1905 in Bremerhaven als Liselotte Helene Bunnenberg geboren, versuchte sie nach dem Scheitern ihrer Ehe mit dem Maler Paul Ernst Wilke 1931 als Sängerin und Schauspielerin in Berlin Fuß zu fassen. Nach einem mühsamen Beginn mit kleinen Engagements und noch kleineren Gagen wurde sie mit dem Künstlernamen Lale Andersen zum Star des **Berliner Kabaretts der Komiker**, war oft mit ihren Seemannsliedern im Rundfunk zu hören und tingelte über Kleinkunstbühnen. Auf Druck der Nazis musste sie nach 1933 ihr Repertoire ändern. Seit 1937 gehörte auch der Song »Lili Marleen« nach einem Text von Hans Leip in der Vertonung von Norbert Schultze zu ihrem Programm. Als der Soldatensender Belgrad während des Kriegs das Lied allabendlich zum Sendeschluss brachte, war ein Welthit geboren, der für zahllose Soldaten aller Nationen Hoffnung auf Überleben und Heimkehr ausdrückte. Das konnte den Machthabern nicht recht sein: Im Herbst 1942 belegte die Reichskulturkammer Lale Andersen mit einem Auftrittsverbot. 1905 – 1972 Sängerin

Das Lied war fester Bestandteil ihrer Konzerte und ständiger Publikumswunsch, auch auf ihren **Tourneen** in England, Kanada und durch die USA. Sie pendelte zwischen München und ihrem Haus, dem Sonnenhof auf Langeoog. 1972 starb Lale Andersen in Wien, ihre letzte Ruhestätte fand sie aber auf dem Dünenfriedhof von Langeoog.

Sylt-verliebt: Wilma Bräuner

1891 – 1985
Fotografin

Wie nur wenige hat sich Wilma Bräuner mit ihrem Werk und kritischem **Engagement für die Insel Sylt** eingesetzt. Vielen ist sie bis heute als originelle und humorvolle Persönlichkeit in Erinnerung. Als Achtjährige kam Bräuner erstmals nach Sylt. Nach der künstlerischen Ausbildung in ihrer Heimatstadt Hamburg zog sie 1921 auf ihre geliebte Insel. Hier widmete sie sich in erster Linie der Fotografie – mit der Leica in der Hand zog sie zu Fuß, zu Pferd, mit Fahrrad, Motorrad und noch bis ins hohe Alter im Auto über die Insel, unermüdlich auf Motivsuche. Die technisch und künstlerisch herausragenden Bilder sind eine einfühlsame **Wertschätzung der Sylter Landschaften**. Wilma Bräuner kannte Sylt noch aus der Zeit, als es kaum Wege, geschweige denn Straßen gab, und litt unter der zunehmenden Zerstörung. Mit ihren Fotografien wollte sie die allmählich verschwindende Landschaft so festhalten, wie sie gewesen war. Deswegen öffnete sie auch 1971 ihr Haus für die Gründung einer Bürgerinitiative, die sich gegen das geplante Atlantis-Appartementhochhaus in Westerland aussprach und den Bau des 100 m hohen Gebäudes verhindern konnte.

Literatur »op Platt«: Klaus Groth

1819 – 1899
Schriftsteller

Der in Heide in Dithmarschen geborene Klaus Groth verhalf mit »Quickborn, Volksleben in plattdeutschen Gedichten dithmarscher Mundart« der neu-niederdeutschen Literatur zum Durchbruch. Groth, seit 1866 Professor für deutsche Sprache und Literatur in Kiel, trat mit heiteren und schaurigen Verserzählungen und Balladen, Natur- und Tiergedichten, schalkhaften Kinderlieder und herzergreifenden Liebesliedern, hervor, darunter »Vertelln« (1855 – 1858). Einige seiner Gedichte wurden **von Johannes Brahms vertont**. Zu seinen Dichtungen gehören Friedrich Hebbel lobte ihn so:

»
Ihre Tat fällt für mich um so schwerer ins Gewicht,
als Sie Ihr Instrument erst zu bauen hatten,
bevor Sie Ihre Melodie spielen konnten.
«

Dramen und Gedichte: Christian Friedrich Hebbel

1813 – 1863
Schriftsteller

Christian Friedrich Hebbel wurde in Wesselburen (Dithmarschen) als Sohn eines Maurers und einer Tagelöhnerin geboren. Ohne höhere Schulbildung arbeitete er bis zu seinem 21. Lebensjahr als Gehilfe des Kirchspielvogts. Mit 22 Jahren holte ihn die Kinder- und Jugendbuchautorin **Amalie Schoppe** (1791 – 1858) nach Hamburg. Dort lebte er mit der acht Jahre älteren Elise Lensing zusammen. Hebbel holte die Schule nach, ging dann nach Heidelberg und über Stuttgart und Straßburg nach München, wo er Literatur studierte, unterstützt von Elise Lensing. 1839 kehrte er völlig verarmt nach Hamburg zurück. Elise brachte zwei Kinder zur Welt, die zum Kummer der Eltern beide früh verstarben. Sein erstes Stück »Judith« (1840) brachte ihm einigen Erfolg; ein zweijähriges Stipendium des dänischen Königs ermöglichte Reisen nach Paris und Rom. Auf dem Rückweg traf er 1845 in Wien seine spätere Ehefrau, die Burgschauspielerin Christine Enghaus. Der größte Erfolg Hebbels bis in unsere Tage ist das bürgerliche Trauerspiel **»Maria Magdalena«** (1844), mit dem Hebbel ein »einfaches Lebensbild« zeichnen wollte. Seine übrigen Dramen, oft mit einem pessimistischen Grundton versehen, erörtern in historischem Ambiente philosophische Fragen. Auch seine **Gedichte** sichern ihm eine herausragende Position in der deutschen Literaturgeschichte.

Blühende Fantasie: James Krüss

1926 – 1997
Schriftsteller

»
Gerne fuhr ich kreuz und quer,
Hummer fangend mit aufs Meer,
Insulaner war ich hier,
jedenfalls mit viel Pläsier.
«

dichtete James Krüss, einer der erfolgreichsten deutschsprachigen **Kinder- und Jugendbuchautoren**, in seinem »Lebens-ABC« über seinen Geburtsort **Helgoland**. Krüss war ganz und gar vom Meer geprägt; Großvater und Urgroßvater schlugen sich noch als Krabbenfischer durch. Er absolvierte seine Schulzeit auf **Helgoland**, verließ die Insel nach Kriegsende zum Lehramtsstudium, entschied sich dann aber gegen den Schuldienst. Ermutigt durch Erich Kästner, konzentrierte sich Krüss seit Ende der 1940er-Jahre auf Kinder- und Jugendliteratur, in der er seiner überbordenden Fantasie und Fabulierlust freien Lauf ließ. Helgoland diente ihm oft als Schauplatz, etwa für seinen ersten großen Publikumserfolg »Der Leuchtturm auf den Hummerklippen« (1956). Krüss verfasste auch Hör- und Singspiele, Theaterstücke und Arbeiten fürs Fernsehen, daneben Beiträge für Zeitungen und Anthologien. Seine bekannteste literarische Figur ist wohl **Timm Thaler**. Nicht weniger imponierend ist Krüss' Tätigkeit als Herausgeber und Übersetzer, er übersetzte aus nicht weniger als zwölf Sprachen. 1966 wanderte er in wärmere Gefilde aus und lebte mehr als 30 Jahre auf Gran Canaria, wo er 1997 starb. Er wurde vor Helgoland auf See bestattet.

OBEN: Autor James Krüss griff auch zum Pinsel und malte sich 1973 selbst.
UNTEN: Wer kennt ihn nicht?

Zeitschriften und Kunst: Henri Nannen

1913 – 1996
Journalist

Henri Nannen war ein journalistisches Urgestein, das die westdeutsche Presselandschaft wie nur wenige prägte. Der **»Stern«-Herausgeber** wirkte nicht nur als Vollblutjournalist, sondern auch als Mäzen, profunder Kunstkenner und Stifter der Emder Kunsthalle. Am ersten Weihnachtstag 1913 in Emden geboren, wuchs er in einem sozialdemokratisch geprägten Elternhaus auf. Nach dem Abitur absolvierte er zunächst eine **Buchhändlerlehre**, ging dann 1934 zum Studium der Kunstgeschichte nach München, begann nebenbei journalistisch zu arbeiten und bekam prompt Schwierigkeiten mit den Nazis. Der Kunstverleger Bruckmann konnte ein Arbeitsverbot abwenden und beschäftigte Nannen für die Zeitschrift »Die Kunst«. Nach Kriegsende zog Nannen nach Hannover und brachte dort 1946 die »Hannoverschen Neuesten Nachrichten« heraus. 1947 folgte die »Abendpost« und 1948 die Illustrierte »Stern«. Konsequent entwickelte Nannen das Rezept eines unterhaltsamen Magazins mit politischem Engagement und ausgezeichneten Fotoreportagen weiter. Die Publikation der gefälschten »Hitler-Tagebücher« überschattete allerdings seinen Abgang vom »Stern«. Als Folge zog er sich von dem Magazin zurück, nicht jedoch aus dem öffentlichen Leben: Zu seinem 70. Geburtstag brachte er seine **Gemäldesammlung** mit dem Schwerpunkt klassische Moderne sowie 3 Mio. DM in eine Stiftung ein, die die Grundlage für die Kunsthalle Emden bildete. Noch zehn Jahre lang begleitete er persönlich sein Lieblingsprojekt, bis er 1996 in Hannover starb.

»Mr. Amrum«: Georg Quedens

*1934
Chronist

Georg Quedens ist das **wandelnde Lexikon Amrums** und seit Jahrzehnten der Inselchronist. Er betreibt zwei Buchläden auf seiner Heimatinsel, wo es natürlich auch seine gesammelten Werke zu kaufen gibt. Der **gelernte Fotograf**, dessen Familie seit 1734 auf Amrum zu Hause ist (und so einige Strandräuber in seinen Reihen hatte), ist gleichzeitig so etwas wie das Gewissen der Nordfriesischen Inseln: Er setzt sich engagiert für den Naturschutz ein und erhielt 2009 das Bundesverdienstkreuz am Bande. Der Mann ist hoffnungslos »old school«, er selbst behauptet, er stamme ungefähr aus der Bronzezeit. Seine um die 100 Sachbücher über Amrum, Föhr, die Nordsee, die Halligen, über Legenden und Sagen der Region sowie die Kirchen an der Küste hat er allesamt auf einer **Schreibmaschine** verfasst – und das tut er noch heute. Genau so, wie er auch immer noch analog fotografiert, wenn er über seine Insel streift. Quedens ist ein aufrechter und bisweilen unbequemer Friese, ein begnadeter Geschichtenerzähler und so etwas wie der »Mr. Nordsee«.

Adel verpflichtet nicht: Franziska Gräfin zu Reventlow

1871 – 1918
Schriftstellerin

Wer den Namen Franziska zu Reventlow hört, denkt spontan an München und das Schwabing der vorigen Jahrhundertwende. Dort verkehrte die junge Gräfin in der **Bohème**, wo man über Kunst und Wissenschaft diskutierte und bacchantische Feste feierte. All das findet in ihrem Roman **»Herrn Dames Aufzeichnungen«** seinen Niederschlag. Weniger bekannt ist, dass Franziska einem holsteinischen Adelsgeschlecht entstammte und in Husum geboren wurde. Im **Schloss von Husum** wuchs das temperamentvolle Mädchen, dem der Vater mit Strenge und die Mutter mit Lieblosigkeit begegnete. 1889 zog die Familie nach Lübeck. Im Mai 1894 heiratete Franziska einen jungen Juristen, den sie in einem Klub kennengelernt hatte, in dem die »freie Liebe« diskutiert wurde. Einige Zeit, nachdem sie nach München gegangen war, um sich als Malerin ausbilden zu lassen, wurde die Ehe geschieden. Um sich und ihren 1897 geborenen Sohn zu ernähren, arbeitete sie hart, u. a. als Schneiderin; daneben schrieb sie Romane und fertigte Übersetzungen an. 1909 zog Franziska zu Reventlow nach Ascona. Sie starb 1918 in Muralto bei Locarno.

Berühmte Novellen: Theodor Storm

Schriftsteller
1817 – 1888

Der »große Sohn« der Stadt **Husum** ist ohne Frage der Schriftsteller Theodor Storm. Als junger Mann studierte er Jura und lernte dabei Theodor Mommsen (1817 – 1903) kennen, der später als Historiker hervortrat. Eine Zeit lang lebte Storm in Berlin, wo sich freundschaftliche Beziehungen zu Theodor Fontane und Paul Heyse entwickelten. 1864 ging er nach Schleswig-Holstein zurück, und ab 1874 arbeitete er als Oberamtsrichter in Husum. Storm verfasste in erster Linie **Gedichte und Novellen**. Seine Lyrik ist geprägt vom Erlebnis der norddeutschen Landschaft (»Meeresstrand«, »Sturmnacht«), von der Unmittelbarkeit des Gefühls, der Schlichtheit und großen Musikalität der Sprache. Die Bandbreite seiner Novellen reicht von der lyrisch-sentimentalen Stimmungsnovelle bis zur stark handlungsbetonten, psychologisierenden Schicksalsnovelle (z. B. **»Der Schimmelreiter«**, 1888). Seiner Heimatstadt setzte er in dem Gedicht »Die Stadt« als »graue Stadt am Meer« ein oft missverstandenes Denkmal (► S. 159).

Friesisches Multitalent: Otto Waalkes

*1948
Entertainer

Bekanntester Ostfriese, Blödelbarde, Erfinder der deutschen Comedy oder schlicht OTTO – es gibt viele Bezeichnungen für Otto Waalkes, der zu den Größen der deutschen Unterhaltungsindustrie zählt. Was viele nicht wissen: Otto Waalkes ist vor allem einer der erfolgreichsten Unternehmer an der Nordseeküste. Geboren wurde das **Multitalent** in Emden. Mit seiner Band »The Rustlers« sammelte er erste Bühnenerfahrungen. Sein Studium an der Hamburger Hochschule für Bildende Künste finanzierte er mit Auftritten als Alleinunterhalter. Gemeinsam mit einem Freund gründete Otto 1972 seine eigene Plattenfirma, die **»Rüssl Räckords«**, um seine erste Platte zu vermarkten. Die Platte wurde zum Verkaufsschlager, weitere folgten. Hinzu kamen ab 1973 eigene Fernsehshows, erfolgreiche Deutschlandtourneen und ein eigener Buchverlag. Zum Firmenlogo und »Wappentier« avancierte der von Otto gezeichnete **»Ottifant«**. Mit »Otto – der Film« wurde das Waalkes-Imperium 1985 um eine neue lukrative Sparte bereichert. Als Stimme des überkandidelten Faultiers Sid in »Ice Age« feierte er als **Synchronsprecher** Erfolge.

Der Erfinder des Reiseführers: Karl Baedeker

1801 – 1859
Verleger

Als Buchhändler kam Karl Baedeker viel herum, und überall ärgerte er sich über die »Lohnbedienten«, die die Neuankömmlinge gegen Trinkgeld in den erstbesten Gasthof schleppten. Nur: Wie sollte man sonst wissen, wo man übernachten könnte und was es anzuschauen gäbe? In seiner Buchhandlung hatte er zwar Fahrpläne, Reiseberichte und gelehrte Abhandlungen über Kunstsammlungen. Aber wollte man das mit sich herumschleppen? Wie wäre es denn, wenn man all das zusammenfasste? Gedacht, getan: Zwar hatte er sein erstes Reisebuch, die 1832 erschienene »Rheinreise«, noch nicht einmal selbst geschrieben. Aber er entwickelte es von Auflage zu Auflage weiter. Mit der Einteilung in »Allgemein Wissenswertes«, »Praktisches« und »Beschreibung der Merk-(Sehens-)würdigkeiten« fand er die klassische Gliederung des Reiseführers, die bis heute ihre Gültigkeit hat. Bald waren immer mehr Menschen unterwegs mit seinen **»Handbüchlein für Reisende, die sich selbst leicht und schnell zurechtfinden wollen«**. Die Reisenden hatten sich befreit, und sie verdanken es bis heute Karl Baedeker. Die Nordsee beschrieb er erstmals im 1842 erschienen Band »Deutschland und der Österreichische Kaiserstaat«.

»
Die Bäder (etwa 1800 Badegäste jährlich, darunter viel hannoverscher Adel) sind wegen des starken Wellenschlages der Nordsee berühmt.
«

Baedeker's »Mittel- und Nord-Deutschland«, 4. Auflage 1851 (über Norderney)

E

ERLEBEN & GENIESSEN

Überraschend, stimulierend, bereichernd

Mit unseren Ideen erleben und genießen Sie die Nordseeküste.

Drachen steigen lassen einmal anders auf Norderney ▸

BEWEGEN UND ENTSPANNEN

Die Heilkraft des Meeres nutzt Thalasso, ein seit der Antike bewährtes Naturheilverfahren. Sämtliche Elemente des Meeresmilieus kommen dabei zum Einsatz: Reizklima, Meerwasser, Salz, Schlick, Sand und Algen. Doch nicht nur Wellness-Freunde kommen an der Waterkant auf ihre Kosten – von Strandsegeln bis Nordic Walking wird alles geboten.

Wellness aus dem Meer

Auf Norderney setzt in Europas ältestem Meerwasserwellenbad das mit 8000 m2 größte Thalassozentrum Deutschlands (▶ Das ist ..., S. 24ff.) auf die Gegensätze von Feuer und Wasser. In der Wasser-Ebene vom »bade:haus« lässt sich das nasse Element in seiner Vielfalt erleben: von kalt bis heiß, von tröpfelnd bis brausend, drinnen und draußen, als Wasserfall und als Rinnsal. Auf Borkum bringen Naturschlickpackungen, Meersalzpeeling und Meerwasser-Inhalation neue Kraft. Im Seeheilbad Friedrichskoog steht die Quelle des Meeres, »Fontamar«, und entspannt mit einer Sandbettanwendung oder einem Schlickbad, in Büsums »Vitamaris« regt ein Nordsee-Salzpeeling die Durchblutung an, und auch auf Helgoland, Föhr, Pellworm und Nordstrand ist Nordsee-Wellness en vogue. Sylt und St. Peter-Ording bieten zudem eigene Pflegelinien und wohltuende Kosmetikprodukte an, die aus Nordseebestandteilen vor Ort hergestellt werden.

Nachhaltig aktiv

2009 wurde das Wattenmeer der deutschen Nordseeküste **Weltnaturerbe**. Verbunden mit der Anerkennung war die Auflage, eine Strategie für nachhaltigen Tourismus in der Region zu entwickeln und umzusetzen. Dies ist besonders in Sachen Hotels und bei den Aktivangeboten deutlich spürbar. Wurde vor der Jahrtausendwende für die Jugend vor allem auf Action und Adrenalinkicks gesetzt, gibt es heute ein breites Angebot für alle Altersgruppen an Aktivitäten, die Rücksicht auf das fragile **Ökosystem** nehmen – und dabei neben Naturerlebnissen auch zur Erholung einladen. Ob beim Radfahren, Nordic Walking, beim Reiten, einem Ballspiel am Beach, Golfen oder Strandsegeln – Aktivurlaub an der Nordsee ist Fitness für Körper und Geist.

Radtouren für jeden Geschmack

Radfahrer etwa können auf unzähligen markierten Routen das flache Küstenland entdecken, das mehrere **Fernradstrecken** durchziehen. Ein dunkelblaues Rad auf hellblauem Grund markiert die **North Sea Cycle Route** (www.northsea-cycle.com): Mit 6000 km Länge ist der Nordseeküsten-Radweg eine der längsten Radstrecken der Welt. Ihr deutsches Teilstück leitet Radler vom Landkreis Ammerland an der niederländischen Grenze über Hamburg bis nach Ruttebüll an der dänischen Grenze – immer an der See entlang. Außerordentlich beliebt sind auch die 265 km lange Friesenroute **Rad up Pad** (www.ostfriesland.de) und die deutsche **Sielroute** (www.sielroute.de) auf der Halbinsel Butjadingen. In vielen Nordseeregionen gibt es spezielle Linienbusse, die das Rad Huckepack mitnehmen, und unterwegs liegen viele radlerfreundliche Unterkünfte und Lokale wie die Melkhüs, die Radurlauber mit Milchprodukten vom eigenen Hof und hausgemachtem Kuchen verwöhnen.

Wandern und Nordic Walking

Mit dem **North Sea Trail** (www.northseatrail.org) haben Wanderer ihr Pendant zur North Sea Cyle Route erhalten, und auch das regionale und lokale Wegenetz ist hervorragend ausgebaut. Hinaus ins

BAEDEKER MAGISCHE MOMENTE

REITEN AUF DEM MEERESGRUND

Reiten auf dem Grund des Meeres – das geht nur im Nationalpark Wattenmeer und logischerweise nur bei Ebbe. Es hat etwas von Freiheit und Abenteuer, im vollen Galopp durch das Watt zu preschen. Am eindrucksvollsten sind die Ausritte am frühen Morgen und am Abend, wenn die Sonne auf- oder untergeht. Man muss kein erfahrener Reiter sein, geführte Ausritte im gemächlichen Trab sind nicht weniger schön.

Watt jedoch sollten Sie sich nur mit zertifizierten **Wattführern** wagen (▶ Baedeker Wissen, S. 318). Als Weg zu sich selbst und einem gesunden Körper versteht sich das **Fastenwandern**, das u. a. die Berlinerin Ulla Werner mit ihrer Tochter Heike und mehreren Heilpraktikerinnen in ihrem Sylter Fastenhaus (www.fastenwandern-sylt.de) ganzjährig anbietet. Vor allem auf den Inseln wird zudem das Nordic-Walking-Netz ausgebaut. Der **Nordic Walking Park Sylt** durchzieht mit 26 Routen in drei Schwierigkeitsstufen auf 220 km die Insel. Auf Borkum und Langeoog wurden die Nordic-Walking-Parks in Zusammenarbeit mit dem Deutschen Skiverband und der Sporthochschule Köln angelegt. Auf dem Festland sind das Wangerland mit 14 Routen und dem Nordic Fitness Sports Park sowie St. Peter-Ording, Niebüll und Dithmarschen mit 110 km zwischen Friedrichskoog, Brunsbüttel und Büsum Zentren des Trendsports.

Hoch zu Ross

Reiter finden hinter den Deichen fast 3000 km markierter **Reitwege**. Ferien auf dem Ponyhof, ein Galopp am Strand, Kutschfahrten oder ein Ausritt im Wattenmeer bescheren unvergessliche Erlebnisse. Hochburgen der Reiter in Schleswig-Holstein sind die **nordfriesischen Inseln**, wo seit dem 14. Jh. von Mai bis Oktober die Tradition des typisch friesischen Ringreitens (s.u.) lebt. Die spannenden Matches des ältesten Mannschaftssports der Welt werden im Juni auf Sylt ausgetragen: Zum **Beach Polo World Cup** gibt sich der internationale Jet-Set am Oststrand ein Stelldichein.

Baden

Ganz gleich ob sonnenhungriger Strandläufer, mutige Wasserratte, Ruhe suchender Faulenzer oder fleißiger Burgenbauer – entlang der 1760 km langen deutschen Nordseeküste findet jeder einen Strand nach seinem Geschmack. Bei der Wahl des richtigen Strandes – **mehr als 150 Badeplätze** warten an der deutschen Nordsee darauf, entdeckt zu werden – hilft die Geografie: Je nördlicher die Lage, desto rauer die Küste. Wer ohne Blick auf die Uhr baden möchte, sollte zudem keinen Ort auf dem Festland, sondern besser auf den Inseln wählen – dort macht sich der Tidenhub weniger bemerkbar. Ebbe bedeutet da meist nur: weniger Wellen und breitere Strände.

Das Baden ist **nur bei Flut** erlaubt, da das abfließende Wasser bei Ebbe auch geübte Schwimmer ins offene Meer ziehen könnte. Die Badezeiten werden an den offiziellen Strandabschnitten angeschlagen – nur während dieser Zeit sind auch die Strandwacht oder DLRG-Lebensretter vor Ort! Hängt ein schwarzer Ball am Pfahl, ist Baden erlaubt. Ein roter Ball bedeutet Badeverbot für Kinder und Nichtschwimmer, zwei rote Bälle signalisieren allgemeines Schwimmverbot.

Während der Badesaison wird die **Wasserqualität** gemessen. Aus Gründen der Hygiene sind während der Saison Hunde am Badestrand verboten; auch mit Pferden darf von Ostern bis Oktober nicht am Badestrand oder Spülsaum entlang geritten werden. Auf dem

Sehr gemächlich geht es auf Ostfrieslands Wasserwegen zu.

Deich dürfen Hunde nur angeleint mitgeführt werden – zum Ausgleich gibt es spezielle **Hundestrände**.
Die Tagesmieten für einen **Strandkorb** bewegen sich zwischen 7 und 10 Euro, mietet man nicht nur tagesweise, wird es etwas billiger. Oft ist es zudem möglich, den Strandkorb im Internet anhand eines Strandplanes vorab auszuwählen und anzumieten.
Der größte Strand: St. Peter-Ording – 12 km lang, 2 km breit, die größte »Sandkiste« der Welt.
Der schönste Strand: der kaum kleinere Kniepsand von Amrum.
Der längste Strand: die Westküste von Sylt – fast 40 km.
Die sauberste Luft am Wasser: Helgoland – hier gibt es statt Autos oder Pollen nur Seeluft mit gesunden Aerosolen.
Der beste Surfstrand: Brandenburger Strand/Sylt – einzige deutsche Station der Weltcuprennen der Professional Windsurfers Association (PWA) World Tour.
Der beste Party-Beach: St. Peter-Ording – hier lockt die Beach Club Lounge mit Spaß bis in den Morgen.
Der berühmteste Schickeria-Strand: Buhne 16 bei Kampen auf Sylt – seit Jahrzehnten ein Treffpunkt des Jetset.

Wassersport ohne Grenzen

Wilde Wellen und eine spektakuläre Brandung machen die Nordsee zum deutschen **Surfer-Paradies** und Sylt zum Mekka der internationale Windsurfing-Elite, die alljährlich im September vor dem Brandenburger Strand von Westerland ihren Windsurf World Cup austrägt. Die Cracks der kleinen Boards, die mit Hilfe von großen

WAT(T) FÜR ERLEBNISSE!

Spazierengehen auf dem Meeresboden, das kann man bei Ebbe im Watt der Nordsee. Wattwandern ist äußerst beliebt – auch wegen der Wattführer, die nicht nur eine Menge Wissen über die Wunderwelt Wattenmeer vermitteln, sondern oft auch Entertainer-Qualitäten besitzen. Von Alleingängen ins Watt wird allerdings dringend abgeraten, die Flut kommt schneller, als man denkt!

Die Faszination der **Wunderwelt Wattenmeer** erlebt man hautnah bei einer Wattwanderung unter der Leitung eines staatlich geprüften Wattführers. Albertus Akkermann von der Ostfriesischen Insel Borkum ist so einer. Und er kann nicht nur Wissenswertes über die Gezeiten, Priele und Wattwürmer berichten – der waschechte Ostfriese untermalt seine Wattwanderungen auch noch musikalisch mit seinem »Schifferklavier«. Wer auf Shantys oder Rockklassiker im Wattenmeer verzichten kann, der schließt sich vielleicht eher einer Wattwanderung des Nationalparkhauses Carolinensiel an. Auf einer der Touren wird das **Thema Plastikmüll** thematisiert, im Wattenmeer vor der Ostfriesischen Küste genau so ein Problem wie im Indischen Ozean. Ganz besonders der für das Ökosystem so wichtige Wattwurm ist durch den Wohlstandsmüll gefährdet.

Ganz schön anstrengend und nicht ungefährlich

Ein ganz besonderer »Clou« sind die Wattwanderungen vom Festland hinüber zu den Ostfriesischen Inseln. Oder vor der Küste Schleswig-Holsteins zu den Halligen oder auch dort im Nationalpark von Insel zu Insel. Allerdings sind diese Touren, die zum Teil **kilometerweit durch tiefen Schlick** führen, ganz schöne Gewaltmärsche. Nach den Strapazen geht es daher in den meisten Fällen mit der Fähre oder mit dem Pferdewagen zurück. Dennoch: Wattwandern kostet Kraft. Im grauweichen Schlickwatt sinken die Beine bisweilen bis zu den Knien ein. Besonders schlickig ist das Watt am Jadebusen bei Dangast. Auf dem harten, hellen Sandwatt wiederum kitzeln »Spaghetti« aus Sand die Sohlen – die Ausscheidungen der Wattwürmer. Kleine Rippen verwandeln das Watt in ein Waschbrett, **Rippelmarken** nennt sie der Fachmann. Die Wolkenberge des Himmels spiegeln sich in der weiten Fläche, die Sonne tanzt in tausend Strahlen in Wasserlöchern und Rinnsalen. Der Alltag entschwindet, die Gedanken gehen auf die Reise. Zeit ist scheinbar grenzenlos, bis zur nächsten Flut, die mit astronomischer Präzision pünktlich nach sechs Stunden und zwölf Minuten eintrifft – wer da nicht schnell genug an Land kommt, schwebt in Lebensgefahr.

Nachts ins Watt

Ein außergewöhnliches Erlebnis sind die Nachtwattwanderungen von der Insel Neuwerk nach Sahlenburg aufs Festland: Wenn die Sonne so kitschig untergegangen ist, wie es sich für einen Urlaubstag am Meer gehört und der Vollmond sein erstes fahles Licht über das Wattenmeer schickt, ist es Zeit zum Aufbruch. Vor dem Start verteilt der Wattführer farbige Leuchtbänder, damit in der Weite des Watts keiner »ver-

schütt geht«. Eine **eigentümliche Stille** umfängt die Wanderer, durchbrochen vom Gezwitscher der Austernfischer. Das Licht von Mond und Sternen spiegelt sich in den Pfützen und Prielen, in der Ferne leuchten die Lampen der großen Pötte um die Wette. Nach rund dreistündigem Marsch durch den Schlick knirscht in Sahlenburg schließlich wieder Sand unter den Füßen der Nachtwanderer.

Informationen

Wanderungen bei staatlich geprüften Wattführern (Prüfung bei der Nationalparkverwaltung in Wilhelmshaven) können fast überall an der Küste und auf den Inseln gebucht werden. In küstennahen Regionen kann man **barfuß** wandern, insbesondere bei den Inseltouren ist es aufgrund der vielen scharfkantigen Muscheln ratsam, **alte Turnschuhe oder Socken** zu tragen. Gummistiefel eignen sich nur sehr bedingt (wenn dann in der kalten Jahreszeit), sie bleiben allzu oft im Schlick stecken. Bei gutem Wetter in der Hauptsaison sollte reserviert werden, denn die Teilnehmerzahl ist gesetzlich vorgeschrieben. Personen, die unter schweren Herz-Kreislauf-Beschwerden leiden, Epileptiker und Betrunkene dürfen nicht teilnehmen. Alleine zu wandern ist möglich, aber nicht ungefährlich. Fast jedes Jahr sterben unerfahrene Wattwanderer, die von der Flut überrascht werden.

SPORT UND FREIZEIT

INLINESKATEN · SKATEBOARDS
www.skatehalle-aurich.de

KAJAK · KANU
www.kanu-service.de

KITESURFEN
www.beachnet.de
www.surfschule-norderney.de

REITEN
www.reitstall-borkum.de
www.hpc-esens.de
www.reitschule-petschat.de
www.reitschule-junkmann.de
www.islandhof-spiekeroog.de
www.reiterhof-martinshof.de
www.olivenhof.de
www.inselhof-wangerooge.de

STRANDSEGELN
www.ycspo.de

SURFEN
www.surfschule-amrum.de
www.windsurfing-baltrum.de
www.windsurfing-borkum.de
www.windsurfing-foehr.de
www.action-surf-meldorf.de
www.sunsetbeach.de
www.windsurfing-wangerooge.de

WASSERSKI
www.wasserski-hooksiel.de

WATT ERLEBEN
(▶ Baedeker Wissen, S. 318)
www.wattenmeer-nationalpark.de
www.watterleben.de
www.wattfuehrergemeinschaft.de
www.schutzstation-wattenmeer.de
www.rahder.de
www.adler-schiffe.de
www.wattenmeerfahrten.de
www.seeadler-hooge.de
www.ag-ems.de
www.reederei-frisia.de

Weitere Aktivitätstipps und Hinweise auf Sportmöglichkeiten im Kapitel Ziele von A bis Z

Drachen hohe Luftsprünge über den Wellenbergen machen, küren beim Kitesurf World Cup ihren Meister. Weitere Hotspots der Szene sind der Meldorfer Speicherkoog und die Husumer Bucht. Die mehr als 60 **Sportboothäfen** laden ein, die Insel-, Hallig- und Küstenwelt der deutschen Nordseeküste einmal aus einer ganz anderen Perspektive zu erleben. Zum Inselhopping im **Paddelboot** eignen sich besonders die Halligen, wo Ein- und Mehrtagestouren durch das Wattenmeer möglich sind. Im Hinterland der Küste empfehlen sich die urwüchsigen Feuchtgebiete von Eider, Sorge und Treene für stille Ausflüge im **Kajak oder Kanu**. Im südlichen Ostfriesland gibt es 21 Orte, wo das Paddeln auf idyllischen Wasserwegen mit Strecken auf dem Fahrrad kombiniert werden können. Bei längeren Touren wird bei **»Paddel und Pedal«** das Gepäck von Ort zu Ort transportiert, und Trekkinghütten laden zu einer rustikal-gemütlichen Nacht – romantischer und abwechslungsreicher kann man kaum reisen.

Typisch friesisch

Neben dem friesischen Nationalsport Boßeln (▶ Das ist ..., S. 8ff.) gibt es weitere Sportarten, die typisch für die Region sind: Das **Klootstockspringen** etwa hat seinen Ursprung darin, dass die Bauern in früheren Zeiten mangels befestigter Wege und Brücken mittels einer Stange über die zahlreichen Gräben in den Poldern und Marschen Ost- und Nordfrieslands hüpften. Damit sie dabei nicht im morastigen Untergrund einsank, hatte der Stock am unteren Ende eine Verdickung, den sogenannten »Kloot«. Das Klootstockspringen hat durchaus immer noch einen gewissen Alltagsnutzen, beispielsweise für Jäger. Ansonsten wird es heute hauptsächlich zur Belustigung von Touristen betrieben, die sich natürlich am meisten darüber freuen, wenn einer der friesischen Klootstock-Artisten zu kurz springt.
Beim **Ringreiten**, einer vor allem in Nordfriesland verbreiteten Sportart, sind wiederum vor allem reiterliches Geschick und Treffsicherheit gefragt:

»
Wohl ist des Ringreitens buntes Gewühl
ein getreues Abbild vom Lebensspiel.
Welche die Pferde gut zu reiten verstehen
und gehörig vorwärts zum Ringe späh'n,
denen wird's beim Ringreiten gut ergeh'n.
«

Noch ist der Ring recht groß ...

So reimte der aus Wesselburen in Dithmarschen stammende Dichter **Friedrich Hebbel** (1813 – 1863) einst. Seine Wurzeln hat das Ringreiten im Ringstechen, was wiederum eine Übung für das oft tödliche Lanzenstechen im Mittelalter war. Eine Lanze ist auch heute noch im Spiel. Beim Ringreiten müssen Reiter oder Reiterin im Galopp einen kleinen metallenen Reifen aufspießen, der an einer Schnur zwischen zwei Pfählen hängt. Die Crux beim Ringreiten: Mit jedem Durchlauf des Wettbewerbs wird der Ring und damit das Ziel kleiner. Am Ende sind es nur noch 6 Millimeter, die im vollen Galopp getroffen werden wollen. **Ringkönig oder Ringkönigin** wird, wer am Ende die meisten Ringe aufgespießt hat, gestochen sagen die Fachleute. Auf den großen Ringreiter-Turnieren in Nordfriesland werden gerne die friesischen Trachten zur Schau getragen. Eine Hochburg für Ringreiter ist die Nordseeinsel **Föhr**, die bei den alljährlichen Gästeturnieren auch Urlauber einlädt, ihre Geschicklichkeit auf dem Pferderücken zu versuchen.
www.ringreiten.de

ESSEN UND TRINKEN

Von wegen einfach nur Fisch: Von feinen Austern über deftiges Labskaus und Kohlgerichte bis zur Kunst des Teetrinkens – die Küche an den Gestaden der Nordsee ist alles, nur bestimmt nicht langweilig. Wer sich abseits der Touristenströme hält, findet vielleicht noch das eine oder andere traditionelle Gericht wie »Porenpann«, »Snirrtjebraa« oder einen »Peter in de Büx« auf der Speisekarte.

Von bodenständig bis Sterneküche

Mehrere exquisite Gänge »an und zu« für mehr als 150 Euro oder ein Fischbrötchen für ein paar Euro auf die Hand – die **kulinarische und preisliche Bandbreite** an der deutschen Nordseeküste ist immens, denn Seeluft macht hungrig. Fisch und Meeresfrüchte stehen an der Küste ganz oben auf der Speisekarte, im Hinterland eher Fleisch. Über Sylt, Norderney, Föhr und auch über Cuxhaven funkeln mehrere Michelin-Sterne. Ansonsten überwiegen auf dem Festland Landgasthöfe mit bodenständiger Küche. Zahlreiche Restaurants verstehen es jedoch, die **regionalen Gerichte** raffiniert zu verfeinern. Häufig werden Zutaten aus dem Meer mit Deichwiesenlamm, Schwein oder Rind kombiniert: da wären zum Beispiel »Mit Kräuterfischfarce gefüllte Röllchen vom Schweinerücken an rahmigen Schwarzwurzeln mit Nordseekrabben« oder auch »Kabeljaufilet in Gewürzsahne, konfiert mit Küstennebelinfusion und Tango von Kartoffel, Apfel und Rotweinschalotten».

BAEDEKER ÜBERRASCHENDES

6x UNTERSCHÄTZT

Genau hinsehen, nicht daran vorbeigehen, einfach probieren!

1. IM SCHATTEN DER DIVA

Amrum, die »kleine Schwester« von Sylt, muss sich keineswegs verstecken. Sie wuchert mit ganz viel Sand und Natur statt mit Promis und Pomp. (▶ **S. 42**)

2. KULINARISCHES

Zahlreiche Sterne funkeln über Restaurants an der Küste, doch auch die **traditionelle Küche** mit Kohl und Pinkel, Labskaus, Mehlbüddel und Krabbenbrötchenl kann sich sehen - und chmecken - lassen. (▶ **S. 322ff.**)

3. WEIT MEHR ALS SCHLICK

Das Watt ist ein einzigartiger Lebensraum für unzählige kleine und kleinste Tiere und ein reich gedeckter Tisch für zahlreiche Zugvögel. Auf zur **Wattwanderung**! (▶ **S. 318**)

4. ALLES ANDERE ALS GRAU

Die **Heimatstadt von Theodor Storm** ist in Wahrheit recht bunt - ganz besonders, wenn die Krokusse blühen. (▶ **S. 159**)

5. SPUREN DER MACHT

In Ostfriesland herrschten im Mittelalter keine Grafen, sondern Häuptlinge. Ihre Macht drückten sie durch den Bau mächtiger Burgen wie der **Manningaburg** aus. (▶ **S. 138**)

6. LAND WURSTEN

Weitgehend unbekannt ist der Landstrich mit dem ungewöhnlichen Namen - zu unrecht, denn es gibt viel zu entdecken, u. a. eine der Orgeln Arp Schnitgers in **Cappel**. (▶ **S. 177**)

TYPISCHE GERICHTE

Labskaus: Zugegeben, richtig appetitlich sieht es ja nicht aus, dieses »Lobscourse«, das britische Seeleute den Nordseefriesen mitbrachten. Aber lecker ist es allemal: Hering und Rind, Kartoffeln und Rote Beete werden dafür so lange zusammen gestampft und aufgekocht, bis ein hellroter, sämiger Brei entstanden ist. Darauf ein knusprig gebackenes Spiegelei, garniert mit eingelegter Gurke – so wird der klassische Seemannsschmaus stilgerecht serviert.

Swattsuer (Schwarzsauer): Ein Gericht, das Besucher erst einmal schauern lässt – Schweineblut in Essigsud, mit fetten Schwarten als schwarze Suppe zu Salzkartoffeln serviert. Das traditionelle Schlachtessen ist heute kaum noch auf der Karte der Restaurants zu finden – und erlebt daher seine Renaissance als edles Schlemmermahl im Weckglas oder in der Konserve.

Hamburger Aalsuppe: »Und steigt in die Nase mir Aalsuppenduft, dann krieg ich so Heimweh nach Hamburger Luft«, trällerte Heidi Kabel 2005 und widmete ein ganzes Lied einer Suppe, die alles enthält, nur keinen Fisch. »Aal« bedeutet im Niederdeutschen »alles«, und in die Suppe kam alles hinein, was an Speiseresten vorhanden war – vor allem Gemüse und über Nacht eingeweichtes Backobst.

Kohl & Pinkel:
▶ Baedeker Wissen, S. 90

Rode Grüüt (Rote Grütze): Erdbeeren, Himbeeren, Rote Johannisbeeren, Kirschsaft sowie Grieß, Speisestärke oder Sago als Bindemittel, das sind die Zutaten für dieses typische Dessert der Nordseeküste. Traditionell mit flüssiger Sahne, Vanillesoße, Eis oder cremigem Quark serviert, schmeckt der erfrischende Sommerklassiker auch als leichter Lunch.

Vor dem Genuss des Räucherherings müssen noch die Gräten weg.

Leckeres aus dem Meer

Die Spezialität schlechthin ist und bleibt aber die **Nordseekrabbe**, bisweilen auch »Granat« genannt. Man kann sie auf Schwarzbrot genießen, mit Rührei und Bratkartoffeln, sie ergänzt Fischgerichte wie Scholle oder Seezunge aufs Feinste. Leckere Krabben gibt es in den Häfen an der Küste häufig noch frisch vom Kutter. Weit mehr als eine Vorspeise ist die gehaltvolle Büsumer Krabbensuppe, die neben Porré auch eine gute Portion Sahne enthält.

Der **Matjes** an der Küste ist ein Gedicht, wer **Austern** mag, fühlt sich auf Sylt wie im Schlaraffenland. Dort ist Deutschlands einzige Austernzucht ansässig: Dittmeyer's Austern-Compagnie. Und der **Hummer** auf Helgoland oder die Scheren des »Knieper« (Taschenkrebs) sind ebenfalls nicht zu verachten.

Mutiger Mix

Im Hinterland der Küste dominieren Fleischgerichte vom Deichlamm, Schwein und Rind sowie **Kartoffeln** und **Kohl**. Mitunter erstaunt jedoch die Zubereitung: Die Besonderheit der schleswig-holsteinischen Küche, süß mit salzig oder auch sauer zu kombinieren, nennt man auch »Broken Sööt« (gebrochene Süße). So paaren sich beim Seemannsschmaus **Labskaus** Fisch (Hering oder Stockfisch) und Fleisch (Gepökeltes vom Rind oder Schwein), und die Kartoffeln zum Grünkohl werden in Schleswig-Holstein gern mit Zucker bestreut. Kopfsalat wird häufig mit einem süßen Zitronen-Joghurt- oder Sahne-Dressing serviert.

Star unter den Fleischgerichten ist das Deich- oder Salzwiesenlamm, dessen hauchzartes Fleisch das Aroma der Salzwiesen auf den Teller bringt. Dort wächst auch **Queller**, der natürlich gesalzene Spinat der Friesen. Eine absolute Spezialität ist der Salzwiesen-Röhrkohl (auch Strand- oder Salz-Dreizack genannt), der im Gasthaus Zur Börse in Wremen aufs Feinste zubereitet wird. Auf den fetten Marschen der Köge und Polder – insbesondere in Dithmarschen – ist Kohl daheim: Weißkohl, Blumenkohl, Broccoli, Rotkohl, Wirsing und Grünkohl, der je nach Region unterschiedlich zubereitet serviert wird.

Zartes Lamm und Kohl in allen Varianten

Suppen und Eintöpfe

Ostfriesisches Nationalgericht sind Updrögt Bohnen aus getrockneten Bohnen, durchwachsenem Speck und Mettwürstchen. Gern gegessen werden auch **Steckrübeneintopf** mit Kartoffelpüree und viel Lamm- oder Rindfleisch sowie die nordfriesische **Wiensupp** mit Schinken, in die Wein, Graupen, Korinthen, Rosinen, Zucker und Eier gehören; dazu gibt's frisches Weißbrot. Oft findet man auch Holsteinische Kartoffelsuppe auf der Speisekarte, meist mit Speck oder Krabben als Einlage. Neben der Aalsuppe (▶ Typische Gerichte, S.324) ist zudem die **Fliederbeersuppe** beliebt, sie wird mit den Früchten der Holunderbüsche gekocht und mit Mehl angedickt. Kleine Grießklöße, Äpfel und Quitten dazu – ein bewährtes Mittel auch gegen Erkältungen.

Updrögt Bohnen und mehr

Und dann sind da noch **Birnen, Bohnen und Speck**: Der Name des Gerichts verrät, was hier zusammen geschmort wird – eine typische Spezialität, die deutlich macht, welche Kombinationen merkwürdigerweise geschmacklich doch hervorragend zusammenpassen und speziell bei norddeutschem »Schietwetter« trefflich munden. Ein guter Klarer rundet das Ganze natürlich solide ab.

Fisch und Fleisch

Auf Sylt hat die weithin bekannte **Austernzucht** Dittmeyer die lange Zeit brach gelegene Tradition der Austernfischerei auf den Nordfriesischen Inseln wieder belebt. Die »Sylter Royal«, die man größtenteils exportiert, wird pur (mit Brot und Zitrone),gebacken, gratiniert, gegrillt, pochiert, als Tatar oder geräuchert in der Suppe serviert. **Krabben** (▶ Baedeker Wissen, S. 330) kauft man am besten direkt vom Kutter. Besonders gern isst man »Granat« (wie man hier sagt) außer auf Brot auch als Porrenpann (Krabben mit Frühkartoffeln und Petersiliensauce) oder als Porren in Suur (Krabben in Weingelee mit Zwiebeln, Lorbeerblatt und Pfefferkörnern). **Miesmuscheln** gedeihen in großer Zahl an der Küste. Sie werden als sau-

Leckere Schalentiere

re Muscheln oder in Wein gedünstet gegessen, als Salat oder als Muschelragout. Es gibt sie nur von September bis April!

Allerlei Fisch

Frischer Fisch wird natürlich überall angeboten. Aus Meer, Seen und Teichen werden vor allem Hering, Dorsch, Seezunge, Steinbutt, Heilbutt, Karpfen, Forelle, Hecht und Aal verwendet und kommen z. B. als **Nordseezunge** »Müllerin Art« in Butter gebraten mit zerlassener Butter und Petersilienkartoffeln auf den Tisch. **Scholle** erhält man u. a. in Speck gebraten mit Kartoffelsalat (»Finkenwerder Art«), als zarte Maischolle in möglichst schlichter Zubereitung oder mit Krabben (»Büsumer Art«). **Matjes** ist ein junger Hering ohne Rogen und Milch, der etwa zwei Monate lang in einer Salzlake mariniert wird. Matjeshering kommt aus dem Niederländischen und heißt soviel wie »Mädchenhering«. Sehr beliebt ist die Zubereitung »Matjesfilet nach Hausfrauen Art« – in einer Sahnesoße mit Apfel- und Zwiebelstücken und dazu Pellkartoffeln eine ausgesprochen leckere Angelegenheit. Traditionell wird der Matjes jedoch so verspeist: Man packt den He-

Widerstand ist zwecklos: Zur Friesentorte passt ein Pharisäer.

ring am Schwanz und lässt ihn langsam in den Mund gleiten. Das größte, dem leckeren Fisch gewidmete Fest an der Nordseeküste findet traditionell in Emden statt. Ende Mai, Anfang Juni strömen mehr als 100 000 Menschen zu den Emder Matjestagen.

Herzhaftes Fleisch

Besonders in Nordfriesland, wo im Frühjahr Zehntausende Lämmchen geboren werden, gibt es hervorragende **Lammgerichte**. Auf den Speisekarten findet man oft Salzwiesenlamm mit dem zarten, aber herzhaften Fleisch der am Deich grasenden Lämmer. Traditionelle Gerichte aus Schweinefleisch sind Snirrtjebraa oder Snierdjebraden und Suure Rull. **Snirrtjebraa**, das ursprünglich am Schlachttag gegessen wurde, besteht aus in große Stücke geschnittenem Schweinenacken, der mit Pfeffer und Piment gewürzt, mit Zwiebeln angebraten und dann eine Stunde lang in Wasser geköchelt wird. Die **Suure Rull** ist eine mit Schweinefleischstückchen gefüllte und knusprig gebratene Pansenrolle, dazu gibt es Steckrüben.

Kleine Gerichte

Pfannkuchen-Variationen

Schon immer wurde an der Küste gerne **Buchweizen** gegessen, vor allem in Gestalt von Pfannkuchen. Zum Teil werden diese mit durchwachsenem Speck, Eiern und manchmal auch mit etwas abgestandenem Kaffee zubereitet. In Ostfriesland kommt der Buchweizenpfannkuchen als »Peter in de Büx« auf den Tisch. **Speckendicken** waren ursprünglich ein typisches Silvesteressen: Die Pfannkuchen aus Weizen- und Roggenmehl werden mit Eiern, Zuckerrübensirup, Schinkenspeck und Mettwurst zubereitet und anschließend mit Anis und Kardamom gewürzt.

Burger mal anders

Krabbenfleisch mit einer gehackten Zwiebel sowie Salz, Pfeffer und Muskat gründlich mischen. Zum Binden der Masse gekochte Kartoffeln hinzufügen; anschließend daraus Frikadellen formen und goldbraun braten. Zwischen zwei Brötchenhälften und verfeinert mit einer Meerrettich- oder Remouladensoße ergibt sich ein köstlicher »Granat-Burger«.

Himmel und Erde

Von »Himmel und Erde«, d. h. Kartoffelpüree mit gebratener Grützwurst, Zwiebelringen und Apfelscheiben, hat man schon gehört, doch die meisten kleinen Gerichte sind zumindest unter ihren hiesigen Namen weniger bekannt. Dazu gehören **Rauh braden Tuffels** (Bratkartoffeln aus rohen Kartoffeln mit Speck, Zwiebeln und Granat), **Knipp** (ein grützwurstähnliches Gericht aus Hafergrütze und Schweinefleisch) oder **Pannstipp** bzw. Pantjestipp, ein Dip zu Pellkartoffeln. Dafür werden durchwachsener Speck und Zwiebeln in Mehlschwitze angebräunt und mit viel frischer Milch abgelöscht.

KULTTIER VON DER KÜSTE

Ob im Salat, in der Suppe oder als Bulette, auf dem Frühstücksbrötchen, mit Rührei und Schwarzbrot oder einfach aus der Tüte fangfrisch direkt vom Kutter: Nordseekrabben sind köstlich!

Auch Porre, **Granat** oder Sandgarnele genannt, wird die Nordseekrabbe erstmals in der 1624 herausgegebenen Schrift von Stephanus von Schonevelde über die Fischarten an der Küste erwähnt – zur Schweine- und Entenmast. Bei den »Feinschmeckern« in England hingegen gehörten die **»crangon crangon«**, so ihr lateinischer Name, schon 1799 neben der Auster zu den »Naschereyen der Londoner«: »Man sieht viele Leute ein Maaß Krabben in ihr Taschentuch nehmen und so auf der Straße daran knorpeln, gerade so wie die jungen Leute Obst naschen.« Erst 100 Jahre später konnten sich auch die Friesen für den Genuss der rotbräunlichen, abgekochten Krabben begeistern. Heute sind sie aus der Küche der Nordseeküste nicht mehr wegzudenken.

Unklare Zukunft

Die Krabbenfischer und Kutterkapitäne gehören immer noch zur deutschen Nordseeküste **wie der Wurm zum Watt**. Aufgereiht wie an der Perlenkette liegen die bunten Schiffe an der Kaimauer, die Fangnetze glitzern in der Sonne, die Flaggen flattern munter in der leichten Brise. Nicht weniger malerisch sieht es aus, wenn die Kutter mit ihren weit ausholenden Fanggeschirren und den mächtigen, trichterförmigen Netzen – meist von einem Schwarm hungriger Möwen umkreist – auf der Nordsee unterwegs sind.

Doch der schöne Schein trügt. Von Romantik keine Spur. Heute, rund 100 Jahre nach dem Beginn der erwerbsmäßigen Krabbenfischerei, gibt es an der gesamten Nordseeküste **keine 200 Krabbenfischer mehr** – und die meisten kämpfen ums Überleben. Der Markt ist härter geworden. Nachdem die EU bei den Fischfangquoten die Schrauben angezogen hat, machen die großen Reederei-Gesellschaften und ihre Eurokutter ebenfalls Jagd auf die Krabbe, denn es gibt keine Fangbeschränkung. Doch die Zukunft der Krabbenfischer ist auch von touristischer und damit von ökonomischer Bedetung für die Region. **Friedrichskoog**, einst einer der größten Krabbenkutterhäfen an der Nordseeküste, sucht verzweifelt nach einem neuen Profil, seit die Landesregierung den unrentablen Hafen 2015 geschlossen hat. In Greetsiel kämpfen nicht nur die Fischer um den Erhalt der Flotte.

Strenge Vorgaben der EU

Was die Krabbenfischer richtig ärgert sind die immer strengeren Auflagen der EU. Er habe inzwischen nebenbei ein halbes Jurastudium absolviert, behauptet der Tönninger Kutterkapitän Manfred Sörns – um durchzublicken im **Dschungel der Paragrafen** und um für die Rechte der kleinen und unabhängigen Krabbenfischer zu kämpfen. Die Kutterkapitäne müssen inzwischen Logbuch führen und eine »Black Box« an Bord haben. Hinzu kommen aus ihrer Sicht überzogene **Sicherheits- und Hygienevorschriften**. Andere, wie die Ditzumer und Greetsieler Krabbenfischer wurden sozusagen ihrer

Fanggründe beraubt: Durch die Emsvertiefung ist vor der Haustür nichts mehr zu holen; die ostfriesischen Krabbenfischer müssen weit hinaus auf die Nordsee . Seit einigen Jahren entstehen zudem immer mehr **Offshore-Windparks**: Rundherum ist Tabuzone.

Das MSC-Siegel

Ein Zertifikat des Marine Stewardship Council (MSC) sollte für Klarheit sorgen. Das MSC-Siegel ist ein weltweit anerkanntes Zeichen für nachhaltige Fischerei. Ein erster Verstoß gegen die Auflagen wird mit Geldbußen geahndet, Wiederholungstätern droht der Lizenzentzug. Unter anderem geht es auch darum, den **Beifang** wie junge Schollen, Seezungen und Kabeljaue in den Netzen weiter zu reduzieren. Doch das Unterfangen erwies sich schwieriger als gedacht. Umweltschutzverbände monierten die Verleihung des Siegels an die Krabbenfischer. Sie sahen die MSC-Kriterien nicht erfüllt und die Schutzziele des Nationalparks Wattenmeer gefährdet – zumal die Kutter inmitten des Nationalparks auf Fang gingen. Erst Ende 2017 einigten sich die Parteien. Die Naturschutzverbände zogen ihren Einspruch zurück und machten den Weg für das blaue MSC-Siegel frei. Die Fischer verpflichten sich, zusätzlichen **Anstrengungen für den Schutz** von Arten und Lebensräumen im Wattenmeer zu leisten. Die Zertifizierung soll auch als Instrument gegen die Überfischung eingesetzt werden. Fraglich ist, ob das überhaupt nötig ist. Die **Population** der Nordseegarnelen ist ein Buch mit sieben Siegeln. Vor einigen Jahren schienen die Krabbenbestände in der Nordsee rapide abzunehmen, dann wieder waren sie geradezu unerschöpflich. 2017 machte sich die »crangon crangon« dann so rar, dass die Preise in astronomische Höhen stiegen: bis zu 11,50 Euro nahmen Gastronomen für ein Krabbenbrötchen.

Kein einfacher Job

Das Leben an Bord ist für die Fischer im Gegensatz zu früher beinahe komfortabel geworden. Damals haben sie sich ständig und überall während der Fahrt den »Mors« abgefroren, heute haben sie Duschen und Zentralheizung an Bord. Einst musste das Fanggeschirr von Hand ausgeklappt werden, heute geht es hydraulisch. Trotzdem ist es ein Knochenjob. Auf Kufen gleiten die Netze über den Meeresboden. Nach einer **Schleppzeit** von einer halben bis zu drei Stunden holen die Fischer das Fanggeschirr wieder ein. Der Fang wird an Bord direkt verarbeitet. Vom Netz in einen Trichter, über ein Förderband ab in die Sortiertrommel. Anschließend werden die ursprünglich blässlich grauen Krabben gekocht – erst dabei bekommen sie ihre typische rosa Farbe – bevor sie in die Kühlkammer wandern.

Globalisierte »Nordseekrabbe«

Der Fang der Krabbenfischer wird heute längst nicht mehr vor Ort weiterverarbeitet, sondern vor allem nach Polen und Nordafrika exportiert. In **Tanger**, dem Zentrum der globalisierten Nordseekrabben-Industrie, lösen Marokkanerinnen in klimatisierten Hallen in Windeseile das Krabbenfleisch aus der Schale, für einen Tageslohn von unter zehn Euro. Im Kühllaster geht die Ware zurück, kreuz und quer durch Europa. Sechs bis zehn Tage verbringen die **Krabbentrucks** auf der Straße, ehe die Tiere als »Nordseegarnelen« wieder bei uns in den Läden landen. Versuche, das aufwändige Pulen per Hand durch Maschinen zu ersetzen, sind bislang allesamt gescheitert, zuletzt beim Krabbenschälzentrum Cuxhaven. Die kommerziellen Krabbenschälmaschinen sind zu anfällig für Störungen, zu aufwändig in der Bedienung, zu teuer in der Anschaffung und im Winter nicht ausgelastet, da dann kaum Krabben gefangen werden.

Krabbenpulen als Event

»So richtig geht Krabbenpulen nur von Hand«, sagt auch Bernd de Beer, einer der größten Krabbenhändler an der Nordseeküste. Vier bis fünf Kilo schafft eine geübte Pulerin in der Stunde – bis in die 1960er-Jahre bescherte diese Heimarbeit nordfriesischen Hausfrauen einen guten Zusatzverdienst. Heute ist das Krabbenpulen eine **Touristenattraktion**. Kaum ein Krabbenfest kommt ohne die beliebten Krabbenpulwettbewerbe aus; Unterweisungen im schnellen Schälen sind fester Bestandteil der Veranstaltungskalender an der Küste. Hat man den **richtigen Kniff** einmal raus, geht es ganz schnell: den Kopf der Krabbe zwischen Daumen und Zeigefinger halten und mit der anderen Hand das Hinterteil drehen, bis der Panzer bricht. Dann lässt sich die Krabbe kinderleicht aus der Schale ziehen. Wichtig: Damit die Krabbe nicht in der Mitte zerreißt, dürfen Sie nicht zu stark ziehen!

Von den Ostfriesischen Inseln kommen die **Speckfetten-Grau-Arften**; dazu werden graue Erbsen mit Porree, Möhren, Zwiebeln und durchwachsenem Speck gekocht. Zu diesem Eintopf isst man Essigpflaumen oder Gewürzgurken. **Weißkohlpudding**, ein Auflauf aus Weißkohl und Hackfleisch, der mit Salzkartoffeln serviert wird, stammt hingegen von den Nordfriesischen Inseln. Vom ebenfalls nordfriesischen Mehlbüdel, einem Kloß aus Mehl, Eiern, Hefe und Milch, der in einem Leinenbeutel gegart wird, gibt es mehrere Varianten: Die salzige wird mit Schweinebacke und Senf gegessen, die süße mit Fruchtsoße, Zimt und Zucker, und aus Eiderstedt stammt die Zubereitung mit **Kirschsoße und Kassler**.

Mehlbüdel süß oder salzig - oder beides

Süßes

Kulinarische Ikone des Sommers an der Küste ist **»Rode Grütt«**, eine Rote Grütze aus einem angedickten Fruchtbrei roter Beeren, der mit (Schlag-)Sahne oder Vanillesoße serviert wird. Zur Kaffeetafel gehören eine **Friesentorte** aus Blätterteig, Pflaumenmus und reichlich Schlagsahne oder auch die »Jeverschen Leidenschaften«, süße Blätterteigbrezeln, die nicht nur in Jever gern gegessen werden. Auf den Ostfriesischen Inseln werden allerlei Desserts mit **Sanddorn** zubereitet: Eis, Sorbets, Pudding, Cremes und Sanddorntorte.

Rote Grütze und andere Leidenschaften

Alles Käse?!

Die Nordseeküste bietet auch allerfeinste Produkte aus der Milch glücklicher Kühe. Schleswig-Holstein zählt nach wie vor zu den bedeutendsten Milchregionen in Deutschland. Mehr als zwei Milliarden Liter Milch werden hier pro Jahr von den rot- und schwarz-bunten Kühen auf saftigen Wiesen für die Herstellung wohlschmeckender Meiereiprodukte produziert. Aus Kuh-, Ziegen- und Schafsmilch entstehen hier 120 verschiedene Käsesorten, und 30 handwerkliche Käsereien gründeten bereits im Jahr 2000 die **Käsestraße** quer durch das Land zwischen den Meeren. Sie hat eine Länge von mehr als 500 km. Ein Mitglied dieser Vereinigung ist die einzige noch existierende Meierei in Dithmarschen. Seit 1888 verarbeitet die Feinkäserei Sarzbüttel täglich die frische Rohmilch von 35 Landwirten aus der Region zu sechs Tonnen Käse. Anschließend reifen die verschiedenen Sorten bis zu sechs Monate in 14 Grad kühlen Kellern. Neben dem traditionellen **Tilsiter** in unterschiedlichen Fettstufen und dem geräucherten Dithmarscher Katenrauchkäse bereichern mehrere »freie Käsesorten« das Angebot – und ein Exot namens **Steinbuscher** aus Ostpreußen, der nach Kriegsende mit den Flüchtlingen ins Land kam.
www.kaeserei-sarzbuettel.de

Milch von Kuh, Ziege oder Schaf

»Holländereien«

Andere Käsespezialitäten des Küstenlandes haben holländische Wurzeln: Gouda und Edamer, aber auch der Wilstermarschkäse kam mit den **Glaubensflüchtlingen** ins Land. Rasch entstand ein Pachtsystem mit klarer Arbeitsteilung: Das Gut kümmerte sich um das Futter und die Tiere, die Holländer übernahmen das Melken, die Milchverarbeitung und den Verkauf. Zum Sortiment dieser »Holländereien« gehörte damals auch eine heute ausgestorbene Spezialität: **der grüne Käse**. Seine Herstellung beschreibt ein Bericht von 1872:

» In den Jahren um 1816 machten viele Holländer noch grünen, mit Schafsmist gefärbten Käse. Da mussten ein oder zwei Mädchen etwa 4 Kannen (ca. 7 Liter) Schafsmist sammeln. Dieser wurde in 10 Kannen heißer Milch aufgelöst und in Leinwand ausgepresst. Die grüne Jauche goss man in die für den Käse vorgesehene Milch, bevor Lab hinein kam. Wenn diese Käse 8 bis 9 Wochen alt waren, hatten sie eine schöne gelb-grüne, olivgrüne Farbe und schmeckten viel besser als die weißen. «

(zitiert aus: Helmut Ottenjann und Karl-Heinz Ziessow: Die Milch, Geschichte und Zukunft eines Lebensmittels. Museumsdorf Cloppenburg, 1996)

Getränke

Mach mal Pause

Generell steht natürlich **Tee** an oberster Stelle der Getränkeliste, legt man hierzulande doch bis zu sechsmal täglich eine Teepause ein. Insbesondere in Ostfriesland trinkt man Tee mit Kluntjes (Kandiszucker) und Sahne (▶ Das ist ..., S. 16ff.). Vor allem in Nordfriesland ist auch der **Teepunsch** beliebt, ein heißer schwarzer Tee mit Köm (Kümmelschnaps) und Kandis.

Lütt un Lütt

In Norddeutschland gebrautes **Bier** ist in der Regel vom eher herben Pilstyp. Am bekanntesten sind die Marken Jever, Beck's und Flensburger, richtig gut ist das Dithmarscher Beugelbuddelbeer. Unter Lütt un Lütt versteht man ein frisch gezapftes Bier mit einem kühlen Klaren. Und kein friesischer Klönschnack ohne **geelen Köm** – ein klarer Kümmelschnaps, der gern auch zu einer Tasse heißen Tees gereicht wird. Der **Friesengeist** ist ein besonders hochprozentiger Korn und wird – brennend – in gemütlicher Runde serviert.

Zum Aufwärmen

Ein richtiger **Grog** an der Nordseeküste besteht aus Rum oder Arrak mit heißem Wasser und Zucker; »steifer Grog« enthält besonders viel Rum. Rum wurde traditionell von den Antillen an die Nordseeküste importiert, durch den Handelsweg war er also sehr teuer und wurde daher mit preiswerterem einheimischen Schnaps gemischt und als »Flensburger Rum« bekannt. Der **Pharisäer** wurde auf Nordstrand erfunden, so jedenfalls die Legende. Dort sollte nämlich nach Meinung des Pastors eine Taufgesellschaft auf den beliebten Rum verzichten. Da das aber der Vorstellung der Gäste ganz und gar nicht entsprach, gossen sie den Rum in Kaffee, taten obendrauf noch eine Portion geschlagene Sahne – und glaubten, den Alkohol so vor dem Pfarrer verstecken zu können. Der aber roch den Rum im Kaffee und rief: »Ihr seid ja Pharisäer!«

FEIERN

Hafenfeste und Watt-Derby: katholische Feiertage fallen im protestantischen Norden aus – dafür macht man an der Küste gern einen drauf!

VERANSTALTUNGSKALENDER

JANUAR

SYLT, FÖHR, BÜSUM
Nur für Hartgesottene taugt das Neujahrsschwimmen in der eiskalten Nordsee – Zuschauen oder Mitmachen am Strand zwischen Kampen und Wenningstedt (Sylt), bei Wyk/Föhr und in Büsum.

JEVER
Die Jeveraner feiern traditionell am Montag nach »Heilige Drei Könige« ihr Püttbierfest.

FEBRUAR

NORDFRIESLAND
Beim Biikebrennen wird mit großen Leuchtfeuern (Biiken) der Winter ausgetrieben. Früher verabschiedete man so auch die Walfänger. Jährlich am 21. Februar; danach gibt es Grünkohlessen.

MÄRZ/APRIL

SYLTLAUF
Jedes Jahr im März versuchen um die 1000 Läufer, die Insel möglichst schnell von Süd nach Nord (33,3 km) zu durchqueren.

HUSUM
Millionen von Krokussen verwandeln den Schlossgarten beim Krokusblütenfest in das »lila Wunder des Nordens«.

GESAMTE KÜSTE
Eine Tradition entlang der Nordseeküste sind die vielen Osterfeuer auf den Deichen am Ostersamstag.

APRIL/MAI

AUF DEN HALLIGEN
Bei den Ringelganstagen können tausende der Zugvögel beobachtet werden .

Beim Biikebrennen wird der Winter ausgetrieben.

NEUWERK
Alljährlich im Frühjahr finden auf Neuwerk die Gänsewochen statt, bei denen bis zu 6000 Ringel- und Weißwangengänse die Insel bevölkern.

MAI/JUNI

GESAMTE KÜSTE
Am Abend vor dem 1. Mai werden die Maibäume aufgestellt.

AURICH
Der friesische Nationalfeiertag »Oll' Mai« am 10. Mai erinnert an die Einheit und Freiheit der Friesen seit über 700 Jahren.

HOOKSIEL
Die Hooksieler Heringstage an Pfingsten sind ein Höhepunkt des lukullischen Jahres.

VERSCHIEDENE ORTE
In einigen Orten, u. a. in Dornum, ist das »Brautpfadlegen« zu Christi Himmelfahrt Brauch. Es geht zurück auf eine ostfriesische Sage, die erzählt, wie der Bräutigam der Tochter des Grafen Cirksena von einem Konkurrenten ermordet wurde. Kinder hatten den Weg der Brautleute, wo nun der Trauerzug ging, geschmückt. Heute werden die schönsten aus Blumen und Blättern arrangierten Bilder, die die Braut begrüßen sollen, prämiert.

VERSCHIEDENE ORTE
Bei den Ringreitertagen stechen die Reiter im vollen Galopp mit einer Holzlanze einen am Seil hängenden Ring herunter, der durch immer kleinere Exemplare ersetzt wird.

BREMERHAVEN
Das Fischereihafen-Rennen im Mai ist offen für alle Motorradfahrer und wurde im Volksmund einst »Heringstopf-Glitsche« genannt.
Ebenfalls im Mai feiert Bremens kleine Schwester das »SeeStadtFest – Landgang Bremerhaven« mit einem bunten Programm in den Havenwelten.

HELGOLAND

Die Nordseewoche lockt als größte Segelsportveranstaltung (»Rund um Helgoland«) der Region (Ende Mai). Bei den Kniepwerwochen dreht sich wiederum alles um die schmackhaften Helgoländer Hummer.
Und ein ganz besonderes Spektakel ereignet sich alljährlich, wenn die Helgoländer die Lummentage begehen und sich die kleinen Trottellummen die Felsen hinunterstürzen.

EMDEN/NORDERNEY

Zum Internationalen Filmfest sind mehr als 100 Filme im Programm.

JUNI

EMDEN

Bei den Matjestagen Anfang Juni dreht sich alles um den Fisch; mit Treffen schöner historischer Schiffe.

NORDFRIESLAND

Im Juni wird bei den Nordfriesischen Lammtagen gefeiert: mit Bauernmärkten, Ausstellungen, Lammgerichten und der Wahl der Lammkönigin.

JULI/AUGUST

SYLT

Während der beiden Sommermonate präsentiert das Meerkabarett ein ausgesuchtes Programm.
www.meerkabarett.de

SYLT/KAMPEN

Kampen Jazz by Till Brönner mit internationale Stars der Szene.

SCHLESWIG-HOLSTEIN

Das »Schleswig-Holstein Musik Festival« findet meist Anfang Juli statt: Konzerte in Herrenhäusern, Schlössern und Kirchen, aber auch in Ställen, Scheunen und Parks.
www.shmf.de

PELLWORM

Bei den Rungholttagen wird des angeblich unvorstellbar reichen Ortes gedacht, der der Legende nach bei der »Großen Mandränke« im Schlick des Wattenmeers versank.

HEIDE

Der Heider Marktfrieden (alle zwei Jahre) versetzt die Besucher mit vielen Handwerkern und Schaustellern ins Mittelalter zurück.

ESENS

Aus dem gesamten norddeutschen Raum kommen am zweiten Juli-Wochenende Schützen zum zweitgrößten Schützenfest Niedersachsens.

HUSUM

Welch vielfältige Objekte sich aus den Grundstoffen Ton, Porzellan, Glasur und Farbe herstellen lassen, zeigt seit mehr als 30 Jahren am letzten Juli-Wochenende der Husumer Töpfermarkt auf dem Marktplatz der Storm-Stadt.
www.töpfermarkt-husum.de

NEUHARLINGERSIEL

Ende August laufen die bunt geschmückten Krabbenkutter zur Krabbenkutterregatta aus.

BREMERHAVEN

Die Bremerhavener Festwoche mit dem »Basar Maritim« ist 2018 wieder reaktiviert worden.

PELLWORM

Alljährlich steigt im Spätsommer der Pellwormer Trifun, die einzige tideabhängige Triathlon-Veranstaltung Deutschlands.

KRUMMHÖRN

Während des »Karneval im Watt« werden in der Krummhörn u.a. die Norddeutschen Meisterschaften im Schlickschlittenrennen ausgetragen.

FRIEDRICHSTADT
Festtage auf dem Marktplatz: Samstagnacht werden die Grachten mit Lampions beleuchtet, und es gibt ein Feuerwerk.

BRUNSBÜTTEL
Bei der »Wattolümpiade« in der Elbmündung messen sich die »Wattleten« in vielen Dsiziplinen.

AUGUST

CAROLINENSIEL
Das Festival am ersten August-Wochenende lockt mit dem Feuerwerksspektakel »Hafen in Flammen«.

BÜSUM
Die Kutterregatta Anfang August vor Büsum ist seit über 100 Jahren eine feste Tradition.

GREETSIEL
Die traditionelle Korsofahrt der Krabbenkutter startet alljährlich an einem Samstag im August.

CUXHAVEN
Das Drachenfestival steigt turnusmäßig Mitte August.
Im Juli ist Duhnen Schauplatz eines außergewöhnlichen Spektakels: das Wattrennen ist das einzige Pferderennen weltweit – im Watt.
www.duhner-wattrennen.de

HUSUM
Anfang August: Hafentage.

BREMERHAVEN
Bei der SAIL, einem der weltweit größten Windjammertreffen kommen alle fünf Jahre historische Schiffe und Tausende von Schaulustigen.

SEPTEMBER

ATELIERROUTE
Im September präsentieren sich Kunsthandwerker in den Landkreisen Aurich, Leer, Wittmund und der Stadt Emden bei der »Atelierroute«.
www.atelierroute.de

DITHMARSCHEN
Kohltage: Die jährliche Feier in der zweiten Septemberhälfte in Europas größtem Kohlanbaugebiet wartet mit leckeren Grünkohlvariationen und der Wahl einer Kohlregentin auf.

AMRUM
Muscheltage: Hier wird man mit Miesmuschel-Variationen verwöhnt.

SYLT
Der Surf World Cup ist eines der größten Funsportereignisse dieser Art – dabei werden auch noch Beachvolleyball, Inlineskating und Bungeejumping geboten, und die zugehörigen Partys sind legendär.

HUSUM
Die Pole Poppenspäler-Tage sind ein internationales Figurentheaterfestival.

OKTOBER

JEVER
Alljährlich im Herbst steht der Brüllmarkt auf dem Programm.

LIST AUF SYLT
Ende Oktober werden im Erlebniszentrum »Naturgewalten« die ausgemusterten Strandkörbe versteigert.

DEZEMBER

BORKUM
Klaasohm: (► Baedeker Wissen S. 62)

SYLT
Beim Weihnachtsschwimmen in Westerland am zweiten Feiertag hat die Nordsee garantiert unter 10° Celsius.

GREETSIEL
Beim Weihnachtsmarkt kommt der Weihnachtsmann im Krabbenkutter.

SHOPPEN

Ob zollfrei einkaufen auf Helgoland, maritime Trend-Mode auf Sylt erstehen oder endlich mal einen richtigen Vorrat an feinstem Ostfriesentee anlegen – an der See geht das meist völlig problemlos und manchmal sogar sonntags.

Nordsee-Spezialitäten

Bummeln und stöbern fern vom Alltagsstress: Fast jede Stadt und jeder Badeort an der deutschen Nordsee hat eine **Fußgängerzone** oder eine verkehrsberuhigte Einkaufsstraße, wo das Shoppen Spaß macht, schicke Boutiquen sich mit individuellen Lädchen, etablierten Fachgeschäften, Souvenirshops und Geschäften für den Bedarf der Urlauber abwechseln. Sie alle vereint eine maritime Note und die Liebe zu lokal hergestellten Erzeugnissen. Wer genauer hinschaut, entdeckt jenseits des in Fernost gefertigten Souvenirkitsches vom Leuchtturm bis zur Kegelrobbe eine breite Auswahl **typischer Mitbringsel** – von den Sanddornprodukten der ostfriesischen Inseln bis hin zur blau-grauen Nordstrander Keramik.

Maritime Mode für Jung und Alt

Wer maritime Mode schätzt, findet abgesehen von blau-weißen Fischerhemden und knallgelben Friesennerzen (Öljacken) auch trendige Mode aus der **Sylter Sansibar-Kollektion** von Herbert Seckler. Auf der Sylter Sprintstrecke B 5 versteckt sich in der Hattstedter Marsch stilvoll in einem nordfriesischen Reetdachhof das Hauptgeschäft von **Kerits**, das Möbel, Kleidung, Schuhe und Accessoires von Watutwull und anderen In-Labels aus dem Norden für Engel und Bengel von null bis acht Jahren führt. Erwachsene Nordfriesen schwören

BAEDEKER MAGISCHE MOMENTE

PROST NEUJAHR!

Raketen abschießen an Silvester ist auf Sylt wegen der vielen Reetdächer für Privatpersonen verboten. Alljährlich findet deshalb am Strand vor Westerland ein riesiges Feuerwerk statt. Dort ist es laut, voll und die Luft alkoholgeschwängert. Ziehen Sie sich zurück auf einen »Viewpoint« ins Hinterland oder an einen einsamen Strandabschnitt und genießen Sie von dort das farbenfrohe Spektakel.

hingegen auf die Freizeitmode von Nordlander aus Husum oder tragen das Trendlabel Gaastra. **Kai Kühne** aus Bremerhaven, der eigentlich das Ölgeschäft seiner Familie weiterführen sollte, war 2008 der Shooting Star der New York Fashion Week – Sängerinnen wie Björk und Hollywoodstars wie Gwyneth Paltrow entdeckten als Erste die Kreationen des früheren Enfant Terrible der Modebranche. Heute ist seine Mode tragbarer geworden, sein Stil klarer und sein Design femininer, trotz futuristischer Schnitte ist sie von klassischer Eleganz.

Gaumenfreuden

Beliebt sind auch die **kulinarische Genüsse** der Küste wie Lammsalami, geräucherter Aal und anderer Fisch, Hofkäse, Friesenkekse, Schnäpse und Biere der örtlichen Mikrobrauereien. Und Ostfriesentee: Das Nationalgetränk der Einheimischen gibt es in einer schier unendlichen Auswahl an Produkten – die klassischen Teemischungen von Behrens, dazu braune oder weiße Kluntjes, Stövchen und Geschirr, ganz klassisch mit roter Rose auf der Tasse.

Wetterunabhängig shoppen

Bekanntester Konsumtempel an der deutschen Nordsee ist das **Mediterraneo** in den Havenwelten Bremerhaven, eine beinah südländisch wirkende Einkaufs- und Erlebniswelt mit Piazza, Arkadengärten und Altstadthäusern sowie rund 30 Fachgeschäften. In Wilhelmshaven lockt die **NordseePassage** gegenüber dem Hauptbahnhof mit Einkaufsvergnügen bei jedem Wetter in 50 Läden, und in Emden vereint das **DollartCenter** 40 Fachgeschäfte unter seinem Dach.

Zollfrei auf Helgoland

Oder begeben Sie sich für einen besonderen Einkaufsbummel einmal auf hohe See und schippern Sie nach **Helgoland**. Obgleich es zur Bundesrepublik Deutschland gehört, besitzt es steuerrechtlich einen Sonderstatus. Da es weder ein Bundesland noch ein EU-Staat ist, werden **weder Zoll** noch **Mehrwertsteuer** erhoben – die günstigen Alkoholpreise brachten Helgoland auch den Schmähnamen »Fuselfelsen« ein. Folgende Mengen dürfen von Erwachsenen eingeführt werden: 200 Zigaretten, 50 Zigarren, 1 l destillierter Alkohol über 22 %, unter 22 % (z. B. Wein) 2 l Alkohol, 500 g Kaffee, 50 g Parfüm, 5 kg Butter, Käse, Fleisch sowie Geschenke bis zu einem Wert von 430 Euro.

Kirche contra Kommerz

Seit Jahren ist das **Sonntags-Shopping** an der Nordseeküste den Glaubenshütern ein Dorn im Auge. 2011 haben sie erneut gegen die sogenannte Bäderregelung geklagt, die in den Urlaubsorten Schleswig-Holsteins von Mitte Dezember bis Ende Oktober eine Ladenöffnung an bis zu 45 Sonntagen pro Jahr erlaubt. In Niedersachsen dürfen die Läden in den Ferienorten der Nordsee vom 15. Dezember bis 31. Oktober an allen Sonn- und Feiertagen für acht Stunden mit einem begrenzten Warenangebot öffnen. Ausnahmen sind der Karfreitag und der erste Weihnachtsfeiertag.

Souvenirs für jeden Geschmack

Beliebt als Mitbringsel sind immer wieder **Tee, Kluntjes und Köm** sowie alle passenden Produkte wie Teetassen, Stövchen, Silberlöffelchen und Gebäck. Typisch sind auch Friesennerze (Regenschutz), Holzpantinen, blauweiße Fischerhemden oder **Buddelschiffe und Leuchttürme** in allen Größen, Formen und Farben. Im Kapitel »Ziele von A bis Z« sind bei den einzelnen Orten Adressen interessanter Geschäfte genannt. Für viele Urlauber sind aber nach wie vor die schönsten Exemplare ihre am Strand gefundenen **Muscheln**, die liebsten Mitbringsel von der Nordsee. Übrigens: **Strandgut** mit tatsächlichem Wert gehört seit 1990 nicht mehr dem Finder, sondern dem Eigentümer, das heißt, Funde müssen gemeldet werden, sonst macht man sich strafbar!

Kunsthandwerk von der Küste

Nicht nur Bernstein

Keitum auf Sylt ist ein wahres Dorado des Kunsthandwerks, doch überall an den Gestaden der Nordsee blüht eine **vielfältige Szene** der Kunsthandwerker. In wuchtigen Haubargen, Friesenhäusern und Backsteinbauten haben sie ihre Ateliers und Werkstätten, wo sie mit Treibholz und Ton, Silber und Stoffen, Bernstein, Papier und Metall Unikate kreieren, die so unverwechselbar sind wie die Region, die sie inspirierte. Ganz und gar nachhaltig ist etwa ein Naturmaterial, aus dem seit Jahrtausenden Schmuck gefertigt wird: Bernstein, ein fossiles, 35 bis 55 Millionen Jahre altes Harz von Nadelbäumen, die einst im Bereich der nördlichen bis nordöstlichen Ostsee wuchsen. Zu den bekanntesten Fundorten für das **Gold des Nordens** gehören heute auch die Strände der Nordsee – besonders nach Sturmfluten aus Nord bis West. In den vielen Bernsteinschleifereien der Küstenorte finden Sie eine reiche Auswahl von klassischen, modernen und Avantgarde-Kreationen. Vom Bernstein-Schmuck, der in Souvenirshops angeboten wird, sollten Sie indes die Finger lassen, oft handelt es sich dabei um billige Imitate aus diversen Kunststoffen made in China.

Töpferhandwerk

Tief verwurzelt in der Tradition der Nordseeküste ist das Töpferhandwerk. In Loquard bei Emden stellen Gudrun und Rolf Greeven in Ostfrieslands einziger Manufaktur dieser Art traditionelle **Fliesen im Friesenstil** her. In blauer Farbe auf weißem Grund handbemalt, zeigen die Einzelfliesen, Wandbilder und Tableaus Hafenansichten und Schiffsmotive, Darstellungen von Pflanze, Tier oder Mensch sowie geometrische Muster. Zudem lädt das Ehepaar immer wieder zeitgenössische Künstler ein, das alte Handwerk durch eine neue Formensprache weiterzuentwickeln.
Weniger experimentell gibt sich die Nordstrander Töpferei. Sie setzt auf Bewährtes und hat als einzigen Tribut an die Moderne die Pro-

dukt- und Farbpalette erweitert: Ihre traditionelle **Gebrauchs-Keramik** gibt es jetzt nicht nur im klassischen Grau-Blau, sondern auch in Grau-Magenta und Grau-Grün.
www.fliesen-aus-friesland.de
www.nordstrander-toepferei.de

Blaudruck

Zu den Traditionshandwerken der deutschen Nordseeküste gehört auch der Blaudruck, wie ihn bis heute die Blaudruckerei in ▶Jever bewahrt: Mit einigen der 460 Model aus vier Jahrhunderten trägt dort **Georg Stark** per Hand den Druckpapp, der als klebrige Masse das weiße Tuch vor der Farbe schützt, auf Leinen, Hanf, Baumwolle oder Seide auf, färbt den Stoff in der Küpe mit Indigoblau und wäscht den aufgetragenen Druckpapp wieder ab – das weiße Blaudruckmuster erscheint auf blauem Grund.
Wie seine Kunsthandwerkskollegen engagiert auch Stark sich im **Künstlerforum Jever**, das seit 1989 im Lokschuppen jährlich rund 80 Veranstaltungen organisiert und gemeinsam mit der Stadtverwaltung Schortens im dortigen Bürgerhaus am zweiten Wochenende im Juli einen Kunsthandwerkermarkt mit mehr als 60 Teilnehmern aus ganz Deutschland veranstaltet.
www.blaudruckerei.de
www.kuenstlerforum-jever.de

ÜBERNACHTEN

Egal ob im Zelt, in der Jugendherberge, im Privatzimmer oder ganz fein im Luxushotel: An der Nordsee kann jeder nach seinem Geschmack und Geldbeutel unterkommen.

Unterkünfte für jedes Budget

Die Hotellerie an der deutschen Nordseeküste ist immer noch überwiegend von Familienbetrieben geprägt. Drei- und zunehmend Vier-Sterne-Hotels dominieren das Angebot. Einzig auf Sylt sowie in Cuxhaven ist die Luxushotellerie mit Fünf-Sterne-Häusern vertreten. In ganz Ostfriesland gibt es kein einziges Fünf-Sterne-Hotel. Schleswig-Holstein und Niedersachsen erlebten im Rahmen des **Masterplans Nordsee** (2008) einen umfangreichen Modernisierungs- und Neubauboom in der Hotellerie, die Preise haben entsprechend angezogen. Auch das Angebot an Ferienwohnungen und -häusern auf den Ost- und Nordfriesischen Inseln und auf dem Festland deckt die komplette Bandbreite von einfach bis luxuriös ab.

Georg Stark in Jever ist eine gute Adresse für Blaudrucke.

Großes Angebot, große Nachfrage

Die Auswahl an Unterkünften auf den Inseln – Hotels, Pensionen, Ferienwohnungen – ist auf den ersten Blick riesig, aber die Nachfrage ist es auch! Wer sein Wunschquartier gefunden hat, sollte nicht lange zögern. Besonders auf den **Inseln** werden Stammquartiere von den Gästen Jahr um Jahr wieder reserviert. Waren einst nur die klassischen Ferienzeiten ausgebucht, spüren die Inseln dank der Hinwendung zu Wellness und anderen gesundheitsorientierten Tourismusangeboten das ganze Jahr über eine große Nachfrage. Entspannter ist die Situation auf dem **Festland**. Feste Zimmerpreise sind besonders auf Sylt längst passé. Gearbeitet wird mittlerweile in vielen Unterkünften mit dynamischen Tagespreisen, die flexibel an Ereignisse, Wetter- und Buchungslage angepasst werden.

Heuhotels

Überall in der Region werden auch Unterkünfte auf dem **Bauernhof** angeboten. Absolut urig sind die rustikalen Heuhotels, die entlang der Nordseeküste in den letzten Jahren als preiswertes Übernachtungsangebot auf dem Land entstanden. Geschlafen wird ganz romantisch mitten im Heu – unter dem Scheunendach, in ausgebauten Stallungen oder im frisch aufgeschütteten Heubett »op de Deel«. Der Duft des Heus ist **Balsam für die Seele** und beruhigt, und das deftige Frühstück am Morgen stärkt für den ganzen Tag. Und günstiger lässt es sich nirgends entlang der Nordsee schlafen: Weniger als 20 Euro kostet die Nacht im Naturbett. Mitzubringen sind einzig Schlafsack, Taschenlampe und Handtuch.

www.heuhotelferien.de

Typisch friesisch

Typisch für die Halbinsel Eiderstedt sind **Haubarge**, wuchtige Friesenhäuser aus Backstein, die unter ihrem dicken Reetdach heute oft Ferienwohnungen bergen. Einer davon ist der Haubarg Knutzenswarft in Westerhever. Richtig kuschelig schläft es sich in einem **Alkoven** – unter dem Reetdach der Andresen-Warft können Gäste eine Nacht in dieser typisch nordfriesischen Bettnische schlummern. Vor den Toren St. Peter-Ordings schläft man ausgezeichnet im liebevoll restaurierten Haubarg Ossenhoff, in Vollerwiek unter dem gewaltigen Reetdach des Haubarg Peerboos.

www.haubarg-knutzenswarft.de | www.andresen-warft.de
www.golde-spo.de | www.haubarge.de

Zelt, Wohnwagen, Wohnmobil

Camping ist überall an der Küste, insbesondere im Wangerland großgeschrieben. Sowohl in Niedersachsen als auch in Schleswig-Holstein finden sich Plätze **von einfach bis zum Fünf-Sterne**-Camping mit allem erdenklichen Komfort. Auch auf fast allen Inseln kann man auf Campingplätzen übernachten. Die Atmosphäre dort ist zumeist eine andere als auf dem Festland, fehlen doch in der Regel die Dauercamper in ihren riesigen, voll ausgestatteten Wohnwagen. Wild zelten ist überall verboten. Mitunter ist ein Bauer aber einverstanden, dass man

sein Zelt gegen eine kleine Gebühr auf seinem Land aufschlägt. In den vergangenen Jahren ist eine Vielzahl an **Wohnmobilstellplätzen** hinzugekommen. Darunter sind traumhafte Plätze am Meer, aber auch eher gruselige Orte zwischen Industriegebiet und Hauptstraße.
www.camping.info | www.mobilisten.de | www.stellplatz.info

Jugendherbergen

Auf Sylt gibt es gleich drei Jugendherbergen des Deutschen Jugendherbergswerks (List Mövenberg, Westerland Dijken Deel und Hörnum Friesenplatz). Auf Föhr und Amrum jeweils eine. Weitere Jugendherbergen in Schleswig-Holstein finden sich u. a. in Husum, Büsum, Töning und Friedrichstadt. In Niedersachsen gibt es zum Beispiel die Herbergen in Otterndorf, Cuxhaven, Emden, Neuharlingersiel, Jever und Norddeich. Auf den Inseln nächtigt man in den Jugendherbergen von Juist, Norderney und Wangerooge. Letztere dürfte die schönste sein, ist sie doch im alten Wasserturm untergebracht. Wer in den Häusern des Deutschen Jugendherbergswerks schlafen will, muss Mitglied im DJH sein.
www.jugendherberge.de

Ungewöhnliche Unterkünfte

Allerlei Türme ...

Es gibt keine Heizung, die originalen, hölzernen Etagenkojenbetten sind schmal, der Aufstieg zum Turm nur über die sechs Meter lange Außenleiter möglich: Wer auf dem liebevoll restaurierten **Leuchtturm** »Roter Sand« in der Wesermündung übernachten möchte, wird für die Enge und den Verzicht auf Komfort mit einem einzigartigen Erlebnis belohnt – einer Nacht mitten im Meer, umtost von der Brandung der Nordsee (Buchung über www.bremerhaven.de/tourismus). Deutlich luxuriöser ist eine Nacht im ehemaligen Leuchtturm von Dagebüll in Nordfriesland. Das 1929 erbaute, rund 15 Meter hohe Unterfeuer wurde in ein kleines, feines Hotel mit einer Suite samt Whirlpool umgebaut, aus deren Panoramafenstern sich weite Ausblicke bis hinüber nach Föhr und zu den Halligen eröffnen.
Einst war es lediglich den Hamburger Senatoren gestattet im Leuchtturm von **Neuwerk** zu nächtigen. Heute ist in dem markanten Gebäude – das mitten in der Nordsee steht, aber tatsächlich zu Hamburg gehört – eine Pension für Jedermann und Jedefrau untergebracht. Sieben recht einfache Zimmer bietet »Antjes Leuchtturm«, am schönsten ist der Ausblick von der rund 40 Meter hohen Plattform (▶ S. 189). Einen tollen Ausblick über den Jadebusen genießt man auch vom alten **Signalturm** unweit des Südstrands von **Wilhelmshaven**. Die Ferienwohnung in dem historischen Gebäude bietet Platz für zwei Personen.
www.leuchtturm-dagebuell.de | www.leuchtturmneuwerk.de
www.spar-und-bau.de/service/gaestewohnungen

BAEDEKER ÜBERRASCHENDES

6X TYPISCH

Dafür fährt man an die Nordseeküste

1. BEI JEDEM WETTER AN DEN STRAND

Ob auf Sand oder auf der grünen Wiese, erst der Korb macht das echte Strandfeeling! Mancherorts kann man sogar darin übernachten, z. B. auf **Föhr**. (▶ **S. 121**)

2. MOIN MOIN

Platt ist das Land, aber **Platt** wird in Ostfriesland auch »geschnackt«. Und »Moin« funktioniert den ganzen Tag, denn es hat nichts mit »Morgen« zu tun.

3. WOHNEN UNTER SCHILF

Besonders schöne Exemplare der typischen Reetdächer findet man auf den alten Friesenhäusern und vielen Haubargen, wie dem **Roten Haubarg**. (▶ **S. 165**)

4. TEEGENUSS

Der Tee gehört zum Ostfriesen wie der Wattwurm zum Watt. Und er wird nicht einfach getrunken, er wird zelebriert! Zu erleben im **Teemuseum in Norden**. (▶ **S. 198**)

5. EIN LICHT AM ANDEREN

Die 36 **Leuchttürm**e entlang der deutschen Nordseeküste bieten oft die tollsten Aussichten. Von niedrig und dick bis hoch und schmal ist so ziemlich alles dabei. (▶ **S. 80, 223**)

6. HAFENIDYLLE

Im kleinen **Fedderwardersiel** sieht man sie noch, die hübschen Kutter, und man kann das einst lebhafte Treiben am Hafen wenigstens erahnen. (▶ **S. 92**)

... und Windmühlen

Ebenfalls typisch für die Nordseeküste sind die vielen Windmühlen, die sich zwischen Seebüll und Emden im Hinterland drehen. Eine mehr als 200 Jahre alte, ehemalige Windmühle bei Greetsiel hat Familie Happels in eine Ferienwohnung verwandelt, die gekonnt modernes Design mit dem historischen Charme des Backsteinbaus verbindet (www.happels.de). Während bei Happels die Mühlenflügel leider fehlen, ist die **Mühle Catharina** in Oldenswort bei St. Peter-Ording vollständig erhalten – ihre große Ferienwohnung birgt sogar einen Alkoven! Traumhafte Unterkunft findet man auch in den Ferienwohnungen in der historischen **Nordermühle** auf Pellworm: Müllerwohnung, Inselblick und Halligblick heißen nicht von ungefähr so und bieten außer den fantastischen Ausblicken einen spitzenmäßigen Service zu moderaten Preisen.
www.nordseemuehle-catharina.de, www.fewo-nordsee-insel-urlaub.de

Im Strandkorb oder im Baumhaus

Übernachten direkt am Strand, das Rauschen der Wellen im Ohr, den Sonnenuntergang genießen und anschließend die funkelnden Sterne über sich hinwegziehen lassen. So romantisch in einem **Strandschlafkorb** kann man auf Föhr und auf Helgoland, bei Husum und bei Büsum übernachten. Dank des verschließbaren Faltdachs ist man vor Wind und Wetter geschützt.
Das erste Baumhaus-Appartment an der Nordseeküste wurde **in den Wipfeln des Wernerwalds** in Sahlenburg errichtet. Das vier Meter hohe, unweit des Strands inmitten des Campingplatzes gelegene Baumhaus bietet maximal drei schwindelfreien Personen eine außergewöhnliche Unterkunft.
Schlafstrandkörbe: www.nordseetourismus.de/schlafstrandkoerbe
Baumhaus: www.baumhaus-cuxhaven.de

P

PRAKTISCHE INFOS

Wichtig, hilfreich präzise

Unsere Praktischen Infos helfen in allen Situationen an der Nordseeküste weiter.

Fremdsprachenkenntnisse sind nicht vonnöten. Aber ein wenig Friesisch hilft manchmal weiter ... ▶

Bredstedt
Bräist

ANREISE · REISEPLANUNG

Mit dem Auto

Ostfriesland und die Inseln ereicht man von Süden auf der A 1 bis zum Dreieck Ahlhorner Heide und von dort auf der A 29 Richtung Oldenburg. Wer auf einer der östlichen **Ostfriesischen Inseln** urlauben will, bleibt auf der A 29 in Richtung Wilhelmshaven, wen es in den westlichen Teil Ostfrieslands zieht, nimmt ab Kreuz Oldenburg-Ost die A 28. Aus südöstlicher Richtung biegt man von der A 7 auf die A 27 Richtung Bremen ab, dann weiter über die A 28 bzw. A 29. Bis auf Borkum und Norderney sind die **Inseln autofrei**. An den jeweiligen Fährhäfen auf dem Festland gibt es gebührenpflichtige Parkplätze und Garagen.

Auf die **Nordfriesischen Inseln** und an die Nordseeküste **Schleswig-Holstein**s führen zunächst einmal (fast) alle Wege über Hamburg. Von dort aus geht es auf der A 7 in Richtung Flensburg, die A 23 führt in nordwestlicher Richtung über Itzehoe nach Heide, ab dort weiter auf der B 5 an die Nordseeküste.

Wer sein Auto mit nach **Sylt** nehmen möchte, hat zwei Möglichkeiten: ab Niebüll mit dem Autoreisezug über den Hindenburgdamm bis Westerland oder ab Havneby auf der Insel Rømø/Dänemark mit der Fähre bis List auf Sylt.

Mit der Bahn

Von vielen Bahnhöfen Deutschlands bietet die Deutsche Bahn durchgehende IC-Verbindungen nach Ostfriesland, u.a. bis Leer, Emden und Norden-Norddeich. V**erkehrsknotenpunkt der Region ist Oldenburg**. Von hier aus verkehren diverse Regionalzüge in die Urlaubsziele, aber auch Busse des Verkehrsverbundes Ems-Jade.

Mit dem IC geht es ohne Umsteigen bis nach Westerland auf **Sylt**. Die Regionalbahn fährt von Hamburg-Altona stündlich und braucht knapp 3 Stunden bis Westerland.

Auch Wilhelmshaven, Bremerhaven und Cuxhaven erreicht man mit dem Intercity sowie mit den Zügen der Nordwestbahn. An die schleswig-holsteinische Nordseeküste kann man ab Hamburg mit dem günstigen **Schleswig-Holstein-Ticket** anreisen, für alle Ziele auf der ostfriesischen Halbinsel, in Butjadingen oder Cuxhaven gilt das **Niedersachsen-Ticket**.

Wer sein Fahrrad auf der Bahn mitnehmen möchte, muss bei IC-Verbindungen rechtzeitig den **Fahrradstellplatz** buchen. In den Regionalzügen ist keine Reservierung nötig und auch nicht möglich. In der Hochsaison kann es in den Fahrradabteilen der Regionalbahnen zu chaotischen Verhältnissen kommen. Zumeist klären die Radler das unter sich jedoch recht solidarisch.

NÜTZLICHE ADRESSEN

BAHN
www.bahn.de
www.regionalbahn-sh.de
www.nordwestbahn.de
www.syltfaehre.de

SYLT SHUTTLE
www.syltshuttle.de

RDC AUTOZUG SYLT GMBH
www.autozug-sylt.de

BUS
www.ostfrieslandexpress.de
www.flixbus.de

REGIONALE FLUGLINIEN

HELGOLAND
Die Flugverbindungen nach Helgoland beim Eintrag Ziele A-Z.

SFG Sylter Flughafen GmbH
www.flughafen-sylt.de

SYLT AIR GMBH
Bietet Flüge von Hamburg nach Sylt an, im Sommer zudem verschiedene Rundflüge.
www.syltair.de

WESTKÜSTENFLUG (FÖHR)
Flüge von Flensburg, Husum und Sylt nach Föhr sowie Rundflüge.
www.westkuestenflug.de

Mit dem Bus

Nach vorheriger Anmeldung holt der **Ostfriesland-Express** Urlauber von Bremen und Oberhausen ab, bringt sie direkt ans Urlaubsziel an die Nordsee und wieder zurück. Flixbus fährt via Bremen nach Bremerhaven und Cuxhaven, nach Oldenburg, Emden und Wilhelmshaven. Haltestellen auf der ostfriesischen Halbinsel sind u.a. Bensersiel, Esens, Jever, Leer, Norddeich/Norden, Schortens, Uplengen und Wittmund.
In Schleswig-Holstein steuern die Fernbusse St. Peter-Ording an und halten u.a. in Heide, Garding, Tönning und Tating. Zudem verkehren Flixbusse nach Flensburg, von dort aus besteht die Möglichkeit, einen Linienbus (1013) nach Niebüll zu nehmen.

Mit dem Flugzeug

Der nächstgelegene internationale Flughafen für Urlauber an der niedersächsischen Nordseeküste ist **Bremen**. Die Ostfriesischen Inseln werden u. a. von Emden, aber auch von Norden/Norddeich und Harle bei Carolinensiel aus angeflogen. Eine Alternative für Ostfriesland-Urlauber könnte das niederländische Groningen sein.
Mehrere Airlines (Lufthansa, SYLT AIR, Rhein-Neckar Air, Eurowings, SkyWork Airlines, SWISS und Air Berlin) fliegen den Flughafen **Westerland** (www.flughafen-sylt.de) an. Abflugorte sind Hamburg, Düsseldorf, Köln/Bonn, Frankfurt, Mannheim, Stuttgart, München und Nürnberg sowie Basel, Bern und Zürich.

AUSKUNFT

ÜBERGEORDNETE STELLEN

DIE NORDSEE GMBH
Postfach 2106
26414 Schortens
Tel. 0442 95 60 991
www.die-nordsee.de

NORDSEE-TOURISMUS-SERVICE GMBH
Zingel 5
25813 Husum
Tel. 04841 89 750
www.nordseetourismus.de

OSTFRIESLAND TOURISTIK
Ledastr. 10
26789 Leer
Tel. 0491 91 96 96 60
www.ostfriesland.de

OSTFRIESISCHE INSELN GMBH
Goethestr. 1
26757 Borkum
Tel: 04922 93 31 40
www.ostfriesische-inseln.de

TOURISMUSAGENTUR SCHLESWIG-HOLSTEIN GMBH
Wall 55
24103 Kiel
Tel. 0431 60 05 83
www.sh-tourismus.de

TOURISMUS ZENTRALE EIDERSTEDT E. V.
Am Markt 26
25836 Garding
Tel. 04862 469
www.spo-eiderstedt.de

FRIESLAND-TOURISTIK GEMEINSCHAFT
c/o Wilhelmshaven Touristik & Freizeit GmbH
Banter Deich 2
26382 Wilhelmshaven
Tel.: 04421 91 30 017
www.friesland-touristik.de

TOURISMUS-SERVICE BUTJADINGEN
Strandallee 61
26969 Butjadingen
Tel: 04733 92 93 40
www.butjadingen.de

DITHMARSCHEN TOURISMUS E. V.
Markt 10
25746 Heide
Tel. 0481 21 22 555
www.echt-dithmarschen.de

NORDFRIESLAND TOURISMUS GMBH
Am Badedeich 1
25899 Dagebüll
Tel. 04667 95 000
www.nordfrieslandtourismus.de

BIOSPHÄRE DIE HALLIGEN
Markstr. 5
25813 Husum
Tel. 4841 77 07 570
www.halligen.de

KURVERWALTUNG WURSTER NORDSEEKÜSTE
Am Kutterhafen 3
27639 Wurster Nordseeküste
Tel. 04741 96 00
www.wursternordseekueste.de

ÖRTLICHE STELLEN
▸Reiseziele von A bis Z

INTERNET
www.deutsche-nordsee.info
www.nordsee-urlaub.de
Websites für die gesamte deutsche Nordseeküste.
c/o Wilhelmshaven Touristik & Freizeit GmbH

Banter Deich 2
26382 Wilhelmshaven
Tel.: 04421 91 30 017
www.friesland-touristik.de

TOURISMUS-SERVICE BUTJADINGEN
Strandallee 61
26969 Butjadingen
Tel: 04733 92 93 40
www.butjadingen.de

DITHMARSCHEN TOURISMUS E. V.
Markt 10
25746 Heide
Tel. 0481 21 22 555
www.echt-dithmarschen.de

NORDFRIESLAND TOURISMUS GMBH
Am Badedeich 1
25899 Dagebüll
Tel. 04667 95 000
www.nordfrieslandtourismus.de

BIOSPHÄRE DIE HALLIGEN
Markstr. 5
25813 Husum
Tel. 4841 77 07 570
www.halligen.de

KURVERWALTUNG WURSTER NORDSEEKÜSTE
Am Kutterhafen 3
27639 Wurster Nordseeküste
Tel. 04741 96 00
www.wursternordseekueste.de

ÖRTLICHE STELLEN
►Reiseziele von A bis Z

INTERNET
www.deutsche-nordsee.info
www.nordsee-urlaub.de
Websites für die gesamte deutsche Nordseeküste.

KURTAXE

Ein leidiges Thema

Immer wieder Anlass zu Diskussionen und Ärger: die leidige Kurtaxe (gerne auch Gästebeitrag genannt). An der deutschen Nordseeküste und auf den Inseln wird sie **fast überall** erhoben, an manchen Orten lediglich in der Hauptsaison, auf Sylt, den meisten Ostfriesischen Inseln und auf Helgoland das gesamte Jahr über. Erstmals wurde die Abgabe übrigens bereits 1893 verlangt. Damit werden verschiedene Einrichtungen wie Kurmittelhäuser, Parks, Rettungsstationen, die Strandreinigung, Promenaden und die Kurorchester finanziert. Die Karte berechtigt zu kostenreduziertem Einritt zu Sehenswürdigkeiten oder kommunalen Einrichtungen wie Schwimmbädern. Viele Gäste bemängeln allerdings, dass der Kurtaxen-Betrag in keinem Verhältnis zu den Leistungen der Gemeinden steht. Die Beträge sind von Insel zu Insel und von Saison zu Saison unterschiedlich. Urlauber zahlen die Abgabe in der Regel bei der Anmeldung in der Unterkunft oder direkt in den jeweiligen Kurverwaltungen vor Ort.
Auf **Sylt** kostet die Kurtaxe zwischen 2,90 und 3,50 Euro in der Hauptsaison, zwischen 1,20 und 1,75 Euro in der Nebensaison. Auf

Amrum und Föhr liegt sie je nach Saison zwischen 1,30 und 2,60 Euro. Juist verlangt 3,90 Euro, Norderney mit 4 Euro noch etwas mehr. In Cuxhaven kostet die Kurtaxe pro Tag 2,80 Euro, auf Helgoland fünf Cent weniger. Einer der wenigen komplett Kurtaxe-freien Sandstrände an der Nordseeküste liegt in **Dangast**.
Ob Tagesgäste weiter dafür zahlen müssen, die Strände an der deutschen Nordseeküste betreten zu dürfen, ist derzeit ungewiss. Zwei Bürger der Initiative »Freie Strände für freie Bürger« klagten gegen die Gemeinde Wangerland, verloren in der Instanz vor dem Niedersächsischen Oberverwaltungsgericht, bekamen 2017 vor dem Bundesverwaltungsgericht in Leipzig aber schließlich Recht. Die Richter erklärten die Erhebung einer **Strandgebühr für Tagesgäste** in einem Grundsatzurteil für rechtswidrig. Sie stützten sich in ihrem Urteil unter anderem auf Artikel 2 des Grundgesetzes, der die allgemeine Handlungsfreiheit vorsieht. Somit müssen aktuell auch weitere Gemeinden an der deutschen Nordseeküste prüfen, ob die von ihnen erhobenen Gebühren für Tagesgäste möglicherweise unrechtmäßig sind.

LESETIPPS

Klassiker

Siegfried Lenz: Deutschstunde. In den 1950er-Jahren soll Siggi Jepsen einen Aufsatz über die Freuden der Pflicht verfassen. Zwangsläufig kommt ihm sein Vater Jens Ole Jepsen in den Sinn, der in der NS-Zeit pflichtbewusst Dienst als Polizeiposten im fiktiven Dörfchen Rugbüll tat und ein von oberster Stelle verhängtes Malverbot gegen den Künstler Max Ludwig Nansen (gemeint ist Emil Nolde) überwachte; erst zögerlich, dann immer unbarmherziger.

Theodor Storm: Der Schimmelreiter. Dies ist Storms berühmteste Novelle, die vom Deichgrafen Hauke Haien berichtet, seinem Kampf und seinem Scheitern beim Deichbau gegen Rückständigkeit und Aberglauben.

Gute Unterhaltung

Tatjana Kruse: Wie klaut man eine Insel? Borkumkrimi Leda 2007. Ein Kriminalroman der schräg-vergnüglichen Sorte. Auf Borkum soll ein neues Zeitalter beginnen, denn es bekommt einen Herrscher...

Gisa Pauly: Die Hebamme von Sylt. Aufbau-Verlag 2014. Atmosphärischer, spannender historischer Roman über das Leben bzw. die Entwicklung zweier Kinder, die die Hebamme Geesche Jensen in einer stürmischen Nacht 1872 auf die Welt gebracht hat.

Kari Köster: Die letzten Tage von Rungholt, List 1997. Spannender Roman um die letzten Tage von Rungholt, das 1361 bei einer gewaltigen Sturmflut unterging.

Katja Just: Barfuß auf dem Sommerdeich. Mein Halligleben zwischen Ebbe und Flut. Eden Books 2017. Die Münchnerin Katja Just hat Anfang der Nullerjahre die Großstadt München gegen die Hallig Hooge getauscht – und erzählt, warum sie es nie bereut hat.

Anna-Katharina Wöbse: Klara Enss – eine Sylter Biografie. Husum Verlag. Kluges Portrait über eine kluge und engagierte Frau, die Sylter Umweltaktivistin Klara Enss.

Spannung

Bernd Flessner: Tod auf dem Siel. Leda Verlag 2014. Der letzte von zahlreichen Ostfriesland-Krimis des Autors. Hauptkommissar Greven ermittelt in dubiosen Mordfällen in Hooksiel und Carolinensiel.

Elke Bergsma: Bitteres Erbe. Ostfriesenkrimi, in dem Hauptkommissar David Büttner nach einem Mordfall selbst unter Verdacht gerät. Seine Kollegen Sebastian Hasenkrug und Sophie Reimers versuchen Büttners Unschuld zu beweisen.

Klaus-Peter Wolf: Ostfriesenfluch. Fischer Taschenbuch. Ein weiterer Fall der ostfriesischen Kommissarin Ann Kathrin Klassen. Mehrere Frauen werden entführt, Klaasen macht sich auf die Suche nach einem psychopathischen Täter.

Reimer Jürgensen: »Der Schatz in der Marsch. Ein Föhr-Krimi«, De Behr 2015. Kommissar Mommsens dritter Fall wirft wieder Rätsel auf.

Gisa Pauly: Vogelkoje. Ein Sylt-Krimi. Piper 2017. Die temperamentvolle Mamma Carlotta und ihr Schwiegersohn, Kriminalhauptkommissar Erik Wolf, ermitteln schon zum elften Mal auf Sylt.

Nina Ohlandt: Eisige Flut. Nordsee-Krimi. Bastei Lübbe 2018. In seinem fünften Fall bekommt es Hauptkommissar John Benthien mit bizarren »Eisleichen« zu tun.

Wissenswertes

Theo Schuster: In Aurich ist es schaurig... Verlag Theo Schuster. Anekdoten, Redensarten und Reime, die dem Leser nicht nur die Kulturgeschichte Ostfrieslands, sondern auch die plattdeutsche Sprache näher bringen.

Hermann Schreiber: Stille Winkel auf Sylt. Hamburg 2011. Auch auf Sylt gibt es sie noch. Der Autor hat 13 davon beschrieben.

Georg Quedens: Amrum«. Breklumer Verlag 1998 / Föhr. Breklumer Verlag 1993. Standardwerke für alle, die Genaueres über Geschichte, Kultur, Natur, Bevölkerung und alte Bräuche der beiden Inseln wissen wollen.

Heinz Streble, Annegret Bäuerle: .Was finde ich am Strand? Tiere und Pflanzen an Nord- und Ostsee. Franckh-Kosmos 2017. Seriöser Klassiker unter den Naturführern mit guten Fotos und Texten.

Nicht nur schöne Bilder

DuMont Bildatlas: Nr. 2: Ostfriesland/Oldenburger Land; Nr. 15: Nordseeküste/Schleswig-Holstein: Land hinterm Deich; Nr. 141: Sylt · Amrum · Föhr: Nordfriesische Inselidyllen

Christine Papendick: »Sylt. Insel zwischen Sturm und Stille«, Husum Druck- und Verlagsges. 2005. Wunderschöne Fotos und ausführliche Bildunterschriften zeichnen diesen Bildband aus.

REISEZEIT

Immer eine Reise wert...

Die Nordseeküste ist nicht das Mittelmeer und auch wenn sich Föhr »Friesische Karibik« nennt – das Klima ist eher rau und unbeständig. Mit schlechtem Wetter muss man immer rechnen. Sonnenstunden gibt es trotzdem reichlich, vor allem auf den Nordfriesischen Inseln. Die Nordseeküste ist zu allen Jahreszeiten eine Reise wert. Das Klima an der Nordsee ist **atlantisch geprägt**: mäßig warme Sommer, verhältnismäßig milde Winter. Im Vergleich zum Festland liegen die Temperaturen auf den Inseln vor allem im Herbst und Winter höher als auf dem Festland. Juli und August sind die besten Bademonate. Sehr reizvoll sind vor allem die Inseln im Frühjahr und im Herbst mit Wind und Sonne und weniger Touristen. Gerade der Herbst kann allerdings durch das typisch norddeutsche **»Schietwetter«** getrübt werden, also Sturm und Regen bei nicht allzu erfreulichen Temperaturen. Aber wie heißt es gerade hier oben an der Küste so schön: Es gibt kein schlechtes Wetter, es gibt nur unpassende Kleidung. Grundsätzlich gilt: Auf den Inseln kann bzw. muss man immer mit einem schnellen Wetterwechsel rechnen.

... durchaus auch im Winter!

Auch der Winter an der Nordseeküste hat seine schönen Seiten. Zwar haben dann einige Hotels und Restaurants geschlossen, doch andere bieten gerade in dieser Zeit **spezielle Arrangements** zu günstigen Preisen an. Selten ist es klirrend kalt, meistens sorgt das Seeklima für relativ milde Temperaturen. Der Winter ist zudem die

Zeit der Biikebrennen (traditionelle Volksfeste mit Feuerbrauch, Februar) und der Kohl- und Pinkelfahrten. Über Weihnachten und Neujahr sollte man – genau wie an Ostern und Pfingsten – auf jeden Fall vorbuchen, da viele Kurzurlauber diese Feiertage zu einem verlängerten Wochenende nutzen.

Gesundes Reizklima

Berühmt für seine gesundheitsfördernde Wirkung ist das Reizklima der Nordseeküste, bedingt zum einen durch die hohe **UV-Strahlung** und zum anderen durch die westlichen **Wind**e, die häufig mit Windstärken von 3 bis 6 Beaufort blasen, nicht selten deutlich darüber. Windstill ist es auf den Inseln und auch an der Küste eigentlich nie. Im Spätherbst und Winter wütet der Wind nicht selten mit Orkanstärke. Spitzenböen mit einer Geschwindigkeit bis zu 200 km/h sind dann durchaus im Bereich des Möglichen. Durch die vorherrschend westlichen Winde wird das in der Brandung versprühte Meerwasser in feinste Gischtpartikel zerstäubt und die gesunden **Jod- und Salz**anteile werden vom Körper aufgenommen. Die UV-Einstrahlung ist im Mai und Juni besonders hoch. Sie fördert u. a. die Ausschüttung von körpereigenem Kortisol, das Entzündungen eindämmt. Gleichzeitig gilt es aufzupassen: zu hohe UV- bzw. UVB-Strahlung kann kurzfristig zu Sonnenbrand und langfristig zu Hautkrebs führen.

Kühle Sommer, milde Winter

Die Nordseesommer sind gewöhnlich kühl bis mäßig warm und recht unbeständig, der Winter feuchtmild und windig. Während der Herbst durch das warme Meer noch lange angenehme **Temperaturen** aufweist, sich ab Oktober aber als sehr regenreich erweist, gibt sich das Frühjahr relativ trocken, sonnig und kühl. An Juli- und Augusttagen werden auf den Inseln durchschnittlich um die 20 °C, auf dem Festland 21 °C gemessen. In den Sommernächten sinkt das Thermometer an Land im Allgemeinen auf 13 °C, auf den Inseln auf 15 °C. In den Wintermonaten liegen die Tagestemperaturen meistens im positiven Bereich, während es in den Nächten gelegentlich leichten Frost gibt. Entsprechend selten ist eine über mehrere Tage andauernde geschlossene Schneedecke. Die tiefste gemessene Temperatur an der Nordseeküste lag bei -21,2 °C auf List/Sylt, die höchste bislang bei 34,1 °C , gemessen im Sommer 2014 auf Norderney.

Regen und Sonne

Die Jahresniederschläge steigen von Norden nach Süden und zum Festland hin leicht an. Während im feuchtesten Monat November an 15 bis 16 Tagen durchschnittlich 90 bis 100 l/m² fallen, bringt es der trockenste Monat Februar an acht **Regen**tagen auf ca. 35 bis 40 l/m². Klimatisch sind die Inseln gegenüber dem Festland durch mehr Sonne und weniger Regen begünstigt. Das gilt besonders für die Hauptreisemonate Mai bis August. Dann scheint die Sonne auf den Inseln rund 10 Prozent häufiger als auf dem Festland und die Niederschläge sind um den gleichen Prozentsatz geringer. Spitzenreiter in der

Schönwetter-Liste sind die Nordfriesischen Inseln mit knapp 1750 Sonnenstunden pro Jahr, das sind immerhin 200 Stunden mehr als in Hamburg. Eine angenehme Witterung hält statistisch gesehen der Spätsommer bereit. Ende August läuft er mit viel Sonne und wenig Regen gewöhnlich zur Hochform auf. Der Altweibersommer an der Nordsee ist kürzer und unbeständiger als in den Alpen. Wenn er kommt, dann meist in der letzten Septemberwoche.

Wassertemperaturen

In heißen Sommern kann die Wassertemperatur der Nordsee auf bis zu 23 °C steigen; meist jedoch schwankt sie von Juni bis Ende August zwischen kühlen 18 und frischen 21 °C. Je nach Region und Sommerwitterung bestehen jedoch **deutliche Unterschiede**: relativ kühl bleibt das Wasser an den Außenstränden von Amrum und Sylt (mittl. Maximum 18 °C) sowie rund um Helgoland. 1 bis 2 °C wärmer wird das Wasser im Bereich der Ostfriesischen Inseln, im Wattenmeer und an den Stränden des Festlands. Im Jahresmittel kommt die Nordsee auf ca. 11 bis 12 °C.

VERKEHR

Inseln teilweise autofrei

Auf Baltrum rumpeln noch die Pferdewagen über das Pflaster, auf Spiekeroog sind sogar Fahrräder verpönt – und rund um Westerland auf Sylt stauen sich die Autos zur Rush-Hour in der Hauptsaison fast wie auf der A 1. Auf den Inseln geht es verkehrstechnisch **höchst unterschiedlich** zu. Von den sieben Ostfriesischen Inseln sind deren fünf autofrei, lediglich nach Borkum und Norderney darf man den privaten Pkw mitnehmen. Autofreies Sylt? Schöne Idee, aber undenkbar; auch auf den anderen Nordfriesischen Inseln sind Autos erlaubt. Amrum versucht dem Problem des zunehmendem Autoverkehrs u.a. mit den halboffenen Elektroautos vom Typ Renault »Twizy« zu begegnen, die für 39 Euro pro Tag zu mieten sind. Taxen sind auf allen Inseln teurer als auf dem Festland.

Fahrtziel Natur

Die Deutsche Bahn bietet in Kooperation mit drei Umweltverbänden und dem VCD die Aktion »Fahrtziel Natur«. Besonders für Gruppen und Familien empfehlen sich das **Schleswig-Holstein-Ticket** (ab 29 Euro + 4 Euro pro Mitfahrer) und das **Niedersachsen-Ticket** (Single-Ticket 23 Euro + 5 Euro pro Mitfahrer). In beiden Ländertickets sind Fahrten nach Hamburg inbegriffen; in Niedersachsen gilt das Ticket auch für Bremen.
Wer sein eigenes Fahrrad in den Zügen mitnehmen möchte, zahlt bei der Deutschen Bahn in Nahverkehrszügen für eine Tageskarte 5 Euro,

sonst 9 Euro. Bei der Nordwestbahn und beim Verkehrsverbund Bremen/Niedersachsen (VBN) kostet die **Fahrradkarte** je nach Strecke ab 1,95 Euro. Im Schleswig-Holstein-Tarif bekommt man das Tagesticket für den Drahtesel für 4,20 Euro. In der Verkehrsregion Ems-Jade können beim Weser-Ems-Bus Fahrräder im Innenraum der Busse befördert werden, auf Sylt und Amrum hievt man sie auf die **Fahrradständer** am Heck der Busse.
www.fahrtziel-natur.de

Am besten per Fahrrad

Fast alle Inseln bieten sich zum Radfahren und zu ausgedehnten Spaziergängen an. An der Küste findet man inzwischen ein reichhaltiges Angebot an Radverleihern vor – Tendenz steigend. Viele Verleiher haben die komplette Palette auf dem Hof stehen: vom E-Bike über das Trekkingrad, das gemütliche »Holländerrad« bis hin zu Kinderrädern und Anhängern. Nicht immer sind die Modelle und der Service so wie man sich das als Radler wünscht, aber auch hier heißt es: Tendenz steigend.
Die Tourismusbüros vor Ort halten oft **Tourenvorschläge** und spezielle Radkarten bereit, auf den Inseln und auf dem Festland ist die Infrastruktur für Radfahrer in den vergangenen Jahren ausgebaut und verbessert worden. Ein Teil des Nordseeküsten-Radwegs verläuft entlang der schleswig-holsteinischen Küste von Brunsbüttel bis an die dänische Grenze. An der niedersächsischen Nordseeküste führt er vom Dollart via Emden und Wilhelmshaven nach Bremerhaven und Cuxhaven. In Ostfriesland laden zudem gleich fünf verschiedenen Themenrouten zum Radeln.
Der **KOMPASS Verlag** bietet eine ganze Palette von Radwanderkarten für die Nordseeküste an, von der Großraum-Radtourenkarte im Maßstab 1 : 125 000 (»Schleswig-Holstein/Hamburg/Ostfriesland«) über Fahrradkarten im Maßstab 1 : 70 000 bis zu Fahrrad-Tourenkarten im Maßstab 1 : 50 000.
www.kompass.de

ÖPNV

Ansonsten ist der Öffentliche Personennahverkehr an den Urlaubsorten recht gut ausgebaut. Auf **Sylt** verkehren die Busse der Sylter Verkehrsgesellschaft zu den verschiedenen Inselorten. Die Linie 1 auf Amrum fährt täglich von Wittdün über Süddorf und Nebel nach Norddorf und zurück. Die Buslinie wird von der Fährlinie Wyker Dampfschiffs-Reederei (W.D.R.) betrieben und ist auf die Fährzeiten abgestimmt. Auch auf **Föhr** betreibt die W.D.R. die Inselbusse. Die Linie 1 fährt als Ringlinie von Wyk (ab Hafen, Fähranleger 3) über Oldsum, Utersum und Nieblum und zurück. Fahrpläne erhält man bei der Reederei, in den Tourismus-Büros oder im Internet. Fährt der Zug nicht direkt bis an die »Waterkant«, fahren eigentlich immer auf die Fährabfahrtszeiten abgestimmte Busse zwischen Bahnhof und Fährhafen. Auf den **Ostfriesischen Inseln** nimmt man ab dem Fähranleger den Bus, die Inselbahn (Langeoog, Borkum) oder das Gepäck wird mit Handkarren (Baltrum) zur Unterkunft transportiert. Von Mitte März bis Ende Oktober bietet der Verkehrsverbund Ems-Jade einen ganz besonderen Service: Inhaber einer Kurkarte können Ostfriesland mit dem **Urlauberbus** von beinahe 5000 Haltestellen auf 220 Linien im wahrsten Sinne des Wortes erfahren. Kosten pro Person und Strecke: 1 Euro.

Fähren Zwischen den Ostfriesischen Inseln besteht kein regelmäßiger Fährverkehr, dort ist allenfalls im Rahmen von **Ausflugsfahrten** der Besuch der Nachbarinseln möglich. Zwischen den Nordfriesischen Inseln und den Halligen fahren in der Saison verschiedene Fähren im **Liniendienst**. Infos dazu findet man im Kapitel »Ziele« bei den jeweiligen Reisezielen.

NÜTZLICHE ADRESSEN

SYLTER VERKEHRSGESELLSCHAFT
www.svg-busreisen.de

WYKER DAMPFSCHIFFS-REEDEREI
www.faehre.de

VERKEHRSVERBUND EMS-JADE
www.vej-info.de
www.urlauberbus.info
www.weser-ems-bus.de

DITHMARSCHEN UND NORDFRIESLAND
www.autokraft.de

REGISTER

E

F

G

H

I

J

K

L

M

N

T

U

V

W

Z

BILDNACHWEIS

AKG S. 50/51, 195, 203, 296 (2x), 308 o.
Johannes Arlt/laif SW. 176
Toma Babovic/laif S. 76 o., 99
dpa S. 308 u.
Dumont Bildarchiv/Ralf Freyer S. 2, 83, 87, 126, 132, 140/141, 156, 161 (2x), 183, 214, 221, 223, 226, 304, 317, 321, 333, 346
Dumont Bildarchiv/Martin Kirchner S. 3 o, 7, 15, 16/17, 22, 24/25, 26, 56, 66, 103, 106, 109 (© VG Bild-Kunst/Juan Uslé; © VG Bild-Kunst/Miquel Barceló), 134, 168, 172, 179, 199, 201, 212, 268/269, 273 o., 287, 300, 323, 343, 361, U 7
DuMont Bildarchiv/Kluyver S. 193
Dumont Bildarchiv/Sabine Lubenow S. 3 u., 52, 117, 123, 233, 237, 241, 243, 247, 275, 331
DuMont Bildarchiv/Marczok S. 158
DuMont Bildarchiv/Raach S. 20/21, 147, 315, 319, 326, 328
DuMont Bildarchiv/Schulz S. 96, 250, 256, 313
Fotolia S. 324, 325 (2x)
getty-images/Heinz Wohner S. 188
Martin Kirchner/laif S. 11
laif/Monica Gumm S. 129
laif/Hub S. 253, 271
look/Thomas Grundner S. 41
look/TerraVista S. 18
look/Wohner S. 261, 336
Sabine Lubenow S. 43
Mauritius images/Raimund Linke S. 280
Mauritius/Alamy/Werner Dietrich S. 138
picture alliance/Daniel Bockwoldt/dpa S. 149
picture alliance/dpa S. 76 u.
picture alliance/Horst Galuschka/dpa S. 12/13
picture alliance/dpa/Reinhold Grigoleit S. 62/63
picture alliance/dpa/Bodo Marks S. 8/9
Dorothea Schmid/laif S. 5, 187, 190
Shutterstock S. 91
© VG Bild-Kunst, Bonn 2018 S. 298

Titelbild: Sabine Lubenow / Lookphotos

VERZEICHNIS DER KARTEN UND GRAFIKEN

BAEDEKER VERLAGSPROGRAMM

Viele Baedeker-Titel sind als E-Book erhältlich.

A
Algarve
Allgäu
Amsterdam
Andalusien
Australien

B
Bali
Barcelona

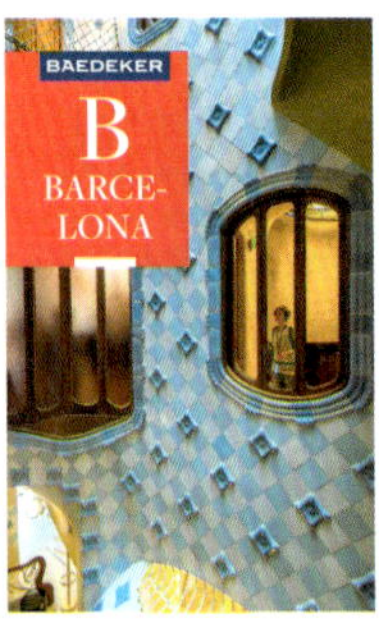

Belgien
Berlin · Potsdam
Bodensee
Böhmen
Bretagne
Brüssel
Budapest
Burgund

C
China

D
Dänemark
Deutsche Nordseeküste
Deutschland
Dresden
Dubai · VAE

E
Elba
Elsass · Vogesen
England

F
Finnland
Florenz
Florida
Frankreich
Fuerteventura

G
Gardasee

Golf von Neapel
Gomera
Gran Canaria
Griechenland

H
Hamburg
Harz
Hongkong · Macao

I
Indien
Irland
Island
Israel · Palästina

Istanbul
Istrien · Kvarner Bucht
Italien

J
Japan

K
Kalifornien
Kanada · Osten

Kanada · Westen
Kanalinseln
Kapstadt ·
Garden Route
Kopenhagen
Korfu · Ionische Inseln
Korsika
Kos
Kreta
Kroatische Adriaküste ·
Dalmatien
Kuba

L
La Palma
Lanzarote
Lissabon
London

M
Madeira
Madrid
Mallorca
Malta · Gozo · Comino
Marrokko
Mecklenburg-
Vorpommern
Menorca
Mexiko
München

N
Namibia
Neuseeland
New York
Niederlande
Norwegen

O
Oberbayern
Österreich

P
Paris
Polen
Polnische Ostseeküste ·
Danzing · Masuren
Portugal
Prag
Provence · Côte d'Azur

R
Rhodos
Rom
Rügen · Hiddensee
Rumänien

S
Sachsen
Salzburger Land
Sankt Petersburg
Sardinien
Schottland
Schwarzwald
Schweden
Schweiz
Sizilien
Skandinavien
Slowenien
Spanien
Sri Lanka
Südafrika
Südengland
Südschweden ·
Stockholm
Südtirol
Sylt

T
Teneriffa
Thailand
Thüringen
Toskana

U
USA
USA · Nordosten
USA · Südwesten

V
Venedig
Vietnam

W
Wien

Z
Zypern

20 km
© BAEDEKER
Nordsee
Deutsche Bucht
Helgoland
Nordfriesische Inseln
Sylt
List
Kampen
Westerland
Keitum
Rantum
Morsum
Hörnum
Utersum
Norddorf
Nieb
Amrum
Wittdün
Japsand
Norderoog-sand
Süderoog-sand
Nationalpark Hamburgisches Wattenmeer
Scharhörn
Neuwerk
Leuchtturm Roter Sand
Hoher Knechtsand
Nationalpark Niedersächsisches Wattenmeer
Ostfriesische Inseln
Borkum
Juist
Memmert
Lütjehörn
Norderney
Baltrum
Langeoog
Spiekeroog
Wangerooge
Mellum
Rottumeroog
Neßmersiel
Dornumersiel
Bensersiel
Neuharlingersiel
Carolinensiel
Norddeich
Norden
Hage
Dornum
Esens
Harlinger Land
Westerholt
Wittmund
Wangerland
Hohenkirchen
Waddewarden
Hooksiel
Jever
Langwarden
Butjadingen
Stollhamm
Wilhelmshaven
Schortens
Sande
Jadebusen
Dangast
Nordenham
Jade
Weser
Leybucht
Greetsiel
Upgant-Schott
Ostfriesland
Wirdum
Plaggenburg
Südbrookmerland
Aurich
Friedeburg
Krummhörn
Pewsum
Eemshaven
Ems
Rysum
Emden
Ihlow
Wiesmoor
Zetel
Varel
Uithuizen
Appingedam
Delfzijl
Oldersum
Moormerland
Strackholt
Neuenburg
Bockhorn
Rodenkirchen
Uplengen
Spohle
Brake
Nederland
Steendam
Ditzum
Dollart
Hesel
Remels
Neermoor
Ammerland
Groningen
Slochteren
Jemgum
Leer
Westerstede
Wiefelstede
Rastede
Elsfleth
Filsum
Apen
Zwischenahner Meer
Beerta
Bunde
Weener
Barßel
Bad Zwischenahn
Oldenburg
Ems-Jade-Kanal
A7
E22
28
29
31
33
72
210
211
360
362
436
437
438
461